Reihe Sportwissenschaft

Band 4

Lars Nuschke & Christian Becker (Hrsg.)

Vom Strand zum Green

Eine sportökonomische Analyse ausgewählter Trend- und Exklusivsportarten

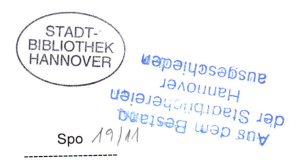

Mit Beiträgen von: Christian Becker, Caren Berndt, Dominik Florian, Matthias Hansen, Mathias Held, Pascal Ledgister, Jasmin Leopold, Jan-Felix Litter, Anika Müller, Lars Nuschke, Miriam Nuschke, René Rammenstein, Ingo Reusch, Doris Roddewig, Danny Rodenstock, Stefan Schrader, Markus Senft, Corinna Spiekermann, Christian Swodenk, Torben Timmermann, Gesa Kristina Wentrot

Bibliografische Information der Deutschen Bibliothek

Die Deutsche Bibliothek verzeichnet diese Publikation in der Deutschen Nationalbibliografie; detaillierte bibliografische Daten sind im Internet über http://dnb.ddb.de abrufbar.

Lars Nuschke & Christian Becker (Hrsg.):

Vom Strand zum Green

Eine sportökonomische Analyse ausgewählter Trend- und Exklusivsportarten

© Sierke Verlag, Göttingen
www.sierke-verlag.de
ISBN 978-3-86844-052-2

Alle Rechte vorbehalten.
Das Werk - einschließlich seiner Teile - ist urheberrechtlich geschützt. Jede Verwertung ist ohne Zustimmung des Verlages unzulässig. Dies gilt insbesondere für Vervielfältigungen, Übersetzungen, Mikroverfilmungen sowie die Einspeicherung und Verarbeitung in elektronische Systeme.

1. Auflage 2008

Vorwort

Die massiven gesellschaftlichen Veränderungen der vergangenen Jahrzehnte haben auch im Sport Spuren hinterlassen und einen Wandel von der passiven Konsumorientierung zur aktiven Erlebnisorientierung ausgelöst. Auf dieser Grundlage war spätestens in den 1990er Jahren die explosionsartige Herausbildung bis dato unbekannter Sportarten zu beobachten – sogenannter Trendsportarten. Schon zur Jahrtausendwende haben sich in Deutschland mehr als 10 Mio. Bundesbürger für diese Sportarten interessiert, welche v.a. durch die Kombination altbekannter Bewegungsformen und ausgeprägte Lebensstile charakterisiert werden. Auch die Wirtschaft hat das große wirtschaftliche und kommunikative Potential der Trendsportarten erkannt und nutzt Sponsorships ausgewähler Veranstaltungen. Allerdings ist in der öffentlichen Diskussion oftmals ein mangelhaftes Begriffsverständnis vorhanden, das dazu führt, daß es nicht unzweifelhaft klar ist, welche Sportarten nun überhaupt Trendsportarten sind. Daher geht diese Aufsatzsammlung auf das Wesen von Trendsportarten ein und zeigt idealtypische Merkmale auf, durch die sich Trendsportarten von anderen Sportarten abgrenzen lassen. Anschließend wird anhand zahlreicher Fallbeispiele aus unterschiedlichen Trendsportarten auf die Historie sowie die Vermarktungspotentiale dieser Sportarten eingegangen. Abseits des Trendsports sind auf dem Sportmarkt aber auch traditionelle Sportarten, die sich durch ihr elitäres Image gesellschaftlich abheben und somit oftmals als Gegenpol zu den Trendsportarten angesehen werden, vorhanden – sogenannte Exklusivsportarten.

Fragt man den Laien was bspw. Snowboarding und Golf gemeinsam haben, so wird die Antwort wahrscheinlich kurz ausfallen: „Nichts" ! Auch die oberflächliche Betrachtung offenbart Altbekanntes: Während Trendsportarten als innovative, neuartige Sportarten betrachtet werden, sind Exklusivsportarten traditionell. Darüber hinaus sind, ganz im Gegensatz zum Trendsport, in exklusiven Sportarten zahlreiche Normen vorhanden, die eine starke Reglementierung des Exklusivsports bewirken und damit im Widerspruch zu den verhältnismäßig unreglementierten Trendsportarten stehen. Zur näheren Betrachtung wird, in Anlehnung an die Darstellungen zum Thema Trendsport, anhand zahlreicher Fallbeispiele genauer hinterfragt, was Exlusivsportarten auszeichnet und welche Gemeinsamkeiten mit dem Trendsport vorhanden sind. Dabei wird klar, daß sich beide Gruppen sowohl durch abgrenzbare Zielgruppen als auch durch starke Images der Sportarten und passende Lebensstile auszeichnen. Aus einer sportökonomischen Sichtweise rückt daher die Zielgruppenansprache, schon aufgrund der für zahlreiche Sponsoren hochinteressanten Soziodemographie der Sportartinteressierten, die in etablierten Massensportarten nur von sekundärem Interesse ist, in den Fokus der Betrachtung. Außerdem ist festzuhalten, daß sich sowohl der Trendsport als auch der Exklusivsport außerhalb des klassischen Ligensystems organisieren und primär durch die Ausrichtung von Veranstaltungen mit Eventcharakter geprägt sind. Dieser Umstand macht es einfacher, emotionale Erlebniswelten zu schaffen und Zielgruppen bspw. durch außergewöhnliche Hospitality-Maßnahmen anzusprechen. Zum besseren Verständnis der spannend dargestellten Case Studies sollen einleitend die Grundlagen des Sponsoring und Sportsponsoring thematisiert werden und anschließend die Aspekte der Markenbildung und des Eventmarketing angesprochen werden. Die Liste spannender und hochaktueller Aufsätze wird durch die Portfolioanalyse von Red Bull, einem der bekanntesten Sponsoren von Trendsportveranstaltungen, abgerundet. In vielen Fällen handelt sich um die erstmalig sportökonomische Auseinandersetzung dieser Art mit den betreffenden Sportarten und ihren relevanten Merkmalen.

Mein Dank gilt allen Gesprächspartnern, die uns mit wichtigen Informationen und umfangreichem Datenmaterial bedacht haben. In ganz besonderem Maße gilt dieser Dank Dr. Hans-Martin Uehlinger, Head of Corporate Branding & Communications der LGT Group Foundation, sowie Sandra und Marcus Hess von der Parkour Association Germany für die tatkräftige Unterstützung im Rahmen der Ausarbeitung dieser Publikation. Last but not least danke ich ganz ausdrücklich allen Autoren für die interessanten Beiträge, die anregenden Diskussionen und die engagierte Mitarbeit an diesem Projekt!

Dipl.-Sozialwirt Lars Nuschke

Inhaltsverzeichnis

Vorwort
von Dipl.-Sozialwirt Lars Nuschke ....

Inhaltsverzeichnis ....

Kapitel I: Sponsoring – Werbetool der Kommunikationsbranche
von Danny Rodenstock und Pascal Ledgister 1

Kapitel II: Sportsponsoring
von Caren Berndt und Doris Roddewig 13

Kapitel III: Die Marke - Wesen und Merkmale eines bedeutenden Wertschöpfers
von Christian Becker 27

Kapitel IV: Eventmarketing – Grundlagen und Erfolgsvoraussetzungen
von Dipl.-Sozialwirtin Miriam Nuschke 51

Kapitel V: Trendsportarten
von Matthias Hansen und Christian Swodenk 63

Kapitel VI: Windsurfen - Mutter aller Trendsportarten ?
von Dipl.-Kaufmann Ingo Reusch 73

Kapitel VII: Snowboarding – Fallbeispiel Nokia Air & Style
von Jasmin Leopold und Stefan Schrader 91

Kapitel VIII: Beachvolleyball
von Anika Müller und Corinna Spiekermann 103

Kapitel IX: Parkour by David Belle – Eine Sportart auf dem Sprung
von René Rammenstein 113

Kapitel X: Portfolioanalyse Red Bull - Trendsportarten aus Sponsorensicht
von Torben Timmermann 129

Kapitel XI: Exklusivsportarten
von Jan-Felix Litter 139

Kapitel XII: Sponsoring im Reitsport
von Gesa Kristina Wentrot 151

Kapitel XIII: Internationaler Segelsport – Fallbeispiel Velux 5 Oceans
von Dipl.-Sozialwirt Lars Nuschke 167

Kapitel XIV: Der Golfmarkt in Deutschland
von Dominik Florian 179

Kapitel XV: Tennis in Deutschland – Exklusivsport oder Volkssport ?
von Mathias Held und Markus Senft 199

Literaturverzeichnis 211

Kapitel I

Sponsoring – Werbetool der Kommunikationsbranche

von Danny Rodenstock und Pascal Ledgister

Das Jahr 2008 wird ganz im Zeichen des Sponsorings stehen, so das Ergebnis der Mitte Januar von PILOT präsentierten Studie „Sponsor Visions 2008".[1] Nach den erwartungsgemäß rückläufigen Zahlen nach der Fußball-Weltmeisterschaft 2006 in Deutschland, freut sich die Sponsoringbranche nun kurzfristig über ein überproportionales und mittelfristig über ein moderates Wachstum ihrer Kommunikationsform. „Es scheint sich bei den Top-Entscheidern aus Unternehmen und Agenturen wieder Optimismus breitzumachen". Ein Grund dafür sind die von der Studie errechneten Ausgaben für Sponsoring von 4,6 Mrd. Euro in 2008 im Vergleich zu 4,0 Mrd. Euro noch in 2007. Dieses entspricht einem Anstieg der Gesamtausgaben um ca. 15%. Für 2009 und 2010 prognostizieren die 218 in Interviews von der pilot group befragten Sponsoring-Experten aus führenden deutschen Unternehmen und Agenturen sogar einen weiteren Anstieg auf 5,2 Mrd. Euro. Die aus der oben genannten Untersuchung vorgelegten Zahlen spiegeln die zunehmende Wichtigkeit dieses Instrumentariums für die Werbebranche adäquat wieder. Der folgende Beitrag wird die Ursache für diesen Bedeutungsanstieg deutlich machen, indem zunächst im ersten Teil eine explizite Definition des Begriffes vorgenommen wird, gefolgt von einer Abgrenzung gegenüber Termini, die im alltäglichen Sprachgebrauch irrtümlicherweise oft mit dem Wort Sponsoring gleichgesetzt werden. Im nächsten Schritt wird die Entfaltung des deutschen Sponsoringmarktes genauer analysiert. Der zweite Teil der Abhandlung betrachtet das Sponsoring aus verschiedenen Perspektiven und zeigt auf, welche Interessensgruppen, welche Ziele verfolgen. Hier sei anzumerken, daß sich die Arbeit hauptsächlich auf die positiven Aspekte eines Sponsoringengagements bezieht. Mit der Einordnung in den Marketing-Mix sollen die gewonnenen Erkenntnisse in den Gesamtzusammenhang gebracht und mit einer kurzen & kritischeren Schlußbetrachtung des Beitrags abgeschlossen und abgerundet werden.

Begriffsklärung

In Deutschland wurde in der Vergangenheit der Begriff des Sponsorings häufig mit dem der Sportwerbung auf eine Ebene gestellt. Im Sportsponsoring liegen zwar die Ursprünge des Sponsorings, jedoch darf nicht der Eindruck erweckt werden, daß es sich ausschließlich auf den Sport beschränkt. Eine vielzitierte Definition von BRUHN, „die die Planungs-, Entscheidungs- und Kontrollsyste-

---

[1] SPONSORS: „EM & Olympia pushen Sponsoring", S. 28

matik des Sponsorings hervorhebt"[2], verdeutlicht diesen Aspekt. Demnach bedeutet „Sponsoring [...] die Planung, Organisation, Durchführung und Kontrolle sämtlicher Aktivitäten, die mit der Bereitstellung von Geld, Sachmitteln, Dienstleistungen oder Know-How durch Unternehmen und Institutionen zur Förderung von Personen und/oder Organisationen in den Bereichen Sport, Kultur, Soziales, Umwelt und/oder den Medien verbunden sind, um damit gleichzeitig Ziele der Unternehmenskommunikation zu erreichen".[3] In der obigen Definition wird durch den Einbezug möglicher Sponsoring-Bereiche eine umfassende Charakterisierung vorgenommen, wobei der Schwerpunkt eher auf dem theoretisch erwünschten als auf dem praktisch stets gültigen Aspekt liegt.

Während BRUHN die Förderabsicht des Sponsors vordergründig behandelt, rückt diese für HERMANNS in seiner Begriffsinterpretation in den Hintergrund. Er bezeichnet Sponsoring als „die Zuwendung von Finanz-, Sach- und/oder Dienstleistungen von einem Unternehmen, dem Sponsor, an eine Einzelperson, eine Gruppe von Personen oder eine Organisation bzw. Institution aus dem gesellschaftlichen Umfeld des Unternehmens, dem Gesponserten, gegen die Gewährung von Rechten zur kommunikativen Nutzung von Personen bzw. Organisationen und/oder Aktivitäten des Gesponserten auf Basis einer vertraglichen Vereinbarung".[4] Daraus resultierend spricht man von einem Sponsorship, wenn sich Sponsor(en) und Gesponserte(r) vertraglich geeinigt haben, ein konkretes Projekt gemeinsam durchzuführen.[5] Des Weiteren kristallisieren sich aus Hermanns Definitionsweise drei besondere Charakteristika des Sponsorings heraus, die nachfolgend aufgezählt werden, da sie die Basis für das Verständnis des nächsten Punktes bilden.

- „Sponsoring basiert auf dem Prinzip von Leistung und Gegenleistung. Der Sponsor erbringt eine Leistung, um damit vom Gesponserten eine Gegenleistung zu erhalten.
- Sponsoring ist mit der Förderung sportlicher, kultureller, sozialer oder anderer Anliegen verbunden. Der Fördergedanke variiert bei den Sponsoren in Abhängigkeit von den Einsatzfeldern.
- Sponsoring erfüllt für Unternehmen kommunikative Funktionen. Diese Funktionen können vom Gesponserten direkt erbracht, durch Medien transportiert oder auch vom Sponsor selbst geschaffen werden".[6]

Ausgehend von den oben genannten Merkmalen liegt der Fokus dieses Beitrags auf den beiden Hauptakteuren eines Sponsorships - der Beziehung zwischen Sponsor und Gesponsertem. Beide Perspektiven müssen betrachtet werden, um

---

[2] KRÜGER / DREYER: „Sportmanagement", S. 248
[3] BRUHN: „Sozio- und Umweltsponsoring", S. 2
[4] HERMANNS: „Sponsoring: Grundlagen, Wirkungen, Management, Perspektiven", S. 36f.
[5] BRUHN / MEHLINGER: „Rechtliche Gestaltung des Sponsorings" , S. 4
[6] BRUHN / MEHLINGER: „Rechtliche Gestaltung des Sponsorings" , S. 4

die Gesamtheit von Sponsoringaktivitäten zu begreifen. Auf diesen Aspekt wird später primär im Zusammenhang mit den einzelnen Sponsoringzielen eingegangen.

Abgrenzung gegenüber Mäzenatentum & Spendenwesen

„Die Förderung der Kunst, der Wissenschaft und des Sozialwesens durch Privatpersonen oder Unternehmen hat eine Jahrhunderte lange Tradition".[7] Schon im ersten Jahrhundert vor Christus förderte der wohlhabende Römer Gaius Clinicus Maecenas einige Dichter seiner Zeit völlig uneigennützig.[8] In der heutigen Literatur wird bei Betrachtung der historischen Entwicklung der Unternehmensförderung zwischen Mäzenatentum, Spendenwesen und Sponsoring unterschieden. Charakteristisch für das Mäzenatentum ist die Förderung der Kultur bzw. Anderer Bereiche aus rein altruistischen Motiven heraus. Der Mäzen - häufig Privatpersonen oder Stiftungen – erwartet keine Gegenleistung für seine Förderungsmaßnahmen und agiert eher diskret im Hintergrund ohne seine Unterstützung medienwirksam nach außen kommunizieren zu wollen. In Form von „Spenden, Stipendien, Beiträgen, Hilfeleistungen"[9], z.b. rechtlicher Beratung und der Bereitstellung von Räumlichkeiten nutzen insbesondere kleinere bzw. Eigentümer – Unternehmungen diese Art der „stillen" Förderung. Eine Weiterentwicklung des Mäzenatentums stellt das Spendenwesen dar, gekennzeichnet dadurch, daß Einzelpersonen oder Unternehmen Spenden an Non-Profit-Organisationen vergeben, die sie steuerlich wiederum absetzen können. Neben dem Nutzen der erwähnten Steuervorteile ist das Fördermotiv bei dieser Unterstützungsform immer noch dominierend. Die Entscheidung in Unternehmen für den Einsatz des Spendenwesens trägt bei dieser Förderungsart meist das Finanzwesen, wohingegen beim Mäzenatentum der Unternehmer selbst den Entscheidungsträger darstellt.[10] Vergleicht man die typischen Merkmale dieser beiden Unterstützungsformen mit denen des Sponsorings, wird deutlich, daß sie durch eine unterschiedliche Schwerpunktlegung zur Förderung typisiert sind. Denn beim Sponsoring werden Fördermittel nur unter der Prämisse bereitgestellt, daß der Sponsor vom Gesponserten eine Gegenleistung erhält[11], von der wiederum die Bereitstellung der finanziellen Mittel des Sponsorships abhängig gemacht wird. In der Theorie lassen sich diese drei Förderungsmaßnahmen durch die gewonnenen Erkenntnisse klarer voneinander abgrenzen als es in der Praxis der Fall ist, wo vielfältige Mischformen auszumachen sind, die einen unterschiedlichen Stellenwert der schon anfangs erläuterten Sponsoringcharakteristika aufweisen.

---

[7] BRUHN / MEHLINGER: „Rechtliche Gestaltung des Sponsorings", S. 3
[8] MARKETING-HORIZONTE: „Einführung Sponsoring"
[9] FREYER: „Handbuch des Sportmarketing", S. 356
[10] BRUHN / MEHLINGER: „Rechtliche Gestaltung des Sponsorings", S. 5
[11] BRUHN / MEHLINGER: „Rechtliche Gestaltung des Sponsorings", S. 4

Entwicklung des Sponsorings in Deutschland

Aus heutiger Sicht ist es schwer vorstellbar, daß es Zeiten gab, „in denen sich das Sponsoring nicht allerbesten Ansehens erfreuen durfte".[12] Anfang der 1960er waren Sonderwerbeformen in Deutschland noch verpönt und wurden herablassend als „Schleichwerbung" bezeichnet. Erst seit den 1980ern waren erste Züge professionellen Sponsorings zu erkennen. Insbesondere Sportfirmen begannen damit ihr Engagement systematisch zu planen und ausgewählte Sponsorships in die eigene Unternehmenskommunikation einzubetten. Daher wird dieser Zeitraum auch als Phase des Sportsponsorings bezeichnet. Bis heute erschließen Wirtschaftsorganisationen immer wieder neue Förderbereiche. Aktuell wird zwischen vier großen Sponsoringformen unterschieden, die wiederum in Subformen unterteilt werden.[13]

- Sport-Sponsoring (Förderung von Einzelsportlern, Sportmannschaften oder Sportveranstaltungen[14])
- Medien-Sponsoring (Sponsoring von Programminhalten, Sendungen, Spielfilmen, Serien oder Talkshows in elektronischen Medien wie TV, Radio oder Internet)
- Kultur-Sponsoring (Unterstützung kultureller Aktivitäten in den Breichen Musik, bildende Kunst, Architektur usw.)
- Public-Sponsoring (Förderung von Engagements im Gesundheits- und Sozialwesen, Wissenschaft & Bildung sowie Natur- & Artenschutz)

Die größte ökonomische Wichtigkeit der aufgezeigten Sponsoringvarianten wird dem Sport-Sponsoring beigemessen, was „vor allem an der intensiven Medienberichterstattung über Sportereignisse liegt".[14] Beim Programm – bzw. Mediensponsoring wird beispielsweise vor, während oder nach einer Fernseh – oder Radiosendung ein Werbespot oder der Name des jeweiligen Sponsors als kommunikative Maßnahme verwendet. Charakteristisch für das Kultursponsoring ist der Versuch über gesellschafts- und sozialpolitische Engagements des Sponsors eine „positive Beeinflussung des Images"[14] zu bewirken. Beim Public-Sponsoring wird durch die Förderung gesellschaftlicher Aktivitäten gleichermaßen eine Imageverbesserung angestrebt. Die stetige Weiterentwicklung des Sponsorings schlägt sich natürlich auch im Volumen des Sponsoringmarktes nieder. Noch 1994 wurden von Unternehmen geschätzte 2,2 Mrd. DM, das entspricht etwa 1,1 Mrd. Euro, für Sponsoringaktivitäten aufgewendet.[15] Aktuell, 14 Jahre später, beträgt das Gesamtvolumen von Sponsoringmaßnahmen in Deutschland ca. 4,6 Mrd. Euro und für 2010 werden geschätzte 5,1 Mrd. Euro angenommen.[16]

---

[12] KRÜGER / DREYER: „Sportmanagement", S. 249
[13] PILOT: „Sponsor-Visions-Studie 2007", S. 4
[14] HOMBURG / KROHMER: „Marketingmanagement", S. 841
[15] BRUHN / MEHLINGER: „Rechtliche Gestaltung des Sponsorings" , S. 2
[16] SPONSORS: „EM & Olympia pushen Sponsoring", S.28

Abbildung 1: Sponsoringvolumen in Deutschland (in Mrd. Euro)[17]

Sponsoringart	2005	2006	2007	2008	2009	2010
Gesamtvolumen	3,6	4,3	4,0	4,6	4,8	5,1
Sportsponsoring	2,1	2,7	2,5	2,9	3,0	3,2
Kultursponsoring	0,3	0,3	0,3	0,3	0,4	0,4
Public Sponsoring[18]	0,3	0,3	0,3	0,4	0,4	0,5
Mediensponsoring	0,9	1,0	0,9	1,0	1,0	1,0

Betrachtet man die Verteilung der Volumina auf die einzelnen Sponsoringbereiche, wird deutlich, daß in das Sportsponsoring der größte Anteil des Gesamtvolumens investiert wird, gefolgt von Medien-, Public- und Kultur-Sponsoring. Dieser Vergleich unterstreicht anhand von belegbaren Zahlen nochmals die schon vorab gemachte These, daß den Sponsoringengagements im Sport die größte wirtschaftliche Bedeutung beigemessen wird. So läßt sich zudem der ausgeprägte Ausschlag der Graphik in 2006 mit dem Mega-Event der letzten Jahrzehnte in Deutschland erklären – das Jahr der Herren Fußball-Welt-meisterschaft. Die Sportsponsoringaktivitäten waren hierzulande signifikant angestiegen. Im Vergleich zum Vorjahr 2005 nahmen die Sport-Sponsoringinvestments um fast 30% auf ca. 2,7 Mrd. Euro zu.[19] Angesichts dieses intensiven Wandels auf dem Sponsoringmarkt ist es naheliegend auch von einer zunehmenden Komplexität der einzelnen Ziele der Interessensgruppen im Sponsoring auszugehen. Diese Problematik soll unter nachfolgendem Gliederungspunkt detaillierter aufgezeigt und reflektiert werden.

Dreiecksverhältnis

Das Sponsoring in Deutschland ist gekennzeichnet durch ein Dreiecksverhältnis zwischen Wirtschaft (Unternehmen), Medien (TV, Internet, Printmedien) und Organisationen (Sport,- Kultur- und Sozialorganisationen).[20] Diese drei großen „Säulen" des Sponsorings verfolgen unterschiedliche Ziele. Die Wirtschaft ist daran interessiert, durch verschiedene Formen der Kommunikation, unter anderem durch Sponsoring, ihre Zielgruppe zu erreichen um von dort aus weitere Ziele abzuleiten. Die Wirtschaft sieht sich aber in den letzten Jahren mit dem Problem konfrontiert, daß die Zielgruppen für die klassischen Formen der Kommunikation (z.B. Werbung, PR, Verkaufsförderung) nicht mehr so empfänglich sind. Experten begründen diesen Tatbestand unter anderem mit einer generellen Informationsüberflutung, die die Aufnahme von Botschaften erschwert. Die Me-

---

[17] PILOT: „Sponsor-Visions-Studie 2007"; ergänzt durch PILOT: „Sponsor-Visions-Studie 2008"
[18] das Public Sponsoring umfaßt in dieser Abbildung sowohl das Soziosponsoring als auch das Umweltsponsoring sowie das Wissenschaftssponsoring
[19] SPONSORS: „EM & Olympia pushen Sponsoring", S. 28
[20] BRUHN / MEHLINGER: „Rechtliche Gestaltung des Sponsorings", S. 2

dien haben starkes Interesse an Aktivitäten mit einer hohen Publikumsteilnahme. Neben ihrem journalistischen Auftrag, sind sie vor allem hohe Einschaltquoten bzw. Auflagen von hoher Bedeutung. Institutionen oder Organisationen organisieren beispielsweise das Zustandekommen von Aktivitäten (Sport, Kunst oder Kultur). Sie haben ihr Augenmerk vornehmlich auf materielle oder finanzielle Zuschüsse gerichtet. Durch ihre organisierten Aktivitäten schaffen sie Aufmerksamkeit bei dem Publikum, woran wiederum Wirtschaft und Medien interessiert sind. Aus diesem Dreiecksverhältnis ergeben sich unterschiedliche Erscheinungsformen des Sponsorings. Verständlicherweise sind somit eine Mehrzahl von Personen, Gruppen oder Institutionen an einem Sponsorship beteiligt, die wie bereits erwähnt, unterschiedliche Ziele verfolgen können.[21] Um einen groben Überblick zu erhalten macht es Sinn, das Strukturmodell des Sponsorings kurz zu erläutern.

Strukturen im Sponsoring

Als aktive Elemente des Sponsorings gelten sowohl die Sponsoren, als auch die Gesponserten. Sie vereinbaren bestimmte Leistungen und Gegenleistungen in Form eines Sponsorships. Des Weiteren zählen auch Vermittler und Berater als aktive Elemente, die ebenfalls bestimmte Ziele Verfolgen. Vermittler sind an der Vermarktung von Rechten interessiert, während Berater spezifische Beratungsleistungen erbringen. Beides natürlich gegen ein entsprechendes Honorar.[22] Als passive Elemente sind die staatlichen Stellen und die Medien anzusehen. Zu den staatlichen Stellen gehören z.b. Finanzbehörden, Instanzen zur Rechtsprechung und andere Behörden die ein Sponsorship beeinflussen können. Zu den Medien gehören TV- und Rundfunksender sowie Zeitungen, Zeitschriften und das Internet. Diese Elemente stellen passive Elemente dar, da sie die Rahmenbedingungen eines Sponsorships schaffen.[23] Sie können aber auch als aktive Elemente agieren z.b. wenn Medien als Sponsoren auftreten. Nachdem das Strukturmodell des Sponsorings grob erläutert wurde, werden sich die folgenden Ausführungen nun etwas genauer mit den Zielen der Sponsoren und Gesponserten beschäftigen, da sie die Hauptbeteiligten eines Sponsorships darstellen.

Management des Sponsorings

Wie bereits erwähnt, stellt Sponsoring für die Sponsoren ein Kommunikationsinstrument dar, für die Gesponserten ein Instrument zur Finanz- oder Materialmittelbeschaffung. Um nun die eigenen Ziele optimal erreichen zu können, ist es für jeden der Betroffenen erforderlich, einen systematischen Entscheidungs- und Planungsprozeß zu entwerfen.[24] Solche Prozesse folgen in der Regel den Phasen

---

[21] BRUHN / MEHLINGER: „Rechtliche Gestaltung des Sponsorings", S. 14
[22] BRUHN / MEHLINGER: „Rechtliche Gestaltung des Sponsorings", S. 15
[23] BRUHN / MEHLINGER: „Rechtliche Gestaltung des Sponsorings", S. 16
[24] BRUHN / MEHLINGER: „Rechtliche Gestaltung des Sponsorings", S. 25

des Management-Zyklus. Dieser wird unterteilt in eine Analysephase des Ist-Zustandes, Planungsphase, Gestaltungsphase, Realisierungsphase und der Kontrollphase.[25] Die folgenden Ausführungen werden sich zum größten Teil auf die Planung und somit auf die Ziele konzentrieren, dennoch werden auch die anderen Phasen kurz erläutert.

Sponsoring aus Sicht der Sponsoren

In der Analysephase findet eine Untersuchung der Umfeld-, Markt-, und Betriebsbedingungen statt. In der Planungsphase werden ausgehend von den übergeordneten Marketing- und Kommunikationszielen und Strategien des Unternehmens, die Sponsoringziele und Sponsoringstrategien abgeleitet. Sie dienen als Ausgangspunkt des Planungsprozesses.[26] Überschneidungen zu den anderen Zielebenen können somit auftreten. Beim Sponsoring werden von Seiten der Sponsoren meist kommunikative Ziele verfolgt, da die ökonomischen Ziele durch Sponsoring nur schwer meßbar sind. Dennoch sind auch ökonomische Ziele Gegenstand beim Sponsoring. Die von KRÜGER / DREYER formulierten Ziele sollen durch die aktuellen Prozentzahlen von SPONSORS VISIONS wie folgt belegt werden: Zu den meistverfolgten Sponsoringzielen gehört die Verbesserung oder Stabilisierung von Meinungen und Einstellungen gegenüber der Marke bzw. dem Unternehmen. Mit anderen Worten dem Image. Mit 90% Anteilswerten stellt dies das wichtigste Ziel beim Sponsoring für die Unternehmen dar. Dies kann beispielsweise geschehen durch einen Transfer des Images von dem Sponsoring-Objekt auf das Produkt bzw. Unternehmen als Sponsor, durch die Assoziationen der Konsumenten.[27] Unternehmen sind dabei natürlich stets bemüht, positive und nicht negative Imagetransfers auszulösen. Sponsoring dient im Rahmen von Veranstaltungen, seien es Sport-, Kultur-, oder Sozioveranstaltungen, aber auch als Mittel zur Kontaktpflege. Als Sponsor einer Veranstaltung, hat das Unternehmen gute Möglichkeit den Kontakt zu ausgewählten Geschäftspartnern oder potentiellen Partnern, Kunden und Medienvertretern herzustellen bzw. zu pflegen. Diese Maßnahmen können sich wiederum positiv für weitere Sponsoringziele auswirken. Mit 86% Anteilswerten stellt es somit ein weiteres wichtiges Ziel dar. Die Erhöhung bzw. Stabilisierung des bereits vorhandenen Bekanntheitsgrades, stellt ein weiteres Sponsoringziel dar. Mit 85% Anteilswert steht es nahezu auf einer Stufe mit der Kontaktpflege. Die Medien spielen bei diesem Ziel eine hervorgehobene Rolle. Sie dienen als Multiplikator. Das Sponsoring internationaler Veranstaltungen, z.B. in Form eines Exklusiv-Sponsorings, ist eine häufig angewandte Maßnahme zur Erreichung dieses Ziels.[28] Auch die mittel- und langfristigen Umsatzziele spielen beim Sponsoring eine Rolle. Diese ökonomischen Ziele leiten sich aus den übergeordneten Mar-

---

[25] FREYER: „Handbuch des Sportmarketing", S. 325
[26] KRÜGER / DREYER: „Sportmanagement", S. 253
[27] DAMM-VOLK: „Sponsoring als Kommunikationsinstrument im Marketing", S. 121
[28] DAMM-VOLK: „Sponsoring als Kommunikationsinstrument im Marketing", S. 122

ketingzielen ab, wie bspw. die Absatzsteigerung oder die Sicherung von Marktanteilen.[29] Die Faktoren, die aber beispielsweise die Absatzsteigerung beeinflussen, sind sehr vielfältig. Die Wirkung des Sponsorings kann daher nur über einen längeren Zeitraum erfaßt und meßbar gemacht werden. Deshalb handelt es sich beim Sponsoring auch eher um mittel- bis langfristige Umsatzziele. Diese stellen einen Anteilswert von 62%. Sponsoring kann aber auch eine kurzfristige, direkte ökonomische Wirkung aufweisen. Dies kann z.b. geschehen beim Sponsoring von Sportlern, die als Testimonial, d.h. als Verwender eines Artikels eingesetzt werden. Dieses Sponsoringziel erreicht 34% an Anteilswerten. Parallel zu der Zielformulierung müssen die durch das Sponsoring anzusprechenden Zielgruppen identifiziert werden. Daraufhin muß geklärt werden, welche Sponsoringarten und –formen für das Unternehmen sinnvoll wären. Dies kann als Sponsoringstrategie aufgefaßt werden. Strategien stellen dabei, bildlich gesprochen, breite und nicht immer gerade und auf jeden Fall relativ lange Wege dar, die zu Zielen führen sollen. Strategien und Ziele sind demnach nicht identisch. Zwischen ihnen herrscht eine Mittel-Zweck-Beziehung.[30] Sind diese Voraussetzungen erfüllt, geht es in die Gestaltungs- und Realisierungsphase. Hier geht es u.a. um die konkrete Auswahl von Sponsorships. Dabei mitberücksichtigt werden müssen das Budget sowie die rechtliche Gestaltung des Sponsorships. Daraufhin muß eine Integration des Sponsorings in die Unternehmenskommunikation stattfinden. Zum Schluß des Zyklus erfolgt die Erfolgskontrolle, in der die kommunikative Wirkung und die Finanzen in Form einer Kosten-Nutzen-Relation analysiert werden.[31] Die Kontrolle läuft in der Regel bereits parallel zum gesamten Zyklus.

Sponsoring aus Sicht der Gesponserten

Wie beim Sponsoren verfolgt auch der Gesponserte einem Zyklus. Auch hier startet der Prozeß wieder mit einer Analysephase. Es gilt den derzeitigen Ist-Zustand zu ermitteln. Nach der Analysephase folgt wiederum die Planungsphase. Der gesponserte muß seine Ziele formulieren und die entsprechende Strategie wählen um diese zu erreichen. Im Gegensatz zum Sponsor, sieht der Gesponserte im Sponsoring primär die Möglichkeit, zusätzliche Finanzmittel oder materielle Zuwendungen zu erhalten. Viele Organisationen oder Veranstaltungen würden ohne ein Sponsoring sicherlich nicht mehr existieren. Der Sponsor unterstützt durch seine Maßnahmen aber auch Teile der Distributionspolitik des Gesponserten. Da ein Sponsor Interesse an einer möglichst weiten Verbreitung seiner Sponsoringmaßnahmen hat, fördert er dadurch auch den Vertrieb der Leistungen des Gesponserten.[32] Sponsoring kann auch auf Seiten der Gesponserten als Kommunikationsmittel dienen. Der Gesponserte kann unter anderem

---
[29] DAMM-VOLK: „Sponsoring als Kommunikationsinstrument im Marketing", S. 125
[30] SCHANZ: „Unternehmensführung", S. 7
[31] BRUHN / MEHLINGER: „Rechtliche Gestaltung des Sponsorings", S. 27
[32] FREYER: „Handbuch des Sportmarketing" S. 373

vom Sponsor Unterstützung bei seiner Öffentlichkeitsarbeit erwarten, z.B. durch bestimmte gemeinsame PR Maßnahmen. In der Gestaltungs- und Realisierungsphase geht es dann wieder um die konkrete Vorgehensweise. Der Gesponserte muß eine Auswahl von möglichen Sponsoren treffen die für ein Sponsorship in Frage kämen. Daraufhin muß eine Festlegung des Sponsorbetrages erfolgen und die rechtliche Gestaltung geklärt werden. Sind diese Bedingungen erfüllt, erfolgt auch hier eine Integration des Sponsorships in die Absatzmarktprogramme der gesponserten Organisation und die Sicherstellung der internen Durchführung mit den eigenen Mitarbeitern. Die Kontrollphase erfolgt auch hier wieder zum Schluß bzw. parallel zum gesamten Prozeß. Die Kontrolle bezieht sich auf den Umfang und Intensität der Aufgabenerfüllung (Absatzmarkt), die Wirkung des Sponsorships (Sponsoringmarkt) und auf die finanziellen Ergebnisse der Sponsoringaktivitäten (Beschaffungsmarkt).[33]

Vernetzung des Sponsoring

Sponsoring ist ein Kommunikationsinstrument, das dem Marketing-Mix angehört. Zu dem Marketing-Mix gehören die Produkt-, Preis-, Distributions- und Kommunikationspolitik. Zur Kommunikationspolitik einer Unternehmung zählen sämtliche Maßnahmen, die darauf abzielen, auf Kenntnisse, Einstellungen und Verhaltensweisen von Marktteilnehmern gegenüber den Unternehmensleistungen einzuwirken.[34] Zu der Kommunikationspolitik gehört unter anderem auch der Kommunikationsmix, welcher sich aufspaltet in „above-the-line" und below-the-line" Kommunikation. „Above-the-line" stellt die klassischen Instrumente wie z.B. Werbung, PR und Verkaufsförderung dar. Es sind die „traditionelle" Kommunikationsmaßnahmen, also die, die direkt erkennbar ist. Die Bezeichnung ist auf das Bildnis der Wasserlinie zurückzuführen. Alles über der Linie befindliche ist für jedermann leicht wahrnehmbar. Ganz im Gegensatz dazu steht die „below-the-line" Kommunikation. Hierunter sind alle „nicht-traditionellen" Kommunikationsmaßnahmen zu verstehen. Es handelt sich um alle Maßnahmen die unter der Wasserlinie stattfinden, also jene, die nicht sofort als Kommunikationsinstrumente wahrgenommen werden. „Below-the-line" Kommunikation gilt insgesamt als persönlicher, direkter und zielgruppenspezifischer.[35] Zu ihnen gehören unter anderem das Event-Marketing, das Product-Placement und das Sponsoring.

Der Einsatz von Sponsoring ist nur effektiv, wenn er von Beginn an in eine bestehende Kommunikationspolitik des Unternehmens eingebettet wird. Nur so kann ein konstanter Auftritt gewährleistet und Synergien genutzt werden. Das Sponsoring muß unter Beachtung bestimmter Formen in den Kommunikations-

---

[33] BRUHN / MEHLINGER: „Rechtliche Gestaltung des Sponsorings", S. 30
[34] BRUHN: „Marketing", S. 23
[35] KRÜGER / DREYER: „Sportmanagement", S. 260

mix integriert werden. Diese werden unter der integrierten Kommunikation zusammengefaßt. Darunter ist vorrangig eine Strategie zu verstehen, mit der die langfristig verfolgten kommunikativen Ziele durch Abstimmung und Vernetzung aller Kommunikationsinstrumente erreicht werden soll. Dazu zählen die inhaltliche Integration, die formale Integration und die zeitliche Integration.[36] Das Sponsoring und insbesondere das Sportsponsoring, bietet viele Möglichkeiten einer Vernetzung mit den weiteren Kommunikationsinstrumenten des Unternehmens. Trotz der möglich auftretenden Schwierigkeiten einer solchen Vernetzung, sollte es Anliegen eines jeden Unternehmens sein dies zu tun, um damit die Wirkung auf die Gesamtkommunikation sinnvoll zu verstärken.[37]

Beispielhaft werden nun einige Möglichkeiten der instrumentellen Integration anhand des Sportsponsorings erläutert: Die Integration der Instrumente Sportsponsoring und PR können im Rahmen des Sportsponsorings sehr gut dargestellt werden. Ein im Sportsponsoring aktives Unternehmen kann beispielsweise durch Presseinformationen, Pressekonferenzen sowie Hinweise in Unternehmensbroschüren gezielt auf sein sportliches Engagement hinweisen. Im Rahmen der klassischen Werbung ist ebenfalls eine gute Vernetzung zum Sponsoring möglich. Das Sponsorunternehmen kann durch klassische Anzeigen-, Fernseh- und Rundfunkwerbung auf sein Sponsorship aufmerksam machen oder mit Prominenten oder Sportlern als Testimonials arbeiten. Sponsoring kann auch in die Verkaufsförderung integriert werden. Die Sportler, Mannschaften oder Prominenten die in das Sponsorship involviert sind, können durch gezielte Promotionaktionen (Verlosungen, Autogrammstunden) im Handel oder anderen ausgewählten Orten die Verkaufsförderung unterstützen. Einige Sponsoren (z.B. Getränkehersteller) haben auch die Möglichkeit, im Rahmen bestimmter Sportereignisse, den gezielten Abverkauf ihrer Produkte zu fördern. Eine weitere Maßnahme mit der sich das Sponsoring sehr gut verbinden läßt, ist die persönliche Kommunikation. Besonders das Sportsponsoring bietet eine gute Grundlage zur persönlichen Kontaktaufnahmen mit der Zielgruppe des Unternehmens. Durch die Einladung und/oder Vergabe von VIP-Karten zum gesponserten Ereignis, ergeben sich viele Möglichkeiten der Kommunikation in einer entspannten Atmosphäre.[38]

Schlußbetrachtung

Anhand der gemachten Ausführungen wird deutlich, warum Sponsoring als das Werbetool der Kommunikationsbranche gesehen wird. Sponsoring bietet je nach Zielsetzung diverse Chancen & Potentiale. Durch die Vernetzung mit anderen Kommunikationsinstrumenten können vorhandene Synergien genutzt werden.

---

[36] KRÜGER / DREYER: „Sportmanagement", S. 263
[37] KRÜGER / DREYER: „Sportmanagement", S. 265
[38] KRÜGER / DREYER: „Sportmanagement", S. 265

Dieser Prozeß wird auch als Multiplikatoreffekt bezeichnet. Als Indiz für die Bedeutung des Sponsorings soll eine von Sponsors –ein Fachmagazin für Sportbusiness- durchgeführte Befragung der 50 größten deutschen Unternehmen dienen. Die Untersuchung ergab, daß 35 der 50 befragten Wirtschaftsorganisationen Sponsoring als Kommunikationstool nutzen. Unter diesen Unternehmen sind DAX-Größen wie E.ON, Deutsche Telekom, SAP, Allianz, Deutsche Bank und BASF vertreten, um nur einige wenige zu nennen.[39] Des Weiteren unterstreicht die unter dem Gliederungspunkt „Entwicklung des deutschen Sponsoringmarktes" zweite erstellte Graphik, die auch die für 2008 bis 2010 prognostizierten Sponsoringvolumina in Deutschland enthält, den stetigen Bedeutungsanstieg des Sponsorings. In der bislang vorgenommenen Reflektion des Themas wurden bisher nur positive Effekte erläutert. Deshalb werden die folgenden Ausführungen kurz auf die etwaigen Gründe eingehen, die gegen ein Sponsoringengagement eines Unternehmens sprechen können. Dafür wird auf die schon vorab vorgestellte Befragung von Sponsors nochmals eingegangen. 15 der 50 befragten Top-Unternehmen sprachen sich gegen den Einsatz von Sponsoring aus und können sich auch für die Zukunft kein Engagement vorstellen. „Die Gründe für einen Sponsoring-Verzicht lauten dabei fast immer gleich", so Sponsors. Das Gros der Unternehmen führte an, daß Sponsoring nicht zu ihrer Unternehmenskommunikation passe. Zudem wurde das Preis-Leistungsverhältnis von den Marketingleitern der betroffenen Wirtschaftsorganisationen als weniger effizient eingeschätzt als bei der klassischen Werbung. Als weitere Gründe wurden das Nicht-Erreichen der Zielgruppe und früherer Ziele eines Sponsorships angegeben.[39] Die hier vorgelegten Negativaspekte sollen für eine kritischere Betrachtungsweise des Themas sorgen. Auch wenn nur knapp ein Drittel der 50 größten deutschen Unternehmen sich gegen den Einsatz des Sponsorings entscheidet, so darf dieser Betrachtungswinkel nicht vollkommen vernachlässigt werden. Für die Zukunft ist das Sponsoring trotz alledem weiter auf dem „Vormarsch". Es bleibt abzuwarten, ob findige Marketingspezialisten in der Lage sind Methoden oder Strategien zu entwickeln, die mit dem Sponsoring konkurrieren können.

---

[39] SPONSORS: „Top-50-Unternehmen setzen auf Sponsoring" , S. 3f.

Kapitel II

Sportsponsoring

von Caren Berndt und Doris Roddewig

Wenn heutzutage von sportlichen Großveranstaltungen die Rede ist, wie beispielsweise der Fußballeuropameisterschaft oder auch den Olympischen Spielen, ist ein bestimmter Bereich des Sponsorings nicht mehr wegzudenken, das Sportsponsoring. Aber nicht nur große Sportveranstaltungen benötigen für ihre Realisierung das Engagement und vor allem die finanzielle Unterstützung von Sponsoren, sondern durchaus auch kleinere Veranstaltungen, wie etwa Sommerfeste von ländlichen Sportvereinen. Aus der Sicht des Sponsors bzw. Unternehmens ermöglicht der Sport durch sein facettenreiches Kommunikationspotential den Markenaufbau wie kein anderer Sponsoring-Bereich.[40] So vereinte der Sport von den in Deutschland im Jahr 2007 bereitgestellten 4 Mrd. Euro 2,5 Mrd. Euro auf sich. Die restlichen 1,5 Mrd. Euro verteilten sich auf das Medien- (0,9 Mrd. Euro), Kultur- (0,3 Mrd. Euro) und Public-Sponsoring (0,3 Mrd. Euro). Im Vergleich zu 2004 machte das Gesamt-Sponsoring-Volumen in Deutschland noch 3,4 Mrd. Euro aus, wobei der Sport auch hier schon mit 1,9 Mrd. Euro eine Vorrangstellung einnahm.[41] Die Frage ist: was macht das Sportsponsoring für seine Beteiligten so attraktiv? Im Folgenden soll auf die Beantwortung dieser Frage mit der Erläuterung allgemeiner Grundlagen des Sportsponsorings eingegangen werden. So wird dieser Begriff zunächst definiert und aufgezeigt, was unter dem magischen Dreieck des Sportsponsorings zu verstehen ist. Anschließend werden die unterschiedlichen Erscheinungsformen des Sportsponsorings beschrieben und Hauptkriterien der Auswahlentscheidung genannt. Im letzten Teil wird auf ein Fallbeispiel aus der Praxis eingegangen, wie ein entsprechendes Sponsoringkonzept eines Unternehmens aussehen könnte und abschließend ein kurzer Ausblick angeboten.

Allgemeine Grundlagen zu Sportsponsoring

Definition – Was ist Sportsponsoring?

HERMANNS definiert Sportsponsoring als „Zuwendung von Finanz-, Sach- und / oder Dienstleistungen von einem Unternehmen (Sponsor) an eine Einzelperson, eine Gruppe von Personen oder eine Organisation bzw. Institution aus dem Sport (Gesponserter) gegen die Gewährung von Rechten zur kommunikativen Nutzung von Personen bzw. Institutionen und /oder Aktivitäten des Gesponser-

---

[40] ADJOURI / STASTNY: „Sport-Branding – Mit Sport-Sponsoring zum Markenerfolg", S. 9
[41] ADJOURI / STASTNY: „Sport-Branding – Mit Sport-Sponsoring zum Markenerfolg", S. 9

ten auf der Basis einer vertraglichen Vereinbarung".[42] Somit grenzt er das Sponsoring eindeutig von weiteren Formen der Förderung Dritter ab, da sowohl das Mäzenatentum als auch das Spendenwesen nicht an eine Gegenleistung des Geförderten geknüpft sind.[43] Sportsponsoring beruht demnach auf Leistung und Gegenleistung, wobei die Gegenleistung durch den Gesponserten meist kommunikativen Wert hat.[44] Mögliche Leistungen des Sponsoren sind beispielsweise finanzielle Zuschüsse, Ausrüstungen (Bekleidung, Sportgeräte,...) oder Dienstleistungen wie ein Fahrservice von Automobilherstellern für Sportler bei Sportveranstaltungen. Wichtige Gegenleistungen des Gesponserten können Namensnennungen des Sponsoren auf Bekleidung, Fahrzeugen oder Pressemitteilungen sein.[45] Es findet also ein Austausch statt: Förderung gegen Öffentlichkeit.[46] BRUHN definiert Sportsponsoring des Weiteren als eine „spezifische Form der Partnerschaft, bei der sich Sponsor und Gesponserter zusammenfinden, damit jeder mit Hilfe des anderen seine eigenen Ziele erreicht".[47] Die vertraglichen Vereinbarungen über Leistung und Gegenleistung sind in einem Sponsorship geregelt. In diesem Sponsoring-Engagement werden die jeweiligen Leistungen des Sponsors und Gesponserten nach Art und Umfang fixiert.

Das magische Dreieck des Sportsponsorings

„Um Sponsoring effizient einsetzen zu können, müssen die Interessenslage und das Beziehungsgeflecht der Beteiligten beim Sponsoring analysiert werden".[48] Ein Mittel dafür ist das in der Literatur häufig genannte magische Dreieck des Sportsponsorings.[49] Es zeigt die eng verflochtenen Zusammenhänge zwischen den Sponsoring-Beteiligten Sport, Medien und Wirtschaft. Die Sportorganisationen bzw. auch die Gesponserten (Sport) stellen eine der Ecken des magischen Dreiecks dar und lassen sich anhand dreier Dimensionen (Sportart, sportliche Leistungsebene, organisatorische Einheit) systematisieren, auf die im Folgenden noch genauer eingegangen wird.[50] Für viele Verbände oder Vereine wird es heutzutage immer schwieriger, notwendige Mittel zur Aufrechterhaltung ihres Betriebes zu beschaffen. Sie suchen nach Finanzierungsmöglichkeiten, um ihren Aufgaben nachkommen zu können. Durch den kontinuierlichen Rückzug der öffentlichen Hand aus der finanziellen Unterstützung werden die Verantwortlichen vor neue Herausforderungen gestellt. So greifen sie immer stärker auf Sponsoren zurück, die Hilfe anbieten, um eine breite Masse der Bevölkerung ansprechen zu können. Sportsponsoring stellt für die Gesponserten damit ein

---

[42] HERMANNS: „Sponsoring – Grundlagen, Wirkungen, Management, Perspektiven", S. 36
[43] HERMANNS: „Entwicklung und Perspektiven des Sportsponsorings", S. 392
[44] ROTH: „Sportsponsoring – Ein Instrument der Kommunikationspolitik", S. 44
[45] TRAUTWEIN: „Vorlesungsskript Sponsoring", S. 3
[46] GOLLEK: „Sportsponsoring – Einsatzmöglichkeiten und Wirkungsweisen", S. 15
[47] BRUHN / MUSSLER: „Sponsoringfibel", S. 9
[48] HELVETIA: „Online Geschäftsbericht 2005 - Sportsponsoring"
[49] BRUHN: „Sport-Sponsoring: strategische Verklammerung in die Unternehmenskommunikation", S. 16
[50] HERMANNS: „Entwicklung und Perspektiven des Sportsponsorings", S. 401 f.

Finanzierungs- und Beschaffungsinstrument dar.[51] Eine weitere Ecke des magischen Dreiecks sind die Medien. Sowohl die im elektronischen als auch die im Printbereich angesiedelten Medien benötigen Inhalte für ihre Rubriken und Programme. Da sie häufig untereinander in Konkurrenz stehen, ist jede Medienanstalt fortlaufend auf der Suche nach neuen, interessanten Geschehnissen und Veranstaltungen, um sich hohe Einschaltquoten zu sichern. Da dem Sport eine „hohe Aufmerksamkeit in der Öffentlichkeit zukommt und eine umfassende Information geradezu erwartet wird, können die Medien diesem Thema weiten Raum widmen".[52] Die dritte und letzte Ecke betrifft die Wirtschaft bzw. die Wirtschaftsunternehmen, welche als Sponsoren daran interessiert sind, eine möglichst große Masse der Bevölkerung anzusprechen. Gerade der Sport ist aufgrund seiner großen Verbreitung für Sponsoringprojekte hervorragend geeignet. „Wer nicht selbst aktiv ist, nimmt über die Medien an sportlichen Großveranstaltungen teil: Fußballbundesliga, Reitturniere, Europameisterschaften in der Leichtathletik oder Turmspringen bei Olympischen Spielen – das Interesse in der Bevölkerung ist groß".[53] Unter anderem auch durch Unterstützung der verschiedenen Medienanstalten sprechen sie ihre Zielgruppe in Umfeldern an, in denen diese sich wohlfühlt und „erzeugen dadurch Authentizität und Emotionalität".[54] Für die Sponsoren stellt das Sponsoring also in erster Linie ein Instrument der Kommunikationspolitik bzw. Marketing-Kommunikation dar.[55]

Erscheinungsformen des Sportsponsorings

Aufgrund der Komplexität des Sports gibt es für Unternehmen vielfältige Möglichkeiten, als Sportsponsor aufzutreten.[56] Diese Alternativen lassen sich, wie oben bereits erwähnt, anhand der Gesponserten in drei Dimensionen einteilen: Sportart, sportliche Leistungsebene und Organisatorische Einheit.

Auswahl der Sportart

Vor dem Hintergrund der individuellen Zielsetzungen des Unternehmens bezüglich ihrer Sponsoringaktivitäten ist die Auswahl der Sportart, in welche mit Sponsoringengagements investiert werden soll, entscheidend.[57] Das Unternehmen muß sich die Sportart auswählen, die zu seiner Philosophie und in seine Corporate Identity paßt. Eine der zu klärenden Fragen ist, welche Zielgruppen im Fokus der Bemühungen stehen. (bspw. VIP-Kunden oder Endverbraucher). Außerdem gewinnen bestimmte Imagewerte für jedes Unternehmen eine be-

---

[51] HERMANNS: „Entwicklung und Perspektiven des Sportsponsoring", S. 404
[52] ADJOURI / STASTNY: „Sport-Branding – Mit Sport-Sponsoring zum Markenerfolg", S. 20
[53] DEUTSCHER OLYMPISCHER SPORTBUND „Sportsponsoring"
[54] TRAUTWEIN: „Vorlesungsskript Sponsoring", S. 1
[55] HERMANNS: „Entwicklung und Perspektiven des Sportsponsoring", S. 394
[56] KIENDL: „Markenkommunikation mit Sport", S. 145
[57] JAHRBUCH SPONSORING: „Exklusive Sportarten", S. 39

stimmte Bedeutung, aus denen sich nach einer differenzierten Bewertung eine passende Sportart ablesen läßt. Dies können beispielsweise die Folgenden sein: fair, familiär, sympathisch, jugendlich, modern, konservativ, zuverlässig, exklusiv, erfolgreich, unterhaltsam u.ä.. Hieraus ergibt sich unter anderem eine Entscheidung für eine Exklusivsportart wie Golf oder aber eine konservative Sportart wie Fußball. Wichtig bei der Auswahl des Unternehmens für eine bestimmte Sportart ist das Ineinandergreifen der Firmenphilosophie, der Status einer bestimmten Sportart sowie der Marke: Eine exklusive Sportart für eine exklusive Zielgruppe einer exklusiven Marke.

Bestimmung der sportlichen Leistungsebene

Die zweite Dimension beinhaltet die Entscheidung des Unternehmens für die Leistungsebene, die es sponsern will, sowie die Auswahl von Nachwuchs- oder Erwachsenensport. Dabei ist häufig eine Aufteilung in folgende Ebenen zu finden: Breiten- und Freizeitsport, Leistungssport sowie Hochleistungs- und Spitzensport.[58] Eine eindeutige Trennung ist aber nicht immer einfach, da die Ebenen ineinander übergehen. Die Frage, die sich stellt, ist nach welchen Kriterien sich ein Unternehmen für eine bestimmte Leistungsebene entscheidet. Dabei ist zunächst das verfügbare Budget zu berücksichtigen. Im Freizeit- und Breitensport reicht oftmals ein geringer Betrag schon für das Sponsoring aus. Diese Möglichkeit wird meistens von regional ansässigen Unternehmen genutzt, die mit diesem Engagement ihre Verantwortung für die Gesellschaft demonstrieren wollen. Das Schaffen eines bestimmten Images und das Nutzen des Sponsorings als Kommunikationsinstrument rücken dabei eher in den Hintergrund. Anders ist dies beim Sponsoring höherer Leistungsebenen.[59] Begonnen mit der Förderung des Leistungssports kann eine Investition hier bedeuten, daß Nachwuchssportler beim Aufbau ihrer sportlichen Karriere unterstützt werden und vertraglich an das Unternehmen gebunden werden können. Diese Partnerschaft entwickelt sich im Idealfall bis in den Spitzensport hinein, der dann optimal für Werbeziele eingesetzt werden kann.

Bestimmung der Organisatorischen Einheit

Bei fast allen Sportarten ist es möglich, unter verschiedenen Formen des Sportsponsorings zu wählen oder aber sich für eine Kombination zu entscheiden.[60] Die bekanntesten Formen, die im Folgenden detaillierter erläutert werden, sind: Sponsoring von Einzelsportlern, Sponsoring von Sportmannschaften und Sponsoring von Sportveranstaltungen

---

[58] DAMM-VOLK: „Sponsoring als Kommunikationsinstrument im Marketing", S. 94
[59] DAMM-VOLK: „Sponsoring als Kommunikationsinstrument im Marketing", S. 99
[60] ROTH: „Sportsponsoring", S. 75

Sponsoring von Einzelsportlern

Bei dieser Art des Sponsorings verpflichtet sich ein Sportler, gegen ein Honorar Kommunikationsleistungen zu erbringen.[61] Dies kann z.b. das Tragen des Markennamens auf dem Trikot sein, zusätzlich aber auch die Produktpräsentation durch Aussagen auf Werbeplakaten. Neben diesen hauptsächlichen Maßnahmen gibt es aber auch eine Vielzahl von kurzfristigeren Werbemöglichkeiten wie Autogrammstunden, Verkaufsförderungsaktionen, z.B. beim Tag der offenen Tür, u.ä.. Der Sportler muß dabei als Leitbild für eine bestimmte Zielgruppe fungieren, die sich mit ihm identifiziert und diese Identifikation auf die Marke überträgt. Fraglich ist nun, wer als Leitbild in Frage kommen kann. Leitbilder sind subjektive Erscheinungsbilder, die sich Menschen von bestimmten Personen machen. Damit diese Person zum Leitbild werden kann, muß sie vorbildhaft und damit nachahmenswert sein. Eigenschaften wie Bekanntheit, Beliebtheit und Glaubwürdigkeit sind drei Voraussetzungen für ein Leitbild. Gegeben sein muß aber auch die Affinität zwischen Leitbild, Produkt und Botschaft. Der Grund, warum der Sportler ein bestimmtes Produkt empfiehlt, muß der Zielgruppe deutlich werden. So effektiv und wirkungsvoll das Sponsoring von Einzelsportlern sein kann, mindestens ebenso viele Risiken birgt es.[62] Das sponsernde Unternehmen muß bezüglich Bekanntheit, Leistung, Image, Sympathie, Glaubwürdigkeit, Attraktivität und Kompetenz des Sportlers genau abwägen, ob eine Zusammenarbeit wirklich zur Zielerreichung führen kann. Das Zusammenwirken aller Faktoren ist ein sehr komplexer Vorgang, der nur schwer vorhersehbar ist und somit eine Schwierigkeit im Sponsoring bedeutet, weshalb das Sponsoring von Einzelsportlern in Deutschland wenig verbreitet ist, wenn man im Vergleich dazu die USA sieht. Im Nachwuchsbereich bieten sich den Unternehmen bessere Möglichkeiten des Sponsorings von Einzelsportlern. Zum einen können sie mit ihrer Förderung eine Art gesellschaftliches Verantwortungsbewußtsein dokumentieren, zum anderen haben sie durch die noch jungen Sportler einen günstigeren Einfluß. Die Sportler sind noch nicht im Profigeschäft und somit zeitlich besser verfügbar. Außerdem sind die Investitionen für einen Nachwuchssportler, der sich in kurzer Zeit durchaus zum Profisportler entwickeln könnte, im Vergleich zum finanziellen Aufwand für einen amtierenden Profisportler viel geringer. Das Risiko, das besteht, ist natürlich, daß niemand vorhersehen kann, ob der Nachwuchs durch sportliche Leistung den Durchbruch wirklich schafft und sich auch seine Persönlichkeit wie gewünscht entwickelt, so daß sich die Investitionen wirklich auszahlen.

---

[61] ROTH: „Sportsponsoring", S. 102
[62] JUNGELS: „Sportkarriere", S. 11

Sponsoring von Sportmannschaften

Bei dieser Form des Sponsorings, die auch Teamsponsorship genannt wird, unterstützt das Unternehmen eine Mannschaft finanziell und erhält als Gegenleistung das Team zur Nutzung für kommunikative Maßnahmen.[63] Die Werbung findet dabei vorwiegend auf dem Trikot statt, möglich ist aber auch, daß das Unternehmen zusätzlich Autogrammstunden und andere PR-Aktionen durchführt. Den Durchbruch für das Teamsponsoring markierte das Jahr 1973 als der DFB nach dem Präzedenzfall ‚Jägermeister und Eintracht Braunschweig' die Trikotwerbung genehmigte.[64] Während damals vorwiegend Fußballmannschaften dieses Sponsoring nutzen, ist es heute bei allen Sportarten weit verbreitet. Bei der Höhe der Beträge ist der Profifußball allerdings noch immer Spitzenreiter, auch wenn Sportarten wie Handball, Eishockey und Volleyball langsam mit Anzahl und Höhe der Partnerverträge nachziehen.

Sponsoring von Sportveranstaltungen

Das Sponsoring einer Sportveranstaltung setzt die Finanzierung bzw. Mitfinanzierung einer bestehenden oder neu konzipierten Veranstaltung voraus.[65] Das Ziel ist es, die Veranstaltung als Kommunikationsmittel zu nutzen und die Zuschauer vor Ort anzusprechen. Die Zuschauer sind dabei die zentrale Zielgruppe, da sie zum einen aufgrund der von ihnen zu zahlenden Eintrittsgelder für die Tageseinnahmen sorgen, zum anderen aber auch zu der Atmosphäre einer Sportveranstaltung beitragen.[66] Diese Art des Sportsponsorings ist die umfassendste Form des Sport-Engagements und läßt eine Fülle von Möglichkeiten für Werbung, Verkaufsförderung, PR und Kunden-Kontaktpflege zu.[67] Sie kommt hauptsächlich bei Individualsportarten, seltener bei Mannschaftssportarten vor. Begründet ist dies dadurch, daß Mannschaftssportarten mehrere Spiele über eine ganze Saison austragen und sich aus der Bilanz der Meister ergibt. Die Kosten hierfür werden durch Zuschauereinnahmen und Honorare des Werbepartners gedeckt. Anders ist dies bei Individualsportarten, die nur wenige Turniere und Meisterschaften austragen. Die Kosten hierfür können nicht immer durch Eintrittsgelder gedeckt werden, vor allem wenn Startgelder für erstklassige Sportler bezahlt werden müssen. So braucht man Sponsoren, die sich mit der Veranstaltung identifizieren wollen und zur Finanzierung beitragen. Das fördernde Unternehmen hat die Wahl, als Titel- oder Nebensponsor aufzutreten.[68] Dabei ist der Name des Unternehmens als Titelsponsor Teil des Veranstaltungstitels (z.B. BMW German Open). Hierfür erhält es die besten Werbeflächen, sein Name

---

[63] ROTH: „Sportsponsoring", S. 98
[64] ROTH.: „Sportsponsoring", S. 100
[65] ROTH.: „Sportsponsoring", S. 76
[66] HERMANNS,: „Entwicklung und Perspektiven des Sportsponsoring", S. 271
[67] ROTH.: „ Sportsponsoring", S. 77
[68] ROTH.: „ Sportsponsoring", S. 77

befindet sich i.d.R. auf Tickets, Veranstaltungsprogramm, Plakaten usw.. Bei Großveranstaltungen erhält der Titelsponsor in nahezu allen Fällen auch eine eigene VIP-Lounge für Gäste, Inhaber oder Mitarbeiter des Unternehmens. Nebensponsoren erhalten die nächstbesten Werbeflächen; als Kritik wird dabei hauptsächlich Schwenkbereich der Führungskamera angewandt. Der Nutzen für den Sponsor einer Veranstaltung ist, daß der Sponsor während einer Veranstaltung ein breites Spektrum von Werbemöglichkeiten anwenden kann.[69] Zusammenfassend ist das im Wesentlichen die Integration des Namens in den Titel der Veranstaltung, wodurch sich die Marke durch höhere Kontakte besser einprägt und er nicht nur in Bildern gezeigt wird, sondern in den Medien auch ausgesprochen wird. Die Marke ist auf allen Drucksachen, Informations- und Werbeflächen oder Informationsständen präsent. Nicht zuletzt erhält der Sponsor die Möglichkeit, Aktionen für Mitarbeiter und Kunden durchzuführen und diese bspw. in einer VIP-Lounge zu betreuen und zu bewirten.

Sponsoring-Kategorien

Da sich die in einem Sponsorship geregelten Anforderungen von Gesponserten und Sponsor nach Art und Umfang sehr unterscheiden können, werden nun einige Sponsoring-Kategorien näher differenziert. ADJOURI / STASTNY unterscheiden sechs Sponsor-Arten: Titel- bzw. Name-Sponsor, Presenting Sponsor, Haupt-Sponsor, Co-Sponsor, Ausrüster/Lieferant und Medienpartner. Die realen Namen der Sponsoring-Kategorien weichen in der Praxis i.d.R. von diesen exakten Bezeichnungen ab, finden sich aber inhaltlich in der Ansicht von ADJOURI / STASTNY wieder.

Das Titel- bzw. Name-Sponsoring wird in fast allen Bereichen des Sports eingesetzt und ist die weitverbreitetste Darstellungsform eines Sponsors. Mit dem Namen des Sponsors belegte Fußballstadien, wie die Allianz-Arena in München, können Beispiele für diese Kategorie sein. Der Presenting-Sponsor ist eine schwächere Form des Namenssponsors, denn er tritt nur zurückhaltend in der Öffentlichkeit auf. Er wird als Förderer gesehen, wobei aber der Gesponserte im Vordergrund steht.[70] Beispiel hierfür ist der von Shimano gesponserte UCI Mountainbike World Cup in 2006 bis 2008.[71] Eine weitere Kategorie ist das Haupt-Sponsoring. Hier hat der Sponsor den Vorteil einen zwar nennenswerten, jedoch geringeren Betrag als in den beiden zuvor genannten Kategorien beisteuern zu können, dann aber auch beim Auftreten mehrerer Unternehmen sich die kommunikative Stellung teilen zu müssen. Zum Co-Sponsoring besteht lediglich der Unterschied in einem geringeren Betrag, der vom Sponsor geleistet wird und eine damit verbundene geringere kommunikative Gegenleistung des

---

[69] ROTH,: „Sportsponsoring", S. 78
[70] ADJOURI / STASTNY: „Sport-Branding – Mit Sport-Sponsoring zum Markenerfolg", S. 27f.
[71] PAUL LANGE & CO: „2006-2008 Shimano presenting Sponsor des UCI Mountainbike World Cup"

Gesponserten. Ausrüster und Lieferanten sind Unternehmen, die technische oder andere Ausrüstungsgegenstände und Sachleistungen zur Verfügung stellen und stark mit der jeweiligen Sportart verbunden sind. Wenn finanzielle Mittel jedoch hinzukommen, wird wieder vom Sponsor gesprochen. Die letzte Kategorie ist der Medienpartner, der meistens bei Sportveranstaltungen oder auch Ligen vorkommt. Die Veranstalter versuchen schon im Vorfeld Werbung durch Medienpräsenz für ihre Veranstaltung zu machen, um möglichst viele Zuschauer anzulocken.[72] Beispielsweise trat der Fernsehsender ProSieben im Sommer 2007 im Rahmen einiger Funsport-Events unter dem Motto „We Love Active Summer" als Medienpartner auf. M. HILDEBRANDT, Marketingchef von ProSieben Television, sagte in einem Interview dazu: „Junge Trendsportarten passen perfekt zur Marke ProSieben. Dieses Jahr konnten wir unser Angebot an spannenden Sommer-Events noch weiter ausbauen. Damit bieten wir über den kompletten Sommer eine zielgruppen- und markenaffine Ansprache [...]. Und in den kalten Monaten geht es weiter mit ‚We love active Winter'".[73]

Hauptkriterien der Auswahlentscheidung

Zielgruppen im Sportsponsoring

Wenn Sportsponsoring zu einem durchgreifenden Kommunikationsinstrument werden soll, ist die Zielgruppenplanung von großer Bedeutung. Dabei unterscheidet man die Zielgruppe des Sponsors und die Zielgruppe des Gesponserten.[74] Die Zielgruppen des Sponsors sind sehr verschieden. So gehören bspw. Konsumenten, Handelspartner, Kapitalgeber, Lieferanten usw. dazu, die mit Hilfe des Sportsponsorings angesprochen werden sollen. Besonders zu beachten sind hierbei die Beziehungen, welche die einzelne Zielgruppe zum Sport hat. Nach BRUHN sind drei Fragestellungen von großer Bedeutung:

- Für welche Sportart interessiert sich die Zielgruppe?
- Betreibt sie aktiv eine Sportart?
- Welche Sportveranstaltung verfolgt sie unmittelbar (als Besucher) oder mittelbar (als Mediennutzer)?[75]

Sponsoring stellt für den Gesponserten primär ein Finanzierungs- bzw. Beschaffungsinstrument dar. Allerdings gibt es auch hier bestimmte Zielgruppen, die von dem Gesponserten erreicht werden sollen, um seine Interessen zu vertreten. Dies können u.a. die Steigerung des Bekanntheitsgrades seiner Sportart oder das Anlocken möglichst vieler Zuschauer sein, die für eine motivierende Atmos-

---

[72] ADJOURI / STASTNY: „Sport-Branding – Mit Sport-Sponsoring zum Markenerfolg", S. 29ff.
[73] WERBEN UND VERKAUFEN: „ProSieben nimmt´s sportlich"
[74] GOLLEK: „Sportsponsoring – Einsatzmöglichkeiten und Wirkungsweisen", S. 27
[75] BRUHN: „Sponsoring, Systematische Planung und integrativer Einsatz", S. 70ff.

phäre in den Stadien sorgen. Es spielen grundsätzlich drei Zielgruppen eine Rolle: die Sportler selbst als aktive Teilnehmer, die direkten (bei BRUHN: unmittelbar) Zuschauer (Besucher) und die indirekten (bei BRUHN: mittelbar) Zuschauer (Mediennutzer). „Bei Breitensportveranstaltungen überwiegen die direkt erreichbaren, wohingegen beim Sponsoring von Spitzensport-Ereignissen in der Überzahl die indirekten Zuschauer angesprochen werden".[76]

Ziele des Sportsponsorings

ROTH unterscheidet ökonomische und kommunikative Ziele, wobei er mit erstgenannten Zielen primär Finanz- (Investitions- oder Finanzierungsziele) und Erfolgsziele (Umsatz- oder Gewinnziele) meint, deren Erreichen nicht allein der Kommunikation zugerechnet werden kann. Anders ist es bei den kommunikativen Zielen, auf die im Folgenden genauer eingegangen werden soll.[77] Im Rahmen eines Engagements im Sportsponsoring sind nach BRUHN / MUSSLER insbesondere nachstehende Sponsoringziele ausschlaggebend.[78]

Bekanntheitsgradsteigerung

Sowohl für Sponsoren als auch für Gesponserte ist die Steigerung bzw. auch die Stabilisierung des Bekanntheitsgrades von sehr großer Bedeutung. Der Sponsor will durch Einsatz des Sportsponsorings sein Unternehmen und seine Produkte der jeweiligen Zielgruppe anpreisen, was aber auch nur dann sinnvoll sein kann, wenn notwendige Grundkenntnisse über Produkt und Unternehmen bereits vorhanden sind, da die Maßnahmen des Sponsorings über einen Produkt- oder Unternehmensnamen hinaus nur sehr eingeschränkt Informationen transportieren können. Bayern München als gesponserter Verein und T-Mobile als Sponsor sind exemplarisch für o.a. Sachverhalt. Auf der anderen Seite sind es aber auch die Gesponserten, die vom Sportsponsoring profitieren können. So können Sportarten, die bisher noch nicht sehr bekannt waren, mit Hilfe des Sponsorings stärker auf sich aufmerksam machen und ihre Popularität erhöhen.

Imagepflege

Der Imageaufbau, die -stabilisierung oder die –veränderung sind weitere wichtige Ziele des Sportsponsorings. Hier soll ein gegenseitiger Imagetransfer stattfinden, was für den Sponsor bedeutet, daß die Imagemerkmale des Sports auf das Image des Unternehmens übertragen werden sollen. Gerade bei längerfristigen Sponsoring-Engagements geht man davon aus, daß sich die Imagedimension einer Sportart oder eines Sportlers positiv auf das Unternehmen auswirkt. Dies

---

[76] ROTH: „Sportsponsoring – Ein Instrument der Kommunikationspolitik", S. 48f.
[77] ROTH: „Sportsponsoring – Ein Instrument der Kommunikationspolitik", S. 47
[78] BRUHN / MUSSLER: „Sponsoringfibel", S. 20ff.

trifft besonders für das Sportsponsoring zu, da mit den Gesponserten oft Begriffe wie „Sportlichkeit, Jugendlichkeit oder Exklusivität verbunden werden, die das Unternehmen für sein Image annehmen möchte".[79] So konzentrierte sich die Adam Opel AG über einen langen Zeitraum hinweg auf dynamische Ballsportarten, bei denen die Attribute wie Team oder Freude am Spiel im Vordergrund stehen. Die Zielgruppe sollte mit der Marke Opel also Dynamik und Sportlichkeit verbinden.[80] Andererseits kann auch der Gesponserte sein Ansehen und seine Attraktivität durch das Image seiner Sponsoren verändern, im positiven Fall verbessern.[81]

Schaffung von Goodwill

Ein weiteres sehr wichtiges Ziel im Sportsponsoring ist die Schaffung eines Goodwill. BRUHN / MUSSLER verstehen darunter die Darstellung der gesellschaftlichen Verantwortung sowie das Werben um Verständnis und Vertrauen für das Unternehmen bei bestimmten Bevölkerungsgruppen und geben als Beispiel die Fair-Play-Initiative des Deutschen Sports in Zusammenhang mit dem Sponsor IBM Deutschland.[82] Die von der Deutschen Olympischen Gesellschaft (DOG) geführte Fair-Play-Initiative des Deutschen Sports lief 1988 an. Unter dem Motto „Fair geht vor" wirbt die Deutsche Olympischen Gesellschaft gemeinsam mit den Partnern Deutsche Sportjugend, DSB und NOK (bzw. DOSB) bis heute für die Einhaltung der sportlichen Regeln, Respekt, Loyalität und Gerechtigkeit im Sport.[83]

Mitarbeitermotivation

Durch Sportsponsoring soll erreicht werden, daß sich Mitarbeiter durch Einladungen zu Sportereignissen oder aktiver Beteiligung an sportlichen, selbstveranstalteten Turnieren des Betriebes besser mit dem Arbeitgeber und dem Unternehmen identifizieren können und sich mit diesem verbunden fühlen.

Kontaktpflege

Ein weiteres Ziel des Sportsponsorings ist die Kontaktpflege, bei der Sponsoren im Rahmen ihres Engagements bestimmte Gäste wie bspw. Großkunden, Händler oder auch Politiker einladen, um bestehende Beziehungen zu pflegen oder an neue anzuknüpfen. Ohne Aktivitäten im Rahmen des Sponsorings, also auf dem Weg der klassischen Werbung, wäre es im regionalen Bereich nur sehr schlecht

---

[79] GOLLEK: „Sportsponsoring – Einsatzmöglichkeiten und Wirkungsweisen", S. 27
[80] SCHRÖTER: „Sponsorenakquisition-Auswahl potenzieller Partner"
[81] ADJOURI / STASTNY: „Sport-Branding – Mit Sport-Sponsoring zum Markenerfolg", S. 23
[82] BRUHN / MUSSLER: „Sponsoringfibel", S. 21
[83] DEUTSCHE OLYMPISCHE GESELLSCHAFT: „Zwei erfolgreiche Kampagnen: Goldener Plan und Fair-Play-Initiative"

möglich, diese Zielgruppen zu erreichen und mit ihnen ins Gespräch zu kommen.[84] DREES fügt noch ein weiteres wichtiges Ziel des Sportsponsorings hinzu: die Leistungsdemonstration von Produkt und Unternehmen, d. h. der Sponsor kann bei der gesponserten Veranstaltung seine Leistungsfähigkeit und sein Know How sowie die Qualität seiner Produkte unter Beweis stellen. Diese Möglichkeit wird häufig von Sportartikelherstellern oder Produzenten sportnaher Produkte verfolgt, wie bspw. die Ausstattung von Athleten mit spezieller Ausrüstung.[85] Zu den drei bedeutsamsten Sponsoring-Zielsetzungen gehörten im Jahr 2007 die Verbesserung der Imageziele mit 90%, die Kontaktpflege zu Geschäftspartnern und potentiellen Partnern/Kunden mit 86% und die Bekanntheitsziele mit 85%.[86] Sportsponsoring kann somit in vielfältiger Art und Weise dazu beitragen, sowohl die Ziele der Sponsoren als auch die der Gesponserten zu erreichen.

Entwicklung eines Sponsoringkonzepts

In den letzten Jahren hat das Sponsoring auf Seiten der Sponsoren einen Wandel vollzogen.[87] Früher war das Finanzieren von Trikots mit der Gegenleistung einer Werbeaufschrift für einige, gerade kleinere Unternehmen eher ein Gefälligkeitsabkommen. Ein Beispiel dafür, daß dieses aber nicht pauschal behaupten läßt, ist das Unternehmen Jägermeister, das bereits am Anfang der 1970er Jahre das Trikotsponsoring dazu nutzte[88], in einer Unternehmenskrise seine Bekanntheit und damit seinen Umsatz wieder zu steigern. Heute wird das Sponsoring im Rahmen der Marketing-Kommunikation als professioneller Planungsprozeß durchgeführt.

Ein grundlegender Gedanke von Sponsoringkonzepten ist das Interesse von Sponsor und Gesponsertem, die Anzahl der beteiligten kommerziellen Partner möglichst niedrig zu halten.[89] Der Sponsor möchte nicht einer unter vielen sein und der Gesponserte will die Anzahl der Unternehmen, die er „bedienen" muß, gering halten, sofern die vorhandenen die nötigen finanziellen Mittel zur Verfügung stellen. Die maximale Anzahl an Sponsoren sollte sechs bis zehn betragen, da dann eine ausreichende Präsenz des einzelnen Sponsors gewährleistet werden kann. Das die nötigen finanziellen Mittel mit der geringen Anzahl zustande kommen, ist allerdings fraglich und oft nicht möglich. So hat zum Beispiel die FIFA 15 weltweite Partner in ihrem Pool und nimmt für Ereignisse wie die WM noch weitere hinzu. Diese Anzahl soll aber in Form eines neuen Marketingkonzeptes bei der FIFA-WM 2010 in Südafrika enorm reduziert werden.

---

[84] BRUHN / MUSSLER: „Sponsoringfibel", S. 22
[85] DREES: „Sportsponsoring", S. 115
[86] KRÜGER / BACHER: „Sponsoring im Fokus der Unternehmen und Agenturen"
[87] HERMANNS: „Entwicklung und Perspektiven des Sportsponsoring", S. 396
[88] DIE ZEIT: „Pionier bei Trikotwerbung"
[89] ADJOURI / STASTNY: „Sport-Branding - Mit Sport-Sponsoring zum Markenerfolg ", S. 33

Ein positives Beispiel für wenige beteiligte Partner ist die UEFA Champions League, die mit nur fünf Sponsoren arbeitet. Im Rahmen des Planungsprozesses müssen zunächst Sponsoringgrundsätze festgelegt werden, die einen langfristigen Orientierungsrahmen für sämtliche Sponsoringaktivitäten geben sollen.[90] Hierbei sollten sich Unternehmen mit Aspekten wie der Rolle des Sponsorings in der gesamten Kommunikationspolitik, Verantwortlichkeiten, Richtlinien und Vernetzungen, Entscheidung für bestimmte Sponsoringarten usw. beschäftigen.

Wenn die Grundsätze des Sponsorings geschaffen sind, wird darauf aufbauend eine strategische Planung entwickelt.[91] Das Sponsoringobjekt wird ausgewählt, die Zielgruppe, die erreicht werden soll, festgelegt und die Ziele (was soll bei der Zielgruppe erreicht werden ?) definiert. Aus diesen drei strategischen Entscheidungen ergibt sich die zu verfolgende Strategie. Daran anschließend wird ein Maßnahmenkonzept für die operative Planungsperiode erstellt. Im Vordergrund stehen dabei die Sponsoring-Budgetierung, die Sponsorshipfeinauswahl sowie die Sponsorshipnutzung. Unter dem letzten Punkt versteht man die kommunikative Nutzung des Gesponserten. Diesem Aspekt kommt eine besondere Bedeutung zu, da alle Aktivitäten in diesem Bereich für den Zuschauer sichtbar sind, wohingegen Entscheidungen bezüglich der anderen Planungskriterien im Unternehmen intern und für die Öffentlichkeit nicht zugänglich geregelt werden. Die sponsoringspezifische Nutzung befaßt sich mit der Art und Weise der Markierung (bspw. Trikotwerbung, Bandenwerbung), der Präsenz bei Veranstaltungen, der Nutzung von öffentlichen Prädikaten (bspw. offizieller Sponsor von), Titelsponsoring, Anzeigenwerbung, PR-Aktionen usw.). Es wird deutlich, daß es sich bei der Erstellung eines Konzepts um eine sehr komplexe und durchdachte Planung handelt, die viel Aufwand erfordert, bis sie so weit fortgeschritten ist und entsprechende Maßnahmen zur Durchführung begonnen werden können.

Bedeutung des Sportsponsorings für die Adidas-Salomon AG

Im Folgenden soll am Beispiel der Adidas-Salomon AG kurz gezeigt werden, welche Gedanken bezüglich des Sportsponsorings relevant sind. Hierzu sollen Standpunkte, welche aus einem Interview mit dem Adidas-Markenvorstand E. STAMMINGER stammen, erläutert werden. Diese sollen außerdem einige der theoretischen Ausführungen der vorherigen Gliederungspunkte reflektieren. Adidas als ein weltweit agierendes Unternehmen strebt das Top-Sponsoring an, das den globalen Ansprüchen gerecht wird.[92] Das Sponsoring muß also in die Firmenphilosophie passen. Berücksichtigt muß aber werden, daß Adidas zum größten Teil Ausrüster des Sports ist und die Ausrüstungsverträge durch Spon-

---

[90] HERMANNS: „Entwicklung und Perspektiven des Sportsponsoring", S. 396
[91] HERMANNS: „Entwicklung und Perspektiven des Sportsponsoring", S. 398
[92] STAMMINGER: „Kommunikationspolitik für Wachstumsmärkte: Das Beispiel Adidas", S. 482

soringverträge ergänzt werden. Die Sponsoringpartner müssen Weltklasse repräsentieren (bspw. New York Yankees oder Kobe Bryant). Im Fußball ist Adidas Marktführer und wirbt u.a. mit David Beckham, Zinedine Zidane oder Raul. In diesem Interview wird abermals deutlich, daß Sponsoringpartner zum Unternehmen passen müssen: Top-Unternehmen wollen Top-Sportakteure.

Schlußbetrachtung und Ausblick

Das Sportsponsoring bietet Unternehmen eine Vielzahl von Möglichkeiten, sich im Sport zu engagieren und dadurch kommunikative Vorteile zu erzielen. In der Arbeit wird der Schwerpunkt auf Sponsoring von Sport des höheren Niveaus gelegt, in den Unternehmen gezielt investieren und anhand der Gegenleistungen bei der Positionierung der Marke oder der Absatzsteigerung profitieren. Natürlich sollte nicht vergessen werden, daß Sponsoring ebenso in kleineren Vereinen und Mannschaften stattfindet und von hoher Wichtigkeit ist. Hier können die investierten Summen sehr gering sein, trotzdem ist es für die Anerkennung eines Unternehmens positiv, da das Engagement im Breitensport als „Verantwortung für die Gesellschaft" angesehen wird. Gerade die Förderung des Nachwuchssports kleinerer Vereine durch Sponsoring von z.B. Trikots oder Trainingsanzügen ist wichtig für die Motivation der Spieler und das Präsentieren von Zusammengehörigkeit zu einem Verein durch die Einheitlichkeit. Eine andere Vorgehens- und Denkweise bezüglich des Sponsorings herrscht im Profisport. Dort geht es um hohe Summen und vertragliche Vereinbarungen, die von beiden Seiten eingehalten werden müssen. Hier spielen Kontakte mit der Marke (bspw. durch Bandenwerbung und entsprechend der Präsenz im TV), die Öffentlichkeit, Sponsoringkonzepte etc. die entscheidende Rolle. Jeder der beiden Partner, also der Sponsor sowie der Gesponserte will profitieren und je höher das Niveau des Sports, umso höher sind die Beträge und die Forderungen beider Seiten. Sportsponsoring bietet beiden Parteien Vorteile. Die Sportler, Mannschaften oder Veranstaltungen bekommen die nötigen finanziellen Mittel zur Verfügung gestellt. Die Sponsoren profitieren durch kommunikative Maßnamen, für die sich die Sportler zur Verfügung stellen. So lange beide Parteien glauben, daß sich das Sponsoring für sie lohnt, wird Sponsoring ein lukratives Geschäft bleiben!

Kapitel III

Die Marke - Wesen und Merkmale eines bedeutenden Wertschöpfers

von Christian Becker

Was haben Nike, Milka, Marlboro, Miele und Franz Beckenbauer gemein? Diese Unternehmen oder Personen werden allgemein als eigenständige Marken angesehen. Doch auf welcher Grundlage erfolgt diese Einstufung und ist dies darüber hinaus auch als richtig anzusehen? Die Begriffe Marke respektive Markenartikel haben mittlerweile eine lange Tradition. Dabei sind eindeutige Wesensmerkmale nur schwer auszumachen. Darin sowie in der dynamischen Entwicklung von Marken liegen die hohe Anzahl unterschiedlicher und widersprüchlicher Definitionen in Wissenschaft und Praxis begründet, was gegenwärtig zu einer regelrechten „Sprachverwirrung"[93] geführt hat. Im vorliegenden Aufsatz werden die verschiedenen Perspektiven zur Markendefinition samt State-of-the-Art dargestellt, die besondere Bedeutung von Marken belegt, sowie die Funktionen von Marken abgebildet. Zum Abschluß wird auf ein explizites Markenbeispiel aus dem Sportbereich verwiesen.

Geschichte der Markierung und des Markenwesens

Dem heutigen Markenwesen geht eine lange Geschichte voraus. Bereits in der Antike versahen einzelne Erzeuger Ziegel mit ihren Namen und nutzten damit eine Markierung als Eigentums- und Herkunftsnachweis.[94] Die Markierungstechnik des Siegelns, entstanden in den frühen Hochkulturen von Ägypten bis China, ist eine geschichtliche Quelle der Markentechnik und prägt teilweise bis heute das private und öffentliche Verhalten.[95] Im europäischen Mittelalter erlangten Haus-, Meister-, Zunft- und Städtemarken sowie Güte- und Garantiestempel[96] große Bedeutung.[97] Bereits damals zeigte sich die Bedeutung einer überörtlichen Anerkennung durch Garantiebehörden und verdeutlichte, daß sich ohne eine rechtliche Absicherung keine bedeutenden Markenformen herausbilden.[98] Die Anfänge der Markenbildung sind jedoch eher im späten 18. bzw. frühen 19. Jahrhundert zu finden. LEITHERER beschreibt bspw. erste Markenbildungen im Tabakgeschäft (1803) und der Parfümindustrie, wo sich bereits 1740 (Fatina) erste Markierungen durchsetzten. Diesen ersten Ansätzen der Marken-

---

[93] BRUHN: „Was ist einer Marke?", S. 5
[94] KIENDL: „Markenkommunikation mit Sport", S. 18
[95] LEITHERER: „Geschichte der Markierung und des Markenwesens", S. 139
[96] Noch heute bekannte Beispiele aus dieser Zeit sind Jenaer Glas oder Lübecker Marzipan.
[97] DICHTL: „Grundidee, Varianten und Funktionen der Markierung von Waren und Dienstleistungen", S. 2
[98] LEITHERER: „Geschichte der Markierung und des Markenwesens", S. 142

ausprägung ist gemein, daß es sich um einen „noch völlig unausgebildeten, noch tastenden und sich den psychologischen Gegebenheiten einer Marke noch völlig unbewußten Markenabsatz" handelt.[99] Erste Herstellermarken etablierten sich in den 1840er Jahren: Siemens (1847), Coca-Cola (1886), Maggi (1887), Faber (1893).[100] Die einsetzende Industrialisierung führte ab Mitte des 19. Jahrhunderts zu einem Verlust der persönlichen Geschäftsbeziehungen zwischen produzierenden Unternehmen und dem Endverbraucher.[101] Der entstandene anonyme Massenmarkt, welcher sich in die Gegenwart über Selbstbedienungsläden bis zum Online-Shopping entwickelt hat, begünstigte die Entstehung vieler moderner Marken wie Henkel und Oetker.[102] Der Markenartikel, wie er sich uns heute präsentiert, war somit etwa zu Beginn des 20. Jahrhunderts entstanden.[103] Von nun an mußte das Produkt neben der Funktion des Herstellernachweises auch wesentliche Kommunikationsfunktionen übernehmen.[104] Nicht verwunderlich fallen auch in diesen Zeitraum die Anfänge der Reklameanwendung zur Massenbeeinflussung. Dies spiegelte insofern den neuen Zeitgeist wider, als daß das öffentliche Anpreisen von Waren über Jahrhunderte hinweg als nicht oder schlecht vereinbar mit den erwünschten Verhaltensnormen galt.[105] Die industrielle Herstellung von Waren erforderte eine entsprechende Verpackung, welche die Identifikation des Produktes im Warenangebot, den Wiederholungskauf und den Markenschutz ermöglichte.[106] Die Markierung der Waren, bzw. die Marke selbst, trugen und tragen somit zu einer Entanonymisierung des Angebots bei. Nach gegenwärtigem Verständnis ist die Marke Träger der zu erwartenden Produktleistung und eines mentalen Mehrwertes.[107]

Systematisiert man die zeitgenössische Markenpolitik, so ergibt sich eine interessante Phaseneinteilung. Dominierten zunächst klar Herstellermarken in den 1950/60er Jahren, so erwarben in den 70er Jahren des vergangenen Jahrhunderts Handelsmarken eine beträchtliche Marktmacht. Eine Differenzierung und Polarisierung der Konsumwünsche führte zu einem hybriden Verbraucher und dem Wettbewerb zwischen Luxus- und Billigmarken (1980er). Im darauf folgenden Jahrzehnt gewannen Ökomarken und internationale Marken an Bedeutung, Dienstleistungs- und Investitionsgütermarken entwickelten sich. Mit Beginn des neuen Jahrtausends rücken dann Stadt- und Regionalmarken in den Blickpunkt und eine Individualorientierung ist zu erkennen.[108]

---

[99] VON BISMARCK / BAUMANN: „Markenmythos", S. 28 m.w.N.
[100] BRUHN: „Was ist eine Marke ?", S. 5
[101] MEFFERT / BURMANN: „Wandel in der Markenführung - vom instrumentellen zum identitätsorientierten Markenverständnis", S. 18 m.w.N.
[102] VON BISMARCK / BAUMANN: „Markenmythos", S. 29
[103] DICHTL: „Grundidee, Varianten und Funktionen der Markierung von Waren und Dienstleistungen", S. 4
[104] VON BISMARCK / BAUMANN: „Markenmythos", S. 29 m.w.N.
[105] BEREKOVEN: „Von der Markierung zur Marke", S. 34
[106] LEITHERER: „Geschichte der Markierung und des Markenwesens", S. 146
[107] VON BISMARCK / BAUMANN: „Markenmythos", S. 29
[108] BRUHN: „Begriffsabgrenzungen und Erscheinungsformen von Marken", S. 23

Begriffliche Abgrenzung der Marke

Ausgangspunkt für eine Marke ist zunächst das Vorhandensein einer Leistung. Als solche werden „sämtliche materiellen und immateriellen Ergebnisse von Produktions- oder Erstellungsprozessen (Gebrauchs- und Verbrauchsgüter im Konsumbereich, Industriegüter und Dienstleistungen) in einer Volkswirtschaft bezeichnet, bei denen eine Austauschbeziehung zwischen Anbieter und Nachfrager stattfindet mit dem Ziel der Wertschöpfung auf Anbieterseite und der Erzielung einer nutzenstiftenden Wirkung auf Nachfragerseite".[109] Eine Marke ist demnach immer in Verbindung mit einer Leistung zu sehen, welche durch ein Zeichen markiert, identifiziert und von Wettbewerbern differenziert werden kann.[110] Dies wird auch durch die Betrachtung des etymologischen Ursprungs des Wortes Marke deutlich. Das Wort ‚Marke' leitet sich aus dem mittelhochdeutschen Begriff marc, d.h. „Grenze, Grenzland, Grenzlinie zur Unterscheidung"[111] und dem französischen Kaufmannswort marque, d.h. „auf einer Ware angebrachtes Zeichen"[112], ab. In der weiteren sprachlichen Entwicklung gewinnt der Begriff den Bedeutungsinhalt eines Zeichens zur Erkennung. Das Adjektiv markant weist auf die auffallende, einprägsame Bedeutung des die Marke symbolisierenden Zeichens hin. Interessanterweise werden dem Verb markieren die Inhalte „kennzeichnen, bezeichnen" aber auch „vortäuschen, so tun als ob" zugeschrieben.[113] Der historischen Entwicklung folgend, hatte sich lange Zeit der Terminus ‚Markenartikel' eingebürgert. Da sich dieser aber ausschließlich auf wahrnehmbare Produkte bezog, stellte dies nach der Übertragung von Markenstrategien auf immaterielle Güter lediglich eine eingeschränkte Sichtweise dar. Die Bezeichnung ‚Marke' ist übergreifender, da diese nicht objekt- sondern inhaltsbezogen ist.[114] Nach heutigem Verständnis ist darüber hinaus der lange Zeit gültige Begriff ‚Warenzeichen' viel zu kurz gegriffen, um eine Marke zu beschreiben. Es wird sogar vermutet, daß dieser Terminus irrtümlich Einzug in die Begriffswelt gehalten habe. Es hätte hingegen ‚Wahrzeichen' heißen müssen.[115] In früheren Zeiten regierte die Bilderschrift und Symbole prägten das durch Analphabetismus gekennzeichnete tägliche Leben. Große und erfolgreiche Marken sind folglich Wahrzeichen, also Sinnbilder, „die vor allem eins vermögen: Gefühle auslösen".[116]

Die rechtliche und die ökonomische Dimension zu separieren ist anhand des deutschen Wortes ‚Marke' nicht möglich. Eine gute Abgrenzung stellen dagegen die englischen Begriffe ‚Trademark' und ‚Brand' dar. Dabei bezeichnet der

---
[109] BRUHN: „Was ist eine Marke ?", S. 26
[110] KIENDL: „Markenkommunikation mit Sport", S. 18
[111] BRUHN: „Begriffsabgrenzungen und Erscheinungsformen von Marken", S. 14
[112] KIENDL: „Markenkommunikation mit Sport", S.18 m.w.N.
[113] BRUHN: „Begriffsabgrenzungen und Erscheinungsformen von Marken", S. 14
[114] ADJOURI: „Die Marke als Botschaft", S. 95
[115] SCHÜTZ: „Die Macht der Marken", S. 27
[116] SCHÜTZ: „Die Macht der Marken", S. 27

Terminus ‚Trademark', in Deutschland unter dem Begriff Warenzeichen bekannt, rechtlich „ein besonderes Zeichen, das dazu dient, als Handelsname bestimmte Waren oder Dienstleistungen eines Unternehmens von gleichartigen Waren und Dienstleistungen anderer Unternehmen zu unterscheiden".[117] Dieser Aspekt betrifft den (später noch zu spezifizierenden) Markenschutz. Unter dem Begriff „Brand" werden hingegen sämtliche betriebswirtschaftlichen Aspekte subsumiert: A brand is a „name, term, sign, symbol, or design, or a combination of them, intended to identify the goods or services of one seller or a group of sellers and to differentiate them from those of competition."[118] Alternative Bezeichnungen für die Marke im Sinne eines Zeichens sind die Begriffe Markenzeichen, (Marken-)Kennzeichnung sowie Markierung.[119]

Bedeutung der Marke

Das in der gegenwärtigen Marketingforschung und auch bei Praktikern das Thema ‚Marke' häufig Gegenstand von einerseits Untersuchungen, andererseits von expliziten Zielvorstellungen ist, zeigt dessen enorme Bedeutung. SATTLER ermittelte 2001 in Kooperation mit PRICEWATERHOUSECOOPERS für deutsche Unternehmen einen durchschnittlichen Anteil des Markenwertes am gesamten Unternehmenswert von 56%.[120] Starken Marken kommt besonders auf dem Kapitalmarkt eine Signalfunktion zu, welche das Anlegerverhalten positiv beeinflussen kann.[121] Sie „sind über klare und deutliche Wissensstrukturen in den Köpfen der Konsumenten verankert und beeinflussen so langfristig das Kaufverhalten, wodurch Unternehmen eine größere Absatzmenge und einen höheren Verkaufspreis realisieren können."[122] MCKINSEY ermittelte für Unternehmen mit starken Marken in einem Untersuchungszeitraum von vier Jahren einen Total Return to Shareholders, der um 1,9 Prozentpunkte über dem Durchschnitt aller 130 analysierten Unternehmen lag. Organisationen mit schwachen Marken hingegen lagen 3,1 Prozentpunkte hinter dem Marktdurchschnitt zurück.[123] Dabei wirken bei starken Marken in der Regel zwei Aspekte zusammen: Zu dem Fakt der größeren Kundenanzahl kommt zusätzlich eine größere Loyalität derer im Gegensatz zu Konsumenten schwächerer Marken. Dieses Phänomen wird in der Markenliteratur als ‚double jeopardy' bezeichnet.[124] Ist eine Marke besonders erfolgreich, so tritt vor allem bei Einzelmarkenstrategien eine Deonymisierung auf. Dieser Begriff beschreibt den Vorgang, daß ein Markenname im Sprachge-

---

[117] BEZOLD et al.: „Markenwertanalyse im Sport", S. 5
[118] KELLER: „Strategic Brand Management", S. 3
[119] KIENDL: „Markenkommunikation mit Sport", S. 19 m.w.N.
[120] SATTLER: „Markenbewertung: State of the Art", S. 1
[121] ESCH: „Strategie und Technik der Markenführung", S. 4
[122] KIENDL: „Markenkommunikation mit Sport", S. 16
[123] HIERONIMUS: „Persönlichkeitsorientiertes Markenmanagement", S. 2
KIENDL: „Markenkommunikation mit Sport", S. 17 m.w.N.
[124] MORSCHETT: „Retail Branding und integriertes Handelsmarketing", S. 39

brauch zur Bezeichnung einer ganzen Gattung transformiert wird.[125] Beispiele für Standards bzw. Markenklassiker einer Produktgattung sind Tesa, Tempo und Aspirin. Grundsätzlich können Marken als zentrale immaterielle Wertschöpfer in Unternehmen bezeichnet werden.[126]

Die Identifizierung der Marke als Vermögensgegenstand erfordert eine Steuerung und Bewertung um dessen tatsächlichen Erfolgbeitrag beziffern zu können. Eine besondere Bedeutung kommt dabei der anerkannten Markenwert-Studie ‚Best Global Brands' des Markenberatungsunternehmens INTERBRAND zu. Für das Jahr 2007 wird darin Coca-Cola mit einem Wert von 65,324 Milliarden US-Dollar als weltweit wertvollste Marke angesehen. Es folgen Microsoft und IBM mit Brand Values von 58,709 bzw. 57,091 Mrd. US-Dollar. Als bedeutendste deutsche Marke wird Mercedes-Benz mit einem Wert von 23,568 Mrd. US-Dollar auf Platz zehn geführt. Die höchsten Markenwertzuwächse erzielten Google (+44%, Platz 20 mit einem Markenwert von 17,873 Mrd. US-Dollar), Zara (+22%; 64; 5,165), Apple (+21%; 33; 11,037), Nintendo (+18%; 44; 7,730) und Starbucks (+17%, 88, 3,631). Ford (-19%) und GAP (-15%) verzeichneten die höchsten Markenwertverluste. Als Erfolgsrezept wird die ebenso simpel klingende, wie schwer zu erreichende Formel „demand creation" genannt: „a simple theme that requires the brand to move and evolve with consumer attitudes and behaviors and create a motivating strategy that it delivers against."[127]

Weiter wird eine Marke als ein Versprechen an den Konsumenten angesehen. „Brands are important assets requiring proactive and consistent investment, management, and measurement".[128] Der aufgeführte Markenwert drückt den Gegenwartswert der zukünftig erwarteten Erträge aus, welche die Unternehmen ausschließlich dank der Präsenz der Marke generieren und sichern.[129] Die Berechnungsmethode setzt sich aus drei Teilbereichen zusammen. Ein Baustein erstellt eine Fünfjahresprognose der Markenumsätze und -gewinne, abzüglich operative Kosten, Patenteinnahmen, Steuern und Kapitalkosten. Weiterhin wird der Umsatzanteil berechnet, der durch die Marke generiert wurde. Schließlich wird das Risikoprofil zukünftiger Einnahmen bestimmt.[130] Die hohe Anzahl der Kriterien, die der ganzheitlichen Erfassung des Konstruktes Marke dienen sollen, erhöht jedoch die Wahrscheinlichkeit der Korrelation einzelner Kriterien und damit steigt das Risiko einer Verzerrung der Ergebnisse.[131]

---

[125] SCHÜTZ: „Die Macht der Marken", S. 24
[126] ESCH: „Strategie und Technik der Markenführung", S. 5
[127] INTERBRAND: „Best Global Brands 2007", S. 40
[128] INTERBRAND: „Best Global Brands 2007", S. 41
[129] ABSATZWIRTSCHAFT: „Mehrwert für Google, Zara und Apple"
[130] A.T.KEARNEY: „Markenmanagement in Medienunternehmen", S. 41
  INTERBRAND: „Best Global Brands 2007", S. 44f.
[131] MORSCHETT: „Retail Branding und integriertes Handelsmarketing", S. 61

Das Consulting-Unternehmen MILLWARD BROWN bietet mit ‚BrandZ Top 100 Most Powerful Brands' ein weiteres Ranking für die weltweit stärksten Marken.[132] Spitzenreiter ist hier Google mit einem Wert von 86,057 Mrd. US-Dollar vor General Electric (71,379) und Microsoft (70,887). BrandZ führt BMW (28,015 Mrd. US-Dollar) als stärkstes deutsches Unternehmen auf dem 17. Rang. Die höchste absolute Markenwertsteigerung konnte Apple mit einem Zuwachs von 30 Mrd. US-Dollar erreichen, relativ gesehen wuchs BlackBerry am stärksten (+390%). Als besonders erwähnenswerte Trends werden die wachsende Bedeutung asiatischer Marken, der weitere Aufstieg von Unternehmen der BRIC-Nationen[133] und ein Technologie-Boom, welcher auch an der Aufnahme von 28 Unternehmen dieses Sektors in die Rangliste abgelesen werden kann, genannt.[134] Insgesamt repräsentieren die 100 Marken des Rankings 85% des weltweiten Bruttoinlandproduktes. Laut Angabe der Herausgeber ist diese Studie das einzige Brand Ranking, welches neben der Analyse von öffentlichen Finanzdaten der Unternehmen auf Primärdaten aus Verbraucherbefragungen beruht und somit die Wahrnehmungen der wirklich bedeutenden Personen, der Markennutzer und Konsumenten, widerspiegelt.[135] Die Ermittlung der Markenwerte erfolgt in drei Schritten. Unter Verwendung von öffentlich zugänglichen Finanzdaten werden die aktuellen immateriellen Gewinne der Markeninhaber gemessen (intangible earnings). Darauf folgend wird festgestellt, welchen Anteil dieses Überschusses durch die Marke entstanden ist (Markenbeitrag = brand contribution). Zuletzt findet eine Hochrechnung zukünftiger Gewinne der Marke statt.[136] Auffallend an der zweiten dargestellten Studie sind dabei die durchweg höheren Markenwerte und die signifikant stärkeren relativen Veränderungen im Vergleich zum Vorjahr.

SATTLER sieht den Zweck von Markenbewertungen in einer Möglichkeit zur Erfolgskontrolle der Marketingmaßnahmen. Weiterhin sei es für die Lizenzierung einer Marke elementar zu wissen, welcher monetäre Gegenwert verlangt werden könne. Darüber hinaus ermöglicht es Unternehmern gegenüber ihren Kapitalgebern den Wert ihrer Marke als Bestandteil der Vermögensgegenstände zu beziffern.[137] Auch für Markenschutz und -finanzierung ist eine Bewertung erforderlich. Den höchsten Stellenwert der Bewertung messen deutsche Top-Unternehmen Markentransaktionen[138], sogenannten Mergers & Acquisitions, bei.

---

[132] MILLWARD BROWN: „BrandZ Top 100"
[133] BRIC: Brasilien, Russland, Indien, China. Diesen Ländern wird aufgrund ihres starken Wirtschaftswachstums langfristig zugetraut, die wirtschaftlich-ökonomische Vormachtstellung der G8-Staaten zu gefährden.
[134] MILLWARD BROWN: „BrandZ 2008 Press Release", S. 1
[135] Für diese Studie wurden weltweit mehr als eine Million Verbraucherinterviews zu 50.000 globalen Marken geführt.
[136] MILLWARD BROWN: „BrandZ", S. 4
CPC-CONSULTING.NET: „BrandZ - Markenranking: Die wertvollsten Marken der Welt"
[137] MANAGER-MAGAZIN: „Was ist unser Name wert ?"
[138] SATTLER: „Markenbewertung: State of the Art", S. 3f.

Unternehmensinterne Einsatzfelder der Markenbewertung sind im Markenmanagement (Maßnahmenanalyse, Portfoliosteuerung) und in der Personalführung als Basis für Anreizsysteme zu sehen.[139]

Auch bei Kleinkindern ist bereits eine starke Fokussierung auf Marken zu beobachten. Einer Studie von iconkids & youth zufolge erkennen bereits 68% der Drei- bis Vierjährigen das Markenlogo von Milka, bei Coca-Cola sind es 64%. Es folgen McDonalds mit 56% und Kinder Schokolade mit 54%.[140] Das Marken auch gesellschaftliche Bedeutung erlangen können, läßt sich an der vielseitigen Verwendung bzw. Verallgemeinerung von Markennamen und der Lyrik ihrer Claims erkennen. In Form ‚geflügelter Worte' packt Esso „den Tiger in den Tank" und „nicht immer, aber immer öfter" wird auch Clausthaler Alkoholfrei genossen.[141] Weiterhin gibt es auch die Möglichkeit des Audio Brandings. Dabei sei beispielsweise an die fünf Klaviertöne aus der Kommunikationspolitik der Deutschen Telekom AG gedacht.

Besondere Herausforderungen an die Markenführung stellen die Veränderungen der markt- und konsumentenbezogenen Kontextfaktoren dar. So sind es v.a. drei Tendenzen, die die Differenzierungsproblematik im Rahmen der marktbezogenen Faktoren beeinflussen: Immer mehr Hersteller (Angebotsvielfalt) mit immer ähnlicheren Produkten (Produkthomogenität) drängen auf die jeweiligen Märkte. Auch in der Qualität der funktionalen Leistungserbringung unterscheiden sich die Produkte zunehmend weniger (Qualitätsnivellierung).[142] Die gesicherte Grundversorgung und ein im historischen Verlauf zunehmender Wohlstand in der Gesellschaft haben die Funktion des Konsums und somit die nachfragerbezogenen Entwicklungen beeinflußt.[143] Die Befriedigung von Grundbedürfnissen tritt zu Gunsten des Zusatznutzens[144] in den Hintergrund. Dementsprechend beeinflussen häufig die Bekanntheit und das Image einer Marke die Kaufentscheidungen. In diesem Rahmen kommt der betreffenden Marke ein psychologischer Zusatznutzen zu, welcher den des eigentlichen Produktes weit übersteigt. Der rational entscheidende homo oeconomicus kann unter diesem Gesichtspunkt nur eine Fiktion bleiben.[145]

Blindtests zeigen, daß die Marke für viele Konsumenten eine präferenzprägende Funktion bei ansonsten vergleichbaren Leistungen übernimmt. Häufig wird das Produkt oder die Dienstleistung einer bekannten und beliebten Marke wesentlich besser in einem Test mit Markenname eingeschätzt als bei entsprechender

---

[139] KRANZ: „Markenbewertung - Bestandsaufnahme und kritische Würdigung", S. 439
[140] ESCH: „Strategie und Technik der Markenführung", S. 7
[141] SCHÜTZ: „Die Macht der Marken", S. 24f.
[142] HIERONIMUS: „Persönlichkeitsorientiertes Markenmanagement", S. 6
[143] HIERONIMUS: „Persönlichkeitsorientiertes Markenmanagement", S. 12
[144] Zusatznutzen: Nutzenelemente, die nicht durch den technisch-funktionalen Grundnutzen repräsentiert werden.
[145] LEITHERER: „Geschichte der Markierung und des Markenwesen", S. 137

Blinddarbietung. Bei einem Vergleich von Diet Pepsi und Diet Coke bevorzugten die Probanden im Blindtest Pepsi mit 51% gegenüber Coke mit 44%. Bei der Offenlegung der Marken präferierten lediglich noch 23% der Tester Pepsi, im Gegensatz zu 65% der Versuchspersonen, die die Coke bevorzugten![146] Auch bei der Einführung von neuen Produkten wird zunehmend auf bewährte Marken in Form von Markendehnung zurückgegriffen. Dies erscheint nur allzu logisch, betrachtet man die je nach Autor zwischen 80 und 95% liegenden Flopquoten.[147] Das Markteintrittsrisiko wird durch den Goodwill reduziert, welchen die Konsumenten der Marke entgegenbringen.

Weiterhin kommt dem Markenschutz eine besondere Bedeutung zu. Durch Produktfälschungen entstehen den betroffenen Unternehmen hohe finanzielle Nachteile. 2005 konnten Zollbehörden allein in Deutschland gefälschte Waren im Wert von 213 Mio. Euro[148] beschlagnahmen. Die Eintragung einer Marke stellt die Grundlage für ein konsequentes, gesetzlich gestütztes Vorgehen gehen Fälschungen dar. Aber nicht nur physisch faßbare Waren sind schutzbedürftig. Annähernd die Hälfte der Markenneuanmeldungen sind mittlerweile Dienstleistungen[149], was die gestiegene Bedeutung dieses Sektors unterstreicht. Zum Jahresende 2007 waren in Deutschland mehr als 1,4 Mio. Marken geschützt![150]

Rechtlich-Formaler Markenbegriff

Eine juristisch-formale Abgrenzung des Terminus ‚Marke' ergibt sich gegenwärtig aus dem bundesdeutschen Markengesetz (MarkenG). Dies definiert in § 3 Abs.1 eine Marke wie folgt:[151]

„Als Marke können alle Zeichen, insbesondere Wörter einschließlich Personennamen, Abbildungen, Buchstaben, Zahlen, Hörzeichen, dreidimensionale Gestaltungen einschließlich der Form einer Ware oder ihrer Verpackung sowie sonstige Aufmachungen einschließlich Farben und Farbzusammenstellungen geschützt werden, die geeignet sind, Waren oder Dienstleistungen eines Unternehmens von denjenigen anderer Unternehmen zu unterscheiden."

---

[146] ESCH: „Strategie und Technik der Markenführung", S. 9f.
[147] ESCH: „Strategie und Technik der Markenführung", S. 15
[148] DEUTSCHES PATENT- UND MARKENAMT: „Jahresbericht 2006", S. 57
[149] Das Verhältnis der Markenneuanmeldungen lag 2007 bei 52,6% Waren- zu 47,4% Dienstleistungsanteil. in: DEUTSCHES PATENT- UND MARKENAMT: „Jahresbericht 2007", S. 33f
[150] 1,42 Mio. Marken 2007 in Deutschland geschützt: 764.472 nationale Marken beim DPMA, ca. 426.000 Gemeinschaftsmarken beim Harmonisierungsamt für den Binnenmarkt (HABM) und 230.000 bei der Weltorganisation für geistiges Eigentum (WIPO) registrierte Marken, die den Schutz für Deutschland beantragt haben. in: DEUTSCHES PATENT- UND MARKENAMT: „Jahresbericht 2007", S. 34
[151] o.V.: „MarkenG", § 3, Absatz 1

Demzufolge ist die Marke zunächst nur ein geschütztes Kennzeichen, welches gemäß § 4 MarkenG durch:

- Eintragung eines Zeichens als Marke in das Register des Patentamtes,
- Benutzung im geschäftlichen Verkehr, soweit das Zeichen innerhalb beteiligter Verkehrskreise als Marke Verkehrsgeltung[152] erworben hat,
- Erwerb der notorischen Bekanntheit[153] aufgrund der Pariser Verbandsübereinkunft

entsteht.[154] Das DEUTSCHE PATENT- UND MARKENAMT (DPMA) unterscheidet bei der Anmeldung einer Marke zwischen den Markenformen Wortmarke, Bildmarke beziehungsweise Wort-/Bildmarke, dreidimensionale Marke, Hörmarke, Kennfadenmarke und sonstiger Markenform.[155] Wortmarken sind Marken, die aus Wörtern, Buchstaben, Zahlen oder sonstigen Schriftzeichen bestehen, die sich mit der vom DPMA verwendeten üblichen Druckschrift darstellen lassen. Bildmarken sind Bilder, Bildelemente oder Abbildungen (ohne Wortbestandteile). Wort-/Bildmarken bestehen aus einer Kombination von Wort- und Bildbestandteilen, oder aus Wörtern, die grafisch gestaltet sind. Dreidimensionale Marken sind gegenständliche, dreidimensionale gestaltete Marken. Hörmarken sind akustische, hörbare Marken, also Töne, Tonfolgen und Melodien. Die weniger bekannten Kennfadenmarken werden als farbige Streifen oder Fäden auf Produkten angebracht. Absolute Schutzhindernisse, wie beispielsweise fehlende Unterscheidungskraft, für die allgemeine Benutzung freizuhaltende beschreibende Angaben, ersichtliche Irreführungsgefahr, in der Marke enthaltene Hoheitszeichen und ein Verstoß gegen die guten Sitten oder die öffentliche Ordnung, stehen einer Eintragung entgegen.[156] Die weltweite Schutzfähigkeit von Marken hat aufgrund zunehmender Internationalisierung an Bedeutung gewonnen. In Europa ist das DPMA eingebettet in die Zusammenarbeit mit dem Europäischen Patentamt (EPA) und dem Harmonisierungsamt für den Binnenmarkt (HABM). International bildet die Weltorganisation für geistiges Eigentum (WIPO) den Handlungsrahmen für Kooperationen.[157]

Gegen eine ausschließliche Ausrichtung an juristischen Begriffsdefinitionen sprechen die Änderungen, denen sie ausgesetzt sind.[158] So können Marken eine sustainability erreichen, welche die Konstanz der sie unmittelbar regelnden Rechtsnormen erheblich übersteigt. Deutlich wird dies, wenn man an über 100-jährige Unternehmensgeschichten, wie beispielsweise an die seit 1847 bestehen-

---

[152] Verkehrsgeltung: Bekanntheitsgrad > 30% bei relevanten Verkehrskreisen
[153] notorische Bekanntheit: Bekanntheitsgrad von mindestens 60%
[154] o.V.: „MarkenG", § 4
[155] DEUTSCHES PATENT- UND MARKENAMT: „Markenschutz"
[156] DEUTSCHES PATENT- UND MARKENAMT: „Markenschutz"
[157] DEUTSCHES PATENT- UND MARKENAMT: „Kooperation"
[158] SCHÖLLING: „Informationsökonomische Markenpolitik", S. 13

de Siemens AG, denkt. Aus ökonomischer Sicht erscheint es darüber hinaus problematisch, daß sämtliche Wirkungen beim Konsumenten vernachlässigt werden.[159]

Ansätze des Begriffsverständnisses von Marken

Der Identifizierung der Marke als bedeutenden Baustein des Unternehmenserfolgs folgte alsbald der Versuch den Terminus Marke definitorisch einzugrenzen. Bis heute findet sich jedoch keine einheitliche Auffassung über die begriffliche Festlegung - im Gegenteil. Die Anzahl unterschiedlicher und widersprüchlicher Definitionen in Wissenschaft und Praxis ist weiter angestiegen. Dies ist einerseits dem Einnehmen unterschiedlicher theoretischer Perspektiven geschuldet. Auch die vielfältigen gegenwärtigen Erscheinungsformen von Marken erschweren eine klare Begriffsabgrenzung. Im Folgenden wird sich den verschiedenen wissenschaftlichen Perspektiven zur Wesenbestimmung der Marke gewidmet. Das historisch älteste Markenverständnis ist im objektbezogenen bzw. merkmalsorientierte Ansatz zu finden. Dessen verschiedene Spielarten gehen davon aus, daß zum erfolgreichen Aufbau eines Konsumgutes zur Marke verschiedene herausragende Eigenschaften erforderlich sind, die in Form von Merkmalskatalogen generalisierbar und letztlich zu den konstitutiven Bestimmungsfaktoren des Markenartikels zu zählen sind.[160] Weitere Bedeutung erlangt dieser Ansatz, weil die Merkmalsaufzählung die Grundlage für später aufgezeigte Funktionen bildet.[161] Als bedeutendstes Beispiel gilt das klassische Markenartikelkonzept von MELLEROWICZ (1963):[162]

> „Markenartikel sind für den privaten Bedarf geschaffene Fertigwaren, die in einem größeren Absatzraum unter einem besonderen, die Herkunft kennzeichnenden Merkmal (Marke) in einheitlicher Aufmachung, gleicher Menge sowie in gleichbleibender oder verbesserter Güte erhältlich sind und sich dadurch sowie durch die für sie betriebene Werbung die Anerkennung der beteiligten Wirtschaftskreise (Verbraucher, Händler und Hersteller) erworben haben (Verkehrsgeltung)."

Anhand gegenwärtig vorliegender Literatur lassen sich nahezu sämtliche Kriterien nicht mehr aufrechterhalten. So merkt MORSCHETT an, daß Markenartikel über den privaten Gebrauch hinaus auch für den Einsatz in öffentlichen Einrichtungen oder Unternehmen geschaffen werden.[163] Weiterhin läßt sich gleich bleibende oder verbesserte Qualität von klassischen Hersteller-Markenartikeln gegenüber Handelsmarken anhand von empirischen Untersuchungen (z.B. der

---

[159] BRUHN: „Was ist eine Marke?", S. 12
[160] BRUHN: „Begriffsabgrenzungen und Erscheinungsformen von Marken", S. 16 m.w.N.
[161] SCHÖLLING: „Informationsökonomische Markenpolitik.", S. 13
[162] MELLEROWICZ: „Markenartikel", S. 39
[163] MORSCHETT: „Retail Branding und integriertes Handelsmarketing.", S. 18

Stiftung Warentest) oftmals nicht belegen.[164] Ein angestrebter großer Absatzraum bzw. Ubiquität kann ebenfalls nicht als konstituierendes Merkmal genannt werden: Manche Marken sind gerade durch selektiven oder gar exklusiven Vertrieb gekennzeichnet.[165] Gezielte Verknappung wird hier als Wertsteigerung begriffen.[166] So weisen gegenwärtig viele Handelsmarken einen höheren Distributionsgrad auf als z.b. Luxusmarkenartikel.[167] Darüber hinaus werden nur physisch faßbare Konsumgüter als Markenartikel verstanden; Dienstleistungen, Industriegüter, Vorprodukte[168] sowie virtuelle Marken (E-Brands) oder Handelssystem-Marken (ALDI, OBI)[169] finden jedoch keine Berücksichtigung. BRUHN meint weiter: „Das Kriterium der „Verbraucherwerbung" im Sinne medialer Massenwerbung ist ebenfalls als zu eng anzusehen, weil damit zum einen die übrigen Marketingmix-Instrumente (wie z.b. Preis, Produkt, Distribution, Personal) und zum anderen weitere Formen der Kommunikation vernachlässigt werden."[170] Somit verbleibt einzig die Markierung als Kriterium aus dem mellerowiczen Katalog, welches gegenwärtig noch generell Gültigkeit hat, weil es auf sämtliche realen Markenerscheinungsformen zutrifft.

Die Kritik an merkmalsorientierten Ansätzen manifestiert sich vorrangig an ihren nicht trennscharfen Elementen und deren wenig konkreten Merkmalen sowie an der sehr statischen Sichtweise, wonach bei exakter Anwendung der Definition, beim Fehlen eines Merkmales, kein Markenartikel mehr vorliege. Diese Inflexibilität bzw. fehlende situative Relativierung des jeweiligen Kriterienkatalogs[171] hat neben zeitgemäßen Tendenzen zur Entwicklung weiterer Erklärungsansätze geführt. Diesen wird ihrer aktuellen wissenschaftlichen Relevanz gemäß nachfolgend entsprechende Aufmerksamkeit gewidmet.

In den 1970er Jahren rückt ein absatzsystemorientiertes Begriffsverständnis in den Mittelpunkt, das Marken als geschlossenes Absatzsystem zur Erreichung markenpolitischer Zielsetzungen (Image, Bekanntheit) definiert[172] und aufzeigt, daß hinter jeder Marke ein situativer Marketing-Mix steht. Die Marke liegt eher in der Symbolwirkung bzw. dem Markenimage als auf dem einzelnen, konkreten Produkt.[173] Der so verstandene Markenartikel läßt sich folglich nur begrenzt an bestimmten Kriterien überprüfen und gesetzlich nachvollziehbar definieren.[174]

---

[164] BRUHN: „Was ist eine Marke ?", S. 7
[165] MORSCHETT: „Retail Branding und integriertes Handelsmarketing", S. 18
[166] VON BISMARCK & BAUMANN: „Markenmythos", S. 31
[167] BRUHN: „Was ist eine Marke ?", S. 7
[168] KIENDL: „Markenkommunikation mit Sport", S. 20
[169] BRUHN: „Was ist eine Marke ?", S. 7
[170] BRUHN: „Was ist eine Marke ?", S. 7
[171] MORSCHETT: „Retail Branding und integriertes Handelsmarketing", S. 19
[172] DICHTL: „Grundidee, Varianten und Funktionen der Markierung von Waren und Dienstleistungen", S. 19
[173] MORSCHETT: „Retail Branding und integriertes Handelsmarketing", S. 23 m.w.N.
[174] BRUHN: „Begriffsabgrenzungen und Erscheinungsformen von Marken", S. 17 mit Verweis auf: ALEWELL: „Markenartikel", S. 1218ff.

Diese Mischform aus merkmals- und wirkungsorientiertem Ansatz übersieht darüber hinaus, daß bestimmte Elemente des Marketing-Mix zwar für den Leistungsauftritt als Marke typisch, nicht jedoch zwingend sind.[175] So ist für jede einzelne Marke ex post ein bestimmter Marketing-Mix als Erfolgsgrundlage zu identifizieren, dieser kann jedoch zwischen den einzelnen Marken sehr unterschiedlich sein. Schwerpunkte können vorstellungsgemäß beispielsweise auf kommunikations- oder produktpolitischen Überlegungen liegen. Sich im Markt erfolgreich durchzusetzen, sieht die erfolgsorientierte Definition seit circa 1975 als Grundlage für die Anerkennung eines Produktes oder einer Dienstleistung als Markenartikel. Dieser liegt demnach vor, wenn es durch den Einsatz des Marketinginstrumentariums gelungen ist, ein hohes Niveau an ökonomischen sowie psychologischen Marketingzielen zu erreichen.[176]

Der instrumentale Ansatz (1980er Jahre) versucht die charakteristischen Merkmale einer Marke durch die Analyse des spezifischen Marketinginstrumenteneinsatzes zu erklären.[177] Leistungen werden als Markenartikel angesehen, wenn leistungsspezifische Marketing-Mix Instrumente entsprechende Ausprägungen besitzen.[178] Die wirkungsbezogene Begriffsauffassung, die sich ebenfalls in den 1980er Jahren durchsetzt, berücksichtigt zur Kennzeichnung eines Markenartikels nur das Vorstellungsbild und die subjektive Wahrnehmung der Konsumenten anstelle der Hersteller- oder Gesetzgeberperspektive. Für MEFFERT et al. ist eine Marke demnach „[...] ein in der Psyche des Konsumenten und sonstiger Bezugsgruppen der Marke fest verankertes, unverwechselbares Vorstellungsbild von einem Produkt oder einer Dienstleistung".[179] Oder kurz gesagt: „Alles, was die Konsumenten als einen Markenartikel bezeichnen, [...] [ist] tatsächlich ein solcher [...]".[180] Die Marke existiert nur im Kopf des Konsumenten und ist daher stets immateriell.[181] Für Markenartikel herstellende Unternehmen ist es daher notwendig, die in Zusammenhang mit ihren Produkten relevanten Kenntnisse, Einstellungen und Verhaltensweisen von Konsumenten empirisch zu untersuchen, um letztlich deren Wirkung im Hinblick auf die Kundenerwartungen und das Kaufverhalten zu ermitteln. Dies kann immer nur zeitpunktbezogen und in Abhängigkeit von der befragten Personengruppe erfolgen und muß auch unter dem Gesichtspunkt von Veränderungen der Umwelt permanent kritisch hinterfragt und empirisch neu überprüft werden. Besondere Relevanz für Hersteller und Händler erlangt dabei, welche Eigenschaften ein Produkt oder eine

---

[175] MORSCHETT: „Retail Branding und integriertes Handelsmarketing", S. 23
[176] BRUHN: „Begriffsabgrenzungen und Erscheinungsformen von Marken", S. 17 mit Verweis auf: BEREKOVEN: „Zum Verständnis und Selbstverständnis von Marken"
[177] BRUHN: „Was ist eine Marke ?", S. 13
[178] HUBER: „Co-Branding als Strategieoption der Markenpolitik", S. 11
[179] MEFFERT et al.: „Stellenwert und Gegenstand des Markenmanagement", S. 6
[180] BRUHN: „Begriffsabgrenzungen und Erscheinungsformen von Marken", S. 18 mit Verweis auf: BEREKOVEN: „Zum Verständnis und Selbstverständnis von Marken", S. 43 und MEFFEER: „Der Markenartikel und seine Bedeutung für den Verbraucher"
[181] ESCH et al.: „Herausforderungen und Aufgaben des Markenmanagements", S. 10f.

Dienstleistung aus Konsumentensicht aufweisen muß, um als Markenartikel anerkannt zu werden.[182] KAPFERER beschreibt diese konsumentenorientierte Sichtweise durch die Abgrenzung der Marke vom Produkt: „Das Produkt ist das, was das Unternehmen herstellt, die Marke dagegen, was der Kunde kauft."[183] Das wirkungsorientierte Markenverständnis stellt dementsprechend den Erfolg als wesensbestimmendes Merkmal einer Marke in den Vordergrund.

Problematisch an dieser Sichtweise ist jedoch die praktikable Operationalisierung der subjektiven Verbrauchervorstellungen; allgemein akzeptierte Grenzwerte für die Anerkennung als Marke fehlen.[184] Weiterhin liegt hier eine rein externorientierte Sichtweise vor, welche die markenbezogenen Aktivitäten auf der Anbieterseite als markenprägenden Faktor vernachlässigt. Eine Abgrenzung der Marke vom Markenimage bleibt unklar.[185] Fraglich ist weiterhin, ob die Markenbekanntheit beim Konsumenten ausreicht, um Marken von Nicht-Marken und erfolgreiche von erfolglosen Marken zu differenzieren.[186] Ohne feste Grenzwerte ist schlußendlich jedes markierte Produkt als Marke zu verstehen, denn jede Objektmarkierung löst beim Konsumentenkontakt eine Wirkung aus. Lediglich die Markenstärke ist unterschiedlich.[187] Die Herkunft bzw. den Träger zur Bestimmung des Wesens einer Marke zieht der herkunftsstrukturierende Ansatz zur Differenzierung heran (Hersteller-, Handels- und Dienstleistungsmarken).[188] Damit werden alle realen Erscheinungsformen von Marken abgedeckt. Aus Konsumentensicht ist der Eigentümer einer Marke jedoch oftmals nicht erkennbar und daher spielt die institutionelle Stellung für die Beurteilung einer Leistung als Marke bzw. Nicht-Marke keine Rolle.[189]

Seit Beginn der 1990er Jahre entstehen zunehmend integrierte Ansätze des Markenbegriffsverständnisses, die bestehende Ansätze kombinieren, aufeinander abstimmen und erweitern. Beispielhaft kann das identitätsorientierte Verständnis der Marke angeführt werden, bei dem Vertrauen und Identität markenprägende Eigenschaften darstellen.[190] Eine aktuellere Perspektive bietet die nutzenorientierte Markendefinition von BURMANN et al.. Eine Marke ist in dieser Sichtweise ein Bündel von spezifischen materiellen und immateriellen Merkmalen, die beim Nachfrager einen Nutzen stiften.[191] Die spezifischen Parameter lassen sich aktiv vom Markenanbieter definieren und gestalten. Konsti-

---

[182] BRUHN: „Begriffsabgrenzungen und Erscheinungsformen von Marken", S. 18
[183] HIERONIMUS: „Persönlichkeitsorientiertes Markenmanagement", S. 39 mit Verweis auf: KAPFERER: „Die Marke - Kapital des Unternehmens", S. 10
[184] MORSCHETT: „Retail Branding und integriertes Handelsmarketing", S. 24
[185] KIENDL: „Markenkommunikation mit Sport", S. 20f.
[186] VON BISMARCK & BAUMANN: „Markenmythos", S. 34
[187] MORSCHETT: „Retail Branding und integriertes Handelsmarketing", S. 24
[188] BRUHN: „Begriffsabgrenzungen und Erscheinungsformen von Marken", S. 17
[189] BRUHN: „Was ist einer Marke ?", S. 19
[190] BRUHN: „Was ist einer Marke ?", S. 15
[191] THIEMER: „Erlebnisbetonte Kommunikationsplattformen als mögliches Instrument der Markenführung", S. 9

tuierend sind dabei funktionale[192] und symbolische[193] Nutzenkomponenten. Dieses so gebildete Nutzenbündel kann „nur dann als Marke bezeichnet werden, wenn es dem Konsumenten einen Nutzen stiftet, der über den Grundnutzen hinausgeht, der auch durch andere Nutzenbündel befriedigt werden könnte; ceteri paribus bietet eine Marke damit einen Zusatznutzen."[194] Die Tatsache, daß diese Sichtweise in den vorliegenden Quellen nur in einem Werk gewürdigt wird, kann einerseits Hinweis darauf sein, daß trotz der Plausibilität dieses nutzenorientierten Markenverständnisses eine wissenschaftliche Würdigung durch andere Autoren ausbleibt. Zum anderen ist dies sicher auch der relativen zeitlichen Neuheit dieser Perspektive geschuldet.

Vergleicht man die vorliegende Definitionsvielfalt, so ist zu konstatieren, daß mit Ausnahme des wirkungsbezogenen Ansatzes, alle Übrigen eine vergangenheitsorientierte Bewältigung der zu lösenden begrifflichen Probleme zur Definition des Markenartikels beinhalten.[195] Die Ansätze haben nicht dazu beigetragen, Einigkeit über den Begriff der Marke zu erzielen.[196] Es ist bei begrifflichen Auseinandersetzungen jedoch auch immer davon auszugehen, daß es keine ‚richtige' oder ‚falsche' Definition gibt. Fragen der Zweckmäßigkeit entscheiden über die entsprechende Auswahl eines Ansatzes.

Nach gegenwärtigem Verständnis haben neben der rechtlichen Perspektive vor allem der wirkungs- und erfolgsbezogene Ansatz eine exorbitante Bedeutung für die terminologische Erfassung und Differenzierung der Erscheinungsformen von Marken. Durch Kombination dieser Ansätze entsteht laut BRUHN eine Markenerfolgskette, welche die Bildung folgender Kategorien ermöglicht: Nicht-markierte Leistung, markierte Leistungen, Marken. „Grundlage dieser Unterscheidung ist die Überzeugung, daß sich eine Leistung entlang einer „Markenerfolgskette" in einem transitorischen Prozeß zu einer Marke entwickelt, wenn die erforderlichen Maßnahmen der Markenpolitik eingesetzt werden."[197] Markierte Leistungen „sind mit einer unterscheidungskräftigen Markierung durch ein marken- und schutzfähiges Zeichen versehen"[198], was sie von der (nicht-markierten) Leistung[199] differenziert. Die höchste Wertigkeit konstitutiver Merkmale erfüllt der Terminus ‚Marke':

---

[192] funktionale Nutzenkomponenten: physikalisch-funktionale, objektiv überprüfbare Leistungen
[193] symbolische Nutzenkomponenten: für die Funktionsfähigkeit der Marke nicht zwingend erforderlich; stiften einen subjektiven, seelisch-geistigen und emotionalen Nutzen
[194] KIENDL: „Markenkommunikation mit Sport", S. 22 m.w.N.
[195] HUBER: „Co-Branding als Strategieoption der Markenpolitik", S. 11
[196] BRUHN: „Begriffsabgrenzungen und Erscheinungsformen von Marken", S. 18
[197] BRUHN: „Was ist einer Marke ?", S. 21
[198] BRUHN: „Was ist einer Marke ?", S. 27
[199] Die definitorische Festlegung des Begriffes Leistung kann unter dem Abschnitt „Begriffliche Abgrenzung der Marke" nachvollzogen werden.

„Als Marke werden Leistungen bezeichnet, die neben einer unterscheidungsfähigen Markierung durch ein systematisches Absatzkonzept im Markt ein Qualitätsversprechen geben, das eine dauerhaft werthaltige, nutzenstiftende Wirkung erzielt und bei der relevanten Zielgruppe in der Erfüllung der Kundenerwartungen einen nachhaltigen Erfolg im Markt realisiert bzw. realisieren kann."[200]

Diese aktualisierte Definition des Markenbegriffes auf Basis der Markenerfolgskette, integriert unterschiedliche Sichtweisen und zielt auf ein mittelfristig anerkanntes und klares Begriffsverständnis über Markenbegriffe ab. Die dargestellte Diskussion der terminologischen Markenauffassungen soll im Rahmen dieses Aufsatzes mit der in den Augen des Autors korrekten Festlegung BRUHNs beendet werden.

Klassifizierungsansätze von Marken und deren Erscheinungsformen

In der zeitgenössischen Literatur gibt es neben den aufgeführten Definitionsansätzen eine Vielzahl von Klassifizierungskriterien, mit deren Hilfe reale Erscheinungsformen von Marken anhand typenbildender Elemente systematisiert werden. Die nachfolgende Abbildung gibt einen Überblick über die Möglichkeiten der Differenzierung von Marken anhand verschiedener Kriterien und ordnet den Erscheinungsformen Beispiele zu.

Abbildung 2: Systematisierung der Erscheinungsformen von Marken[201]

Klassifizierungskriterium	Erscheinungsformen	Fallbeispiele
Institutionelle Stellung des Markeninhabers	Herstellermarke Handelsmarke Dienstleistungsmarke	Nivea Balea Allianz
Art des Markenobjektes	Konsumgütermarke Industriegütermarke Dienstleistungsmarke	Persil Linde Deutsche Bank
Anzahl der Markeninhaber	Individualmarke Kollektivmarke	Rosenthal Gruppe 21
Herstellerbekenntnis	Eigenmarke Lizenzmarke Fremdmarke	Bahlsen Leibniz Keks McDonald's Palazzo Schoko Keks

---

[200] BRUHN: „Was ist eine Marke?", S. 28
[201] Eigene Darstellung in Anlehnung an: KIENDL: „Markenkommunikation mit Sport", S. 27

Geographische Reichweite	Regionale Marke Nationale Marke Internationale Marke Globale Marke	Köstritzer Bibop Warsteiner Nivea Coca-Cola
Anzahl der markierten Güter unter der Marke	Einzelmarke Familienmarke Dachmarke	Red Bull Haribo BMW
Bearbeitete Marktsegmente	Erstmarke Zweit-, Drittmarke	E-Plus Base
Art der Markierung	Wortmarke Bildmarke Zeichenmarke	Siemens Lacoste Krokodil 4711
Inhaltlicher Bezug der Marke	Firmenmarken Phantasiemarken	Viessmann Microsoft

Besondere Relevanz für die Praxis besitzt die Differenzierung nach der Anzahl der markierten Güter unter eine Marke, welche auch als Grundformen der Marke bezeichnet werden. Die Einzelmarke (individual brand) umfasst logischerweise lediglich eine Leistung. Familienmarken (product line) vereinen miteinander verwandte Leistungen unter einem Namen.[202] Haribo oder auch Tesa sind hier bspw. zu nennen. Eine Dachmarke umfaßt sämtliche Produkte eines Unternehmens, die unter einer einheitlichen Marke (umbrella brand) angeboten werden.[203] Eine erkennbare Verbindung zu ihren Einzel- und Familienmarken ist dabei nicht zwingend.[204] Bekannte Dachmarken sind Henkel und Unilever. Erst-, Zweit- und Drittmarken unterscheiden nach bearbeiteten qualitäts- und preisbezogenen Marktsegmenten. „Erstmarken sind hochpreisig positionierte Produkte, welche als Stammarke des Unternehmens den Ausgangspunkt für die Markterschließung bilden."[205] Zweit- bzw. Drittmarken sprechen Kundensegmente, die von der Erstmarke nicht erfaßt werden, mit preis- und qualitätsmäßig geringwertigen Leistungen im selben Produktbereich an.

Die Funktionen von Marken

Unter den Funktionen der Marke werden ihre grundsätzlichen Aufgaben verstanden, mit denen gewisse Wirkungen erzielt werden sollen, die bei Anbieter

---

[202] ADJOURI / STASTNY: „Sport-Branding – Mit Sport-Sponsoring zum Markenerfolg", S. 86f.
[203] KIENDL: „Markenkommunikation mit Sport", S. 29
[204] ADJOURI / STASTNY: „Sport-Branding – Mit Sport-Sponsoring zum Markenerfolg", S. 87
[205] KIENDL: „Markenkommunikation mit Sport", S. 29

und Nachfrager einen Nutzen stiften.²⁰⁶ Aus Herstellersicht hat die ursprüngliche namentliche oder räumliche Herkunftsbestimmungsfunktion der Marke sich durch die Ausweitung und Veränderung der Märkte zu einer sachlichen Identifizierungsfunktion gewandelt.²⁰⁷ Das auf einem Produkt dargestellte Zeichen in Form einer Marke läßt es zu, das Produkt sowohl von anonymen als auch von anderen Markenartikeln zu unterscheiden. Dies entspricht der primären Idee der Markierung (Branding).²⁰⁸ Auf dieser Basis nimmt sie die Funktion einer Kommunikationskonstanten ein und ermöglicht trotz der Handelszwischenstufe einen direkten Kontakt zwischen Hersteller und Konsument. Stabilisierende Wirkung im Rahmen langfristiger Absatzpläne kommt dem Markenartikel aufgrund größerer Resistenz gegenüber Marktschwankungen für das jeweilige Unternehmen zu.²⁰⁹ Der Rückstrahlungseffekt einer Marke auf die herstellende Organisation kann als Instrument zum Aufbau bzw. zur Verbesserung eines Firmenimages dienen. Durch besonders absatzerfolgreiche Markenartikel kann ein Nachfragesog im Handel ausgelöst werden, der dem Hersteller eine verbesserte Verhandlungsposition ermöglicht. Des Weiteren übernimmt der Markenartikel für den Hersteller eine Schutzfunktion vor mißbräuchlicher Nachahmung und Fälschung, sofern die Marke eingetragen und somit entsprechend geschützt ist.²¹⁰ Auch für den Handel nimmt die Marke bedeutende Funktionen ein. Die gegenüber anonymer Ware vergleichsweise klaren Vorstellungen, die Konsumenten von Preis und Qualität einer Marke besitzen, können zu einer hohen Selbstverkäuflichkeit dieser Produkte führen und das Absatzrisiko vermindern.²¹¹ Die in der Regel hohen Handelsspannen führen zu einer Gewinngarantie für Handelsunternehmen und verdeutlichen auch die ausgeprägte Renditefunktion von Marken.²¹²

Der Marke kommt aus Konsumentensicht aufgrund der optisch markanten Gestaltung primär eine Orientierungs- bzw. Informationsfunktion zu, welche eine (Wieder-)Erkennung und Unterscheidung erleichtert.²¹³ Spezifische Leistungen können identifiziert werden, der Such- und Informationsaufwand reduziert und Wiederholungskäufe ermöglicht werden. Eine Aufnahme in das evoked set²¹⁴ stellt dabei zunächst die Grundlage für eine Wiedererkennung dar.²¹⁵ Mit Hilfe einer Marke findet weiterhin eine Komplexitätsreduzierung statt, die

---

[206] KIENDL: „Markenkommunikation mit Sport", S. 29 m.w.N.
[207] BRUHN: „Begriffsabgrenzungen und Erscheinungsformen von Marken", S. 32
[208] RIEDEL: „Die Markenwertmessung als Grundlage strategischer Markenführung", S. 10
[209] BRUHN: „Begriffsabgrenzungen und Erscheinungsformen von Marken", S. 33
[210] HUBER: „Co-Branding als Strategieoption der Markenpolitik", S. 12
[211] BRUHN: „Begriffsabgrenzungen und Erscheinungsformen von Marken", S. 33
[212] DICHTL: „Grundidee, Varianten und Funktionen der Markierung von Waren und Dienstleistungen", S. 21
[213] KIENDL: „Markenkommunikation mit Sport", S. 30
       BRUHN: „Begriffsabgrenzungen und Erscheinungsformen von Marken", S. 34
[214] MARKENLEXIKON.COM: „evoked set": Menge aller Marken oder Objekte, die einer Person in einer Kaufsituation bewusst sind, d.h. aktiv von ihr aus dem Langzeitgedächtnis abgerufen werden können.
[215] MORSCHETT: „Retail Branding und integriertes Handelsmarketing", S. 27

den kognitiven Bewertungsprozeß des Konsumenten verringert oder ersetzt. Man spricht in diesem Fall von einer Entlastungsfunktion.[216] Die somit vereinfachte Entscheidung findet darüber hinaus vor allem durch die Eigenschaft der Marke als information chunk[217] statt.[218] Eine Marke fungiert aufgrund ihrer Bekanntheit, Kompetenz und Identität auch als Qualitätsindikator, der bei einer Kaufentscheidung eine Qualitätssicherungs- und Vertrauensfunktion für die Konsumenten beinhaltet.[219] Daraus folgt eine Verminderung des wahrgenommen Kaufrisikos, „weil hinsichtlich der Qualität und des Preises des markierten Produkts keine größeren Abweichungen von der gewohnten Norm zu erwarten sind".[220] Des Weiteren spricht man der Marke eine symbolische Funktion zu, da sie symbolhaft für wichtige Motivatoren des Nachfragerverhaltens steht. Marken und ihr attraktives Image werden demnach „von Konsumenten zur Selbstdarstellung nach außen genutzt, um ihre eigene Persönlichkeit zum Ausdruck zu bringen und sich zu profilieren".[221] Dabei kann die Marke auch eine identitätsstiftende Wirkung haben, indem der Nachfrager durch die Übertragung von Attributen auf sich selbst sein Eigenbild im sozialen Umfeld gestalten will (Identifikationsfunktion).[222] Die Beziehung zwischen Marken und deren Konsumenten kann auch als eine Art Vertrag angesehen werden. Die Verbraucher bieten ihr Vertrauen und ihr Loyalität an, erwarten dafür im Gegenzug gleich bleibende Produktqualität und angemessene Preise und Handlungen Seitens des Unternehmens.[223] Im Rahmen ihrer Markenpolitik[224] verfolgen die Unternehmen weiterhin Ziele, die sich unter anderem aus den Markenfunktionen ableiten lassen und sich gleichzeitig an den ökonomischen und psychologischen Oberzielen der Unternehmung orientieren. Folgende absatzpolitische Ziele der Markenpolitik können aus Herstellersicht bedeutend sein:[225]

- Schaffung von Präferenzen bei den Konsumenten, Entwicklung eines Zusatznutzens durch die Marke,
- Aufbau von Markentreue beziehungsweise Kundenbindung,
- Erhöhung des akquisitorischen Potentials,
- Erzielung einer absatzfördernden Wirkung,
- Aufbau eines Markenimages,
- Schaffung eines preispolitischen Spielraums sowie
- Möglichkeit der differenzierten Marktbearbeitung.

---

[216] MEFFERT et al.: „Stellenwert und Gegenstand des Markenmanagement", S. 9
[217] information chunk: komplexe Schlüsselinformation; verschiedene Informationen werden gebündelt und zur Orientierungsvereinfachung zu einem Indikator verdichtet
[218] MORSCHETT: „Retail Branding und integriertes Handelsmarketing", S. 27
[219] RIEDEL: „Die Markenwertmessung als Grundlage strategischer Markenführung", S. 8ff.
[220] MORSCHETT: „Retail Branding und integriertes Handelsmarketing", S. 29 m.w.N.
[221] KIENDL: „Markenkommunikation mit Sport", S. 31
[222] MEFFERT et al.: „Stellenwert und Gegenstand des Markenmanagement", S. 11
[223] KELLER: „Strategic Brand Management", S. 9
[224] Markenpolitik ist ein übergreifendes, integrierendes Marketingkonzept für Markenartikel; BRUHN: „Begriffsabgrenzungen und Erscheinungsformen von Marken", S. 29
[225] BRUHN: „Begriffsabgrenzungen und Erscheinungsformen von Marken", S. 35

Marken im Sport - Fallbeispiel des Sport-Brandings

Die vorherigen Ausführungen zur Marke lassen sich auch auf den Sport übertragen und sind dort in adaptierten Formen zu finden. Zur Beschreibung von Marken im Sport werden exemplarische Beispiele aus den Bereichen Mannschaft und Persönlichkeit dargestellt. Dabei wird zu Beginn einer Analyse von ADJOURI / STASTNY gefolgt, die zur Markenprüfung eine Checkliste erarbeitet haben. Die Beurteilung des Vorhandenseins beziehungsweise der Bejahung der Faktoren Name, Logo, Differenzierung, Bekanntheit, Leistung, einem Alter über zehn Jahre, langfristiger Erfolg, kontinuierliche Entwicklung, klare Botschaft und positive Assoziationen bilden die Grundlage für die Beurteilung des Markenstatus.

Manchester United Football Club

Der Fußballverein Manchester United Football Club wurde 1878 unter dem Namen Newton Heath L&Y Railway gegründet. 1902 erfolgte die Umbenennung in den heute bekannten Namen. Im Jahr 1991 ging der Club an die Börse, wo dessen Aktien 14 Jahre lang gehandelt wurden. 2005 übernahm der US-Milliardär Malcolm Glazer für 1,16 Milliarden Euro das Unternehmen und überführte es wieder in ein Privatunternehmen.

Der Markenbaustein des einprägsamen und gleich bleibenden Namens wird trotz des Re-Namings erfüllt. Erst unter dem neuen Titel war der Club erfolgreich und daher hat die vor über einem Jahrhundert erfolgte Namensänderung keinen Einfluß auf die Wahrnehmung von Manchester United. Es haben sich darüber hinaus parallel die Abkürzung ‚Man U' und der Spitzname ‚The Red Devils' durchgesetzt. Dies kann keinesfalls als Erosion der Marke angesehen werden. ‚The Red Devils' dient als namentliche Unterstützung des Bausteins Farbe sowie als Verbalisierung des Logos.[226] Als solches fungiert bei einem Fußballclub das Vereinswappen. Dies ist im vorliegenden Fall ein markantes Zeichen, welches sich unter anderem aus zwei Fußbällen und den für den Spitznamen verantwortlichem Teufel zusammensetzt.

Neben dem regulären Punktspielbetrieb in der englischen F.A. BARCLAYS PREMIERSHIP und dem Antreten im F.A. CUP und CARLING CUP[227] konnte sich Manchester United seit der Teilnahme 1996/97 ununterbrochen für die UEFA CHAMPIONS LEAGUE qualifizieren. Auch in der absoluten Anzahl der Teilnahmen an dem erstmals 1992/1993 unter diesem Titel ausgetragenen Wettbewerb, führt United mit 13 Teilnahmen. Dies sichert hohe Einnahmen aus Übertra-

---

[226] ADJOURI / STASTNY: „Sport-Branding – Mit Sport-Sponsoring zum Markenerfolg", S. 190
[227] Die F.A. BARCLAYS PREMIERSHIP und der CARLING CUP stehen an dieser Stelle auch beispielhaft für die starke Verbreitung von Name-Sponsoring im Sport beziehungsweise Fußball.

gungsrechten und ebenso eine europaweite TV-Präsenz, was neben Ausflügen der Mannschaft in die USA oder nach Asien sogar zu einer weltweiten Bekanntheit geführt hat. Clubeigenen Angaben (2003) zufolge, gibt es auf dem gesamten Globus 75 Mio. Manchester United Fans.[228] Eine jahresaktuelle Umfrage in 21 Ländern spricht sogar von 333 Mio. Anhängern, wobei als ‚Fan' angesehen wurde, wer United als den favorisierten Club außerhalb des jeweils eigenen Landes angab.[229] Dies entspricht jedoch eher einem Sympathisanten als einem wahren Fan. Die Zahlen dürften nach dem neuerlichen Gewinn der UEFA Champions League gegen den Chelsea FC im Mai 2008 allerdings nur noch Makulatur sein.

Bei den erwähnten Marketingreisen in anvisierte Wachstumsmärkte gehört Manchester zu den First Movern. Um seine Präsenz und Popularität im asiatischen Markt zu steigern und den Aufbau strategischer Partnerschaften zu asiatischen Sponsoren und Vereinen voranzutreiben, startete der britische Club Mitte der 1990er seine mittlerweile traditionelle Asien-Tour. „Eine Maßnahme, die sich auszahlt: Allein in Asien verdient ‚Man U' durch die Vermarktung von Fernsehrechten, Catering und Merchandising jährlich bis zu 40 Mio. Euro".[230] Aktuell bestätigte der Vorstandvorsitzende David GILL, daß es im Juli 2008 zu drei Freundschaftsspielen gegen einheimische Teams in Südafrika kommen wird. Im Anschluß daran trägt man in der nigerianischen Hauptstadt Abuja ein Match gegen den FA CUP-Sieger Portsmouth FC aus. „Our own research has shown Nigeria is home to our fourth largest fan base – some 13.6million supporters – so this is an opportunity for us to say thank you to those fans", so GILL.[231] Dies zeigt, neben einem Auftritt in Saudi Arabien Anfang 2008, die Bemühungen Uniteds, sich seinen Fans weltweit zu präsentieren und im Idealfall neue Supporter hinzuzugewinnen. Selbstverständlich gehört zum Kommunikationsarsenal auch eine in mehreren Landessprachen abrufbare Internetpräsenz. Die Plattform http://www.manutd.com bietet neben gängigen Inhalten wie News, Spielberichten, Spieler- und Clubinformationen, Communities, Ticketing und Merchandising auch einen Zugang zum MUTV, dem eigenen TV-Kanal der Red Devils. Weitere Besonderheiten sind Tools wie MU Mobile (Games, Videos, News-Service) und MU Finance (Finanz- und Versicherungsdienstleistungen), die eine Rundumversorgung des Fans sicherstellen. So dringt der Fußballverein in alle Lebensbereiche ein und ermöglicht es dem Fan, seine Leidenschaft auch außeralb des Stadions zu leben. Manchester United engagiert sich darüber hinaus im sozialen Bereich mit einer eigenen Stiftung, die sich für wohltätige Zwecke und die Ausbildung junger Menschen einsetzt. Ähnliche Ansätze gibt es mittlerweile auch in Deutschland. Das Jugendförderkonzept ‚Anpfiff ins Leben' des Mäzens der TSG 1899 Hoffenheim, Dietmar Hopp, betont die Gleichgewichtigkeit von

---

[228] ADJOURI / STASTNY: „Sport-Branding – Mit Sport-Sponsoring zum Markenerfolg", S. 188
[229] FOOTBALLECONOMY.COM: „United In Race For Financial Superiority"
[230] BBDO: „Real Madrid ist der Fußballclub mit dem höchsten Markenwert in Europa"
[231] MANCHESTER UNITED: „Reds announce Nigeria stop"

Sport, Schule, Beruf und Sozialem.[232] Der Hamburger SV geht in Kooperation mit Hamburger Unternehmen und der Stadt Hamburg den ‚Hamburger Weg', der ein innovatives Corporate Social Responsibility Engagement darstellt.[233]

Sportlich stellt Man U das Nonplusultra im Weltfußball dar. In der von der INTERNATIONAL FEDERATION OF FOOTBALL HISTORY & STATISTICS (IFFHS) veröffentlichten offiziellen Club-Weltrangliste rangieren die Red Devils Anfang Juni 2008 an erster Position.[234] Diese analog zu anderen Wirtschaftsbranchen als Weltmarktführerschaft zu bezeichnende Stellung ist ein weiteres Indiz für das Vorhandensein und die Stärke der Marke Manchester United. Für die Interessenswahrung gibt es ein hauseigenes Trade Mark Department, welches sich mit dem Schutz der Club-Marken beschäftigt. Als solche sind vier Wortmarken sowie jeweils zwei Bild- beziehungsweise Wort-/Bildmarken registriert.[235] Auch wenn dies im Zweifelsfall keine permanent existierende Institution ist, sondern ein im Verdachtsmoment eingreifender Verbund aus Marketing-Verantwortlichen und externen Markenrechtsexperten, so wird somit dennoch die Auseinandersetzung mit Fragen des Markenschutzes dokumentiert. Das Merchandising stellt dabei das bedeutendste Einsatzfeld der Marken dar und muß daher auch im besonderen Maße vor Markenrechtsverletzungen, vor allem vor Plagiaten, geschützt werden.

Manchester United ist auch wirtschaftlich ein Global Player. Die renommierte Prüfungs- und Beratungsgesellschaft DELOITTE ermittelt in ihrer Studie FOOTBALL MONEY LEAGUE jährlich die 20 umsatzstärksten Fußball-Unternehmen. Der aktuellen Ausgabe 2008 wurden die Einnahmen aus der Saison 2006/2007 zu Grunde gelegt. Manchester United rangiert mit einem Gesamtumsatz in Höhe von 315,2 Mio. Euro an zweiter Position.[236] Dies entspricht einer Steigerung um 33% im Vergleich zum Vorjahr![237] Den Hauptanteil (44%) machen dabei die Einnahmen aus dem Spielbetrieb mit 137,5 Mio. Euro aus, gefolgt von 91,3 Mio. Euro generiert aus Medienrechten sowie Erlöse in Höhe von 86,4 Mio. Euro aus Werbung & Sonstigem. Ein Großteil der letztgenannten Vermarktungseinnahmen entstammt der Kooperation mit Nike. Im Jahr 2002 wurde ein Sponsoring-Vertrag ratifiziert, welcher United insgesamt 458 Mio. Euro für 13 Jahre Laufzeit einbringt.[238] Dies entspricht jährlichen Einnahmen in Höhe von 35,2 Mio. Euro. Nike darf dafür im Gegenzug das gesamte globale Merchandising-Programm von Man U umsetzen. Der Trikotsponsoring-Deal mit AIG, der mit jährlich 20,9 Mio. Euro dotiert ist und damit im Vergleich zum vorhe-

---

[232] ANPFIFF-INS-LEBEN: „Die Elemente des Konzepts"
[233] HAMBURGERWEG: „Der Hamburger Weg stellt sich vor"
[234] IFFHS: „Europas Meister vor Südamerikas Meister!"
[235] MANCHESTER UNITED: „Trade Marks"
[236] DELOITTE: „Football Money League 2008", S. 7
[237] DELOITTE: „Deloitte Football Money League ", S. 1
[238] ADJOURI / STASTNY: „Sport-Branding – Mit Sport-Sponsoring zum Markenerfolg", S. 189

rigen Kontrakt mit Vodafone mehr als eine Verdopplung darstellt, trug ebenso zur Erhöhung der Vermarktungseinnahmen bei. Fußballvereine zeichnet somit in wirtschaftlicher Betrachtung eine Bivalenz aus. Sie stellen sowohl an sich Wirtschaftsunternehmen dar, die ihre Marken nach ökonomischen Gesichtspunkten führen sollten. Andererseits fungieren sie als Plattformen für Sponsoren, um die ‚klassischen' Marken bei deren Zielerreichung zu unterstützen.[239] Mußte United bei der Kennzahl Umsatz noch Real Madrid C.F. den Vortritt lassen, so sieht es bei dem bedeutendsten ökonomischen Parameter ungleich besser aus: Laut DELOITTE erwirtschaftet Manchester United den höchsten operativen Gewinn aller Fußball-Unternehmen![240] Für die kommende Auflage der Studie prognostizieren die Finanzexperten aufgrund eines ertragreicheren Broadcasting-Deals der Premier League und der sportlich äußerst erfolgreichen Spielzeit 2007/2008, mit dem Gewinn der englischen Meisterschaft und des kontinentalen Titels, daß Manchester United ein ernsthafter Herausforderer für den führenden Club Real Madrid C.F. im Kampf um die finanzielle Krone des Fußballs dartellt und die letztmals im Jahr 2005 erreichte Spitzenposition erneut anvisiert.

Analog zu den Studien von INTERBRAND und MILLWARD BROWN zum Markenwert von Unternehmen veröffentlichte die Top-Managementberatung BBDO CONSULTING im September 2007 ein Ranking der wertvollsten europäischen Fußballvereine. Auf Grundlage verhaltenswissenschaftlicher Werte, wie Expertenmeinungen zu Markenbekanntheit, -image und -sympathie sowie finanzwirtschaftlicher Daten wurden die Vereinseinkünfte in Einkommen aus der Vermarktung des jeweiligen Clubs sowie Einkommen aus den Erlösen durch die Geschäfttätigkeit in den Stadien, dem Fußball-Spiel als eigentlichem Kerngeschäft, kategorisiert. Hinter Real Madrid C.F. und FC Barcelona belegt Manchester United mit einem Markenwert von 922 Mio. Euro den dritten Rang.[241] Grundsätzlich „müssen sich die Vereine noch stärker als erfolgreiche Marken positionieren", so Udo KLEIN-BÖLTING (Chief Executive Officer von BBDO Consulting), „um das Markenwertpotential optimal auszuschöpfen und für Kooperationspartner und Investoren attraktiv zu sein".[242]

Ungeachtet all der Rekorde des Clubs aus dem Nordwesten Englands, sind auch kritische Töne zu vernehmen. So wird hinsichtlich der Ausgeglichenheit des sportlichen Wettbewerbs einer Sportliga davon ausgegangen, daß je geringer die Leistungsunterschiede sind, desto mehr Spannung und Zuschauerinteresse generiert werden können. Das Konstrukt der Competitive Balance erfaßt diesen Zusammenhang.[243] So ist die F.A. BARCLAYS PREMIERSHIP laut der Studie BÄLLE, TORE & FINANZEN IV von ERNST & YOUNG neben der italienischen

---

[239] SASSERATH: „Fußball ist unser Leben und König Fußball regiert die (Marken-)Welt !", S. 128
[240] DELOITTE: „Football Money League 2008", S. 7
[241] BBDO: „Real Madrid ist der Fußballclub mit dem höchsten Markenwert in Europa"
[242] ABSATZWIRTSCHAFT: „Real Madrid gewinnt bei Markenwert"
[243] ERNST & YOUNG: „Bälle, Tore und Finanzen IV", S. 17

Serie A am einseitigsten und die finanziellen und somit letztlich auch die sportlichen Differenzen zwischen den Top 5 Clubs und der restlichen Liga sind weiter angestiegen. Empirische Studien belegen, daß die Competitive Balance Einfluß auf die Anzahl der Zuschauer im Stadion und vor den Fernsehern hat, was schlußendlich auch die Vermarktungsmöglichkeiten der Clubs und der Liga betreffen kann. „An ‚unbalanced' league will not maximise the number of its spectators/viewers.", faßt José Luís ARNAUT, ehemaliger portugiesischer Sportminister, im Jahr 2006 zusammen.[244] Dieses Schlaglicht verdeutlicht, daß trotz der Triumphe und Rekorde der Spitzenteams einer Sportliga, der Gesamterfolg des Wettbewerbs negativ von den Überfliegern beeinflußt werden kann.

Sportler als Marke

Auch Sportler selbst können als Marke betrachtet werden. Zieht man an dieser Stelle den siebenmaligen Formel1-Weltmeister Michael Schumacher als Beispiel heran, so lassen sich auch für ihn alle Punkte der Markencheckliste von ADJOURI / STASTNY prüfen. Die Kriterien Erfolg, Bekanntheit und Leistung sind vorhanden. Für die beiden Autoren erfüllt der ehemalige Ferrari-Pilot lediglich den Markenbaustein des Logos nicht. So fungiert bei Personen häufig die Unterschrift als Logo und müsse somit vor allem bekannt und prägnant sein.[245] An dieser Stelle soll jedoch auf das relativ gut bekannte Logo der Merchandising-Kollektion Michael Schumachers erinnert werden, welches durchaus geeignet scheint eine Differenzierung zu ermöglichen. Ungeachtet dessen kann bei diesem deutschen Sportidol ein Markenstatus festgestellt werden. Eine Vielzahl persönlicher Ehrungen, wie Deutschlands und Europas Sportler des Jahres und sogar Weltsportler des Jahres dokumentieren seine Anerkennung. Die lange Zugehörigkeit zum Ferrari-Rennstall ist darüber hinaus ein optimales Beispiel für ein langfristig erfolgreiches Sport-Branding.

Schlußbetrachtung und Ausblick

In der wissenschaftlichen Diskussion kann eine Erosion des Markenbegriffes konstatiert werden. Letztendlich zeichnet sich eine Marke vor allem durch die Wahrnehmung durch die Konsumenten, deren Erwartungserfüllung und einer Nutzenstiftung bei diesen aus. In der Praxis gibt es gegenwärtig mannigfaltige Erscheinungsformen von Marken: Ver- und Gebrauchsgüter, Dienstleistungen, ingredient brands[246], e-branding, corporate branding[247]. Auch Medien können als Marken fungieren, so zum Beispiel Zeitschriften und TV-Kanäle. Ebenso Politiker, Regionen oder Städte, gar Universitäten oder Museen versuchen sich als

---

[244] ERNST & YOUNG: „Bälle, Tore und Finanzen IV.", S. 17 und S. 32
[245] ADJOURI / STASTNY: „Sport-Branding – Mit Sport-Sponsoring zum Markenerfolg", S. 214ff.
[246] Ingredient Brand: Komponente eines Produktes, welches nicht einzeln gekauft, sondern nur als Bestandteil dessen erworben werden kann (bspw. Shimano - Fahrradgangschaltung).
[247] Corporate Branding: identitätsorientierte Führung von Unternehmensmarken

Marken zu etablieren, um von den beschriebenen Wirkungen und Funktionen profitieren zu können. Dabei kommt dem Markenwert die Rolle der zentralen Zielgröße innerhalb der Markenführung zu. Auch Sportunternehmen und Sportlerpersönlichkeiten konnten sich im Wahrnehmungsraum der Konsumenten als Marken positionieren, wobei die Aufstellung einer Markenwertübersicht von Fußball-Unternehmen die Anerkennung des Markenstatus von Sportinstitutionen impliziert. In der Zukunft kommt aufgrund einer voranschreitenden Globalisierung vor allem dem Co-Branding ein weiter wachsender Stellenwert zu. Damit einhergehend wird es von großer Bedeutung sein, eine richtige Markenpositionierung im länderübergreifenden Zusammenhang, also Fragestellungen der internationalen Markenführung, zu beachten.[248] Die richtige Abstimmung zwischen Kontinuität und Wandel wird letztlich für das (erfolgreiche) Fortbestehen von Marken entscheidend sein.

„Die Marke ist eines der ganz wenigen legalen Monopole".[249] und „die einzig existierende internationale Sprache, das Esperanto des Handels".[250]

---

[248] MEFFERT: „Zukunftsaspekte der Markenführung", S. 671ff.
[249] MARKENLEXIKON: „Zitate 2007"
[250] SCHÜTZ: „Die Macht der Marken" mit Verweis auf: KAPFERER: „Die Marke", S. 11

Kapitel IV

Eventmarketing – Grundlagen und Erfolgsvoraussetzungen

von Dipl.-Sozialwirtin Miriam Nuschke

Die ständigen Veränderungen der wirtschaftlichen und gesellschaftlichen Rahmenbedingungen fordern von Unternehmen und anderen in der Öffentlichkeit stehenden Organisationen eine fortlaufende Angleichung ihres Verhaltens an die jeweiligen Gegebenheiten. In diesem Zusammenhang immer gern genutzt wird der Begriff des Wertewandels. In welche Richtung sich dieser Wandel orientiert, ist allerdings nicht eindeutig geklärt. Einigkeit besteht zumindest bezüglich einer zunehmenden Erlebnisorientierung innerhalb der Gesellschaft. Empirische Studien zeigen sowohl eine gestiegene Bedeutung erlebnisbezogener Werte als auch eine stärkere Betonung der Freizeit.[251]

Noch immer aktuell ist der Informationsüberschuß von etwa 98%: Nur 2% des Informationsvolumens erreicht also die Konsumenten. Inzwischen ist zu erwarten, daß dieser Informationsüberschuß weiter gestiegen ist, da das Medienangebot deutlich stärker zugenommen hat als die Mediennutzungsdauer der deutschen Bevölkerung. Infolge dieser Informationsüberlastung finden im Alltag häufig Vereinfachungen statt: Beispielsweise die Verwendung weniger, wichtiger und entscheidungsrelevanter Informationen, sowie die Begrenzung der Entscheidungsalternativen und die Bevorzugung des vorhandenen Wissens. Im Zuge der eingangs genannten vermehrten Freizeit- und Erlebnisorientierung tun sich hier seit ca. 10 Jahren besonders Events hervor. Durch die Ansprache des Konsumenten in seinem persönlichen Umfeld ist es möglich, ohne Reaktanzen und v.a. mit hohem Involvement[252] wahrgenommen zu werden.

> „Sage es mir, und ich vergesse es;
> zeige es mir, und ich erinnere mich;
> laß es mich tun, und ich behalte es."
> (Konfuzius)

Diese alte Weisheit drückt vor allem eines aus: Nichts ist überzeugender als das eigene Erleben. Erlebnisorientierte Veranstaltungen werden von Unternehmen zunehmend zur Vermittlung von Kommunikationsbotschaften genutzt. In diesem Zusammenhang erfreut sich der Begriff des „Events" wachsender Beliebtheit. Relativ schnell fand dieser auch im deutschen Sprachgebrauch seinen

---

[251] DRENGNER: „Imagewirkungen von Eventmarketing: Entwicklung eines ganzheitlichen Meßansatzes", S. 11
[252] Im Allgemeinen wird unter Involvement eine Aktivierung oder innere Beteiligung verstanden, also ein Zustand, der eine besonders intensive Informationsaufnahme erlaubt

Platz, assoziiert mit neuen modernen Möglichkeiten war plötzlich alles ein Event. Dieser rasante Bedeutungszuwachs bremste jedoch von Anfang an die Professionalisierung von Events. Dies führte in den letzten Jahren zu einem derart inflationären Gebrauch dieses Begriffs, daß sich erstens nahezu jede Veranstaltung als Event bezeichnet, und zweitens selbst bei Organisatoren sogenannter Events kein einheitliches Verständnis dieses Begriffs zu finden ist. Bei einer Umfrage der Event-Agentur VOK DAMS 1995 gaben 80% der befragten Unternehmen an, Events bereits zu nutzen; darunter verstanden allerdings 51% Incentives, 44% Mitarbeitertagungen, 42% Verkaufsförderung, 38% Messen und 23% Schulungen.[253] Hier besteht also offensichtlich noch Klärungsbedarf, deutlich wird aber auch, daß die Bedeutung von Events nicht zu unterschätzen ist.

Der Begriff Event stammt zunächst aus dem Englischen und wird allgemein schlicht mit Ereignis übersetzt. Im Rahmen kommunikativer Ziele von Unternehmen wurde der Begriff zum Marketing-Event erweitert, vereinfachend wird im Folgenden jedoch weiter der Begriff Event genutzt, darunter ist dann allerdings ein Marketing-Event zu verstehen. Der DEUTSCHE KOMMUNIKATIONSVERBAND (BDW) versteht unter Events „inszenierte Ereignisse sowie deren Planung und Organisation im Rahmen der Unternehmenskommunikation[...], die durch erlebnisorientierte firmen- oder produktbezogene Veranstaltungen emotionale und physische Reize darbieten und einen starken Aktivierungsprozeß auslösen".[254] Etwas einfacher definiert BRUHN ein Event: „Ein Event ist eine besondere Veranstaltung oder ein spezielles Ereignis, das multisensitiv vor Ort von ausgewählten Rezipienten erlebt und als Plattform zur Kommunikation genutzt wird." In Ergänzung zu dieser Definition formuliert er fünf Anforderungen an Events: [255]

(1) Ein Event stellt ein Erlebnis dar. Der individuelle Nutzen der Event-Teilnahme ergibt sich damit vor allem aus einer positiven Emotionalisierung und nicht aus den vermittelten Informationen.

(2) Ein Event stellt für den Teilnehmer etwas Besonderes oder sogar Einmaliges dar, er hebt sich dadurch bewußt von der Alltagswirklichkeit der Zielgruppe ab.

(3) Events bieten die Möglichkeit des Vor-Ort-Erlebnisses. Die sich daraus ergebende Authentizität und oft auch Exklusivität trägt ebenfalls zu einer Verstärkung der Emotionalisierung bei.

(4) Events werden speziell auf die Bedürfnisse eines ausgewählten Publikums zugeschnitten und stehen für eine hohe Kontaktintensität.

---

[253] NICKEL: „Event – Ein neues Zauberwort?", S. 5
[254] NUFER: „Wirkungen von Event-Marketing: theoretische Fundierung und empirische Analyse", S. 12
[255] BRUHN: „Kommunikationspolitik", S.328
ZANGER / SISTENICH: „Eventmarketing. Bestandsaufnahme, Standortbestimmung und ausgewählte theoretische Ansätze zur Erklärung eines innovativen Kommunikationsinstruments", S.235

(5) Events befriedigen das Bedürfnis nach Kommunikation. Der Teilnehmer ist nicht nur Empfänger einer Botschaft, sondern hat die Möglichkeit zum persönlichen Dialog.

Vor allem den letzten Punkt heben auch ZANGER / SISTENICH im Rahmen von Events hervor. Ihrer Auffassung nach gehört der Dialog zu den konstitutiven Charakteristika, bei einer konsequenten Integration in die Kommunikationsstrategie des Unternehmens sehen sie daher ein erhebliches Potential für die dialogische Kommunikation von Kommunikationsbotschaften.[256] Gerade im Zuge der bereits angesprochenen Dialogorientierung von Public Relations sind Events demnach ein geeignetes Kommunikationsmittel. Dabei finden sie nicht zufällig statt, sondern sind planmäßig erzeugte Ereignisse, die einer organisatorischen Vorbereitung und sorgfältiger Durchführung bedürfen. Wie alle Kommunikationsmittel können Events prinzipiell im Rahmen der verschiedenen Kommunikationsinstrumente eingesetzt werden, denkbar ist dies vor allem innerhalb der Instrumente Public Relations (intern und extern), Sponsoring, Messen, persönlicher Verkauf und Sales Promotions.[257] Dabei sind Events jedoch grundsätzlich Veranstaltungen ohne Verkaufscharakter, sie sollen vornehmlich psychologische Größen, wie Image und Bekanntheit des Eventobjekts beeinflussen.[258]

Einordnung der Events im Kommunikations-Mix

Neben der Nutzung von Events im Rahmen verschiedener Kommunikationsinstrumente, hat sich mit der zunehmenden Bedeutung und ihren vielfältigen Einsatzmöglichkeiten auch die Interpretation des Eventmarketing als eigenes Kommunikationsinstrument herausgebildet. Mit Blick auf die Reflektionen in der Praxis widmeten ZANGER / SISTENICH sich 1996 der Problematik des heterogenen Begriffsverständnisses und gelangten über eine Systematisierung der Quellen zu einer Differenzierung in zwei Ansprüche:[259]

Innerhalb des Partialanspruchs werden Events als inszenierte Ereignisse in Form erlebnisorientierter firmen- oder produktbezogener Veranstaltungen betrachtet, die dem potentiellen Kunden emotionale und physische Reize darbieten und zu einem starken Aktivierungsprozeß führen. Unter dem Begriff Eventmarketing wird in diesem Zusammenhang die Planung, Gestaltung, Durchführung und Kontrolle dieser Veranstaltungen im Rahmen der Kommunikationspolitik des Unternehmens verstanden. Dieser Anspruch deckt sich mit der oben genannten

---

[256] ZANGER / SISTENICH: „Eventmarketing. Bestandsaufnahme, Standortbestimmung und ausgewählte theoretische Ansätze zur Erklärung eines innovativen Kommunikationsinstruments", S.237ff.
[257] BRUHN: „Kommunikationspolitik", S.328f.
[258] NUFER: „Wirkungen von Event-Marketing: theoretische Fundierung und empirische Analyse", S. 19
DRENGNER: „Imagewirkungen von Eventmarketing: Entwicklung eines ganzheitlichen Meßansatzes", S. 38
[259] ZANGER / SISTENICH: „Eventmarketing. Bestandsaufnahme, Standortbestimmung und ausgewählte theoretische Ansätze zur Erklärung eines innovativen Kommunikationsinstruments", S. 234

Auffassung des BDW. Der Totalanspruch umfaßt dagegen alle Bestandteile moderner Kommunikation, die dazu beitragen, eine Erlebnisstrategie zu entwickeln und zu vermitteln. „Special Events" sind inszenierte Ereignisse innerhalb dieser Strategie. Hinter dieser Perspektive verbirgt sich somit die Vereinnahmung des Erlebnismarketing-Begriffs durch das Eventmarketing. Das Eventmarketing bildet hiernach das Dach für den Einsatz der übrigen Kommunikationsinstrumente.[260]

Den Partialanspruch halten ZANGER / SISTENICH für zu begrenzt, um dem Eventmarketing gerecht zu werden, und auch bezüglich des Totalanspruchs kommen sie bereits selbst zu dem Schluß, daß dieses Konzept aufgrund der Öffnung für alle Arten von Promotion-Aktionen nicht ohne weitere Abgrenzungen auskommt. Über einen Implementierungsansatz wird versucht, das Problem zu lösen, dieser stellt statt der monologischen die dialogische Kommunikation unter aktiver Beteiligung der Konsumenten in den Mittelpunkt der Eventmarketing-Strategie.[261] Insbesondere unter Berücksichtigung der Möglichkeiten, die bspw. auch Public Relations für einen Dialog mit Teilöffentlichkeiten bieten, ohne sich eines Events zu bedienen, kann aufgrund der ungenügenden Abgrenzung auch dieser Ansatz nicht überzeugen. INDEN ordnete Events gemäß dem Partialanspruch ein, allerdings bereits 1993 und damit deutlich vor dieser Systematisierung durch ZANGER / SISTENICH: „Überall da, wo durch ein Unternehmen oder eine Institution zum Zwecke der Werbung, Verkaufsförderung, Public Relations oder der internen Kommunikation eine Botschaft in Form eines direkt erlebbaren Ereignisses vermittelt wird, findet ein Marketing-Event statt." Die Möglichkeit eines eigenständigen Instruments Eventmarketing wird von ihm nicht diskutiert.[262] Ähnlich sieht dies auch NICKEL fünf Jahre später: „Eventmarketing ist die systematische Planung, Organisation, Durchführung und Kontrolle von Events innerhalb der Kommunikationsinstrumente Werbung, Verkaufsförderung, Public Relations oder interner Kommunikation".[263]

Anders verfährt BRUHN, er differenziert vor allem zwischen dem Kommunikationsmittel Event, das wie bereits erläutert durchaus im Rahmen anderer Kommunikationsinstrumente eingesetzt werden kann, und dem eigenständigen Kommunikationsinstrument Eventmarketing. Unter Eventmarketing versteht er „die zielgerichtete, systematische Analyse, Planung, Organisation und Kontrolle von Events als Plattform einer erlebnis- und dialogorientierten Präsentation einer Dienstleistung oder eines Unternehmens[...], so daß durch emotionale und physische Stimulans starke Aktivierungsprozesse in Bezug auf Produkt, Dienstleistung oder Unternehmen mit dem Ziel der Vermittlung von unternehmensge-

---

[260] ZANGER / SISTENICH: „Eventmarketing. Bestandsaufnahme, Standortbestimmung und ausgewählte theoretische Ansätze zur Erklärung eines innovativen Kommunikationsinstruments", S. 234
[261] NUFER: „Wirkungen von Event-Marketing: theoretische Fundierung und empirische Analyse", S. 13
[262] INDEN: „Alles Event ?!: Erfolg durch Erlebnismarketing", S. 29
[263] NICKEL: „Eventmarketing: Grundlagen und Erfolgsbeispiele", S. 7

steuerten ausgelöst werden".²⁶⁴ Aus dieser Definition leitet er drei Anforderungen an ein Eventmarketing als eigenständiges Kommunikationsinstrument ab:

(1) Eventmarketing bedingt die Inszenierung von Events, die zur Zielerreichung notwendigen Ereignisse schafft es dabei selber. Solange die hohe Identifikation von Unternehmen und Event nicht verlorengeht, ist auch die Kooperation mit anderen Unternehmen oder das Outsourcing von Teilen des Planungsprozesses denkbar.

(2) Bei Events im Rahmen des Eventmarketing steht immer der Unternehmens- oder Produktbezug, also die Vermittlung von Kommunikationsbotschaften im Vordergrund. Inszenierung bedeutet vor allem auch die Inszenierung des Unternehmens oder des Produktes.

(3) Eventmarketing zielt vor allem auf die emotionale Beeinflussung des Rezipienten ab. Damit hat dieses Instrument niemals die alleinige Aufgabe der Informationsvermittlung, sondern beinhaltet explizit auch Unterhaltungs- bzw. Erlebnisfunktionen.²⁶⁵

Im Anschluß an diese exemplarische Darstellung einiger Versuche, Events innerhalb der Unternehmenskommunikation einzuordnen, ist zunächst festzustellen, daß es diesbezüglich offensichtlich keine einheitliche Auffassung gibt. Während ZANGER / SISTENICH ihren Ansatz auf zwei Extremvarianten aufbauen und durch eine in Anbetracht aktueller Trends (Dialogorientierung der PR) nicht überzeugende Abgrenzung ergänzen, erweist sich das Werk von INDEN als sehr praxisorientiert mit Schwächen in der wissenschaftlichen Betrachtung, vor allem aber ist sein Ansatz angesichts des stetigen Bedeutungszuwachses von Events schon relativ alt. Die Interpretationen von NICKEL und dem DEUTSCHEN KOMMUNIKATIONSVERBAND, nach denen Events mitsamt ihrer Planung generell als Sub-Instrument anderen Kommunikationsinstrumenten untergeordnet sind, erscheinen auch etwas zu ausschließlich. Denn genau wie das Sponsoring zunächst kein eigenständiges Kommunikationsinstrument darstellte, wird meiner Ansicht nach auch das Eventmarketing im Zuge seines Bedeutungszuwachses und der damit zusammenhängenden Professionalisierung früher oder später den allgemein anerkannten Status als eigenständiges Kommunikationsinstrument erhalten, der ihm teilweise schon jetzt bescheinigt wird. BRUHN hat meiner Ansicht nach den überzeugendsten Ansatz geliefert, ihm ist es mit seiner Einordnung gelungen, dem Eventmarketing auch in der aktuellen Entwicklungsphase gerecht zu werden, da er sowohl die Funktion eines Sub-Instruments als auch die Eigenständigkeit des Eventmarketing in Betracht zieht.

---

[264] BRUHN: „Kommunikationspolitik", S.328f.
[265] BRUHN: „Kommunikationspolitik", S.328f.

Formen und Einsatzmöglichkeiten von Events

Im Rahmen der Kommunikationspolitik können sowohl eigeninitiierte als auch fremdinitiierte Events genutzt werden. Die Nutzung fremdinitiierter Events kann dabei nicht einem Instrument Eventmarketing zugeordnet werden, sondern fällt in den Bereich des (Veranstaltungs-) Sponsoring, in dessen Rahmen Events als häufig als erfolgreiches Kommunikationsmittel eingesetzt werden. Zu beachten ist dabei, daß das Ereignis in diesem Fall auch ohne das sponsernde Unternehmen stattfinden würde und außerdem die Planung und Durchführung nicht durch den Sponsor erfolgt. Der Vorteil besteht v.a. in der geringeren organisatorischen Leistung, die ein Unternehmen hierbei erbringen muß. Ein spezielles Know-How für die Planung entsprechender Veranstaltungen ist ebenfalls nicht nötig. Außerdem lassen sich bereits etablierte Events gezielt auswählen und ggf. nur temporär für Kommunikationszwecke nutzen, lange Vorlaufzeiten für die Planung und Bekanntmachung eigeninitiierter Events entfallen hierbei. Dies ermöglicht den Unternehmen eine größtmögliche Flexibilität. Diesen Vorteilen stehen allerdings auch einige Nachteile fremdinitiierter Events gegenüber:[266]

- Beschränkung der Gestaltungsmöglichkeiten bei der Platzierung der Werbeträger am Veranstaltungsort
- Beschränkung der kreativen Gestaltung der Kommunikationsbotschaft
- Überschattungseffekte durch das Vorhandensein mehrerer Sponsoren
- Geringes Involvement der Zielgruppe gegenüber der Kommunikationsbotschaft
- Beschränkung der Kommunikationswirkung durch Ambush-Marketing
- Einseitige Kommunikation mit der Zielgruppe

Die Möglichkeiten der Umsetzung eines idealen Kommunikationskonzeptes werden folglich stark eingeschränkt, fremdinitiierte Events eignen sich daher weniger gut für den Einsatz im Rahmen eines PR-Konzeptes. Etwas anders sehen die Bedingungen bei eigeninitiierten Events aus, die Gegenstand des Eventmarketing sind. Es gibt in diesem Fall keine Beschränkungen hinsichtlich der Kommunikationswirkung oder Gestaltungsmöglichkeiten von Botschaften oder dem Veranstaltungsort, außerdem gibt es in der Regel keine weiteren beteiligten Unternehmen bzw. Organisationen, und falls doch, so ist dies kontrollierbar. Vor allem kann die Zielgruppe aber deutlich aktiver einbezogen werden, was zur Folge hat, daß Informationen besser aufgenommen werden. Dies ist außerdem auf weitere Besonderheiten zurückzuführen: Diese Events sprechen mehrere (alle) Sinne der Teilnehmer an, das Erlebnis wird dadurch intensiviert und durch die Konzentration auf meist nur ein Thema (eine Marke) können

---

[266] DRENGNER: „Imagewirkungen von Eventmarketing: Entwicklung eines ganzheitlichen Meßansatzes", S. 25ff.

Zielgruppen gezielter und mit weniger Störeffekten angesprochen werden.[267] Abgesehen von der Unterscheidung in eigen- und fremdinitiiert, sind weitere Systematisierungen der Events möglich. Der „Eventmarketing-Würfel" veranschaulicht drei Dimensionen, die sich für eine Typologisierung eignen.

Abbildung 3: Dreidimensionale Typologie der Eventmarketing-Formen[268]

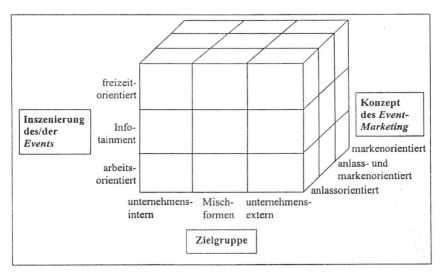

Inszenierung: In dieser Dimension sind arbeitsorientierte Events, deren Schwerpunkt auf dem Informationsaustausch liegt, von freizeitorientierten Events zu unterscheiden, die mit einer stark emotionalen Wirkung in erster Linie der Unterhaltung dienen. Eine dazwischen liegende Mischform stellen die Events aus dem Bereich Infotainment dar. Hier ist im Sinne einer höheren Aktivierung und Aufnahmebereitschaft die Informationsvermittlung in einem Unterhaltungsprogramm verpackt.[269]

Zielgruppe: Hier werden externe von internen Adressaten getrennt, wobei wiederum Mischformen auftreten; oft richten Events sich nicht ausschließlich an nur eine dieser beiden Gruppen.[270]

Konzept: Auch das einem Event zugrunde liegende Konzept bietet Möglichkeiten der Abgrenzung. Die Frage ist in diesem Fall, ob der Einsatz eher mar-

---

[267] DRENGNER: „Imagewirkungen von Eventmarketing: Entwicklung eines ganzheitlichen Meßansatzes", S. 25ff.
[268] NUFER: „Wirkungen von Event-Marketing: theoretische Fundierung und empirische Analyse", S. 40
[269] NUFER: „Wirkungen von Event-Marketing: theoretische Fundierung und empirische Analyse", S. 38ff.
[270] NUFER: „Wirkungen von Event-Marketing: theoretische Fundierung und empirische Analyse", S. 38ff.

kenorientiert, anlaßorientiert oder in Kombination anlaß- und markenorientiert erfolgt. Bezogen auf einen Einsatz im Rahmen der Public Relations ist die Markenorientierung hier durch eine Unternehmensorientierung zu ersetzen.

Planungsprozeß eines Events

Ein Marketing-Event benötigt neben der organisatorischen Vorbereitung eine planmäßige Durchführung sowie eine sorgfältige Nachbereitung durch den Organisator. Unerläßlich ist jedoch auch die Einbindung in ein langfristig angelegtes Konzept, das den zielorientierten Einsatz sicherstellt. Die fehlende Etablierung eines eigenständigen Planungsprozesses als Voraussetzung eines solchen Konzepts ist einer der Gründe, warum dem Eventmarketing die flächendeckende Anerkennung als eigenständiges Kommunikationsinstrument noch versagt bleibt. Zwar stellt NUFER eine eventspezifische Abwandlung des Managementprozesses vor, in der Praxis beschränkt sich die Event-Planung aber noch allzu oft auf Einzelmaßnahmen.[271] Da Events im Rahmen dieser Arbeit vorrangig als Mittel im Rahmen anderer Kommunikationsinstrumente betrachtet werden, ergibt sich der nötige Orientierungsrahmen aus dem jeweils übergeordneten Konzept. Erklärungsbedürftig bleibt damit nur noch die Planung der Events als Einzelmaßnahmen, die sich aus vier Arbeitsphasen zusammensetzt: 1. Vorbereitung, 2. Entwicklung, 3. Inszenierung und 4. Nachbereitung. Dabei sind verschiedene Inszenierungsebenen zu berücksichtigen: Die Vorbereitungsphase umfaßt alle strategischen Entscheidungen, die der konkreten Gestaltung des Events vorausgehen. So muß eine Situationsanalyse zunächst Aufschluß darüber geben, ob ein Event zur Erreichung der kommunikativen Ziele geeignet ist. Im Anschluß daran erfolgt die Festlegung der Eventziele, die hinsichtlich Inhalt, Zielausmaß, Zielobjekt und Zielgruppe zu konkretisieren sind. Weitere Aspekte sind Entscheidungen über die Anzahl der Events, das Umfeld und das Budget.[272] In der darauf aufbauenden Entwicklungsphase sind Entscheidungen auf vier Inszenierungsstufen zu treffen:[273]

(1) Vorfeld: Vorbereitung der Teilnehmer auf den Event, d.h. Bekanntgabe von Informationen hinsichtlich Zeit, Ort und Inhalt des Events; Ziel ist u.a. das Wecken von Interesse

(2) Umfeld: Hier wird der Rahmen für die Veranstaltung geschaffen; Entscheidungen über den exakten Ort (Location), die Verpflegung (Catering), die Logistik und eine angemessene Betreuung der Zielgruppe

---

[271] NUFER: „Wirkungen von Event-Marketing: theoretische Fundierung und empirische Analyse", S. 41
[272] NUFER: „Wirkungen von Event-Marketing: theoretische Fundierung und empirische Analyse", S. 41
[273] BRUHN: „Kommunikationspolitik", S.330ff.
DRENGNER: „Imagewirkungen von Eventmarketing: Entwicklung eines ganzheitlichen Meßansatzes", S. 32f.

(3) Hauptfeld: Vermittlung der Botschaft, dazu Auswahl der Technik und Akteure

(4) Nachfeld: Planungen als Basis für die Nachbereitung, z.b. zum Abbau der Technik

Die Phase der Inszenierung bezieht sich auf die praktische Umsetzung sämtlicher Maßnahmen der Inszenierungsstufen vom Vorfeld bis Hauptfeld während des Events. Die Nachbereitungsphase regelt anschließend das Nachfeld, das auch der Verstärkung der Wirkungen aus dem Hauptfeld dient. Möglich sind in diesem Zusammenhang Dokumentationen, Dankesschreiben oder auch Einladungen zu zukünftigen Events.[274]

Erfolgsvoraussetzungen

Der Einsatz von Events führt nur zum gewünschten Erfolg, wenn im Rahmen der Planung die entsprechenden Kriterien berücksichtigt wurden. Auf die Notwendigkeit eines strategischen Planungsprozesses sowohl für ein eigenständiges Kommunikationsinstrument „Eventmarketing" als auch für die als Kommunikationsmittel innerhalb anderer Instrumente eingesetzten Events wurde bereits eingehend hingewiesen. Aus diesem ergeben sich weitere Kriterien für den Kommunikationserfolg, da der Erfolg eine sorgfältige Gestaltung der einzelnen Phasen voraussetzt. Dazu gehört die Formulierung von Zielen genauso wie die Auswahl der relevanten Zielgruppen. Die speziellen Rahmenbedingungen, die Events für die Kommunikation mit den Zielgruppen schaffen, lassen der integrierten Kommunikation zudem eine besonders hohe Bedeutung zukommen. Vor allem die Vermittlung komplexer Botschaften muß i.d.R. durch flankierende Kommunikationsmaßnahmen geleistet werden. Auf der Grundlage von Mitteln, Instrumenten, Zielen und Zielgruppen der Unternehmenskommunikation werden folgende Integrationsformen unterschieden[275]: Die inhaltliche Integration umfaßt sämtliche Maßnahmen, die Kommunikationsinstrumente und -mittel thematisch miteinander verbinden. Innerhalb der inhaltlichen Integration kann zwischen funktionaler, instrumenteller, horizontaler und vertikaler Integrationsform unterschieden werden. Im Zusammenhang mit Events sind die ersten beiden Formen von besonderer Bedeutung: „Die funktionale Integration basiert auf der Überlegung, daß jedes Instrument der Unternehmenskommunikation bestimmte Funktionen zur Zielrealisierung zu erfüllen hat, während im Rahmen der instrumentellen Integration systematisch nach Wirkungsinterdependenzen und Vernetzungspotentialen gesucht wird."[276] Die formale Integration erfordert

---

[274] DRENGNER: „Imagewirkungen von Eventmarketing: Entwicklung eines ganzheitlichen Meßansatzes", S. 33

[275] NUFER: „Wirkungen von Event-Marketing: theoretische Fundierung und empirische Analyse", S. 79
BRUHN: „Integrierte Unternehmens- und Markenkommunikation: strategische Planung und operative Umsetzung", S.58ff.

[276] NUFER: „Wirkungen von Event-Marketing: theoretische Fundierung und empirische Analyse", S. 83

die Einhaltung bestimmter Gestaltungsprinzipien bei der Wiedergabe von Unternehmenszeichen, um nach außen ein einheitliches Erscheinungsbild des Unternehmens zu zeigen. Die zeitliche Abstimmung zwischen verschiedenen Kommunikationsinstrumenten sowie die Gewährleistung der zeitlichen Kontinuität innerhalb eines Instrumentes ist Gegenstand der zeitlichen Integration.

Im Rahmen der Kommunikationspolitik dienen Events nicht vordergründig der Erreichung ökonomischer Ziele, sondern erfüllen diesen vorgelagerte außerökonomische Ziele.[277] INDEN identifiziert sechs solcher Zielsetzungen von Events: Information, Motivation, Kommunikation, Weiterbildung, Unterhaltung und Imagebildung.[278] Generell bietet sich eine Unterscheidung in affektiv-orientierte und kognitiv-orientierte Ziele an, ergänzt um eine Trennung von unternehmensinternen und –externen Zielgruppen ergibt sich folgendes Bild:

Abbildung 4: Psychologische Kommunikationsziele des Eventmarketing[279]

Affektiv-orientierte externe Ziele	Kognitiv-orientierte externe Ziele
• Emotionales Erleben von Unternehmen und Produkten bzw. Marken • Aufbau, pflege oder Modifikation des Unternehmens- bzw. Markenimages • Emotionale Markenpositionierung • Integration der Marke und ihrer Inhalte in die Erlebniswelt des Rezipienten • Aktivierung der Wahrnehmung • Aufbau und Pflege einer Beziehung zwischen Marke und Kunden auf der Basis eines kollektiven Erlebnisses • Erreichen von Sympathie und Glaubwürdigkeit • Einstellungsänderung bei der Zielgruppe	• Bekantmachung insbesondere neuer Produkte • Vermittlung von Schlüsselinformationen neuer Produkte • Aktive Auseinandersetzung der Teilnehmer mit der Thematik • Kontaktpflege mit ausgewählten Kunden, Meinungsführern und Medienvertretern
Affektiv-orientierte interne Ziele	**Kognitiv-orientierte interne Ziele**
• Motivation der Mitarbeiter • Identifikation der Mitarbeiter mit dem Unternehmen • Integration der Mitarbeiter • Schaffung eines Zugehörigkeitsgefühls	• Fachwissen • Weiterbildung • Persönliche Fähigkeiten • Kundenbewußtsein

---

[277] DRENGNER: „Imagewirkungen von Eventmarketing: Entwicklung eines ganzheitlichen Meßansatzes", S. 24
[278] INDEN: „Alles Event ?!: Erfolg durch Erlebnismarketing", S. 66ff.
[279] eigene Darstellung nach DRENGNER: „Imagewirkungen von Eventmarketing: Entwicklung eines ganzheitlichen Meßansatzes", S. 24

Wurden bei der Planung geeignete Kommunikationsziele ausgewählt und eine Kommunikationsstrategie entworfen, die eine Integration der Events in verschiedene Maßnahmen ermöglicht, um auch die möglichen Synergieeffekte ideal auszuschöpfen, so sind bei der Umsetzung noch vier zentrale Ansprüche an einen wirkungsvollen Event zu beachten:[280]

- Einzigartigkeit

   Das Ereignis muß seltene Erfahrungen bieten und sowohl an einen bestimmten Zeitpunkt als auch einen bestimmten Ort gebunden sein, nur dadurch ist es nicht austauschbar. Events sind außerdem nicht reproduzierbar, Videos oder Medien können nur darüber berichten, aber einen Event nicht erlebbar machen.

- Episodenhaftigkeit

   Im Verlauf eines Events muß es einen oder mehrere Höhepunkte geben, die im Rahmen eines Spannungsbogens aufgebaut werden.

- Gemeinschaftlichkeit

   Das Publikum erfährt über Applaus, Anspannung, Zwischenrufe oder Ähnliches in der Gruppe den Event als Gemeinschaftserlebnis.

- Beteiligung

   Ohne zumindest ein Mindestmaß an Beteiligung ist ein Event nicht denkbar. Diese kann sich in Klatschen bei Darbietungen, Sprechgesängen beim Sport, Tanzen, die Teilnahme an Streetballturnieren oder auch dem Herumlaufen, Schauen und evtl. Anfassen bei Ausstellungen ausdrücken. Wichtig ist die Beteiligung möglichst vieler Sinne über verschiedene Reize.

Es bleibt festzuhalten, daß Events ein ausgesprochen vielfältig einsetzbares Kommunikationsmittel darstellen, das unter Berücksichtigung der besonderen Anforderungen geeignet ist, Reaktanzen bei den Zielgruppen zu überwinden und diese direkter und nachhaltiger zu erreichen als mit klassischen Kommunikationsmaßnahmen. Hierfür macht die Differenzierung in eigen- und fremdinitiierte Events ebenso wenig einen Unterschied, wie die Frage, ob es sich beim Marketing-Event um ein Kommunikationsmittel mit hohem Integrationsfaktor oder gar um eine eigenes Kommunikationsinstrument handelt. Entscheidend ist der unvergleichbar hohe Emotionalisierungsgrad, den Events allgemein und ganz besonders im Sportbereich bieten, sowie die Ansprache der Zielgruppen, die abhängig von der Zielgruppe des Events häufig ganz gezielt ausgewählt werden können, in ihrem persönlichen Umfeld.

---

[280] SCHULZE: „Die Zukunft der Erlebnisgesellschaft", S. 308f.

Kapitel V

Trendsportarten

von Matthias Hansen und Christian Swodenk

Zu einem der bedeutendsten gesellschaftlichen Phänomene entfaltete sich im Laufe der Jahrzehnte der Sport. Dabei erzielte insbesondere der Freizeitsport in der zweiten Hälfte des 20. Jahrhunderts in den Industriegesellschaften eine Bedeutung, die das Sporttreiben von nun für viele Menschen interessant machte. 2003 ging man davon aus, daß jeder dritte europäische Bürger regelmäßig Sport in seiner Freizeit trieb.[281] Seit dem letzten Drittel des 20.Jahrhunderts stieg die Anzahl der Sportarten kontinuierlich an. Während in den 1950er und 1960er Jahren rund 25% der Menschen in wohlhabenden Nationen Freizeitsport ausübten sind es gegenwärtig 75%. Dabei stellen die Trendsportarten ein junges Phänomen der Bewegungskultur dar, das mit der Ausdehnung des Sports in der zweiten Hälfte des 20. Jahrhunderts einhergeht. Nordamerika zählt zu den Geburtsstätten der Trendsportarten, die sich von dort aus in andere Länder ausbreiteten.[282] Trendsportarten stellen die in jüngster Zeit neu entstandenen Sportarten bzw. –disziplinen dar, die sich einer immer größer werdenden Beliebtheit erfreuen. Sie sind dadurch gekennzeichnet, daß sie neue Bewegungsformen mit Hilfe neuer Sportgeräte kreieren, wobei der Spaß und die Aktion im Vordergrund stehen. Charakteristisch für Trendsporten sind die Kombinationen von Bewegungsformen, Technologien und Lebensstilelementen miteinander, die gleichzeitig eine Kommerzialisierung erlauben.

Wertewandel in der Gesellschaft

Das Verhalten in der Gesellschaft orientiert sich an bestehenden Normen und Grundsätzen. In unserer Gesellschaft lassen sich drei Grundorientierungen erkennen, die einen unabhängigen und eigenständigen Lebensstil charakterisieren. Dazu gehören eine stärkere Betonung der Freizeit, ein gesteigertes Gesundheits- und Umweltbewußtsein sowie eine größere Erlebnis- und Genußorientierung. Letzteres wurde erstmals in der Freizeitforschung im Jahre 1980 prognostiziert. Der Trend von der Arbeits- zur Erlebnisgesellschaft und Erlebnisindustrie äußert sich darin, daß der Erlebniskonsument immer mehr auf der Suche nach Abenteuer und Erlebnis ist. Betroffene Bereiche, die in unserer Gesellschaft Erlebniswerte darstellen, sind Tourismus, Medien, Kultur, Spiel, Unterhaltung und hauptsächlich Sport.[283]

---

[281] EUROPÄISCHE KOMMISSION: „The European Model of Sport"
[282] STUMM: „Trendsportarten", S. 428
[283] SOLTESZ: „Trendsportarten", S. 21ff.

Die neue Freizeitindustrie und ihre Konsumeigenschaften

Diese neue Erlebnisorientierung stellt eine Herausforderung für Sportanbieter dar, denn das Verbraucherverhalten hat sich in den Jahrzehnten aufgrund von mehr Freizeit und Wohlstand grundlegend geändert. Die passive Konsumorientierung der 1960er und 1970er Jahre wurde durch die aktive Erlebnisorientierung der 1980er und 1990er Jahre abgelöst. In einer Umfrage im Jahr 1995 in Deutschland, in der sich ca. die Hälfte der Bevölkerung als Erlebniskonsumenten bezeichnen, wird dies bestätigt. Die befragten Personen gaben weiterhin an, daß sie mehr Geld für Außergewöhnliches in ihrer Freizeit ausgeben, als sie sich leisten können. Für die heutige Generation ist der Luxus der damaligen Generationen zum Normalverbrauch geworden. Anhand dieser Fakten läßt sich ein Wandel vom Versorgungs- zum Erlebniskonsum feststellen.[284] Dieser Erlebniskonsum ist gekennzeichnet durch Mannigfaltigkeit, Individualisierung, Einmaligkeit und Differenzierung. Er kann als eine Bewegung, die aufgrund der Eintönigkeit der Lebensstile entsteht, aufgefaßt werden. Dieser Wandel wird eindeutiger, wenn Konsumenten betrachtet werden, die beim Erlebniskonsum zuviel ausgeben und dann beim Versorgungskonsum Einsparungen vornehmen müssen.[285] So entwickelte sich erstmalig aufgrund steigender Bevölkerungszahlen und Freizeit in den 1970er Jahren eine neue Freizeitindustrie. In den 1980er und 1990er Jahren wuchs diese, durch junge Doppelverdiener, berufstätige Frauen, Vermögende ohne Kinder und wohlhabende Senioren, stark an. Somit veränderte sich die Bedarfs- und Kaufstruktur der Konsumenten, die mehr Konsumerlebnisse suchen. Das äußert sich durch eine Verschiebung der Konsumprioritäten, in welcher der Konsum von Erlebnissen und Gefühlen wichtiger geworden ist als die Konsumgüter an sich. Dies bestätigt eine Studie im Zeitraum von 1991 bis 1995, in der die Bedeutung von täglichen Bedarfsgütern, wie Essen und Trinken, gegenüber Erlebnisangeboten, wie Kino, Musical, Theater und Konzerten, abgenommen hat.[286] Dabei geht es nicht nur um das Erlebnis an sich, sondern primär darum, daß wir das Erlebnis erfahren und wie es erlebt wird.[287] Durch diese neue Konsumpriorität in unserer Gesellschaft entsteht zwangsläufig auch ein verändertes Anspruchsniveau. Die gegenwärtige Generation hat veränderte Lebensziele und Herausforderungen. So fordern sich immer mehr Menschen selbst durch Sport, Freizeit und Urlaub heraus, indem sie nach Grenzerlebnissen und Abenteuern suchen, in denen sie sich selbst darstellen und profilieren können. Dieses gesteigerte Risikobedürfnis begründet sich dadurch, daß die wesentlichen Risiken im Leben durch verschiedene Versicherungen verringert werden. Somit werden Menschen in ihrer Freizeit, im Urlaub und im

---

[284] SOLTESZ: „Trendsportarten", S. 23ff.
[285] SOLTESZ: „Trendsportarten", S. 27
[286] SOLTESZ: „Trendsportarten", S. 23ff.
[287] EGNER / ESCHER / KLEINHANS: „Trend- und Natursportarten in den Wissenschaften", S. 9

Vom Vereins- zum Erlebnissport

Im modernen Sport lösen sich dadurch alte Bestimmungen, wie Fairness, Siegescode, das Erstreben von Rekorden und das Wettkampfprinzip auf.[289] Die traditionellen Regeln und Begrifflichkeiten, die durch Sportverbände und Sportvereine geschaffen wurden, sind überflüssig geworden. Die von Sportsystemen geschaffenen sozialen Funktionen der Sportler und die Verbindlichkeit an die Sportart und die Sportgemeinschaft, sowie die Grundsätze des Wettkampf- und Leistungssport verschwinden zunehmendst.[290] Für den heutigen Mensch steht nicht mehr der Erfolg im Mittelpunkt, sondern das eigene Erlebnis.[291] So stellt der Deutsche Sportbund fest, daß Vereine und Verbände immer noch von einer dauerhaften Bindung des Sportlers in einer Sportart ausgehen, dies aber nicht mehr zeitgemäß ist, da in verschiedenen Lebensabschnitten unterschiedliche Sportarten betrieben werden.[292] Vielmehr werden neue Normen geschaffen, die neben der traditionellen Körperkultur eine Fülle neuartiger Bewegungskulturen entwickelt. Dabei geht es nicht nur um die ästhetische Ausführung der Bewegungen, sondern primär um die körperverbundene Erfüllung des Einzelnen. Diese Selbstdarstellung des Lebensstils wird durch verschiedene Symbole, die sowohl in der Gesellschaft als auch im Sport Anwendung finden, erreicht. Dazu gehören bestimmte Rituale und Inszenierungsweisen, als auch Musik und Kleidung. Trendsportarten unterstützen diesen verstärkten Bedarf der Selbstinszenierung in der heutigen Gesellschaft. Durch sie können auch diverse Kriterien, die heutige Lebensstile charakterisieren, ausgelebt werden. Dazu gehören Flexibilität, Kreativität, Offenheit, Fitness, Vitalität und Einzigartigkeit.[293] Allerdings ist die Umsetzung der persönlichen Selbstthematisierung, in Form von Spaß und Wellness sowie Gesundheit und Fitness, in den derzeitigen klassischen Sportsystemen nicht ganz einfach. Durch einen veränderten Körperbezug und Musterbilder der Selbstdarstellung entstehen neue Anforderungen an den Sport. Weiterhin kommt es so zunehmendst zu einem Gebrauch von Natur und Landschaft, anstelle von traditionellen Sportstätten. So werden heutzutage Berge, Flüsse, Seen und Wüsten durch Trendsportler des öfteren genutzt, da die Natur eine besondere Art der Selbsterfahrung bietet.[294] Parallel dazu kommt es aber auch zu einer Nutzung der urbanen Regionen. So kann man häufig Inline-Skater, Skateboarder oder Streetballspieler inmitten der Stadt beobachten, wäh-

---

[288] SOLTESZ: „Trendsportarten", S. 26f.
[289] SOLTESZ: „Trendsportarten", S. 81
[290] DEUTSCHER SPORTBUND: „Trends im Sport", S. 10
[291] EGNER / ESCHER / KLEINHANS: „Trend- und Natursportarten in den Wissenschaften", S. 10
[292] DEUTSCHER SPORTBUND: „Trends im Sport", S. 29
[293] SOLTESZ: „Trendsportarten", S. 82f.
[294] DEUTSCHER SPORTBUND: „Trends im Sport", S. 9

rend sie ihre Sportart ausüben. Die Entfaltung der Trendsportarten erfolgt aus dem Fehlverhalten der Städteplaner, die es verpaßt haben entsprechende Bewegungslandschaften herzustellen beziehungsweise beizubehalten.[295]

Die Trendsportarten und Trendsportler in Deutschland

In einer Untersuchung im Jahr 2001 gaben 13 Mio. Menschen in Deutschland an, daß sie sich für Trendsportarten interessieren. In einer weiteren Studie, in der Jugendliche und junge Erwachsene im Alter von 12 bis 19 Jahren gefragt worden sind, welches ihre beliebtesten Sportarten seien, kamen unter die beliebtesten Sportarten zunehmend Trendsportarten. Am bevorzugtesten waren noch die traditionellen Sportarten Basketball und Fußball, mit jeweils 60% und 55% der Stimmen. Es folgten Beachvolleyball und Inline-Skating, die ca. 50% der Stimmen bekamen. Auf den weiteren Plätzen waren Schwimmen, Volleyball, Snowboarding, Streetball, Badminton und Bungeejumping. Auffällig ist, daß überwiegend junge Leute Trendsportarten ausüben, daß jedoch der Anteil in der Gesamtbevölkerung der jeweiligen Trendsportart vergleichbar geringer ausfällt. Allerdings muß klar differenziert werden welche Trendsport betrachtet wird. Die zuvor beschriebene Verteilung gilt meist für Bewegungsformen, bei denen Spaß und Stil den zentralen Kern bilden, jedoch weniger bei Gymnastik und Fitness. Hier überwiegt nicht die Jugend, sondern die älteren Generation.[296] Zusammenfassend läßt sich laut SOLTESZ sagen, daß der deutsche Trendsportinteressierte im Schnitt 34 Jahre alt ist. Allerdings kommt es aufgrund der Mannschaftssportarten, wie American Football und Basketball, zu diesem hohen Durchschnittsalter. 10% der unter 30-Jährigen interessieren sich für Mountainbiking, Snowboarding und Beachvolleyball. Bei den Jugendliche unter 20 Jahren sind es etwas mehr und weiterhin interessieren sie sich für Skateboarding und BMX. Beträchtlich sind aber auch die 30 bis 39-Jährigen, die sich ebenfalls für diese Trendsportarten interessieren, was wiederum ein Nachweis dafür ist, daß sich diese Bewegungsformen in der Gesellschaft etabliert haben.[297] Trendsportarten allgemein sind nicht geschlechterabhängig, lediglich bei den einzelnen Sportarten treten quantitative Unterschiede auf. Zum Beispiel ist das Verhältnis beim Mountainbiking in Deutschland zwischen Männern und Frauen 3:2, während Inline-Skating vorwiegend Frauen betreiben, nämlich 58%. Bei den Mannschaftstrendsportarten ist die Verteilung doch eher unausgeglichen, da ca. 75% im American Football und 66% beim Basketball männlich sind

Trendsportarten sind allerdings abhängig vom Einkommen. So begeistern sich Trendsportinteressierte- und Aktive, welche ein höheres Einkommen haben, zunehmendst für Trendsportarten. Ein möglicher Zusammenhang besteht darin,

---

[295] DEUTSCHER SPORTBUND: „Trends im Sport", S. 31f.
[296] SOLTESZ.: „Trendsportarten", S. 90ff.
[297] SOLTESZ.: „Trendsportarten", S. 95f.

daß gewisse Trendsportarten auch eine aufwändige Ausrüstung benötigen. So z.b. die Snowboardausrüstung oder auch das Fahrrad zuzüglich Zubehör beim Mountainbiking.[298]

Die neue Jugend

Wenn die heutige Jugend früheren Jugendgenerationen gegenübergestellt wird, fällt auf, daß sich heutzutage Handlungsstile schneller verändern. Weiterhin ist für die Jugend von heute eine größere Offenheit, ein ausgebildeter Realismus und eine stärkere Spaß- und Erlebnisorientierung charakteristisch. Es entsteht so ein Jugendlicher Lebensstil, auch Lifestyle aus dem angloamerikanischen, genannt.[299] Diese Amerikanisierung der Jugendkultur ist ein erstes Merkmal dieses neuen Lebensstils, indem amerikanische Begriffe die Sprache der Jugendlichen dominieren.[300] Weiterhin wird dieser Lifestyle meist auch durch Mode, spezifische Bewegungen, Einstellungen, Musik, Körperbilder und signifikante Sprachcodes charakterisiert. Nahezu jeder Jugendliche versucht einen eigenen Lebensstil zu erlangen, indem er sich von den geltenden Gegebenheit abgrenzt. Ein weiteres Leitmotiv des heutigen Lebensstils der Jugendlichen ist der Sport. Er hilft auch bei der schwieriger gewordenen Identitätsfindung der jungen Erwachsenen.[301] Allerdings steht bei der Jugend von heute nicht die Anstrengung und der Verzicht im Vordergrund, wie es bei den älteren Generationen durchaus der Fall war, sondern der Spaß erhält einen außerordentlichen Stellenwert. Spaß schließt dabei in den überwiegenden Fällen Mutproben und Aggressivität ein. Dadurch distanzieren sich die Sporttreibenden von den Älteren. Dennoch sind Jugendliche bereit Qualen und Wettbewerb auf sich zu nehmen, es muß lediglich vorher klar sein, warum sie die Anstrengungen auf sich nehmen.[302] Die Anerkennung der jeweiligen Sportart nimmt umso mehr zu, je attraktiver der eigene Lebensstil interpretiert wird.[303] Weiterhin ist der Deutsche Sportbund der Meinung, daß nicht nur Sportarten betrieben werden, sondern ein Lebensstil betrieben wird, in dem Spiel, Bewegung und Sport eingegliedert ist.[304] Im nächsten Abschnitt wird anhand der Streetszenen die Besonderheiten des jugendlichen Lifestyles näher dargestellt.

---

[298] SOLTESZ: „Trendsportarten", S. 97f.
[299] SOLTESZ.: „Trendsportarten", S. 112ff.
[300] DEUTSCHER SPORTBUND: „Trends im Sport", S. 27
[301] SOLTESZ.: „Trendsportarten", S. 112ff.
[302] DEUTSCHER SPORTBUND: „Trends im Sport", S. 27
[303] DEUTSCHER SPORTBUND: „Trends im Sport", S. 17
[304] DEUTSCHER SPORTBUND: „Trends im Sport", S. 27

Verdeutlichung des jugendlichen Lifestyles mittels der Streetszenen

Der Lebensstil dieser Gruppe der Trendsportarten ist charakterisiert durch das sich fortbewegen in der urbanen Öffentlichkeit, spezifische Kleidung, Musik, signifikante Sprache und dem miteinander Zeit verbringen an bestimmten Szenetreffpunkten. Dabei kommt der Kleidung, der Musik und dem kennzeichnenden Verhalten eine besondere Rolle zu, da sie eine lässige Haltung, die nach außen unnahbar, überlegen und ichbezogen wirkt, darstellen. Den Jugendlichen dient bei der Ausübung ihrer Trendsportart die gesamte Stadtlandschaft als ein Vergnügungspark. Dabei bewegen sie sich dauerhaft mit schnellen Sportgeräten, wie Skateboards und Inline-Skates. Mit diesen Fortbewegungsmitteln können sie Tricks durchführen und durch diverse Ausführungen Risikomomente erleben. Wichtig dabei ist stets seinen eigenen Stil zu besitzen, der den Wertevorstellungen dieser Szenen entspricht. Dabei spielt auch der eigene Körper eine entscheidende Rolle, da er die Grundlage für die eigene Identität darstellt. Ein weiterer wichtiger Aspekt ist die freie Zeiteinteilung der Jugendlichen, die Platz für augenblickliche, individuelle Anliegen bieten und ein Treffen mit anderen Mitgliedern der Szene ermöglichen.[305] Auffällig ist, daß für die Jugendlichen die Gemeinschaft der Lebensstilszene eine besonders große Bedeutung hat.[306] Durch die selbstständige Zeiteinteilung sind Jugendliche nicht mehr an fixe Termine gebunden, wie es in traditionellen Sportvereinen üblich ist. Dennoch sind zur Zeit ca. 40% der Deutschen Mitglied in einem Sportverein und etwas mehr als ein ¼ war bereits früher Mitglied in einem. Diese Entwicklung zeigt, daß trotz der veränderten Jugendgeneration, die Sportausübung immer noch primär in Vereinen vollzogen wird. Somit sind frühere Wertvorstellungen, wie Leistungssteigerung und Teamgeist noch immer aktuell und fördern so die Erziehung der jungen Erwachsenen.[307]

Merkmale von Trendsportarten

Die Trendsportarten werden von SCHWIER in sechs Merkmale unterteilt, die z.T. in wechselnden Kombinationen auftreten. Er unterscheidet dabei zwischen den Trends zur Stilisierung, zur Beschleunigung, zur Virtuosität, zur Extremisierung, zum Event und zum Sampling. Zu den wesentlichen Merkmalen von Trendsportarten gehören die Bedürfnisse nach Selbstdarstellung und Identifikation. Mit diesen Bedürfnissen sprechen die Trendsportarten zwar grundsätzliche Dimensionen des Sportkonsums an, die Ausübung weist jedoch über das reine Sporttreiben hinaus. Dabei scheint der Sport vielmehr als ein wichtiges Instrument in einem originären Lebensstil zu sein. Auch wenn Trendsportarten zeitlich begrenzt sind betreibt man nicht nur die Sportart selbst, sondern führt auch

---

[305] SOLTESZ.: „Trendsportarten", S. 117ff.
[306] DEUTSCHER SPORTBUND: „Trends im Sport", S. 28
[307] SOLTESZ.: „Trendsportarten", S. 116ff.

das Leben des Sportlers. So geht man also nicht einfach zum Surfen, Skaten oder Mountainbiken, sondern führt auch das Leben des Surfers, Skaters oder Bikers. Eine symbolische Einheit bilden in diesem Zusammenhang zum Beispiel die Forme des Sich-Bewegens, die Gesten und Rituale, die Werthaltungen und Körperbilder. Auch Sportarten wie das HIP-HOP Dancing oder das Base-Jumping z.b. werden von den Aktiven nicht mehr als Sportarten gesehen, sondern vielmehr als eine kulturelle Ausdrucksform.[308] Im Bereich innovativer Bewegungsformen nimmt die Szenebildung eine neue Form der Bindung an. Sie tritt an die Stelle der Vereinsbindung des traditionellen Sports.[309]

Einen sportkulturellen Mega–Trend stellt die Beschleunigung dar. Die Massenmedien tragen mit ihren actiongeladenen und beeindruckenden Inszenierungen maßgeblich zur Durchsetzung von Sportereignissen bei. So wird auch die Wahrnehmung des Sports durch die Zuschauer maßgeblich durch die Medien beeinflußt.[310] Vor allem für die Entwicklung und Verbreitung innovativer Bewegungsformen spielt die Beschleunigung eine wichtige Rolle. Die bereits im Trend liegenden Sportarten des Outdoor- und Risikobereiches werden durch neue Angebote aus dem Fitnesssportbereich ergänzt. Hierzu zählen zum Beispiel der HIP – HOP Dance, das Spinning, sowie Inline- und Salsa – Aerobic, die alle durch die Steigerung des Tempos sehr viel dynamischer wirken. Es findet also eine Ausbildung und Popularisierung von Varianten bereits etablierter Sportarten durch diesen Trend statt. Das Phänomen der Beschleunigung setzt aber auch voraus, daß die Zunahme der Spielgeschwindigkeit einige Veränderungen im Bereich des Regelinventars als Folge hat. So werden z.B. beim Inline-Hockey oder Beachsoccer die Spielflächen verkleinert, die Spieleranzahlen reduziert, um den einzelnen Akteuren mehr Ballkontakte zu ermöglichen und die Dynamik zwischen Angriff- und Abwehr zu erhöhen, so daß das Spiel für Außenstehende und Spieler selbst als intensiver empfunden wird.[311] Die Trendsportarten sind im Vergleich zu traditionellen Sportarten eher hyperaktiv. Dabei steht der Begriff des Tempos in der Wahrnehmung der Akteure für Situationen, in denen sie ein rauschhaftes Aufgehen im Tun und ein Verschwinden in der Bewegung verspüren

Durch die Entdeckung der Trendsportarten kommt es nach SCHWIER zu einer Neuentdeckung der ästhetischen Dimensionen des Sports, mit der die traditionelle Hegemonie des binären Sieg-Niederlage-Codes und die damit verbundene rationale Leistungsproduktion stilbildend überschritten wird. Das Erfolgsstreben wird in diesem Zusammenhang weitgehend der kreativen Auseinandersetzung mit der Bewegungsaufgabe und dem Bewegungserlebnis nachgeordnet bzw. in diesen Prozeß eingeordnet. Vor allem die jugendkulturellen Szenen der Street-

---

[308] SCHWIER: „Sport als populäre Kultur", S. 81
[309] SCHWIER: „Sport als populäre Kultur", S. 82 mwN
[310] SCHWIER: „Sport als populäre Kultur", S. 83
[311] SCHWIER: „Sport als populäre Kultur", S. 83 mwN

baller, Skater, Surfer oder BMXer akzentuieren die VIRTUOSITÄT des Sich-Bewegens am auffälligsten. Für diese Szenen steht nicht der Anspruch der Beste sein zu müssen im Vordergrund, statt dessen widmen sie sich mit ganzer Leidenschaft dem kreieren oder perfektionieren von neuen Tricks und neuen Fertigkeiten.[312] Das individuelle Bewegungskönnen und –repertoire wird auf eigene Weise spielerisch und spaßorientiert entwickelt.[313] Diese auf öffentlichen Plätzen wahrnehmbare virtuose Geschicklichkeit der jugendlichen Skater und Streetballer veranschaulicht beispielhaft die von SEEL formulierte Annahme, daß die Ästhetik der eigentliche Sinn des Sports sei.[314]

Auch der Begriff EXTREM taucht häufig in der Verbindung mit Trendsportarten auf. Bei zahlreichen Risikosportarten wie auch bei etlichen Varianten von ausdauer- und fitnessorientierten Bewegungspraktiken spielt v.a. die Suche nach dem Extremen, die Suche nach der letzten Grenze und dem ultimativen Limit einen herausragende Rolle. Unter der Extremisierung im Sport versteht man einen dynamischen und unaufhaltsamen Prozeß, der immer wieder neue sportliche Leistungen ermöglicht. Die Extremisierung fordert also die Suche nach neuen Zielen, die notwendig sind, um sich lebendig fühlen zu können. Es herrscht eine gewisse Vielfältig an neuen Ideen, um neue Extreme zu finden. So wird z.B. auf übliche technische Hilfsmittel verzichtet (Freeclimbing), eine Verlagerung der Aktivitäten in ungünstige Klimazonen vorgenommen (Marathon in der Sahara) oder mit dem Ultra-Marathon die Belastungsdauer und –intensität um ein Vielfaches erhöht.[315]

Seit dem Wandel des Sports in den neunziger Jahren ist eine Entwicklung vom Wettkampf hin zum EVENT zu beobachten. Für diese Entwicklung sind v.a. die jugendkulturellen Bewegungspraktiken verantwortlich, die sich durch ihren Spaß an der Spektakularisierung und ihren Happeningcharakter auszeichnen. Durch die Events im Bereich der Trendsportarten werden neue Zugänge und Perspektiven eröffnet, die eine strikte Trennung von aktiven Sportlern und passiven Zuschauern weitestgehend aufheben. Die Events thematisieren die Suche nach Gemeinschaft und zeichnen sich durch eine Gesamtinszenierung aus.[316] Auch die Kulturindustrie hat einen Anteil an dem Trend zum Event. Sie hat zunächst einzelne Bewegungsformen als besonders geeignete Instrumente des Event-Marketings für sich entdeckt und zur gleichen Zeit das Sportereignis für aktive und passive Konsumenten in ihre Produktpalette als Angebot aufgenommen. Somit verschmelzen die jeweiligen Bewegungspraktiken beim Event mit den Marketing-Interessen der Industrie. Damit erhoffen sich die Unternehmen durch erlebnisorientierte Veranstaltungen in Interaktion mit der Zielgruppe

---

[312] SCHWIER: „Sport als populäre Kultur", S. 84
[313] SCHWIER: „Sport als populäre Kultur", S. 84 mwN
[314] SCHWIER: „Sport als populäre Kultur", S. 84 mwN
[315] SCHWIER: „Sport als populäre Kultur", S. 86
[316] SCHWIER: „Sport als populäre Kultur", S. 87

treten zu können.[317] SAMPLING bedeutet, daß bereits vorhandene Sportpraktiken und –disziplinen aus ihrem angestammten Kontext herausgelöst werden und neu kombiniert bzw. remixed werden. Die sogenannten Multi-Sport-Events liegen ganz im Trend des Samplings. Bei diesen Events kommt es nicht zu einer Addition mehrerer Sportarten, sondern zu einer Bildung einer eigenen Symbolik.

Vermarktung

Das Gebiet der Trendsportarten ist für Sponsoring und Eventmarketing gut geeignet. Allerdings muß jede Trendsportart separat betrachtet werden und jedes Unternehmen muß für sich entscheiden, ob sich die jeweilige Trendsportart für den Einsatz von Kommunikationsmitteln eignet.[318] Das breite Angebot an Trendsportarten stellt dadurch eine neue Schwierigkeit für Sportanbieter und deren Marketingmaßnahmen dar. Durch mehr Freizeit und Vermögen hat sich das Konsumentenverhalten des modernen Menschen grundlegend geändert. Es werden neue Angebotsformen erforderlich, deren Erfolg vom Erlebnischarakter abhängig ist.[319] Somit denken sich Wirtschaft und Medien immer öfter Trendsportarten aus, um neue Innovationen auf den Markt zu bringen, die wenig oder gar kein Potential besitzen um sich zu einer Trendsportart zu entwickeln. Dennoch integrieren sich neuartige Bewegungsformern nur durch eine existierende Nachfrage der Menschen und nicht durch ein starkes Marketingengagement.[320] Die Bedeutung von Sponsoring und Eventmarketing hat in den letzten Jahren zugenommen.[321] So werden Turniere nicht mehr einzeln vermarktet, sondern sie sind vielmehr ein Segment einer Großveranstaltung, die insgesamt vermarktet wird.[322] So ist zum Beispiel eine Snowboard-Veranstaltung nicht lediglich ein sportlicher Wettkampf von Snowboardern. Neben der Snowboardanlage befinden sich auch des öfteren andere Betätigungsfelder, wie Halfpipes für BMX-Begeisterte oder Skateboarder. Weiterhin werden auch noch andere Ereignisse durchgeführt, wie zum Beispiel diverse Shows und musikalische Veranstaltungen.[323] Ein weiteres Beispiel ist die Adidas Streetball Challenge, die nicht nur ein traditionelles Streetballturnier ist. Denn für die Jugendlichen ist bei dieser Show, neben dem Sportwettbewerb, auch die Musik und Mode von großer Bedeutung. Zusammenfassend läßt sich sagen, daß sich einige Trendsportarten sehr gut für das Marketing eignen. Dazu gehören Inline-Skating, Streetball, Snowboarding, Wind- und Kitesurfen, Beachvolleyball und Streetsoccer. Bei Diesen Veranstaltungen ist nicht nur der sportliche Wettkampf im Mittelpunkt, sondern vielmehr der Eventcharakter der gesamten Großveranstaltung.[324] Weiterhin

---

[317] SCHWIER: „Sport als populäre Kultur", S. 87 mwN
[318] SOLTESZ.: „Trendsportarten", S. 129ff.
[319] SOLTESZ.: „Trendsportarten", S. 23
[320] SOLTESZ.: „Trendsportarten", S. 83ff.
[321] SOLTESZ.: „Trendsportarten", S. 129
[322] SOLTESZ.: „Trendsportarten", S. 77
[323] DEUTSCHER SPORTBUND: „Trends im Sport", S. 35
[324] SCHWIER: „Sport als populäre Kultur", S. 87f.

eignen sich auch viele der Natursportarten, wie Bergsteigen, Gleitschirmfliegen oder River Rafting, für das Marketing. So werben Reiseunternehmen für ihre Angebote in einer Region mit speziellen Sportangeboten, die sie neben dem Erholungsurlaub ausprobieren können.[325]

Die zukünftige Entwicklung der Trendsportarten

Über die Entwicklung der Trendsportarten sind sich Experten einig, daß permanent neue Sportpraktiken und Innovationen auf dem Sportmarkt erscheinen, aber jedoch sich wenige etablieren können. Trendsportarten wird es immer geben, auch wenn einige Trends beziehungsweise Moden wieder vergehen, denn Trendsportarten sind sehr flexibel und entwickeln sich ständig weiter. Deshalb kann von einer ansteigenden Professionalisierung einiger Sportarten ausgegangen werden. Außerdem wird die Gesellschaft immer körperbewußter und ist auf der Suche nach psychischem Ausgleich. Dies steht häufig in Verbindung mit Sport. Trendsportarten haben mittlerweile schon einen gewissen Höhepunkt erreicht, nach einer kurzweiligen Rezession werden sie aber wieder einen Aufschwung erleben. Die Trendsportarten werden ebenso zunehmendst extremer.[326] Weiterhin ist es dauerhaft möglich sich durch neue Sportarten und Modifikationen etablierter Sportarten neu darzustellen und abzugrenzen. Somit ist ein Ende dieser anhaltenden Ausdifferenzierung nicht abzusehen.[327]

---

[325] EGNER / ESCHER / KLEINHANS: „Trend- und Natursportarten in den Wissenschaften", S. 15
[326] SOLTESZ.: „Trendsportarten", S. 124ff.
[327] EGNER / ESCHER / KLEINHANS: „Trend- und Natursportarten in den Wissenschaften", S. 13

Kapitel VI

Windsurfen - Mutter aller Trendsportarten ?

von Dipl.-Kaufmann & VDWS- Windsurf-
und Kitesurfinstructor Ingo Reusch

Einleitung und Zielsetzung

Windsurfen wurde in der Vergangenheit oft als die Mutter aller Trendsportarten bezeichnet.[328] Heute, 40 Jahre nach seiner Erfindung, ist Windsurfen olympisch, Schulsport und Vereinssport und hat 350.000 Anhänger allein in Deutschland. Im Verlauf der Arbeit wird zunächst die beeindruckende Entwicklung dieses Sports geschichtlich aufbereitet. Im Anschluß daran wird versucht, eine Erklärung für die Faszination zu finden, die zum weltweiten Aufstieg dieser Sportart geführt hat. Dazu wird zum Einen geprüft, ob Windsurfen sich in die aktuell vorherrschende Definition des Begriffs Trendsport nach SCHWIER[329] aus dem Jahr 2003 einordnen läßt. Zum Anderen werden die verschiedenen Sinnperspektiven des Sporttreibens nach KURZ[330], bezogen auf das Windsurfen, ausgeführt. Dadurch sollen sich dem Leser Antworten auf folgende Fragen erschließen: Welches sind die Beweggründe der Menschen, diesen Sport aufzunehmen und warum läßt er sie, einmal damit begonnen, nicht mehr los ? Warum verspricht der ehemalige stellvertretende Vorsitzende der Credit Swiss Boston, Graf Friedrich Hoyos, für die geführte Teilnahme an einer „Wavesession" in Jaws seinen Ferrari einzutauschen ?[331] Warum nehmen andere in Kauf, daß sie ihre Lebenspartnerschaften verlieren oder sich gar niemals binden können ?[332] Aus diesen Fragen wird deutlich, daß Windsurfen, wie kaum eine andere Sportart, ein gesamtes Leben beeinflussen kann. Deshalb soll auch in einem eigenen Abschnitt beschrieben werden, welche Faktoren diesen Einfluß ausmachen und welche Konsequenzen sich für das Leben der Windsurfer ergeben. Dabei werden verschiedene Möglichkeiten vorgestellt, wie sie es schaffen, ihr Leben perfekt auf diesen Wassersport abzustimmen. Ziel dabei ist, es das Verständnis für deren Verhalten zu fördern und einen Eindruck von der Intensität, mit der Windsurfen gelebt wird, zu vermitteln. Ein Grund für diese Intensität sind die Träume, die durch das Leben der professionellen Windsurfer und Watermen hervorgerufen werden. Deshalb wird dies im selben Abschnitt kurz umrissen. Im 5. und letzten Abschnitt werden abschließend einige Gedanken zum aktuellen Standort sowie zur zukünftigen Entwicklung des Windsurfens geäußert. Zunächst soll jedoch

---
[328] SURF. DAS WINDSURFING MAGAZIN: „Aufsteiger spezial", S. 53
[329] SCHWIER: „Was ist Trendsport?", S. 18ff.
[330] KURZ: „Vom Sinn des Sports. Sport mehrperspektivisch unterrichten – warum und wie?", S. 15
[331] SURF. DAS WINDSURFING MAGAZIN: „Süchtig: Graf Friedrich Hoyos.", S. 44
[332] SURF. DAS WINDSURFING MAGAZIN: „Süchtig: Christian Uttendorfer.", S. 46

die Entwicklung des Sports genauer beschrieben werden, um das Ausmaß der Wirkung dieses Sports besser begreifen zu können. Dabei sind technische Details des Materials und die Fahrtechnik nicht Gegenstand der Betrachtung; im Mittelpunkt des Interesses stehen vielmehr die wirtschaftlichen und gesellschaftlichen Auswirkungen.

Ursprünge des Windsurfens

Der Ursprung des Wind-Surfens läßt sich in der Kombination zweier bereits zuvor bekannter Sportarten festmachen. Der erste Bestandteil liegt im Wellenreiten, dem Surfen (surf ist das englische Wort für Brandung). Dieser Form des Spiels wurden heilende Kräfte zugeschrieben. Es war bei den Urvölkern Hawaiis als Privileg nur den Königen gestattet, die Wellen zu surfen, und ihre Wirkung zu erleben.[333] Von diesem für die alte Welt sehr ungewöhnlich anmutenden Schauspiel berichtete schon Kapitän Cook 1778 in seinen Aufzeichnungen. „Wie unglaublich geschickt die Eingeborenen Polynesier zwischen den Wellenkämmen hin- und herschossen und auf ihren schmalen Brettern regelrechte Kunststücke vollführten".[334] Der zweite Teil resultiert aus der Nutzung der Windkraft zur Fortbewegung auf dem Wasser und der gleichzeitigen Steuerung des Gefährts durch die Verlagerung von Segeldruckpunkt zu Lateraldruckpunkt. Dies taten auch schon die polynesischen Naturvölker oder die Indios in Südamerika mit dem Jangarda-Floß.[335] Im folgenden Kapitel wird deutlich, daß nicht nur die Kombination aus zwei bereits bestehenden Sportarten (Surfen und Segeln), sondern noch eine dritte Sportart als Antriebskraft für die Erfindung dieses faszinierenden Trendsports verantwortlich war.

Die Entstehung des Windsurfens

Wer das Windsurfen erfunden hat ist geschichtlich nicht exakt zu ermitteln. Es gab eine Reihe von Erfindungen, die sich nicht durchsetzen konnten. Zu nennen sind hier das Sailboard von Newman Darby 1964 oder der Hawaii-Segler von Rainer Schwarz 1966. Die durchschlagende Erfindung war dann die Konstruktion von Jim Drake, selbst Hobbysegler und v.a. begeistert von der Idee, auf dem Wasser den gleichen Geschwindigkeitsrausch wie beim Skifahren zu erleben. Die erste Zeichnung fertigte Jim Drake am 15. Dezember 1967 an. Das Sportgerät zum windgestützten Abreiten der Wellen hieß aufgrund Drakes Affinität zum Wintersport „the skate" (der Schlittschuh). Den Namen „Windsurfer" schuf Bert Sailsbury eher zufällig, durch den spontanen Ausspruch: „oh, that's a windsurfer". Drake meldete mit seinem Nachbarn und zukünftigem Partner Hoyle Schweitzer im März 1968 ein entsprechendes Patent an. Ein Jahr später

---

[333] SURF. DAS WINDSURFING MAGAZIN: „La Perouse", S. 19
[334] FARKE / SCHRÖDER: „Windsurfen richtig Lernen", S. 11
[335] STEINBRÜCK / SCHMIDT: „Geschichte und Entwicklung des Windsurfsports", S. 8

gründeten sie die Windsurfing Internationale Inc.. Nachdem die ersten 100 Bretter gebaut und vorwiegend im Freundeskreis verkauft wurden, verlor Jim Drake das Interesse an seiner Erfindung und verkaufte seine Firmenanteile an Hoyle Schweitzer, der sein gesamtes Vermögen für die Vermarktung des Windsurfers einsetzte.[336]

Windsurfen kommt nach Europa

In Deutschland wurde 1969 das erste Windsurfboard selbst gefertigt.[337] Hans Taubinger vom Starnberger See schuf ein Brett, das mit einem Gewicht von über 40kg jedoch eindeutig zu schwer war. Im Jahr 1971 veröffentlichte der Chemiekonzern Dupont einen Artikel über die Erfindung des Werkstoffs Polyethylen. Dieser wurde eigens für die Produktion der Windsurfboards entwickelt und löste die bis dahin gängige Polyesterbauweise ab.[338] Durch diesen Artikel wurde auch Calle Schmidt von der Insel Sylt auf die Windsurfer aufmerksam und bestellte im April 1972 zwei Ausrüstungen zu einem Stückpreis von etwa 1.000 DM zuzüglich 450 DM Transportkosten. Im darauffolgenden Jahr importierte er von Hoyle Schweitzer 1.000 Windsurfer und verkaufte diese in Deutschland. Der Grundstein für die rasante Entwicklung dieses Sports war gelegt, und nur ein weiteres Jahr später fand auf Sylt die erste Windsurfing-Europameisterschaft statt. So wurde die Insel zum Zentrum des deutschen Windsurfens und blieb es bis heute (der einzige Windsurfworldcup in Deutschland findet alljährlich am Brandenburger Strand vor Westerland statt). In demselben Jahr surften in Deutschland 900 Pioniere, die zu 2/3 aus Bayern kamen. Eine derartige regionale Verteilung erklärt auch, daß die Zentrale des 1974 gegründeten VDWS (Verband Deutscher Windsurfingschulen) in Weilheim liegt. Zeitgleich bekam der holländische Textilkonzern Ten Cate von Schweitzer eine Lizenz für die Produktion in Europa und fertigte gelbe und orangefarbene Bretter nach der Vorlage des originalen Windsurfers. Später bekamen auch die Deutschen Ostermann (Windglider), Drexler (Hifly) und Binder (Sailboard) diese Genehmigung.[339] Schweitzers Einnahmen aus den Patentrechten werden auf ca. 30 bis 40 Mio. US-Dollar geschätzt.[340]

Der steile Aufstieg des Windsurfens

„Vogel fliegt, Fisch schwimmt, Mensch surft", dieser Werbeslogan des umsatzstärksten Surfshops in Deutschland sollte zur sich selbst erfüllenden Prophezeiung werden. Windsurfen schickte sich an, den europäischen Kontinent zu erobern. „Heutzutage fällt es schwer, sich vorzustellen, was damals während des

---

[336] BENZ: „Geschichte des Windsurfingsports", S. 5
[337] SURF. DAS WINDSURFING MAGAZIN: „Surf history", S. 66
[338] BENZ: „Geschichte des Windsurfingsports", S. 6
[339] SURF. DAS WINDSURFING MAGAZIN: „ Zum Hoylen", S. 24f.
[340] SURF. DAS WINDSURFING MAGAZIN: „ Fette Beute", S. 104

Windsurfbooms vor sich ging".[341] „Jeder, der etwas auf sich hielt, fuhr ein Surfbrett auf dem Dach spazieren, egal ob er damit umgehen konnte oder nicht".[342] Es waren die Motive und Ideale, die dieser Sport verkörperte und mit denen sich die Menschen zweifelsfrei identifizieren konnten und wollten. Schon im Jahr 1977 bekamen die Windsurfer ihr eigenes Magazin, die SURF. Ralf MADERT, heute Inhaber von Surfers Paradise, einem von Deutschlands größten Wassersportcentern, beschreibt die Lage so: „Ein durchschnittlicher Surfshop in Deutschland hat in den Jahren von 1975 bis 1985 im Monat ca. 400 Surfbretter verkauft. Wir sind mit großen Anhängern vor die Tore der Fabriken von Hifly und Sailboard gefahren, haben 30 noch unverpackte Bretter direkt aus der Presse aufgeladen und diese sofort am Wochenende wieder verkauft. Die Nachfrage nach Windsurfmaterial war einfach größer als das Angebot. Anhänger des Sports feierten jede Neuerung, die auf der Bootsmesse in Düsseldorf vorgestellt wurde, euphorisch. Der Preis für die Ausrüstung wurde, ohne zu verhandeln, bezahlt. Die Menschen wußten, daß die Ware im nächsten Moment ausverkauft sein könnte, und sie ohne Surfbrett nach Hause fahren würden. Die Surfschulen schossen wie Pilze aus dem Boden".[343] BERTIN beschreibt sein Surfbusiness im Westen von Paris Anfang der achtziger Jahre so: „Morgens lieferte ein LKW 30 Bretter an, man lud sie ab, stapelte jeweils 10 aufeinander, und am Abend war kein Einziges mehr übrig. [...] Kein Geschäft lief je besser".[344] Für den gesamten deutschen Markt bedeutet dies nach Schätzungen des Surfmagazins, daß in der Spitze im Jahr 1983 über 100.000 Surfbretter verkauft wurden. Die Zubehörindustrie boomte ebenfalls und erzielte im selben Jahr die Hälfte des Umsatzes, hochgerechnet ca. 100 Mio. DM.[345] Auch gesellschaftlich etablierte sich der Sport immer mehr. Ende der 1970er Jahre ist das „Segelsurfen" in einigen Bezirken Deutschlands offizieller Schulsport.[346] Im Jahr 1984 wird Windsurfen sogar olympisch.[347] Die Zahl der Windsurfer wird in der Bundesrepublik Deutschland im Jahr 1985 auf ca. 1 Mio. geschätzt und etwa 100.000 kamen pro Jahr dazu.[348] Der VDWS allein hat im Jahr 1981 58.000 Grundscheine im Windsurfen vergeben.[349]

Steigende Industrialisierung und sinkendes Interesse

Nachdem sich Mitte der achtziger Jahre immer mehr Firmen im Markt etablierten und die Produktionskapazitäten immer weiter aufgestockt wurden, entstand auf dem Weltmarkt ein harter Verdrängungswettbewerb. Zeitgleich verringerte

---

[341] BERTIN: „Zwischen Himmel und Meer", S. 27
[342] MADERT: „Interview auf der Magdeburger Bootsmesse (Magdeboot) am 15. März 2008"
[343] MADERT: „Interview auf der Magdeburger Bootsmesse (Magdeboot) am 15. März 2008"
[344] BERTIN: „Zwischen Himmel und Meer", S. 28f.
[345] BASTIJANS: „Eine psychologische Untersuchung zum Erleben der Sportart Windsurfen", S. 10
[346] NDS KULTUSMINISTERIUM: „Surfen an den Schulen in Niedersachsen", S. 3
[347] BERTIN: „Zwischen Himmel und Meer", S. 37
[348] STEINBRÜCK: „Sport und Sportmedizin-Windsurfen S. 7
[349] VERBAND DEUTSCHER WASSERSPORTSCHULEN E.V. (VDWS): „News", S. 25

sich die Zahl der Neueinsteiger in den Sport. Für den Absatz der Produkte zählte immer mehr das Image der Marke. Das Marketingbudget der Firmen in der Branche stieg unaufhörlich. Es wurde die Funboard-Weltmeisterschaft ins Leben gerufen, und der Einfluß des Brettbaus und der Legenden aus Hawaii waren allgegenwärtig. Was als großes Abenteuer begann entwickelte sich immer mehr zu einem geregelten industriellen Wettbewerb, der Träume verkaufte und dabei immer technischer wurde.[350] Um in diesem Wettstreit zu bestehen, war es für die Firmen zunehmend wichtig mit Zahlen und Fakten aufzuwarten, um so die Kompetenz der jeweiligen Marke zu untermauern. Deshalb wurde jährlich ermittelt, wer die schnellsten Bretter und Segel auf dem Markt verkauft. Der Geschwindigkeitsrekord wurde zum Handelswert. Die schnellsten Bretter und Segel ließen sich immer noch problemlos verkaufen. V.a. aber ließ sich der Absatz über das Image der Windsurfprofis, der Helden des Sports, fördern. So wurden Anfang der 1990er Jahre Preisgelder von 4 Mio. US- Dollar unter den besten Surfern der Welt in 3 Wettkampfkategorien verteilt. Als jedoch die Alkohol- und Zigarettenwerbung gesetzlich reglementiert wurde, verlor die Wettkampfbranche an finanzieller Stabilität und der Worldcup an Bedeutung. Mitte der 1990er Jahre kehrten viele Windsurfer dem Sport den Rücken zu. Vielen war der Materialaufwand, die Technik und die damit verbundenen Kosten einfach zu hoch. Der Sport verlor ihrer Meinung nach zu viel von seiner ursprünglichen, abenteuerlichen und puristischen Idee. Unter ihnen waren auch viele Profiwindsurfer und Legenden des Wassersports wie Manu Bertin und Laird Hamilton.[351] Die Industrie aber stabilisierte sich durch zahlreiche Firmenzusammenschlüsse. So vereinten sich Mistral, North Sails, Fanatic und Art, später noch Arrows und JP-Boards zur sogenannten Mistral Sports-Group zusammen.[352] Der Absatz ist seit jener Zeit stabil und der Markt annähernd im Gleichgewicht. Heute werden im Jahr immer noch zwischen 60.000 und 70.000 Segel in Deutschland verkauft. Dabei liegen die unverbindlichen Herstellerverkaufspreise meist zwischen 350 Euro und 600 Euro, je nach Qualität und Marke. Das Image der Fahrer und der Marke sowie der Speedrekord sind weiterhin die ausschlaggebenden Verkaufsargumente.

Windsurfen, die Definitionsvorlage für den Trendsportbegriff?

Trendsport zeichnet sich durch eine generelle Erlebnisorientierung sowie ein deutliches Streben nach Freiheit und Unabhängigkeit aus. Das qualitativ „Neue" bei Trendsportarten macht SCHWIER an mindestens 6 verschiedenen Merkmalen fest.[353] Inwieweit die Begriffe Stilisierung, Beschleunigung, Virtuosität, Sampling, Extremisierung und Ordalisierung für den Sport zutreffend sind, wird im Folgenden erarbeitet.

---

[350] BERTIN: „Zwischen Himmel und Meer", S. 35
[351] BERTIN: „Zwischen Himmel und Meer", S. 60
[352] BASTIJANS: „Eine psychologische Untersuchung zum Erleben der Sportart Windsurfen", S. 11
[353] SCHWIER: „Was ist Trendsport?", S. 18ff.

Stilisierung

Der Surfer betont einen eigenen, individuellen und freiheitlichen Lebensstil. Er stemmt sich der formalisierten und endindividualisierten Leistungsgesellschaft entgegen und versucht durch den großen Gestaltungsspielraum, den der Windsurfsport zweifellos bietet, zu einem selbstbestimmten und eigenverantwortlichen Individuum zurückzukehren.[354] Dieser ganz eigene Lebensstil kann durch die Vielfalt der möglichen Materialien und deren Markenimage noch untermauert und verfeinert werden. Außerdem existiert durch die verschiedenen Modefirmen, wie Billabong, Quicksilver, Chiemsee usw., ein eigener Modestil für die Surfbranche. Durch Unabhängigkeit von Organisationsstrukturen kann das Surferleben als eine Art Gegenpol zur institutionalisierten Arbeitswelt betrachtet werden. Ein Windsurfer ist frei von Verpflichtungen gegenüber Mannschaft und Verein, kann so seinen Stimmungen folgen und ist nur von Wind und Wetter abhängig. Entsprechend unserer postmodernen Zeit gab und gibt es viele, die sich durch Betonung dieses Stils dieser Gruppe zugehörig zeigen wollen, ohne den Sport wirklich auszuüben. MADERT beschreibt diese gesellschaftliche Bewegung so: „Die Menschen fuhren Surfbretter auf dem Dach spazieren, egal ob sie nur ansatzweise in der Lage waren, sich auf dem Brett zu halten".[355] Die Ideale und das Image des fitten durchtrainierten Surfers waren für die Menschen wie ein Sog.[356] Sicherlich der Grund für die Entstehung der erfolgreichsten deutschen Vorabendserie. Die Beringer Phal Produktion „Gegen den Wind", die von 1994 bis 1999 im deutschen Fernsehen ausgestrahlt wurde, erreichte abendlich 5 Mio. Zuschauer.

Beschleunigung

Am 5. März 2008 stellte der mehrfache Weltmeister Antoine Albeau in Saint Marie de la Mer mit 49,09 Knoten (ca. 91 km/h) einen neuen Speedrekord auf.[357] Somit ist wieder ein Windsurfer das schnellste segelbetriebene Fahrzeug auf dem Wasser. Betrachtet man die Menschen der Geburtsstunde des Windsurfens, so erkennt man, daß eben diese mögliche Geschwindigkeit und Beschleunigung die Antriebsfaktoren für die Entwicklung des Sports waren. Man wollte sich auf dem Wasser schneller bewegen als bisher, so schnell wie z.B. beim Skifahren. Sowohl Jim Drake als auch die Gründercrew des VDWS waren begeisterte Skifahrer.[358]

---

[354] BASTIJANS: „ Eine psychologische Untersuchung zum Erleben der Sportart Windsurfen", S. 29
[355] MADERT: „Interview auf der Magdeburger Bootsmesse (Magdeboot) am 15. März 2008"
[356] BERTIN: „Zwischen Himmel und Meer" S. 29
[357] FUNSPORTING: „Windsurfer stellen neue Speedrekorde auf"
[358] VERBAND DEUTSCHER WASSERSPORTSCHULEN E.V. (VDWS): „About us", S. 2

Virtuosität

Die vergleichsweise große Anzahl an Lehrbüchern zum Windsurfen weist schon darauf hin, daß Windsurfen alles Andere als ein „Selbstläufer" ist. Ständig wechselnde Wind- und Wellenbedingungen und zusätzlich aktuell ca. 600 verschiedene Manövervarianten[359] stellen dem Surfer ein endloses Repertoire an neuen Herausforderungen und Übungsmöglichkeiten zur Verfügung. Nach dem vergleichsweise leichten Einstieg, dem „Stehsegeln", geht es weiter mit dem Trapezfahren, der ersten Gleitfahrt, dem Fußschlaufen fahren, dem Wasserstart. All diese Dinge stellen viele Surfer vor große Lernhürden.[360] Dabei sind die koordinativen Fähigkeiten, vor allem der Gleichgewichtssinn, entscheidend für die Geschwindigkeit des Lernerfolgs. Grundsätzlich läßt sich jedoch sagen, daß die meisten Surfer diese Hürden bei entsprechendem Einsatzwillen überwinden und ihren ersten Gleiterlebnissen nichts mehr im Wege steht. Erst das sogenannte „Abitur der Windsurfer", die Powerhalse, teilt die Gemeinschaft in die wahren Virtuosen und die Hobbysurfer. Ungefähr 90% aller Surfer scheitern daran, dieses Manöver durchgeglitten auf das Wasser zu zirkeln. Dies liegt daran, daß beim Windsurfen die Manöver in fortgeschrittenem Stadium immer komplexer werden. Im Rahmen der Powerhalse müssen 8 bis 10 verschiedene Bewegungen koordiniert werden. Da dieses Manöver jedoch nur ca. 3 Sekunden dauert, und selbst ein gut trainiertes Gehirn gleichzeitig maximal 3 Elemente bewußt verarbeiten kann, müssen die einzelnen Bausteine automatisiert werden. Das erfordert genaue Kenntnisse über die einzelnen Bestandteile und intensives Training.[361] Hat man diese Hürde genommen, bleiben noch 600 weitere Möglichkeiten, die eigene Virtuosität zu verfeinern.

Sampling

Daß Windsurfen aus der offensichtlichen Verbindung von Segeln und Surfen entstand, wurde eingangs schon angesprochen. STANCIU geht noch einen Schritt weiter und sieht in der Erfindung des Windsurfens eine Verknüpfung von vier bereits bestehenden Sportarten. Er verdeutlicht, wie Windsurfen die Bewegungselemente von Skifahren, Segeln, Wellenreiten und Wasserskifahren in sich vereint. Dabei beschreibt er, wie die Reize und Faszinationen der Sportarten sich im Windsurfen wiederfinden lassen, wie z.B. das Abreiten einer Welle, das Herunterschwingen einer Tiefschneepiste oder das Erleben der Geschwindigkeit knapp über der Wasseroberfläche entsprechend dem Wasserskifahren.[362] In späteren Ausführungen hebt er analog zum Segeln die persönliche Entscheidungsfreiheit über Tempo, Richtung und Art der eigenen Fortbewegung hervor. Auch dies ist beim Windsurfen möglich: „Auf dem Brett ist jeder sein eigener Kapi-

---

[359] SURF. DAS WINDSURFING MAGAZIN: „Unendlich mal sechs", S.3 Surf 4/2005
[360] ZITZMANN: „Funboard Surfen. Powerlearning für Fahrtechnik und Manöver", S. 7
[361] MUSCHENICH: „Windsurfen. Erfolgstraining für Aufsteiger", S. 20
[362] STANCIU: „Das ist Windsurfen", S. 4

tän".[363] Ein solches Erlebnis war auf dem Wasser bis dato nur einer kleinen, zahlungskräftigen und elitären Gesellschaftsschicht zugänglich.

Extremisierung

Windsurfen zeigt seit seiner Entstehung die verschiedensten Formen der Extreme. So wurden immer höhere Geschwindigkeiten auf dem Surfbrett erzielt. 1982 fuhr Laird Hamilton mit der ersten Serien-Speedneedle eine Geschwindigkeit von 36 Knoten; das war damals eine Sensation, die alles bisher Erzielte übertraf. Seit März 2008 liegt der Rekord bei 49,09 Knoten - die magische Grenze von 100km/h wird anvisiert. 1979 gelang Larry Stanley der erste Flug mit dem Windsurfbrett. Heute dauert ein Flug bei guten Bedingungen etliche Sekunden, und die Profis befinden sich 30m über dem Wellental. Bei der Form der Sprünge ist ebenfalls kein Extrem tabu. Ging man 1985 bei der ersten Vorwärtsrotation von Cesare Cantagalli noch davon aus, das Maß aller Dinge vollbracht zu haben[364], so springen die Profis den Frontloop heute mehrfach. Im Jahr 2006 veranstaltete Red Bull die sogenannte Storm Chase. Hier ging es darum, die extremsten Windverhältnisse für einen spektakulären Film auszunutzen. Jeder war eingeladen, daran teilzunehmen. Das heißt auch hier: Kein Wind ist zu extrem, um nicht zum Windsurfen genutzt zu werden. In den Fotostorys der Windsurfmagazine werden immer extremere Wavespots mit Monsterwellen bis zu 20m Höhe entdeckt, die teilweise messerscharfe Riffe umspülen. Auch diese Wellen werden von Windsurfern erobert, und je extremer das Foto, desto höher der Verkaufspreis und die Anerkennung für den Fahrer.[365]

Ordalisierung

Der ehemalige Profiwindsurfer und einer der bekanntesten Big Wave Surfer, Craig MAISONVILLE berichtet: „Ich bin schon vier Mal ertrunken!" Bekommt aber im selben Moment leuchtende Augen, als er von dieser Zeit als Extremsportler berichtet.[366] Dave KALAMA, einer der besten Windsurfer der Welt, geht sogar noch einen Schritt weiter und beschreibt sein Lebensmotto so: „Je näher man dem Tod ist, desto lebendiger fühlt man sich! [...] Für wenige Sekunden konzentrierst du dich nur auf das eine – dein Leben. Man rutscht in den Survival Mode. Ein Fehler kann dich das Leben kosten. Diese Gefahr macht Big-Wave-Surfing so spannend".[367] Diese bei den Profisportlern häufig anzutreffende Meinung stellt sicherlich nicht den Einzelfall dar. Im Gegenteil, ihre Fotostorys

---

[363] STANCIU: „Das ist Windsurfen", S. 9
[364] SURF. DAS WINDSURFING MAGAZIN: „Frontloop. So lernt in jeder", S. 54
[365] SURF. DAS WINDSURFING MAGAZIN: „Die Schöne und das Biest", S. 6-15
[366] SURF. DAS WINDSURFING MAGAZIN: „Waterman. Denn sie wissen was sie tun". S. 20
[367] SURF. DAS WINDSURFING MAGAZIN: „Waterman. Denn sie wissen was sie tun". S. 18

in den Magazinen ziehen jedes Jahr etliche ambitionierte Windsufer nach Hawaii, um diesem Vorbild nachzueifern.[368]

Vom Sinn- und Suchtpotential des Windsurfens

Durch die folgenden Ausführungen wird versucht, dem Leser zu verdeutlichen, warum die Sportart Windsurfen eine solch imposante Erfolgsgeschichte zu verbuchen hat. Schon STEINER hat 1985 erkannt, daß dieses „Geheimnis" nur über die Untersuchung der Empfindungen des Surfers zu ergründen ist: „Denn die Faszination des Windsurfens spielt sich im Erleben ab, in der Gefühlswelt des einzelnen".[369] In der Literatur findet man zahlreiche Erlebnisberichte von Profi- und Freizeitsurfern. Aus diesen Berichten lassen sich die Motive für die Ausübung dieses Sports klar erkennen. Bislang fehlte jedoch eine geordnete Struktur für die Darstellung dieser Motive. Deshalb werden diese im nächsten Abschnitt erstmals den von Dietrich KURZ definierten 6 Sinnrichtungen für das Sporttreiben zugeordnet.[370]

Wettkampf

HERREILERS / WEICHERT stellen den Wettkampf und die Herausforderung an den Menschen als zentrales Element des Windsurfens heraus. Demnach kann man den Wettkampf mit den Naturgewalten, mit anderen Surfern oder mit sich selbst durch das Windsurfen erleben.[371] Beispielhaft werden hier für jedes dieser Wettkampfmotive Dinge geschildert, die diesen Sport ausmachen. STANCIU beschreibt die kämpferische Auseinandersetzung beim Windsurfen mit der Natur wie folgt: „Körperbeherrschung und Naturerlebnis, Geschwindigkeit und Balance, Geschicklichkeit, Spiel und Tanz. Ein Rock´n´Roll auf den Wellen. Es ist die Natur hautnah erleben, mit dem bißchen Kraft und der Intelligenz des Menschen die ungeheure Gewalt von Wind und Wellen zähmen, der Natur etwas abtrotzen. Es ist eine innere Befriedigung, frei werden, leben. Für mich der faszinierendste Sport überhaupt".[372] Der Wettkampf mit sich selbst ist für ZOTSCHEW die Quelle der Befriedigung. So habe die eigene Ungeschicklichkeit sowie die Eigenarten von Material, Wind und Wellen stets ein Gefühl von „Du willst es packen. Egal wie" bei ihm hervorgerufen und dabei habe er sich selbst angefeuert „Üben, Junge, üben".[373] Einfach nur der Schnellste auf dem Wasser zu sein, diesem Wettkampf kann sich jeder Windsurfer an einem belebten Spot zu jeder Zeit stellen. Man beobachtet eine Weile das Fahrerfeld und sucht sich dann Jemanden aus, mit dem man sich messen möchte. In der Regel kann man

---

[368] SURF. DAS WINDSURFING MAGAZIN: „German Giant", S. 12ff.
[369] STEINER: „Faszination Windsurfen – eine psychologische Betrachtung", S. 10
[370] KURZ: „Vom Sinn des Sports. Sport Mehrperspektivisch unterrichten – warum und wie?", S. 15
[371] BASTIJANS: „ Eine psychologische Untersuchung zum Erleben der Sportart Windsurfen", S. 22
[372] WINDSURFING: „Segeln + Surfing + Ski + Waserski = Windsurfing", S.4
[373] ZOTSCHEW: „Surf-Bordbuch. Ein Handbuch für Surfer", S. 45

sicher sein, daß dieser die Herausforderung auch ohne Worte versteht und annimmt. Meist endet ein solcher Wettkampf zwischen den Surfern mit einem gegenseitigen Lächeln und dem Surfergruß. Wem das nicht reicht, der kann sich als Rookie beim DWC melden und die nächste Regattasaison mitfahren. Die Profis führen Wettkämpfe in den Disziplinen wie Waveriding, Slalom, Freestyle und Supercross durch.

Eindruck

„Über das Wasser zu gleiten und dabei den Wind auf der Haut spüren und in den Händen fühlen – das ist es, was Surfen so erlebenswert macht".[374] In fast allen Publikationen zum Erleben der Sportart Windsurfen spielt das oben erwähnte Gleiten eine vorrangige Rolle. SCHWIERER beschreibt das Gleiten als einen Zustand, in dem der Surfer „Glücksminuten höchster Erregung (erfahre), die man nicht gezielt abrufen kann. Sie nehmen den ganzen Menschen in Anspruch. Sie setzen ihn in einen tranceähnlichen Zustand, in dem man alles um sich herum vergißt und sich hinterher wie neugeboren fühlt".[375] Für solch eine erfolgreiche Behandlung müßte man beim Psychiater viel Geld bezahlen. Nicht nur für den Geist, auch für den Körper, ist Windsurfen durch die gesamte Beanspruchung aller Körperteile eine außergewöhnliche Wahrnehmungserfahrung. Der Einsatz sehr vieler Muskeln ist notwendig, da die Kraft vom Segel über die Hände und den gesamten Körper auf die Füße und dadurch auf das Brett übertragen wird. WINNER beschreibt seine Eindrücke beim Windsurfen so: „A thick tropical, trade wind blast took the first layer of dust off my shoulders; the brine laiden air ventilated my brain like smelling salts. The sun was so bright I felt like one of those prisoners in Fidelio: walking outdoors slowly, haltingly, softly singing freiheit, freiheit, freedom, freedom, unsure what else to do or say".[376] Die Wahrnehmung mit allen Sinnen des Menschen, auch derer, die im Alltag nicht zum Einsatz kommen, gibt ihm das Gefühl, aus einem Gefängnis auszutreten. In einer Zeit, in der sich der Mensch immer weiter von der Natur entfernt, ist dieses Konglomerat aus Sinneseindrücken durch den unmittelbaren Kontakt zur Natur und den Elementen, wie z.B. das Erspüren des Windes und der Hautkontakt zum Wasser, sehr außergewöhnlich und deshalb wohl auch so nachhaltig.

Ausdruck

Mit knapp 600 Manövern im Jahr 2005, Tendenz stark steigend, ist Windsurfen die Sportart mit den weltweit vielseitigsten Möglichkeiten sich auszudrücken.[377] Das individuelle Fahrkönnen ist entscheidend für die Möglichkeiten und die Form der Selbstdarstellung. Nach SCHWIERER wird hierdurch das Selbstbild

---

[374] ZITZMANN: „Funboard Surfen. Powerlearning für Fahrtechnik und Manöver", S.7
[375] BASTIJANS: „ Eine psychologische Untersuchung zum Erleben der Sportart Windsurfen", S. 27
[376] WINNER: „Windsurfing", S. 1
[377] SURF. DAS WINDSURFING MAGAZIN: „Unendlich mal sechs", S. 3

konkretisiert und das eigene „Ich" gestärkt. Der Windsurfer wird „zum Regisseur der eigenen Identität".[378] Dieser Punkt ist für die meisten Surfer sehr wichtig und erklärt den Einsatz- und Übungswillen, den sie an den Tag legen, um die schwierigsten Manöver direkt in Strandnähe perfekt darzubieten. Um diese Aussage zu testen, braucht man sich nur mit einer professionellen Fotoausrüstung an einen von Windsurfern befahrenen Spot zu stellen. Mit an Sicherheit grenzender Wahrscheinlichkeit befindet sich nach einiger Zeit ein großer Prozentsatz der Fahrer in der Nähe dieses Standortes.[379]

Wagnis

Der Urvater der modernen Windsurfer war der hawaiianische Prototyp der Watermen Duke KAHANAMOKU (1890-1968), der den Sinn des Lebens wie folgt definierte: „Das Leben ist ein herausforderndes Abenteuer oder es ist nichts !".[380] Um das Wagnis bzw. das Abenteuer im Windsurfen zu suchen, bedarf es keiner großen Anstrengung. Man findet es in der Geschwindigkeit sowie in der Gewalt der Wellen und des Windes. Der ehemalige Speedsurfer Manu BERTIN beschreibt die mögliche Geschwindigkeit beim Windsurfen so: „Ich habe den Thrill erlebt und das Surfen sowie die Geschwindigkeit sind wie eine Droge, wie ein Katalysator oder ein Motor, wer weiß das schon? Der Speed auf den Wellen hat mich schon immer mit einem Gefühl erfüllt das mich erzittern ließ".[381] Ähnlich klingt es bei STANCIU, bei ihm liegt der Spaß am schnellen Fahren im permanenten Mitschwingen von Angst und „Nervenkitzel".[382] Windsurfprofi Josh Stone war lange von der Idee gebannt, während eines Hurricans zu surfen. Am 18. September 2003 machte er diese Idee wahr und fuhr am Strand von Ocean City unglaubliche „Schläge" bei Windgeschwindigkeiten von bis zu 170 Km/h und 10m hohen Wellen.[383] Aber auch Abenteuer wie die Überquerung des Ärmelkanals durch die Charchulla-Zwillinge 1974 oder die später folgende Kap Hoorn - Umrundung im Herbst 1979 von Fred Beauchene, am Rande des ewigen Eises, hält der Sport bereit. Das wohl spektakulärste Wagnis gelingt im Spätherbst 1986 Dirk Deckert und Karsten Klüder, die auf einem Surfbrett aus der DDR in den Westen fliehen.[384] Durch diese Fahrt gaben die Beiden dem Begriff „Freiheit" im Windsurfen noch eine zusätzliche Dimension.

---

[378] BASTIJANS: „ Eine psychologische Untersuchung zum Erleben der Sportart Windsurfen", S. 29
[379] Dieses Experiment habe ich selbst schon einige Male durchgeführt.
[380] SURF. DAS WINDSURFING MAGAZIN: „Watermen. Denn sie wissen was sie tun". S. 18
[381] BERTIN: „Zwischen Himmel und Meer", S. 44
[382] STANCIU: „Speed" S. 8
[383] SURF. DAS WINDSURFING MAGAZIN: „Der perfekte Sturm", S. 105ff.
[384] SURF. DAS WINDSURFING MAGAZIN: „Helden in Neopren. Abenteurer und Selbstdarsteller", S.107

Miteinander

„What sailsize are you using? An wie vielen Stränden der Welt hat diese Frage schon ein Gespräch unter Surfern eröffnet? Du hast keine Ahnung, wer dein Gegenüber ist, wo er herkommt, welche Sprache er spricht, welchen Beruf er hat oder wie gut er surft. Welche Segelgröße fährst du? – nicht selten beginnt so eine wunderbare Surferfreundschaft. Klar entstehen nach dieser Phrase nicht gleich tiefgründige Gespräche, aber das Eis ist gebrochen. Überall auf der Welt funktioniert diese Form der Kontaktaufnahme – vorausgesetzt, dein Ansprechpartner kann ein paar Brocken Englisch. [...] Im Neo oder in Boardshorts sind wir alle gleich".[385] ERBE beschreibt dies familiäre Miteinander der Windsurfer ohne soziale Schranken außerordentlich treffend. Genauso dazu gehören das zwanglose Berichten des Erlebten nach der Surfsession. Die Bedingungen sind an einem Surftag für alle gleich, also teilt man diesen Tag auf dem Wasser mit denen, die ihrer Leidenschaft nachgegangen sind. Dabei spielen soziale Aspekte keine Rolle, der Vorstand fachsimpelt mit dem Hilfsarbeiter und der Abiturient duzt den Rentner. Es gibt keine festen Strukturen innerhalb dieser Gemeinschaft, wie in Vereinen, aber der Zusammenhalt ist nicht minder gering, ist man doch auf dem Wasser aufeinander angewiesen. Hier sind Rücksicht, aber auch die Hilfeleistung bei Materialbruch oder Überforderung gefragt und meist auch selbstverständlich. Bezüglich dieser Gemeinschaft unter Windsurfern sprechen HERREILERS / WEICHERT von einer „Subkultur".[386] Trifft man sich auf der Straße, so ist der obligatorische Surfergruß mit dem ausgestreckten Daumen und kleinen Finger „hang loose" zu sehen. Dieser Gruß symbolisiert die lockere Gleithaltung im Trapez und fordert dazu auf, diese Haltung in den Alltag zu transferieren.

Gesundheit

Die WHO (World Health Organization) beschreibt Gesundheit als Ideal des völligen physischen, psychischen und sozialen Wohlbefindens. Die Wirkung des Windsurfens auf die physischen und sozialen Aspekte sind nicht höher zu bewerten als die anderer Sportarten. Der Surfer ist bei entsprechend intensiver Ausübung seines Sports fit und muskulös und befindet sich im beschriebenen sozialen Gefüge. Ein besonderes Augenmerk ist jedoch auf den Einfluß von Windsurfen auf das seelische Gleichgewicht zu legen. Nach GARFF / BIEDERMANN liegt „der wichtigste Erfolgsschlüssel" für die blitzartige Verbreitung des Windsurfens in der seit jeher tief im Menschen verwurzelten Sehnsucht nach Freiheit und Unabhängigkeit von Umwelt, Vorschriften und alltäglichen Zwängen. Sowie in der Faszination der See, Meere und Ozeane, die eben die Er-

---

[385] SURF. DAS WINDSURFING MAGAZIN: „Unser Kanzler heißt Beaufort", S. 3
[386] HERREILERS / WEICHERT: „Windsurfen - Lehren und Lernen mit Programm", S.139

füllung jener Sehnsucht nach Selbstverwirklichung verheiße.[387] SCHEUER / SCHMIDT betonen vor allem die Kompensation des Alltags als Motiv für die Ausübung dieses Sports. So wird Windsurfen zur Bereicherung für das gesamte Leben.[388] Der ehemalige Chefredakteur des Surfmagazins, KLOOS, formuliert seine Sinnperspektive des Sports wie folgt: „Wenn ich beim Windsurfen alle meine Kräfte aufbieten muß, um mich gegen den Wind zu stemmen, dann fühle ich meinen Körper ganz intensiv. Alles glüht und prickelt, die seelischen Verkrampfungen lösen sich. Ein unbändiges Lustgefühl durchströmt mich".[389] STEINER schreibt eine solche „Anreizlage für den Organismus"[390] der Naturnähe beim Windsurfen zu, und tatsächlich sind es oft die wahrgenommenen Umwelteindrücke, die in den Erlebnisberichten hervorstechen. Vom glitzernden Wasser in der Morgensonne, den Farben und vor allem den Kontrasten, welche die Natur für den Surfer bereitstellt, berichtet der Profiwindsurfer[391] genauso wie der Hobbysurfer. Für uns alle, die wir von dem Sport besessen sind, macht das Naturerlebnis einen Großteil des Sports aus. Am Ende läßt sich festhalten, daß die Balance des eigenen Geistes, von der in fast allen Erlebnisberichten gesprochen wird, in hohem Maß zur Förderung des psychischen Wohlbefindens und dementsprechend zur Steigerung der Gesundheit beiträgt. Ken WINNER geht in seinem Buch „Windsurfing" dabei so weit, daß er das Windsurfen als „therapeutic work" (therapeutische Arbeit) ansieht.[392]

Windsurfen - eine besondere Art zu leben

Im vorangegangenen Abschnitt wurde das Windsurfen in seinen einzelnen Facetten beleuchtet und die Motive, diese Sportart auszuüben, dargestellt. Sicher ist nach dieser Lektüre bei dem einen oder anderen Leser der Wunsch vorhanden, diesen „lebensbereichernden" Sport einmal selbst auszuprobieren. Um eine einseitige Darstellung zu vermeiden und den Sport mit all seinen Konsequenzen zu erfassen, soll im Folgenden an verschiedenen Beispielen und Umschreibungen dargestellt werden, wie eine solche Entscheidung sich auf das Leben des Einzelnen auswirken kann. Im Anschluß daran wird die wohl erstrebenswerteste Form des Surferdaseins beschrieben: ein Leben als Profi.

Das Leben als Windsurfer in Deutschland

„In der Regel betreibt man diesen Sport nicht einfach, sondern identifiziert sich mit ihm und ist ihm gelegentlich sogar verfallen. Lange keine Gelegenheit zum Surfen zu haben, ruft nicht nur Unruhe und Nervosität, sondern durchaus „Tag-

---

[387] GARFF / BIEDERMANN: „Das große Buch vom Surfen", S. 19
[388] SCHEUER UND SCHMIDT: „Windsurfen Lernen in 10 Stunden", S. 19
[389] SURF. DAS WINDSURFING MAGAZIN: „Zeit für Gefühle", S. 3
[390] STEINER: „Windsurfen eine psychologische Betrachtung", S. 11
[391] SURF. DAS WINDSURFING MAGAZIN: „La Perouse", S. 20
[392] WINNER: „Windsurfing", S. 1

und Nachtträume" hervor. [...] Nur einmal das Surfen „kosten" zu wollen birgt die Gefahr, ihm für zeitlebens verfallen zu sein".[393] So umschreibt STEINER schon 1985 die möglichen Auswirkungen von Windsurfen auf die Schwerpunktverteilung im individuellen Lebensplan. Und tatsächlich ist es so, daß in den Favoriten des Internet Explorers von Windsurfern die Windvorhersage über Windfinder, Windguru oder Wetteronline die meist genutzte Funktion darstellt. Um die Gleitschwelle zu überbrücken, benötigt man mit aktuellem Standardmaterial eine Windgeschwindigkeit von ca. 10 Knoten (obere 3 Beaufort). Wird diese Grenze bei der Vorhersage überschritten oder sieht der Surfer beim Blick aus dem Fenster die Blätter in den Bäumen rascheln, überkommt ihn ein extrem starkes Verlangen, sein Material zu Wasser zu lassen. Diese Unruhe steht im Gegensatz zu der unter dem Punkt Gesundheit beschriebenen Steigerung des psychischen Wohlbefindens. Die individuelle Kosten-Nutzen-Bilanz ist dementsprechend eng mit der Möglichkeit verbunden, diesem Antrieb nachgeben zu können. Im Winter ist das oft ein zäher Kampf, Surfen mit Mütze und Handschuhen ist nur etwas für die ganz hart Gesottenen. Die Meisten stöbern in dieser Zeit auf einer der zahlreichen Wassersportmessen (Hamburg, Düsseldorf, München, Friedrichshafen, Berlin, Magdeburg) oder im Internet nach Windsurfmaterial. Deshalb ist auch gerade in den Wintermonaten der Tag, an dem das Surfmagazin erscheint, lang ersehnt. Jetzt kann endlich wieder geträumt werden, vom nächsten Surftag oder Surfurlaub mit türkisem Wasser und Sonnenschein oder vom nächsten Sturm im Frühjahr. Außerdem werden die neuesten Objekte der Begierlichkeit im Rahmen der Testberichte genauestens unter die Lupe genommen. In der aktiven Zeit spielt die Mobilität für fast alle Windsurfer eine übergeordnete Rolle. Um an die Spots mit dem besten Wind zu gelangen, ist ein Auto ein „must have". Da das Material meist mehrere Bretter und Segel umfaßt und oft sehr weite Strecken bis zum Ziel zurückgelegt werden, ist im Idealfall eine Schlafgelegenheit im Auto enthalten. Dies ist ein Grund, warum die Nachfrage nach allen Kleinbussen, vor allem aber dem VW Transporter, so hoch ist. Dieses Auto besitzt in der Surfergemeinde einen Kultstatus, und jeder Einsteiger träumt von seinem „Bulli", um möglichst unkompliziert viel Zeit auf dem Wasser verbringen zu können. Wie wichtig die Reisen für die Windsurfer sind, belegt die aktuelle Leserumfrage des Surfmagazins. Demnach war der Windsurfer in Deutschland im Durchschnitt im Jahr 2006 3,6 und im Jahr 2007 3,5-mal im Urlaub.[394] Darin sind Kurztrips mit bis zu 7 Tagen eingeschlossen. Zusätzlich zu dem Campingurlaub im Bus gibt es die Alternative, mit einem der zahlreichen Surfreiseveranstalter die schönsten Urlaubsgebiete der Welt zu bereisen. Hier kommen jährlich neue Traumziele dazu und das Material kann vor Ort ausgeliehen werden. Auf diesem Weg wird auch für einen Windsurfer eine Flugreise interessant, denn die Reise mit dem eigenen Material und Mietwagen schreckt doch die meisten ab. Angesichts steigender Ölpreise stellt

---

[393] STEINER: Faszination Windsurfen- Eine psychologische Untersuchung S. 11
[394] SURF. DAS WINDSURFING MAGAZIN: „Unveröffentlichte Leserumfrage"

sich die Aussage von STANCIU, Windsurfen sei „problemlos, praktisch, preiswert"[395], doch ein wenig fragwürdig dar. Vielleicht ist dies ein Grund für den aktuellen Alterungstrend im Windsurfen. Trotz des vergleichsweise hohen Anteils an Kindern, die mit dem Surfen beginnen, steigt das Durchschnittsalter langsam aber stetig an. Nach MADERT sind es hauptsächlich die Kinder von Vätern, die schon lange in dem Sport integriert sind, die in seiner Wassersportschule einen Windsurfkurs belegen. Vergleichsweise hohe Kosten und der Zwang zum eigenen Auto könnten die Gründe sein, warum die Gruppe der 16- bis 25- Jährigen nur so gering vertreten ist.[396] Um diese Kosten zu minimieren, bleibt eigentlich nur ein Umzug ans Wasser. Welche typischen Wege sich der Surfer in Deutschland sucht, um seinen Lebensmittelpunkt näher an das Wasser zu verlagern und somit seine Surfzeit zu verlängern, soll im Folgenden beschrieben werden. Wer kann, versucht seinen Beruf mit dem Sport zu verbinden. Norbert RETZLAFF, ehemaliger Besitzer des Surfshops in Landkirchen, bezeichnet seine Arbeit als „Traumberuf" und die einfachste Möglichkeit, das Hobby mit dem Beruf zu verbinden.[397] Auch die Gründung oder Mitarbeit in einer der VDWS Wassersportschulen ist eine beliebte Möglichkeit, im Umfeld des Windsurfens sein Geld zu verdienen. Daß dies keine Notlösung ist, kann man an den zahlreichen Arbeitsgesuchen im Rahmen der Inserate in der Surf erkennen. Oft sind es beruflich hoch qualifizierte Surfer wie Ärzte oder diplomierte Kaufleute, die einen Wechsel in die Surfbranche anstreben. Aus diesem Grund werden in jedem Jahr allein vom VDWS 150 neue Windsurfinstruktoren ausgebildet, und die Anzahl der Schulen stieg in den letzten 5 Jahren von 378 auf 495 an.[398] Bei den wassersportbegeisterten Studenten ist die Universität in Kiel die erste Anlaufstelle. Den wohlhabenden unter ihnen erfüllt sich auch schon mal der Traum von der Maui Ocean Academy.[399] Rentner verbringen teilweise 12 Monate im Jahr im Wohnwagen, den Winter in Südspanien und den Sommer an Deutschlands Seen und Küsten.[400] Die arbeitende Bevölkerungsschicht sucht sich Nischen, die eine Vereinbarung von Hobby und Beruf möglichst unkompliziert machen. Eine andere Möglichkeit ist, im Berufsleben so viel Geld verdient zu haben, daß ein frühzeitiger Ausstieg und die völlige Konzentration auf das Windsurfen kein Problem darstellt. Dies ist bei Graf Friedrich HOYOS, ehemaliger stellvertretender Vorsitzender der Credit Swiss Boston, der Fall. Er beschreibt seine Situation so: „Eine lange Zeit liefen Finanzgeschäfte und Wavesessions parallel, aber man muß schließlich Prioritäten setzen". Er lebt mittlerweile an einem der besten Surfspots der Welt in Südafrika. Von einem Haus an ihrem Lieblingsstrand träumen die meisten Windsufer - und von einem Leben als Windsurfprofi. Dieses wird im nächsten Abschnitt beschrieben.

---

[395] STANCIU: „Das ist Windsurfen", S. 8
[396] SURF. DAS WINDSURFING MAGAZIN: „Unveröffentlichte Leserumfrage"
[397] SURF. DAS WINDSURFING MAGAZIN: „Süchtig: Seit 20 Jahren im Surfshop", S. 50
[398] VERBAND DEUTSCHER WASSERSPOTSCHULEN E.V. (VDWS): „News", S. 24
[399] SURF. DAS WINDSURFING MAGAZIN: „ German Watermen", S. 12
[400] SURF. DAS WINDSURFING MAGAZIN: „Süchtig. Manne Hinz", S. 46

Profiwindsurfer: Helden und Legenden

Profi Brian TALMA beschreibt das professionelle Windsurfen mit dem Satz: „Get payed to play" – beim Spielen Geld verdienen.[401] Die ganz fetten Jahre für die Windsurfprofis sind zwar vorbei, aber die besten 20 Fahrer der Welt kassieren von ihren Hauptsponsoren ein gutes Grundgehalt. Dieses stocken sie dann durch vertraglich bestimmte Incentives, für Siege und Fotoveröffentlichungen, auf.[402] In Deutschland gibt es zur Zeit außer Bernd Flessner vielleicht noch eine Hand voll Windsurfer, die von ihrem Sport leben und die gesamte Profitour kostendeckend mitfahren können. Ohne die Wettkampftour der PWA (Professional Windsurfers Association), die einmal im Jahr auch nach Deutschland an den Brandenburger Strand nach Sylt kommt, könnte die Industrie ihre Absatzzahlen nicht erreichen. Martin BRANDNER, Marketingleiter von JP Australia, der Firma mit dem derzeit wirkungsvollsten Image[403], formuliert den Kernpunkt der Aura eines jeden Sports wie folgt: „ Ein Land braucht Heros, mit den Heros wird der Sport trendy und mit dem Trend kommen die jungen Leute".[404] Der prominenteste Vertreter dieser Helden ist der Hawaiianer Robert Stanton (Robby) Naish. Es gibt keinen der, die Geschichte des Windsurfens so geprägt hat wie er. Durch zahlreiche Weltmeistertitel und geschickte Vermarktung seiner Person ist er heute mehrfacher Millionär. Über ihn ist sogar ein Buch erschienen mit dem Titel: „Robby Naish – Superstar". Ein weiteres Idol ist der Mann, der auf der höchsten Welle aller Zeiten gesurft ist und dafür 70.000 US-Dollar Preisgeld kassierte, Pete Cabrinha. Beide besitzen mittlerweile eine eigene Kite-Marke und haben es verstanden, aus ihrem Ruhm Profit zu schlagen. In die Reihe der auch finanziell erfolgreichen Windsurfer fügen sich viele Namen wie etwa auch Björn Dunckerbeck, Robert Teritheau und bei den Frauen die Moreno-Schwestern ein. Keiner dieser Surfer muß sich in der Zeit nach der Karriere Gedanken über die Finanzierung des Lebens machen. Alle besitzen mehrere Häuser, natürlich an den besten Windsurfspots der Welt. Aber auch in der Szene, die von Wettkämpfen fernbleibt, erlangten einige Männer Weltruhm und können sehr gut von ihrem Sport leben. Laird Hamilton ist der Inbegriff eines „Waterman's", ständig am Limit und jederzeit bereit, die neue Herausforderung anzunehmen. Selbst diejenigen, die es nicht zu Reichtum, sondern nur zu einem guten Auskommen gebracht haben, welches sie gelegentlich durch andere Arbeit aufstocken müssen, bereuen den Schritt zum Profidasein nicht. Robby Seeger weiß, daß er ohne das Leben als Profi niemals die Gelegenheit bekommen hätte, in Monsterwellen zu surfen. Dies ist ihm, nach der Familie, das Wichtigste auf der Welt und bestimmt auch seine Gedanken an die Zukunft.[405]

---

[401] SURF. DAS WINDSURFING MAGAZIN: „Frohes Schaffen", S. 101
[402] SURF. DAS WINDSURFING MAGAZIN: „Frohes Schaffen", S. 103
[403] SURF. DAS WINDSURFING MAGAZIN: „Unveröffentlichte Leserumfrage"
[404] SURF. DAS WINDSURFING MAGAZIN: „Frohes Schaffen", S. 101
[405] SURF. DAS WINDSURFMAGAZIN: „Gladiator", S. 95

Standortbestimmung und Ausblick

Zum Zeitpunkt des Entstehens von Windsurfen gab es nichts Vergleichbares; erst später konnten Skateboard-, BMX-, Snowboardfahren und heute vor allem das Kitesurfen ähnliche Trendbewegungen ins Leben rufen. Kitesurfen hat nach Expertenmeinungen das Potential, dem Windsurfen den Titel als beliebteste Wassersportart streitig machen zu können.[406] Aktuelle Zahlen des VDWS belegen jedoch, es fangen immer noch deutlich mehr Menschen mit dem Windsurfen an als mit dem Kitesurfen. Die Zahl der Neueinsteiger bleibt seit dem Boom von 1975 bis 1985 konstant bei ca. 30.000 pro Jahr. Die Anzahl der ausgegebenen Grundscheine im Kitesurfen steigt hingegen jährlich um 10 %.[407] Laut Ralf MADERT vom Surfers Paradise, Europas erster Kiteschule, wird sich die Verlagerung vom Windsurfen zum Kiten nur langsam fortführen. Als Gründe dafür nennt er z.b. die Interessen der Surfindustrie und die daraus resultierende Beeinflussung des Marktes. Weiterhin führt er an, daß in jedem Land der Welt, in fast jedem Hotel, einige Surfbretter vorhanden sind. Dadurch ist die Gelegenheit, mit dem Sport in Kontakt zu kommen, um ein Vielfaches höher als beim Kitesurfen. Geringe Investitionskosten und der vergleichsweise leichte und gefahrlose Einstieg, der auch autodidaktisch erfolgen kann, machen Windsurfen als Urlaubssport weiterhin außerordentlich attraktiv.[408] Viele Kinder aus Familien, die schon ewig windsurfen, treten in die Fußstapfen der Eltern und beginnen mit dem Windsurfen. Auch sind in Deutschland nur die wenigsten Binnenseen für das Kitesurfen geeignet. Dies liegt an den begrenzten Start- und Landemöglichkeiten sowie den oft durch die Behörden ausgesprochenen Verboten für das Kitesurfen. Bezogen auf die Verteilung der Wassersportler lassen sich deshalb auch große regionale Unterschiede feststellen. In Bayern und in Teilen der neuen Bundesländer, Regionen mit großer Binnenseedichte, erfreut sich Windsurfen immer noch sehr großer Beliebtheit. Der Absatz von Windsurfmaterial ist auf den Wassersportmessen in der Nähe der Binnengewässer (München, Friedrichshafen, Magdeburg) ungebrochen hoch. Auf den großen Wassersportmessen der Metropolen (Düsseldorf, Hamburg), in denen die Wassersportler von der Nord- und Ostseeküste leben, ist der Anteil der Kiter deutlich höher und der Umsatz in diesem Segment deutlich größer. So läßt sich vermuten, daß, wenn genügend Platz und die Möglichkeit zur Ausübung des Kitesurfens vorhanden sind, eher die Wahl auf diese Sportart fällt.[409] Die Gründe dafür sind schnell herausgefunden. Durch die spektakulären Darstellungsmöglichkeiten des Kitesurfens hegen sehr viele Menschen, die den Sport einmal beobachten konnten, den Wunsch, es den Akteuren gleich zu tun. Weiterhin ist dieser Wunsch sehr viel einfacher zu realisieren, als es beim Windsurfen der Fall ist. Bis ein Windsurfer in den Gleitzustand kommt, kann es Jahre dauern; sobald ein Kitesurfer es

---

[406] MADERT: „Interview auf der Magdeburger Bootsmesse (Magdeboot) am 15. März 2008"
[407] VERBAND DEUTSCHER WASSERSPORTSCHULEN E.V. (VDWS): „News", S. 25
[408] SCHEUR / SCHMIDT: „Windsurfen Lernen in 10 Stunden", S. 8
[409] MADERT: „Interview auf der Magdeboot"

schafft, aufs Brett zu gelangen, gleitet er. Der erste Sprung beim Windsurfen kann noch länger auf sich warten lassen, beim Kitesurfen springen die Fahrer im besten Fall schon nach 1 Woche. Die Prognose, daß Windsurfen nicht aussterben wird, liegt nahe. Doch der Anteil der Kitesurfer wird im Verhältnis zunehmen, da Windsurfen ungleich schwerer zu erlernen ist. Zumindest bis zum ersten Gleiterlebnis. Kiten hält vom ersten Moment an einen Adrenalinschub und Gleitspaß bereit. Der Drachensport hat gegenüber dem Windsurfen viele Vorteile: Freies Blickfeld, leichter zu erlernen, größere Mobilität durch weniger Materialumfang. Vor allem aber der geringere Kraftaufwand und der damit einhergehende höhere Frauenanteil bringen dem Sport Pluspunkte. Ist es tatsächlich nur eine Frage der Zeit, bis der Anteil der Kitesurfer größer ist als jener der Windsurfer?

Am Ende ist es vielleicht so, daß sich der Kreis nun schließt. Denn Jim Drake hatte, als er in den 1960er Jahren das Windsurfen entwickelte, eigentlich zum Ziel gehabt, sich mit einem großen Drachen auf einem Brett ziehen zu lassen. Die Technik war damals allerdings noch nicht bereit dafür, denn die Drachen bestanden lediglich aus mit Stoff bespannten Holzkreuzen. Als seine Ausgangsidee zu scheitern drohte, war Drake damals klar: Er muß den „Drachen" am Brett befestigen.[410] Nach drei Jahrzehnten Entwicklung ist sein Traum heute wahr. Meiner Einschätzung nach wird es in den kommenden Jahren weiter zu einer Verschiebung der Präferenzen im Wassersport zugunsten des Kitesurfens kommen. Die Windsurfer, die sich noch jung genug fühlen etwas Neues anzufangen und an ihrem „Homespot" die Möglichkeiten haben, werden das Kiten ausprobieren und umsteigen. Ihnen wird es ergehen wie Manu Bertin, Robby Naish, Pete Cabrinha, mir und tausend anderen Windsurfern. Es bleiben ein kleines Waveboard für die ganz krassen Starkwindtage sowie die Erinnerung an unzählige schöne Stunden. Abschließend läßt sich sagen: Windsurfen lebt - trendy ist der Drachen!

---

[410] BERTIN: „Zwischen Himmel und Meer", S. 85

Kapitel VII

Snowboarding – Fallbeispiel Nokia Air & Style

von Jasmin Leopold und Stefan Schrader

Die ersten Ansätze des Snowboardens lassen sich bereits um 1900 finden. Der Österreicher Toni Lenhardt entwickelte mit seinem „Monogleiter" den jüngsten Vorläufer des Snowboards, der 14 Jahre später im Monogleiterrennen, in Bruck an der Mur, seine ersten begeisterten Anhänger fand.[411] Der nächste Evolutionssprung wird auf das Jahr 1929 datiert, in dem sich der US-Amerikaner Jack Burchett darüber Gedanken machte, wie man aus einer Sperrholzplatte, Reitzügeln und Wäscheleinen eine mobile Unterlage konstruiert, mit der man über den Schnee gleiten kann. Diese Idee erreichte jedoch nie den Markt.

Die Wurzeln des Snowboardens liegen im Surfen.[412] Im Jahre 1963 entwickelte der Achtklässler Tom Sims für ein Schulprojekt das „Ski Board". Gleichzeitig kam dem Amerikaner Sherwin Popper die Idee, den Surfsport auch auf den Winter auszuweiten. „Sein erster Prototyp war ein 1,20 m langes Brett aus Kunststoff, das er aus zwei Kinderskiern zusammengedübelt hatte und seiner Tochter Wendy schenkte. Bei den Nachbarskindern war das Ding sofort ein Renner".[413] Zusammen mit einem Hersteller für Bowlingkugeln, der ihm Material zur Verfügung stellte und ihn auch finanziell unterstützte, verfeinerte Popper seine Idee und entwickelte den „Snurfer", auch „Snow-Surfer" genannt, das Urmodell des heutigen Snowboards. Der Snurfer entsprach in seiner Form eher einem Surfboard, welches allerdings etwas kleiner war. In den Spielzeugläden verkaufte sich der „Snurfer" für nur 15 US-Dollar und begeisterte in den folgenden Jahren mehr als 1 Mio. Menschen. Hauptsächlich natürlich Kinder und Jugendliche, da die ältere Generation dieses unkontrollierbare Spielzeug als Gefahrenquelle sah. 1968 fand in Shermans Heimat Muskegon, Michigan, der erste Snurf-Contest statt. Doch aus unbekanntem Grund verschwand der „Snurfer" als Massenphänomen so plötzlich, wie er aufgetaucht war.[414] 1970 allerdings kam Dimitrije Milovich, als er im Norden des Staates New York auf Cafeteria-Tabletts im Schnee herum rutschte, eine Idee. Milovich, ein Surfer von der Ostküste, begann Snowboards nach dem Vorbild der neuen, kurzen Surfboards zu entwickeln und benutzte sogar schon rudimentäre Stahlkanten. Er experimentierte mit Glas- und Kiessellaminaten und Nylonschlaufen. Seine Firma „Winterstick" kann wohl als erste richtige Snowboardfirma angesehen werden. Auch Jake Burton, damals 23-jähriger Student, war voll und ganz

---

[411] BOARDER-PARADIES: „Snowboard History"
[412] OLDSCHOOL: „Die Geschichte des Snowboardens"
[413] BOARDER-PARADIES: „Snowboard History"
[414] BOARDER-PARADIES: „Snowboard History"

begeistert vom Snurfen. Er wollte dieses Spielzeug zu einem richtigen Sportgerät weiterentwickeln und erprobte Fußschlaufen zur besseren Kontrolle, sowie Finnen für mehr Stabilität. Burton entschloß sich im Jahr 1977 dazu, seine eigene Firma in Vermont zu gründen. Er startete mit einer kleinen Auflage seiner „Snowboards", flexibler Holzboards mit Wasserskibindung. Zeitgleich begann der bereits erwähnte ehemalige Skateboard-Champion, Tom Sims, Snowboards zu produzieren. „Bob Weber entwickelte 1977 das berühmte „Yellow Banana"-Board aus Polyethylen, und Chuck Barfoot stellte im folgenden Jahr ein erstes Fiberglasboard her. Diese frühen Boards hatten meist noch keine Bindungen, statt dessen eine Kontrolleine".[415] Da sie auf öffentlichen Pisten nicht zugelassen waren, mußten sich die ersten Boarder nachts auf die Hänge schleichen und heimlich üben, um Strafen zu vermeiden. In den frühen Achtzigerjahren wurden dann auch in Europa die ersten Prototypen des Snowboards gefertigt. Trotzdem blieb das Kultbrett aus Amerika die Nummer 1 und wurde in Massen nach Europa importiert.

Schon 1981 erlebte Ski Cooper in Leadville, Colorado, dann den ersten Snowboardwettbewerb. Nur ein Jahr später, 1982, organisierte Paul Graves die erste Nationale Snowsurfing Meisterschaft in Vermont, welche vorerst mit den Disziplinen Slalom und Abfahrt lockte. Zum ersten Mal traten Snowboarder aus ganz Amerika gegeneinander an. So auch die Rivalen Jake Burton und Tom Sims. Dieses Ereignis weckte nicht nur das Interesse der Boarder, sondern auch das der Landesweiten Medien. Die Konkurrenten Sims und Burton organisierten 1983 offizielle Meisterschaften in ihren Heimatorten, was jedoch die Snowboardergemeinschaft spaltete: Sims integrierte erstmals die Halfpipe in seinen Wettbewerb und wurde deshalb von manchen Fahrern boykottiert, da sie Freestyle nicht als Snowboarddisziplin akzeptierten. 1985 erschien mit „Absolutely Radical", dem späteren „International Snowboard Magazine", die erste Zeitschrift. Mit dem Film „Apocalypse Snow" von 1986 wird die Explosion des Sports in Europa dann auch im Videoformat dokumentiert. Im Laufe der Zeit begannen die Rider damit, die Finnen abzumontieren. Langsam aber sicher verwandelte sich der „Snurfer" in ein kontrollierbares „Snowboard" und somit in ein anerkanntes Sportgerät. 1987 fand schließlich die erste „europäische" Snowboard-WM in Livigno und St. Moritz statt - ein neuer Sport war geboren. Nur ein Jahr später wurde die erste internationale Worldcuptour geboren und die Entwicklung war nicht mehr aufzuhalten: 1990 gründete sich die ISF, Events wie der „Air & Style" oder der „King of the Hill" setzten die Eckdaten zwischen Extreme Freeriding und Freestyle. Heute gibt es über 10 Mio. Boarder weltweit, welches sich nicht zuletzt daraus erklärt, daß sich ca. 68% der deutschen Kids, beim Beginn des Wintersports, für das Snowboard entscheiden.[416] Snowboarden ist somit zu einem Breitensport herangewachsen, dessen Potential auch die Skige-

---

[415] BOARDER-PARADIES: „Snowboard History"
[416] BOARDER-PARADIES: „Snowboard History"

biete seit einiger Zeit erkannt haben. Vor einigen Jahren wurden die „unsittlichen" Boarder noch von den Pisten verbannt, heute investieren die Skigebiete große Summen in die Anpassung ihrer Pisten an die Bedürfnisse der Snowboarder. Sogenannte „Fun Parks" sind mittlerweile in jedem größerem Skigebiet zu finden, wodurch sich der Sport in seiner Professionalität stetig weiterentwickelt. Auch die Medien haben das Potential dieser Sportart entdeckt. Veranstaltungen wie die US Open, Loards of the Boards oder der Boardercross, werden meist sogar in voller Länge live im Fernsehen übertragen. „Zehntausende Zuschauer säumen die Events, und manchmal nimmt alles groteske Züge an, z.b. wenn im September 550 Tonnen Schnee von Sölden ins Ruhrgebiet gekarrt werden, um dort eine Veranstaltung durchführen zu können".[417]

Vermarktungspotentiale der Sportart

Das Sportsponsoring zielt vornehmlich darauf ab, das Image einer bestimmten Sportart auf die Produkte der Sponsoren zu übertragen. Im Trendsport bieten sich diverse Möglichkeiten mit den anreizenden und auffallenden Erscheinungsbildern einer bestimmten Sportart auf sich aufmerksam zu machen. Gerade für Unternehmen mit jungen Zielgruppen stellt das Snowboarden eine hervorragende Kommunikationsmöglichkeit dar. Viele Jugendliche und junge Erwachsene identifizieren sich mit dem lockeren Lebensstil, der Freiheit und der Unabhängigkeit, welche die Sportart vermittelt. Des Weiteren werden Snowboarder als auffallend, selbstverliebt und anstößig beschrieben. Sollten Unternehmen diese Attribute mit ihren Produkten in Verbindung bringen oder bringen wollen, so wäre ein Snowboard Event die ideale Kommunikationsplattform.

Snowboard- und Trendsport Events locken vor allem Jugendliche an. Das beweist die Zuschauerstruktur des Nokia Air & Style 2007 in München, bei dem etwa 50% der Zuschauer zwischen 15 und 19 Jahre alt waren. Nahezu 90% der Besucher des Air & Style waren zwischen 15 und 29 Jahre alt. Der große Vorteil der Snowboard-Vermarktung ist, daß die Zielgruppe in ihrer eigenen Erlebniswelt angesprochen wird. Das Beispiel des Nokia Air & Style zeigt, wie eine Kombination aus musikalischen und sportlichen Inhalten eingesetzt wird, um gezielt Jugendliche anzuziehen. Damit verbunden stellt es ebenso einen Reiz für Medien und Sponsoren dar, welche die Aufmerksamkeit dieser Zielgruppe auf sich lenken wollen. Ein Snowboard Event schafft demnach eine Reihe von positiven Wirkungen bei den Sponsoren. Durch die hohe Affinität der Zielgruppe zur Sportart, läßt sich auch eine Beziehung zum werbenden Unternehmen herstellen. So ist es durchaus vorstellbar, daß ein junger Besucher des Nokia Air & Style beim nächsten Handykauf ein Nokia Produkt favorisiert. Ein Event wie der Air & Style bietet diverse Produktpräsentationsmöglichkeiten. So ist es möglich, daß sich Unternehmen mit Logos und Werbefilmen auf Videowänden vorstellen

---

[417] BOARDER-PARADIES: „Snowboard History"

und zusätzlich Logopräsentationen auf Banden an Sprungrampen, auf Funpark-Elementen, auf den Trikots der Snowboarder, oder an der Showbühne angeboten werden. In vielen Snowboard Magazinen, welche für Public Relation-Zwecke vor Ort verteilt werden, sind weitere Werbemöglichkeiten vorhanden. Die Nutzung solcher Synergieeffekte ist ein sehr wichtiger Faktor zur Verstärkung des Werbeerfolgs. Snowboard Events bieten Lifestyle zum anfassen und mehrere tausend Direktkontakte zu potentiellen Kunden vor Ort. Wie im Fall des Nokia Air & Style kann die Veranstaltung durch Konzerte aufgewertet werden und erweckt somit noch mehr Interesse für die jugendliche Zielgruppe. Da es bisher nur sehr wenig etablierte Snowboard-Events gibt, liegt das enorme Potential dieser Sportart nahe. Anhand des Paradebeispiels des Air & Style, welches sich mittlerweile internationaler Beliebtheit erfreut, läßt sich der positive Output der Vermarktung eines Snowboard Events zeigen. Viele Sponsoren können durch bekannte und beliebte Veranstaltungen ein glaubwürdiges Umfeld schaffen und ihre Marken und Produkte auf originelle Art und Weise in Szene setzen. Die hohe Markensympathie der Besucher lockt sogar bereits Sponsoren, welche im Grunde nichts mit der Sportart zu tun haben. So sind heute im Snowboard-Veranstaltungskalender die Suzuki Wir Schanzen Tournee, die Red Bull Gap Session, die Swatch Big Mountain Pro, sowie der bereits erwähnte Nokia Air & Style zu finden. Das darüber hinaus viele Snowboardartikelhersteller im Event-Sponsoring zu finden sind, ist nicht weiter überraschend. Mit der Burton Am Tour, der Nitro Snowboard Trial Tour und der Volcom Tour sind nur einige wenige genannt.

Welche Bedeutung Action-Sportarten, wie auch das Snowboarden, bei den Sponsoren haben, zeigt das Engagement des Automobilherstellers Suzuki. Unter dem Motto „Suzuki United" bündelt das Unternehmen ein international vernetztes Maßnahmenpaket aus Sponsorships, Events und Action.[418] Der Automobilhersteller verfolgt das Ziel eines „Emotionalen und spektakulären Marketing, das junge und jung gebliebene Menschen begeistert".[419] Im Fokus stehen dabei Engagements im Extrem- und Funsport, sowie in den Bereichen Musik und Entertainment, die allesamt auf die umfassenden Mobilitätsangebote des Unternehmens hinweisen. Dieser strategische Ansatz der Verjüngung, bei gleichzeitiger emotionaler Aufladung der Marke, zeigt nach Angaben des Herstellers bereits erste Erfolge: So soll das Durchschnittsalter der Käufer eines neuen Suzuki-Autos in Deutschland binnen drei Jahren von 53 auf 49 Jahre gesunken sein. Großen Anteil an diesem Erfolg haben die Sponsorships von diversen Snowboard- und Freeski-Events. Suzuki setzt auf ein besonderes eigenständiges Konzept, um seinen Markenwert Sportlichkeit authentisch mit dem Lifestyle der jugendlichen Zielgruppen zu verbinden.

---

[418] LIFESTYLE PRESSESERVICE: „Suzuki fördert auch 2008 Freeski- und Boarder-Szene"
[419] LIFESTYLE PRESSESERVICE: „Suzuki fördert auch 2008 Freeski- und Boarder-Szene"

Nokia Air & Style

Der Air & Style ist das älteste, renommierteste und zugleich auch das größte Snowboard-Spektakel Europas. Seit dem Jahr 2002 ist Nokia Titelsponsor vom Air & Style in München.[420] Seit 2005 wird das Event im Münchener Olympiastadion veranstaltet. Auch in Innsbruck findet ein von Billabong gesponserter Air & Style statt. In der Saison 2008/2009 soll ein Wettspringen zudem in Cardiff ausgetragen werden. Der Nokia Air & Style kann mit seiner hohen Besucherzahl von bis zu 30.000 Zuschauern, einer guten Berichterstattung im Internet und öffentlich rechtlichen Fernsehen, sowie einer vergleichbar hohen TV-Präsenz punkten. Als Teil der „Swatch Ticket To Ride World Snowboard Tour" wurde es als bestes Event aller Weltmeisterschaftsveranstaltungen ausgezeichnet. Es ist ein immer wiederkehrendes Event und bleibt aufgrund dessen ganzjährig bei allen Zuschauern und Sponsoren präsent. Um die große Bedeutung zu unterstreichen, sollte an dieser Stelle auch ein kurzer historischer Rückblick vorgenommen werden.

Die Gründer und die Geschichte des Air & Style

Andrew Hourmont, Helmut Lunner und Hannes Schönegger bilden die elementaren Köpfe hinter dem Air & Style. Mit einer gründlichen Arbeitsteilung und sagenhaftem Teamgeist stellen sie den Air & Style jedes Jahr neu auf die Beine – mit immer neuen Ideen und in immer größeren Dimensionen.[421] Begonnen hat alles mit Andrew Hourmont, der die Idee hatte, ein Event auf die Beine zu stellen, bei dem Snowboarden, Musik und Lifestyle verbunden werden. Er wurde zu einer der prägenden Figuren des Snowboardsports und ist bis heute die kreative Triebfeder hinter Europas erfolgreichstem Snowboard-Event. Hourmont ist Firmengründer, Geschäftsführer und oberster Kreativer der Blue Wings GmbH, die hinter dem Air & Style steht. Seine enge Verbundenheit zu den Bergen und dem Wintersport kommt nicht zuletzt daher, daß er selbst früher Mitglied der britischen Skinationalmannschaft war, später als weltweit anerkannter Ski- und Snowboardfotograf arbeitete, sowie das Management für das Burton Snowboard Team in den 80er Jahren übernahm. Diese einzigartige Mischung aus Kompetenzen, sowohl im sportlichen als auch im kreativen Bereich, sind die Wurzeln für den Erfolg des Air & Style.[422]

Der zweite Kopf des Air & Style ist Helmut Lunner, welchen eine lange Freundschaft mit Andrew Hourmont verbindet. Helmut Lunner wurde am 7. Februar 1965 in Spittal an der Drau geboren und lebt heute mit seiner Lebensgefährtin ebenfalls in Innsbruck. Lunner ist als technischer Leiter und Prokurist für die Veranstaltungsproduktion und -koordination, das Controlling und die Finanzpla-

---

[420] NOKIA AIR & STYLE 2002: „Event Report"
[421] FUNSPORTING: „Nokia Air & Style 2005: Die Hintermänner"
[422] FUNSPORTING: „Nokia Air & Style 2005: Die Hintermänner"

nung zuständig. Er ist der Mann, der Ideen schnellstmöglich in die Realität umsetzt. Mit seiner Präzision und seiner Liebe fürs Detail sorgt er dafür, daß das gesamte Event reibungslos abläuft. Seit 1995 ist Lunner, selbst staatlich geprüfter Skilehrer und –führer, Teilhaber bei der Blue Wings GmbH.[423] Von 1994, dem Geburtsjahr des Air & Style, bis 1999 wurden über 6 Jahre hinweg 7 Snowboard Contests unter dem Namen „Air & Style" im Bergisel-Stadion in Innsbruck ausgetragen. Angefangen mit einer Zuschauerqoute von 5.000 Personen und einem ausgesetzten Preisgeld von 10.000 US-Dollar mauserte sich das Event innerhalb von 6 Jahren zu einer Massenveranstaltung mit 25.000 Zuschauern und einem ausgesetzten Preisgeld von 200.000 US-Dollar plus einen Audi A3.[424] Leider überschattete in diesem Jahr, 1999, ein tragischer Höhepunkt das sonst so hochgelobte Event.[425] Nach dem Air-&-Style-Contest im Innsbrucker Bergisel-Stadion verloren fünf Menschen nach einer Massendrängelei ihr Leben. Der Austragungsort wurde daraufhin verlegt und die Veranstaltung in einem wesentlich kleineren Rahmen durchgeführt.

Seit 2000 ist Hannes Schönegger, geboren am 18. Juli 1970 in Innsbruck, der Dritte im Bunde. Er ist als Prokurist für das Marketing verantwortlich und sorgt dafür, daß die Sponsoren an Bord kommen und der Air & Style via TV, Presse und Internet von möglichst vielen Menschen auf der Welt wahrgenommen wird. „Auch Hannes ist seit langem mit dem Snowboarden verbunden. Er beginnt bereits 1992 Ski- und Snowboardshows in ganz Tirol zu veranstalten und als Obmann des Freestyle Clubs Seefeld initiiert und organisiert er von 1995 bis 1998 die Red Bull Air & Water Series quer durch Europa".[426] Im Jahr 2000 machte ihm Hourmont dann das Angebot, beim Air & Style einzusteigen und somit ist er seit 2002 ebenfalls Partner im Unternehmen der Blue Wings GmbH. Von 2000 bis 2004 fand der Air & Style nun in der Casino Arena in Seefeld statt, steigerte seine Zuschauerzahlen von 12.000 im Jahr 2000 bis aus 24.000 im Jahr 2004 jedoch wieder sehr rasant, wobei auch das ausgesetzte Preisgeld von 100.000 Euro nicht auf eine angekündigte Verkleinerung des Events hinweisen ließ. 2005 kam es zu einem erneuten „Umzug" des Air & Style.[427] Mit der Neuauflage des Events im Münchner Olympiastadion erreicht der Air & Style aber auch für Andrew Hourmont eine neue Dimension. Er betont, daß die Nokia Air & Style Games 05 im Olympiastadion in München nicht nur für ihn etwas ganz Besonderes sind, auch wenn für ihn persönlich ein ganz großer Traum wahr geworden ist. Aus der Vision, die Hourmont, Lunner und Schönegger vor 13 Jahren hatten, ist nun etwas ganz Großes geworden, das sich auch in den kommenden Jahren stetig weiter entwickeln wird. Und auch Helmut Schönegger ist überwältigt, daß ein Event dieser Größenordnung in einer Location wie dem Olym-

---

[423] FUNSPORTING: „Nokia Air & Style 2005: Die Hintermänner"
[424] AIR & STYLE: „History Timeline"
[425] AIR & STYLE: „History Timeline"
[426] AIR & STYLE: „History Timeline"
[427] AIR & STYLE: „History Timeline"

piastadion in München inszeniert wird. Seitdem ist der „Air & Style" mit einer stetig wachsenden Zuschauerzahl, 2007 waren es 28.000 Menschen, und einem weiter erhöhten Preisgeld von 150.000 Euro, sowie erstklassigen Livebands zu dem beliebtesten Actionsport- und Musikevent Europas aufgestiegen.[428]

Programm des Air & Style

Der Nokia Air & Style ist eine Tagesveranstaltung mit abwechselnden Snowboard-, aber auch Snowmobile-Wettbewerben, sowie Musikkonzerten. In den vergangenen Jahren standen zudem Motorrad-Sprungwettbewerbe auf dem Programm des Events. Insgesamt wurden den Zuschauern bei der Veranstaltung 2007 sechs Sprungwettbewerbe und drei Bands geboten.[429] Mit einem derart abwechslungsreichen Angebot kann man als Veranstalter und auch als Sponsor sichergehen, daß die Zuschauer bis zu 10 Stunden am Tag an den Veranstaltungsort gebunden sind. Mit dem ‚Rockstar Clubbing' konnte sogar nach dem Event noch weiter gefeiert werden. So versprach sich der Energy Drink Hersteller auch nach der eigentlichen Show noch eine hohe Werbepräsenz.

Vermarktung

Die Mischung aus Sport, Konzert und Party macht den Nokia Air & Style für Zuschauer und damit auch für Medien und Sponsoren zu einer gefragten Veranstaltung. Das Event wird zum größten Teil exklusiv von der „Air & Style Company", welche ihren Sitz in Innsbruck (Österreich) hat, eigenvermarktet.[430] Unterstützung erhalten die Innsbrucker von der Firma „The Sponsor People GmbH", welche als Teilvermarkter dieser Veranstaltung wohl hauptsächlich für die Akquise von Co-Sponsoren verantwortlich war. Das in Hamburg ansässige Unternehmen hat sich in den vergangenen Jahren einen bekannten Namen durch die Vermarktung der größten Action-Sport und Musikfestivals in Deutschland gemacht. Zum Eventportfolio gehören Massenveranstaltungen wie Rock am Ring, das Hurricane Festival und eben der Air & Style.[431]

Sponsoren

Die Zielgruppe der Sponsoren sind vornehmlich Jugendliche und junge Erwachsene, welche auf spektakuläre Art und Weise am Veranstaltungsort und in verschiedenen Medien angesprochen werden können. Nokia und der Air & Style sind mittlerweile seit neun Jahren Partner, fünf davon war Nokia Titelsponsor.[432] „Wir sind sehr glücklich über das Engagement dieser Weltmarke, das auch ein

---

[428] AIR & STYLE: „History Timeline"
[429] AIR & STYLE: „Program"
[430] AIR & STYLE: „Air & Style Company"
[431] THE SPONSOR PEOPLE: „Sponsor People GmbH"
[432] TWOLEFTFEET: „Illustres Sponsorenfeld mit Nokia als Titelsponsor beim Air & Style 07"

klarer Beleg für die Attraktivität unseres Events ist"[433], sagt Andrew HOURMONT, Air & Style Gründer und Veranstalter. Nicht nur als Titelsponsor mit Logos und Schriftzügen am gesamten Veranstaltungsort war das finnische Unternehmen präsent, neben der Bühne bot man den Zuschauern auf übergroßen Handys Informationen und Entertainment. Auch neben Nokia präsentierte der Air & Style 2007 ein illustres Markenfeld an Sponsoren. „Der große Erfolg bei der Sponsorenakquise gelingt [...] zum einen, weil wir Jahr für Jahr eine perfekt organisierte, erfolgreiche Veranstaltungen hinlegen und zum anderen, weil wir aufgrund unserer Verbindung zur Kernzielgruppe eine enorme Glaubwürdigkeit besitzen. Auch machen wir uns kontinuierlich Gedanken, mit welchen kreativen Ideen wir unsere Partner und ihre Produkte noch besser ins Bild setzen und mit der Marke Air & Style und dem Snowboarden in Verbindung bringen können. Wir haben ein Lifestyleprodukt mit einem äußerst positiven Image", sagt Air & Style Gründer Andrew HOURMONT.[434] Neben Nokia ist auch DC Shoes zum wiederholten Male als Hauptsponsor präsent. Wie im vergangenen Jahr brachte die amerikanische Marke eine Air & Style Sonderedition eines Skateschuhs heraus. Darauf ist das Air & Style-Logo zu erkennen und als besonderer Clou auf der Innensohle eine Sequenz des Siegersprungs von Travis Rice aus dem Vorjahr.[435]

Zum ersten Mal fand sich 2007 der zweite Hauptsponsor Rockstar Energy Drink im Sponsorenpool des Air & Style wieder. Das Getränk war zudem Namenssponsor der offiziellen Aftershow Party, dem Rockstar Clubbing. Die Nummer 2 des US-Marktes für Energy Drinks startete mit der Präsenz beim Nokia Air & Style 2007 seinen Markteintritt in Deutschland. Damit erhielt Red Bull erstmals ernstzunehmende Konkurrenz, auf dem bisher unumstrittenen deutschen Markt. Der Elektrokleingerätehersteller Braun war ein weiterer Hauptsponsor des Outdoor-Events. Das Unternehmen sorgte mit gigantischen „Daylight Screens" mit einer Bildschirmfläche von 180 m² dafür, daß den Zuschauern auf den Tribünen nichts entging.[436] Der Schweizer Uhrenhersteller SWATCH, der kürzlich eine dreijährige Partnerschaft mit der Snowboard-Weltmeisterschaftstour „TTR Ticket to Ride"' abgeschlossen hat, zählte automatisch zu den Hauptsponsoren des Nokia Air & Style 2007. Als Event der höchsten Kategorie war die Veranstaltung eine der wichtigsten Termine der TTR-Tour.[437] Der Mobilat Medical Service war als Hauptsponsor mit Ärzten und Physiotherapeuten vor Ort, um für eine optimale Betreuung der Sportler zu sorgen. Zudem waren die Marke Mixery und der Lifestyleprodukthersteller Oakley im Hauptsponso-

---

[433] TWOLEFTFEET: „Illustres Sponsorenfeld mit Nokia als Titelsponsor beim Air & Style 07"
[434] AIR & STYLE: „Air & Style ist, wenn Handys, Klamotten und ein Energy Drink gemeinsam auf die Piste gehen"
[435] AIR & STYLE: „Air & Style ist, wenn Handys, Klamotten und ein Energy Drink gemeinsam auf die Piste gehen"
[436] AIR & STYLE: „Air & Style ist, wenn Handys, Klamotten und ein Energy Drink gemeinsam auf die Piste gehen"
[437] AIR & STYLE: „Illustres Sponsorenfeld mit Nokia als Titelsponsor beim Air & Style 07"

ren-Pool zu finden.[438] Das Leistungspaket für die Sponsoren hatte eine allgemeintypische Form. Neben der Zusicherung der Branchenexklusivität genossen die Partner des Air & Style sowohl Off-Site, als auch On-Site-Rechte. Zum einen durfte man den Titel der Veranstaltung für eigene Werbezwecke nutzen und das Eventlogo in die eigenen Marketing Aktivitäten einbinden (Off-Site-Rechte), zum Anderen wurde den Sponsoren das Recht zu Promotionaktionen und Branding am Veranstaltungsort gewährt, sowie umfangreiche Hospitalitymöglichkeiten geboten (On-Site).

Medien

Alle TV-Bilder des Events gab es live oder aufgezeichnet in 120 Ländern weltweit zu sehen.[439] Das entspricht einer geschätzten Gesamtübertragungszeit von 60 Stunden. Für Veranstalter, Sponsoren, aber auch auswärtige Zuschauer bedeutete dies große Zufriedenheit, denn der Nokia Air & Style wächst, auch über die Landesgrenzen hinaus. Die immer größere Bedeutung der Snowboard-Veranstaltung zeigt sich darin, daß das Event im Dezember 2007 auch von den öffentlich-rechtlichen Fernsehsendern angenommen wurde. Das aktuelle Sportstudio und SPORTextra im ZDF zeigten Ausschnitte und Zusammenfassungen in ihrem jeweiligen Programm. Auch im SWR-Fernsehen war ein Zusammenschnitt zusehen. DASDING.tv, ein Jugendprogramm des Senders und gleichzeitig auch Medienpartner des Air & Style, zeigte Ausschnitte und Eindrücke eine Woche nach der Veranstaltung. Eurosport und ORF Sport Plus strahlten die Sprünge der Snowboarder sogar live im Deutschen Fernsehen aus. Auch im Jahr 2008 wurde das Event noch einmal in Erinnerung gerufen. Das Deutsche Sportfernsehen strahlte Szenen des Nokia Air & Style in der Sendung Stroke Snowboard aus.[440] Der Medienwert des Nokia Air & Style wird auf 18 bis 20 Mio. Euro geschätzt. Neben den Hauptsponsoren konnten die Veranstalter auch auf diverse Medienpartner zählen. So waren z.B. Radio NRJ und DASDING die offiziellen Radio-Partner. Die Klasse der Printmedien wurde in zwei Stufen eingeteilt. Die Magazine Snowboarder, Pleasure, Blond, Onboard, sowie die Abendzeitung waren Premium-Partner. Andere Magazine, wie bspw. Piranha, Slack, Streetwear, Playboard oder The Box stellten weitere Printmedien-Partner dar. Als letzte Kategorie lassen sich die Online-Partner nennen, zu denen freecaster.tv, moreboards.com, step-on.co.uk, twoleftfeet.ch, flickr, blue-tomato.at, und die kwick community zählten.[441] Es wird ersichtlich, daß es sich bei diesen Partnern um Medien handelt, die primär eine junge Zielgruppe ansprechen.

---

[438] AIR & STYLE: „Partners"
[439] FUNSPORTING: „Air & Style Setup und Logistik"
[440] AIR & STYLE: „TV-Guide"
[441] AIR & STYLE: „Medienpartner"

Zuschauer

Um noch einmal explizit das Image des Air & Style herauszustellen, soll im Folgenden das Augenmerk auf die Zuschauer, beziehungsweise Besucher des Events gelegt werden. Nach Angaben der Air & Style Company bilden die 15-19-Jährigen mit einer Quote von 51% das Hauptfeld der interessierten Boardergemeinde. 26% entfallen auf die 20-24-Jährigen, 11% auf die 25-29-Jährigen. Zusammengefaßt läßt sich feststellen, das knapp 90% der Besucher des Air & Style zwischen 15 und 29 Jahre alt sind, was das jugendliche, lockere und freiheitsliebende Image der Snowboard-Veranstaltung eindeutig belegt. Der besondere Reiz für die Zuschauer wird seitens der Veranstalter auf die bereits angesprochene Kombination von Action-Sport-Wettbewerben und Live-Konzerten gelegt. Die Verknüpfung gibt dem Nokia Air & Style einen erheblichen Mehrwert für die Besucher und damit verbunden selbstverständlich auch für die Medienpartner und Sponsoren. Die Veranstalter stellten den Besuchern verschiedene Ticketleistungen zur Verfügung. Zum einen gab es das Arena Ticket, mit dem man Zugang zum Innenraum hatte und damit direkt an der Rampe bzw. der Showbühne stehen konnte. Das Arena Ticket war hinter dem VIP-Ticket, welches für 135 Euro zu erwerben war, mit etwa 43 Euro[442] die zweitteuerste Eintrittskarte. Mit dem VIP Ticket hatte man Zugang zum Ehrengastbereich, zur Arena und VIP-Tribüne, sowie zur exklusiven VIP Aftershow Party. Darüber hinaus gab es ein Event T-Shirt, sowie Essens- und Getränkegutscheine. Die günstigste Ticketalternative war das Haupttribünenticket, zu erwerben für etwa 35 Euro[443]. Damit blieb der Zugang zum beliebten Innenraum zwar verwährt, allerdings hatte es den Vorteil der guten Blickverhältnisse und des Sitzkomforts.

Logistik

Es ist nicht alltäglich, daß eine Snowboard Sprungrampe in ein Leichtathletik Stadion gebaut wird und daß 1.000 Tonnen Kunstschnee vor Ort im Stadion produziert und auf die Rampe gebracht werden. Für den Nokia Air & Style 2007 in München wurden laut Veranstalter 355 Tonnen Stahl verbaut.[444] Der daraus entstandene Startturm ragte 43 Meter hoch in den Himmel. Bei einer Steigung von 42 Grad wurden dem Sportler auf diese Weise Geschwindigkeiten von bis zu 70 Stundenkilometern gewährleistet, was sie bis zu 25 Meter weit durch die Luft fliegen ließ.[445] Acht Kräne, Pisten-Bullys und Katapulte brachten den Kunstschnee auf die Rampe. Dieser war frei von Chemikalien, taut genauso auf wie normaler Schnee und hat den großen Vorteil, daß er ganz normal in die Kanalisation abfließen kann. Die Konstruktion der Bühne für die drei internationalen Top-Music-Acts war im Vergleich zur Rampe relativ einfach. Die Sound-

---

[442] FUNSPORTING: „News"
[443] FUNSPORTING: „News"
[444] AIR & STYLE: „Das Rezept für den Leckerbissen des Winters"
[445] FUNSPORTING: „Air & Style Setup und Logistik"

Anlage beschallte die Zuschauer mit rund 75.000 Watt, wobei der gesamte Strombedarf der Veranstaltung bei etwa 5.000 Ampere lag. Für Bild, Ton und Kommunikation wurden insgesamt 15.000 Meter Kabel verlegt. Im Stadion selbst sorgten drei Großleinwände mit einer Gesamtfläche von 180 Quadratmetern dafür, daß jeder Sprung auch in Zeitlupe noch einmal von den Besuchern analysiert werden konnte. Für den Aufbau waren zwei Wochen lang rund 120 Personen beschäftigt. Für den Abbau, der innerhalb von einer Woche über die Bühne gehen mußte, waren es sogar 160 Helfer.[446]

Ausblick

Snowboarden ist ein stetig wachsender Sport und auch im Sponsoringbereich scheint die Sportart zu boomen. Immer mehr international anerkannte Unternehmen sind im Snowboardsponsoring aktiv. Es sind vornehmlich jugendliche und junge Erwachsene, die sich für diesen Sport begeistern. Demnach sind Snowboard-Events für Unternehmen mit jungen Zielgruppen oder mit dem strategischen Ziel, der Verjüngung der Zielgruppe, besonders gut geeignet. Bei Suzuki scheint der starke Werbeeinsatz bereits eine Wirkung zu haben, denn das Durchschnittsalter der Autokäufer konnte bedeutend gesenkt werden. Auch Nokia hat sich mittlerweile sehr gut auf dem Sponsoringmarkt positioniert. Der Nokia Air & Style ist bei Zuschauern und Sponsoren das beliebteste Snowboard Event und auch insgesamt läßt sich eine wachsende Kommerzialisierung in dem Bereich der Action- und Funsportarten feststellen. Während von wenigen, aber dennoch zu erwähnenden, Seiten Kritik bezüglich der Verformung zu einem Breitensport laut wird, profitieren Wirtschaft, Sporteventvermarkter und auch die Sportart selbst von der bereits angesprochenen Kommerzialisierung. Einer Zukunft der Snowboardvermarktung kann sehr optimistisch entgegengeschaut werden. Der Air & Style findet in der Saison 2008/2009 bereits in drei europäischen Ländern statt. In Cardiff soll im Dezember 2008 die Sprungrampe in ein überdachtes Stadion gebaut werden, welches sogar 75.000 Zuschauer faßt. Ziel der Veranstalter ist es, das bestehende Interesse für solch ein Event an mehreren europäischen Standorten zu positionieren, um ein stetiges Wachstumspotential zu gewähren. Doch dafür muß auch das Medieninteresse weiter wachsen. Der Nokia Air & Style wurde lediglich im Internet komplett live übertragen. Strebt man also in Zukunft eine weitere branchenfremde Unternehmensbindung an, so muß diesen Partnern ein noch breiteres mediales Interesse zugesichert werden. Es bleibt festzuhalten, daß die Vermarktung der Actionsportart Snowboarden noch immer sehr viel Potential bereithält. Ein Event wie der Nokia Air & Style macht es vor, wie man ein solches Konzept erfolgreich umsetzt und somit einen Maßstab für alle in Zukunft aufkommenden Veranstaltungen in diesem Format setzt.

---

[446] FUNSPORTING: „Air & Style Setup und Logistik"

Kapitel VIII

Beachvolleyball

von Anika Müller und Corinna Spiekermann

Beachvolleyball begeistert die Massen und zeigt durch ein Höchstmaß an Eventisierung Sponsoringpotenziale auf, die keine andere Sportart vermitteln kann. Die Professionalisierung in allen Bereichen, wie z.b. in der Vermarktung, der Kommerzialisierung und im Trainingsverhalten, zeigt im Beachvolleyballsport eine Entwicklung, die vor 20 Jahren nicht ansatzweise vorstellbar gewesen wäre. In den 1990er Jahren des letzten Jahrhunderts wurde Beachvolleyball zur Trendsportart erklärt. Wesentliche Gründe hierfür sind die Verlagerung des Spielortes von drinnen nach draußen und die Verminderung der Spieleranzahl von sechs auf zwei Spieler, die bei Wind und Wetter, in teilweise dramatisch anmutenden Szenen durch größtmögliche physische und psychische Aufopferung alles geben, um einen Sieg zu erkämpfen. Der erste Abschnitt dieser Ausarbeitung befaßt sich zunächst mit den geschichtlichen Hintergründen des Beachvolleyballspiels im nationalen und internationalen Kontext, die einen enormen Einfluß auf die Eventisierung und Imagebildung der Sportart haben. Anschließend erfolgt eine kurze Unterscheidung der beiden Volleyball-Varianten. Zusammen mit einer dazugehörigen Imagecharakterisierung und Zielgruppenerfassung dienen diese Aspekte als Basis für den zweiten Abschnitt, der sich mit der Analyse von Sponsoringaktivitäten beschäftigt. Hier wird folgenden Fragen nachgegangen: Welche Turniere gibt es überhaupt ? Wer sind die Zielgruppen ? Welche Veranstaltungen haben das größere Sponsoringpotential ? Welche Vermarktungsmöglichkeiten zeigen diese auf ? Darauf aufbauend ergibt sich der Sponsoringvergleich zwischen der Nestea European Championship Tour und der deutschen Smart Beach Tour. Es werden vorliegende Ergebnisse aufgezeigt, untersucht und mögliche Vermarktungspotentiale deutlich gemacht, um diese in der Schlußbetrachtung bewerten zu können.

Grundlagen der Sportart

Beachvolleyball verbindet jeder mit Sommer, Sonne, Strand, Meer, Spaß und athletischen Körpern. Um diese Faszination bei den Zuschauern, in den Medien und bei Sponsoren schon seit den 1920er Jahren verstehen zu können, ist es zunächst wichtig zu erklären, welche Entwicklung die Sportart durchlaufen hat, was die Sportart ausmacht und welches Image ihr angeheftet wird.

Geschichtliche Entwicklung

Seit einigen Jahren zählt die deutsche Beachvolleyball-Serie in Bezug auf das sportliche Niveau, die professionelle Organisation und Vermarktung (z.b. Preisgeldentwicklung, Medieninteresse, Zuschauerzahlen, etc.) zu den stärksten der Welt. Wie kam es, daß sich der Freizeit-Strandspaß zu einer eigenständigen Sportart entwickeln konnte ?

Der Geburtsort des Beachvolleyballs wird in Südkalifornien in den 1920er Jahren gesehen, wo zunächst angepaßt an das Hallen-Volleyballspiel sechs gegen sechs gespielt wurde. Spielerschwund, Technik- und Eventplandefizite, sowie der zweite Weltkrieg verhinderten damals, daß sich die Sportart über die Grenzen von Kalifornien hinaus verbreiten konnte. Erst durch die Einführung von nebenher laufenden Schönheitswettbewerben in den 50er Jahren des vergangenen Jahrhunderts, konnten die oft bis zu sieben Stunden dauernden Veranstaltungen zuschauerattraktiv gestaltet werden.[447] In dieser Zeit wurde von Gene Selznik der Schmetterschlag eingeführt, Mitte der 1960er Jahre kam der Annahme-Bagger hinzu und der bis heute geltende Beachvolleyball-Lifestyle entwickelte sich.[448] In den folgenden Jahren kamen immer mehr Turniere dazu, jedoch wurde bis zur ersten Weltmeisterschaft 1976 am State Beach in Pacific Palisades kein nennenswertes Preisgeld ausgezahlt. Die WM veränderte das öffentliche Bild vom Beachvolleyball als Freizeitsport hin zu einer professionell organisierten Veranstaltung mit 5.000 US-Dollar Preisgeld und mehr als 30.000 Zuschauern auf den Rängen.[449] Nach Spielerstreiks 1982 gegen die ständigen Regeländerungen der Veranstalter wurde 1983 die AVP (Association Volleyball Professionals) gegründet, die als Veranstalter eine Serie mit 12 Turnieren ermöglichte. Das Gesamtpreisgeld konnte durch Sponsorenakquise bis ins Jahr 1985 auf 275.000 US-Dollar gesteigert werden.[450]

Frauen-Beachvolleyball stand bis 1986 immer im Schatten der Männer. Die Gründung der WPVA (Women's Professional Volleyball Association) im gleichen Jahr führte zu einer enormen Steigerung des Gesamtpreisgeldes von 150.000 US-Dollar 1988 bis auf 805.000 US-Dollar im Jahre 1991. Die Begeisterung zeigte sich auch in den Zuschauerzahlen mit zunächst 5.000 Zuschauern, die 1991 bereits bei 20.000 lagen. Von 1987 bis 1996 fanden die Weltmeisterschaften in Rio de Janeiro statt, die von der FIVB (Fédération Internationale de Volleyball) organisiert wurden. Seit 1997 werden sie jedoch immer an ein anderes Land vergeben, da Beachvolleyball mittlerweile globales Interesse geweckt hat und die Vermarktung wachsenden Umsatz bedeutet.

---

[447] HÖMBERG / PAPAGEORGIOU: „Beachvolleyball", S. 17
[448] HÖMBERG / PAPAGEORGIOU: „Beachvolleyball", S. 18f.
[449] KROHN: „Adventure Sports. Beachvolleyball", S. 18
[450] BEACH-VOLLEYBALL: „Geschichte der Sportart Beachvolleyball"
HÖMBERG / PAPAGEORGIOU: „Beachvolleyball", S. 21

1991 wurde durch die FIVB die Beachvolleyball World Series eingeführt, die das kommerzielle Potential und die Beliebtheit als Chance sahen, sich im internationalen Bereich zu behaupten. Bereits 1993 zeigte der kommerzielle Durchbruch folgende überzeugende Resultate: Über eine halbe Mio. Zuschauer, drei Mio. US-Dollar Preisgeld, Live-Übertragungen von über 20 Stunden und die Möglichkeit der Einführung von Eintrittsgeldern für Tribünenplätze.[451] 1996 gab es eine weitere Steigerung auf 16 Turniere bei den Herren mit 2,6 Mio. US-Dollar Gesamtpreisgeld. Bei den Frauen wurden 11 Turniere mit knapp 1,6 Mio. US-Dollar Gesamtgewinnsumme veranstaltet.[452]

Die ersten Turniere in Deutschland fanden erst 1988 an den Stränden von Nord- und Ostsee statt. Durch den Erfolg 1992 als Demonstrationssportart bei den Olympischen Spielen in Barcelona und die darauf folgende Aufnahme in das olympische Programm veranlaßte den DVV (Deutscher Volleyball Verband) 1992 die Organisation von sechs Herren- und drei Frauenturnieren mit dem Höhepunkt der deutschen Meisterschaften (im Premierenjahr in Damp, seit 1993 in Timmendorfer Strand) zu übernehmen. Neben dem fünfmaligen Gewinn der deutschen Meisterschaften (1993, 1995-1998) konnte sich das Duo um Axel Hager und Jörg Ahmann auch international in Szene setzen. Bei den Olympischen Spielen von Atlanta 1996 belegten sie überraschender Weise den 9. Platz. 2000 konnten sie sogar die Bronzemedaille gewinnen, bei den in Sydney stattfindenden Olympischen Spielen, so daß sie einen entscheidenden Beitrag zur kommerziellen Weiterentwicklung im deutschen Beachvolleyball geleistet haben. Der sportliche Erfolg der deutschen Mannschaften hat ebenfalls dazu beigetragen, daß Berlin 2005 als erste deutsche Stadt die Weltmeisterschaften austragen durfte und 2005, 2007 und 2008[453] als Grand Slam Station der World Tour der FIVB auserkoren wurde. Auch andere Teams, hier seien nur kurz Julius Brink mit Partner Christoph Dieckmann (seit 2006 ein Team) vorgestellt, sind national und international sehr erfolgreich. Zusammen gewannen sie in den Jahren 2006 und 2007 nicht nur die deutschen Meisterschaften. Sie konnten sich 2006 zwei erste, einen zweiten und zwei dritte Plätze bei der World Tour sichern und krönten den Erfolg mit dem Gewinn der Europameisterschaft. 2007 errangen sie drei Mal den vierten Platz bei Turnieren der World Tour und erreichten den neunten Platz bei den Europameisterschaften 2007 in Valencia.[454]

Trotz dieser positiven Entwicklung im sportlichen Sinn, scheint der Sport dennoch in der Krise zu sein. Seit Problemen mit dem Fernsehsender RTL, der die geringen Einschaltquoten während diverser Beachvolleyball Veranstaltungen 2005 bemängelte und der Vermarkter Sportfive sein Engagement auch aufgab, gibt es seit 2006 nur noch die Smart Beach Tour und die kommerziellen Chan-

---

[451] KROHN: „Adventure Sports. Beachvolleyball", S. 18
[452] HÖMBERG / PAPAGEORGIOU: „Beachvolleyball", S. 27
[453] Im Jahr 2006 fand aufgrund der Fußball-Weltmeisterschaft in Deutschland kein Grans Slam statt.
[454] DEUTSCHER VOLLEYBALL VERBAND: „Julius Brink/Christoph Dieckmann"

cen scheinen zunehmend zu sinken. Diese Entwicklung wird im weiteren Textverlauf analysiert und bewertet.

Abgrenzung Volleyball - Beachvolleyball

Beachvolleyball entwickelte sich aus dem Hallen-Volleyball im Laufe der letzten Jahrzehnte zu einer eigenständigen Sportart. Der gesamte Sport wird mittlerweile professionell organisiert und ist den Kinderschuhen entwachsen. Dennoch werben viele Sponsoren in diesem Zusammenhang absichtlich mit dem Begriff Trendsportart. Dahinter verbergen sich Marketingstrategien, die im wieteren Textverlauf aufgezeigt werden. Hier sollen zunächst die Unterschiede in den Sportarten dargestellt werden, um anschließend das aufgebaute Beachvolleyball-Image erläutern und erklären zu können. Der wesentliche Unterschied, neben der Verlegung der Sportart von drinnen nach draußen, besteht darin, daß die Spielerzahl von sechs auf zwei Personen bei der Outdoor-Variante reduziert wurde. Daraus ergeben sich weitere Unterschiede: z.B. ist Beachvolleyball körperlich sehr viel anstrengender, da das rechteckige Feld von 16 x 8 Metern mit nur zwei Spielern abgedeckt werden muß, die Spielanteile um ein vielfaches höher sind und der sandige Untergrund sehr viel schwieriger zu überwinden ist. Außerdem wird Beachvolleyball nicht als Mannschaftssportart angesehen, sondern eher als Rückschlagspiel mit Individualcharakter („Mann gegen Mann").[455] Wind und Wetter sind die Einflußfaktoren, die das Spiel weiter erschweren und die Psyche zusätzlich belasten können. Die Grundtechniken beider Varianten sind sich sehr ähnlich, so daß die in der Halle erworbenen bzw. austrainierten Fähigkeiten und Fertigkeiten als Basis für das Beachvolleyballspiel dienen. Sie sind aber kein Garant für beste Leistungen auf Sand, da viele Hallen-Volleyballspieler Probleme bei der Umstellung auf die vorherrschenden Begebenheiten haben. Dazu ein passendes Zitat von KROHN: „Beachvolleyball hat in den letzten Jahren seine ganz eigenen Trainingsformen hervorgebracht. [...] Beachvolleyball lernt man dadurch, indem man es spielt".[456] Entscheidende Regeländerungen sollen Beachvolleyball für den Zuschauer attraktiver gestalten und das Spieltempo erhöhen. Sie finden hier jedoch keine Auflistung, da sie zur Erschließung des Themas keine direkte Relevanz haben. Deshalb nur eine kleine Anmerkung: „Am Strand ist in der Abwehr mehr und im Angriff weniger erlaubt, als in der Halle".[457]

Image in der Öffentlichkeit

Die nachfolgenden drei Definitionen beschreiben sehr treffend, welches Image Beachvolleyball in der Öffentlichkeit hat:

---

[455] KROHN: „Adventure Sports. Beachvolleyball", S. 14
[456] KROHN: „Adventure Sports. Beachvolleyball", S. 68
[457] KROHN: „Adventure Sports. Beachvolleyball", S. 100

- „Hallen-Volleyball war und ist eine Leibesübung, Beachvolleyball aber ist ein Lifestyle."[458]
- „Kaum eine andere Sportart verbindet in nahezu perfekter Weise ein unglaublich positives Lebensgefühl, Kampf, Athletik, ernsthaften Wettbewerb, einfache Regeln und eine so weltweite Verbreitung wie Beachvolleyball. [...] Die attraktive Umgebung, die Körperlichkeit, die intensive und manchmal auch erotische Ausstrahlung der gesamten Szene machen das Beachvolleyball einzigartig."[459]
- „Man kann für Beachvolleyball nicht irgendeinen Ort nehmen. [...] Ein Ort muß auch ein Flair haben. So kommt es zu einem positiven Imagetransfer."[460]

Die Ergebnisse einer repräsentativen Umfrage von SPORT+MARKT aus dem Jahr 2004 decken sich mit den zuvor genannten Werten: 29% der Befragten ab 14 Jahren sehen den Spaß beim Beachvolleyball im Vordergrund. Weiterhin gilt der Strandsport als modern (24%), unterhaltend (19%), attraktiv (18%), gleichwohl ästhetisch (17%) und dynamisch (17%).[461] NAFFIN sagt diesbezüglich auch, daß Kindern und Jugendlichen Beachvolleyball als „[...] schrill, bunt und interessant, eben als cool und trendy erschein[t]".[462] Der Zuschauer ist dem Geschehen nahe und kann spektakuläre Paraden erleben, die in der Halle nicht möglich wären. Aber warum gilt Beachvolleyball immer noch als Trendsport, obwohl die Strukturen professionalisiert wurden? Dieser Frage nachgehend, erläutert SCHWIER[463] sechs Merkmale, die Trendsportarten miteinander verbinden und unterteilen sollen: Zum Einen geht es um den Aspekt der Stilisierung, der besagt, daß ein Trendsport über das Sporttreiben an sich hinaus geht und ein Lebensstilelement wird (z.B. das Leben eines Skaters oder Beachvolleyballers führen, sich genauso bewegen, Gesten einverleiben, sich durch Werthaltung, Sprache und Kleidung erkennen zu geben, etc.). Der Sport wird dabei zum Wettstreit um Stil. Zum Anderen wird das Tempo einer Trendsportart als Merkmal genannt. Es ist auffällig, daß gerade im Gegensatz zu traditionellen Sportarten Beschleunigung, Schnelligkeit und abrupte Anforderungswechsel vorherrschen, die auch Kennzeichen für Stil sind. Bezogen auf Beachvolleyball haben Regeländerungen zur Förderung der Schnelligkeit im Spielfluß beigetragen. Außerdem bedingt die Spielerverringerung auf zwei Akteure pro Team häufigere Ballkontakte und ein schnelles Umschalten von Angreifer zu Verteidiger. Sportarten, die sich daran nicht halten, gelten als nicht trendy. Bei der Virtuosität zeigen Sportler, daß das gegenseitige Überbieten bzw. das Phänomen ‚Sieg-Nie-

---

[458] KROHN: „Adventure Sports. Beachvolleyball", S. 11
[459] SCHLOCKERMANN / MACKERODT: „Beachvolleyball", S. 8ff.
[460] KROHN: „Adventure Sports. Beachvolleyball", S. 32
[461] NESS: „Sportfive: Welchen Einfluß hat der Vermarkter auf den Sport bzw. auf das TV – Image von Beachvolleyball", S. 16
[462] NAFFIN: „Beachvolleyball für Anfänger und Fortgeschrittene. Trainingseinheiten für Schule und Verein"
[463] SCHWIER: „Do the right things – Trends im Feld des Sports", S. 10ff.

derlage' an Wichtigkeit verliert. Könnenserlebnisse von ästhetisch empfundenen individuellen Bewegungsformen, z.b. Tricks bei BMX'ern oder leidenschaftlicher Einsatz von Surfern machen den Sinn des Sports aus. Auf Beachvolleyball übertragen bedeutet die Beherrschung eines erfolgreichen Hechtbaggers, Angriffsschlag oder auch einer Sprungangabe eine gewisse Befriedigung der Könnenserlebnisse. Auch die Begriffe Extremisierung, Ordalisierung und Sampling sind Merkmale, die näher beschrieben werden sollen: Extremisierung bezieht sich darauf, daß neue Extreme gesucht werden, die überwunden werden sollen. Eine körperliche Grenze, die überschritten werden konnte, gilt nicht mehr als solche (z.b. Marathon in der Sahara, Freeclimbing, Ultratriathlon, etc.). Sich freiwillig in teilweise lebensbedrohliche Situationen zu begeben, um die Sinnhaftigkeit des eigenen Lebens zu bestärken, nennt man Ordalisierung und wird z.b. in den Sportarten Freeclimbing, Kitegliding und Rafting ausgelebt. Anders der Begriff Sampling. Es werden bereits existierende Sportarten durch innovative Ideen, Modifikationen und Vermischung mit anderen Sportarten zum Event erklärt. Beispiele dafür sind die X-Games im Extremsport oder die Warped-Tour, in der Skateboarding mit Rockmusik vermischt wird. Auch beim Beachvolleyball wurde diese Idee umgesetzt. Bei den Beachvolleyball-Meisterschaften 1993 in Timmendorfer Strand wurde ein zusätzliches Programm in Form von Skateboardtrickeinlagen in einer Halfpipe und Unterstützung durch einen bekannten Radiomoderator geboten, um weitere Zielgruppen anziehen zu können.

Laut SCHWIER ist Beachvolleyball eine Trendsportart, weil die aufgeführten Komponenten sich auf diesen Lifestyle übertragen lassen. Beachvolleyball ist eine neuartige bzw. lifestylegerecht aufbereitete Bewegungsform. Sie hat sich im Laufe der Jahre im Sporttreiben verankert, sich über die ganze Welt verbreitet und überschreitet die gewöhnlichen Sportvorstellungen. Das Erleben der Bewegungsausführung in neuer oder vernachlässigter Form kennzeichnet einen Beachvolleyball-Anhänger. Dem gegenüberstellend ist jedoch unbestritten, daß Trends zeitlich begrenzt sind und enden, wenn sie sich entweder durchsetzen oder abebben. Die fortgeschrittene Professionalisierung in der Organisation, den Medien und der Vermarktung zeigt, daß Trendsport typische formelle und verbindliche Strukturen aufgebrochen hat, um dem Sport als eigenständige Sportart eine Daseinsberechtigung zu geben.[464] Im Gegensatz dazu nutzen Sponsoren weiterhin die Bezeichnung, wie z.B. Juana JEPP von VOLVIC in einem Interview von 2007: „Beachvolleyball ist eine Trendsportart, die perfekt zu unserem Markenimage und unserer Volvic Frucht Positionierung „Belebt Dein Leben" paßt".[465]

Die positiven Attribute der Sportart, wie z.B. die „angenehm-lockere Atmosphäre vor Ort mit spannenden Wettkämpfen [...], locken Leute [...] an, die Spaß

---

[464] WASTL: „Trendsport", S. 1ff.
[465] VOLLEYMAN: „Das Interview mit Juana Jepp"

am Sport und an einem positiven Lebensgefühl haben." Beachvolleyball gilt als junge, dynamische Sportart. Diese Werte entsprechen auch nach der Professionalisierung immer noch den Vorstellungen und Wünschen der Massen und werden im Marketing eines Unternehmens genutzt, um eine Verbindung zwischen Produkt und Sportart herstellen zu können, die zu weiteren Umsätzen führen sollen.

Zielgruppen

Um herauszufinden, wie groß das Interesse am Beachvolleyball ist, wurden zahlreiche soziodemografische Daten der Konsumenten erfaßt und dokumentiert. Das Durchschnittsalter der Zielgruppe liegt bei 37,5 Jahren, was deutlich jünger als bei anderen Sportarten, wie zum Beispiel Fußball, ist. Dort liegt es bei 44,3 Jahren.[466] Eine Studie des Vermarkters SPORTFIVE ergab, daß 18,9% aller Befragten ab 14 Jahren am Beachvolleyball interessiert sind, unabhängig von Geschlecht und Region.[467] Eine Umfrage von SPORT+MARKT zeigte, daß Beachvolleyball bei den 14- bis 19- Jährigen mit 39% die beliebteste und interessanteste Trendsportart ist.[468] Andere Studien offenbarten, daß es einen leicht höheren Männeranteil von 54% gibt, somit liegt der Frauenanteil bei 46%. Beim Beachvolleyball ist im Vergleich zu anderen Sportarten (Basketball 64%/36%, Tennis 60%/40%) der Frauenanteil insgesamt am höchsten.[469] Außerdem erkannte man, daß Beachvolleyball Interessierte sowie Freizeit-Beacher verhältnismäßig einkommensstark sind. Denn 50.000 der Beachvolleyball Interessierten verfügen über 4.000 Euro im Monat, 70.000 verdienen zwischen 3.000 - 2.500 Euro monatlich und 220.000 besitzen 2.500 - 2.000 Euro im Monat.[470] Des Weiteren sind sie wesentlich sportlicher als der Durchschnitt, da sich 83% der befragten Zuschauer als sportlich aktiv bezeichnen. Freizeit-Beachvolleyballer haben außerdem einen hohen Bildungsstand (65% besitzen einen Hochschulabschluß). Daraus ergibt sich, daß die Beachvolleyball Besucher aus der mittleren und gehobenen sozialen Schicht stammen.[471] Zusätzlich offenbarte sich, daß sich bei den Zuschauern ein hohes Interesse an Technik und Internetmedien zeigt.[472] Hieraus ergibt sich die Zielgruppe der Sponsoren im Beachvolleyball. Die Zielgruppe soll sportlich, einkommensstark, jung und leistungs-

---

[466] NESS: „Sportfive: Welchen Einfluß hat der Vermarkter auf den Sport bzw. auf das TV- Die Zielgruppe", S. 15
[467] SPORTFIVE: „Sportprofile AWA 2005", S. 48ff.
[468] PAPAGEORGIOU / SCHMIDTZ: „Konzept zur Nutzung eines Beachvolleyball-Events zur Förderung der Sportart Beachvolleyball im Breitensportbereich", S. 54
[469] PAPAGEORGIOU / SCHMIDTZ: „Konzept zur Nutzung eines Beachvolleyball Events zur Förderung der Sportart Beachvolleyball im Breitensportbereich", S. 55ff.
[470] OLDEWURTEL: „Konzeption und Vermarktung der Sportmarke „Beachvolleyball" - eine revolutionäre Entwicklung", S. 32
[471] PAPAGEORGIOU / SCHMIDTZ: „Konzept zur Nutzung eines Beachvolleyball Events zur Förderung der Sportart Beachvolleyball im Breitensportbereich", S. 55
[472] NESS: „Sportfive: Welchen Einfluß hat der Vermarkter auf den Sport bzw. auf das TV- Die Zielgruppe", S. 15

orientiert sein. Ein gutes Beispiel hierfür ist das Sponsoringengagement von Nivea. Bei einer Befragung erkannte man, daß es eine starke Übereinstimmung mit der Sportart Beachvolleyball und den Imagedimensionen Modernität und Aktivität gibt.[473] Dies bestätigt Thomas SCHÖNEN (Beiersdorf AG): „Beachvolleyball ist ein Thema, das durch die Verbindung von Sonne, Strand, Fun und Haut einen hohen Affinitätsgrad zur Marke NIVEA aufweißt und auf großes Interesse bei der anvisierten Zielgruppe stößt".[474]

Turniere

Beachvolleyball wird mittlerweile auf der ganzen Welt gespielt. Es gibt unterschiedliche Turniere und Turnierserien, die international, national oder regional stattfinden. Die Swatch FIVB World Tour ist international und findet in Ländern wie Dubai, Schweiz oder Deutschland statt. Es gibt für die Männer 14 Turniere sowie sechs Grand Slams[475] und für die Frauen 13 Turniere und ebenfalls sechs Grand Slams. Sie können hier ein Preisgeld von bis zu 300.000 US Dollar gewinnen.[476] Darüber hinaus gibt es seit 2003 die NESTEA European Championship Tour. Sie besteht aus sechs Masters und einem Finale, am Ende der Tour wird der Europameister ermittelt. Das Finale wird 2008 in Deutschland am Hamburger Hafen durchgeführt. Die anderen Turniere finden in Ländern statt, in denen Beachvolleyball etabliert ist, wie zum Beispiel in England, Spanien oder der Schweiz. Pro Turnier werden wie im letzten Jahr 170.000 Zuschauer erwartet. Das Preisgeld in Hamburg wird 200.000 Euro betragen. 32 Männer- und 32 Frauenteams können daran teilnehmen. Dieses Turnier wird im ‚Double Elimination'[477] ausgespielt. Für die Organisation des Turniers ist der europäische Volleyballverband verantwortlich sowie die Global Sports Marketing Firma, die für die Vermarktung dieses Events zuständig ist.[478]

In Deutschland findet zusätzlich die smart-beach-tour als einziges offizielles nationales Ranglistenturnier mit Finale und den Deutschen Meisterschaften am Ende der Saison in Timmendorf statt. Die Tour dauert von Mai bis August und wird an neun Standorten in Deutschland durchgeführt. Hierzu zählen unter anderem Turniere in Fehmarn, St. Peter-Ording, Bonn und München. Dort treten üblicherweise 16 Frauen- und 16 Männerteams gegeneinander an, die nach dem Double Elimination System spielen. Pro Turnier werden mindestens 8.000 Euro

---

[473] SCHÖNEN: „Vernetzung des Sportsponsorings am Beispiel der Marke NIVEA", S. 121
[474] SCHÖNEN: „Vernetzung des Sportsponsorings am Beispiel der Marke NIVEA", S. 122
[475] Grand Slams sind die wichtigsten Turniere im Jahr, hier gibt es das höchste Preisgeld und die meisten Ranglistenpunkte.
[476] BEACHWORLDTOUR: „Turnierprogramm 2008"
[477] Double Elimination: K.O. System, wo die Spieler nach zwei verlorenen Spielen ausgeschieden sind, des Weiteren gibt es hier zwei Runden, einmal die Gewinnerrunde, dort spielen die Gewinner und in der Verliererrunde spielen die Spieler, die schon ein Spiel verloren haben, aber noch nicht ausgeschieden sind: SMART-BEACH-TOUR: „Tourinfos"
[478] EUROBEACHTOUR: „GSM Innovation in Sports & Entertainment"

als Preisgeld verteilt, wobei es keine Unterschiede zwischen Männern und Frauen gibt. Zusätzlich sind drei Turniere der Serie als Supercups ausgeschrieben, hier beläuft sich das Preisgeld auf 20.000 Euro. Die Spieler können durch Platzierungen oder durch Siege der Turniere Ranglistenpunkte erzielen. Bei einem Turniersieg können 75 Punkte und bei einem Supercup Sieg 100 Punkte pro Spieler erzielt werden. Die Turniere werden als Event vermarktet und bieten neben dem Court noch Werbe- und Informationsstände mit einer Gesamteventfläche von ca. 5.000 qm. Hierzu zählt nicht nur das Beachvolleyball Turnier an sich, sondern auch die zahlreichen Aktionen neben dem Center- Court, wie zum Beispiel die offizielle Players-Party oder die „We Love Active Summer Entertainment Events".[479] Natürlich werden auch noch regionale Turniere ausgetragen, die für Amateurspieler bestimmt sind. Diese sind in A-, B-, oder C- Cups unterteilt und je nach Leistung und Spielklasse dürfen die Spieler daran teilnehmen. Bei ihnen wird oftmals kein Preisgeld ausgezahlt, sondern Sachpreise. Auch hier werden von den Spielern Ranglistenpunkte erzielt. Mit entsprechend vielen Ranglistenpunkten können sich diese Spieler für die smart-beach-tour qualifizieren.

Vermarktungsmöglichkeiten

Als Vermarktungsmöglichkeit bieten es sich zum einem an das Event, also die Beachvolleyball-Tour an sich oder das einzelne Turnier zu sponsern, zum anderen einzelne Teams zu unterstützen. Die Tour oder das Turnier kann von einem oder mehreren Sponsoren getragen werden. Hierbei gibt es Hauptsponsoren, Co-Sponsoren sowie Titelsponsoren geben. Der Auftritt der einzelnen Sponsoren ist von der Höhe des Sponsoringbetrages abhängig. Je nachdem wie groß das Event ist, kann es nationale oder internationale Sponsoren geben. Für die Hauptsponsoren besteht dann die Möglichkeit sich als offizieller Sponsor zu engagieren und ihr Logo auf Trikots oder den Banden zu platzieren. Ein Titelsponsor, hat das Recht der Tour den Namen zu werden geben[480], wie zum Beispiel bei der smart-beach-tour der Autohersteller Mercedes mit seiner Automarke smart präsent ist. Wenn einzelne Teams unterstützt werden, besteht die Möglichkeit, Werbemaßnahmen auf den Spielerhosen, den Spielerfahrzeugen, den Oberarmen der Spieler oder auf Freizeitbekleidung durchzuführen. Des Weiteren können die Teams bei Produktpräsentationen und Events sowie Trainings- und Autogrammstunden erscheinen.[481] Ebenso kann ein Unternehmen als Medienpartner fungieren, wie dies zum Beispiel ProSieben bei der smart-beach-tour durchführt, um den Eventcharakter mit zusätzlichen Aktivitäten zu vergrößern. Bei den WE LOVE ACTIVE SUMMER Entertainment Events treten unter anderem Pop-Gruppen auf und zusätzlich wird von den Aktionen auf ProSieben berichtet.[482]

---

[479] SMART-BEACH-TOUR: „Tourinfos"
[480] DREES: „Bedeutung und Erscheinungsformen des Sportsponsorings", S. 64
[481] CLAASEN / RÖDER: „Beachvolleyball"
[482] SMART-BEACH-TOUR: „WE LOVE ACTIVE SUMMER Entertainment Events 2008"

Sponsoringvergleich - Swatch FIVB World Tour und smart-beach-tour

Bei der Swatch FIVB World Tour in Gstaad gibt es folgende Sponsoren und Medienpartner: Als Titelsponsoren treten 1to1 energy und swatch auf. Zu den Hauptsponsoren zählen coop und SEAT. Partnersponsoren sind unter anderem Rail Away, Xerox und Carlsberg. Die World Tour Sponsoren sind Mikasa und Descente. Zu den Medienpartnern zählt die Berner Zeitung, 20 minuten, SF Schweizer Fernsehen und Euro Sport.[483] Es werden pro Turnier ca. 60.000 Fans erwartet und an allen 3 Tagen des Turniers in Gstaad soll es Fernsehübertragungen geben.[484] Bei der smart-beach-tour 2008 zählen smart, ProSieben, Warsteiner, SportScheck, Tchibo, Panasonic, Focus, N-Joy, www.Beachvolleyball.de und TV Digital zu den Partnern. Wobei smart hier als Titelsponsor auftritt und ProSieben als Medienpartner. Bei der diesjährigen Tour werden wieder über 240.000 Zuschauer erwartet.[485] In diesem Jahr soll es zum ersten Mal ein vierteiliges Format ‚smart-beach-tour - das Magazin' im DSF geben. Die Sendung wird 30 Minuten dauern und von Turnieren auf Norderney, in Leipzig und München berichten, sowie von den Meisterschaften am Timmendorfer Strand.[486] Nach dem Ausstieg von RTL im Jahre 2006 wird erneut versucht eine TV-Präsenz zu erreichen. Damals hat der Sender auf Grund der schlechten Quoten von nur 0,71 Mio. Zuschauern sein Engagement beendet.[487] Ein signifikanter Unterschied zwischen den beiden Touren ist nicht zu erkennen, die einzigen Unterschiede liegen darin, daß es bei der World Tour ein höheres Preisgeld (300.000 US-Dollar) gibt und die Sponsoringhierarchie genauer beschrieben ist.

Fazit

Abschließend ist es uns leider nicht möglich darzulegen, ob das neue Format der smart-beach-tour ‚das Magazin' von den Zuschauern besser angenommen wird als die vorherigen Übertragungen. Dennoch muß beachtet werden, daß das DSF ein Spartensender ist und schon allein daher geringere Quotenerwartungen als RTL hat und demzufolge relativ gesehen ein Erfolg eintreten kann. Bei den Zuschauern vor Ort ist dennoch ein großes Interesse an der Sportart zu erkennen. Außerdem sprechen die zunehmenden Freizeit-Beacher dafür, daß der Trend Beachvolleyball zu spielen weiterhin steigt. Mittlerweile besitzt fast jeder Volleyballverein auch einen eigenen Beachplatz und selbst der Bau der Indoor-Beachhallen nimmt stark zu. Wenn die Vermarktungsmöglichkeiten verdichtet werden, könnte sich Beachvolleyball noch besser als Kommunikationsplattform für potentielle Sponsoren darstellen.

---

[483] BEACHWOLRDTOUR: „Sponsoren"
[484] BERLINGRANDSLAM: „Der smart Grand Slam 2008 in Berlin"
[485] SMART-BEACH-TOUR: „Success - Media, Visitors 2007"
[486] NEW-BUSINESS: „Agentur Widua inszeniert Beachvolleyball im DSF"
[487] SPONSORS: „RTL schaltet Beachvolleyball ab"

Kapitel IX

Parkour by David Belle – Eine Sportart auf dem Sprung

von René Rammenstein

In den letzten Jahren hat sich von Frankreich aus eine Sportart verbreitet, die auf den ersten Blick mehr als ungewöhnlich erscheint. Junge Menschen rennen durch die Städte und überwinden dabei jedes sich ihnen auf ihrer Strecke in den Weg stellende Hindernis. Sie klettern über Mauern, landen zielgenau auf Treppengeländern und machen sogar vor Sprüngen von Hausdach zu Hausdach keinen Halt. Die jungen Menschen nennen sich „Traceure", ihre Sportart „Parkour" und sie alle vereint eine Leidenschaft: Die Kunst der Fortbewegung. Parkour, oft auch bezeichnet als „Le Parkour" oder „Parcours", ist der Trendsport schlechthin. Keine andere Sportart erfüllt die Voraussetzungen für diese Bezeichnung derzeit besser. Dabei wirkt die Grundidee der Bewegungskunst zunächst einmal wenig spektakulär. „Parkour is an art to help you passing any obstacle to go from point A to point B only with the human body possibilities".[488] Was macht Parkour für immer mehr junge Menschen interessant, wie ist die Sportart entstanden und welche Voraussetzungen benötigt man dafür ? Im Folgenden soll nun diese junge und für viele noch unbekannte Form der Fortbewegung vorgestellt werden. Spezielle Betrachtung findet dabei die Entwicklung des Parkour in Deutschland. Es wird den Fragen nach der Organisation, der Präsenz und den Vermarktungspotentialen nachgegangen.

Die Entstehung einer Bewegungskunst

Bei der Suche nach dem Ursprung dieser noch jungen Sportart stößt man schnell auf den Franzosen David Belle. Der 35-Jährige, so ist man sich in der Parkour-Szene einig, begründete in den 1980er Jahren diese Kunst der Fortbewegung.[489] Die Wurzeln des Parkour reichen allerdings etwas weiter und liegen im südostasiatischen Vietnam, dem Geburtsort Davids Vaters. Die Lebensgeschichte des im Dezember 1999 verstorbenen Raymond Bell sorgte bei seinem Sohn für die Entwicklung einer Leidenschaft, die immer mehr Menschen in ihren Bann zu ziehen scheint. Raymond Belle, geboren am 3. Oktober 1939 in Indochina, dem heutigen Vietnam, wuchs in einer Zeit auf, in der Krieg das Land beherrschte. Angetrieben durch das Streben nach Unabhängigkeit wütete ein unerbittlicher Kampf zwischen den vietnamesischen Kommunisten und der französischen Kolonialmacht. Die andauernden Auseinandersetzungen führten schließlich 1954 zur Spaltung Vietnams. Zum Leidwesen des damals Fünfzehnjährigen Raymond

---

[488] PARKOURONE: „Die Kunst der effizienten Fortbewegung – Le Parkour"
[489] PARKOUR-GERMANY: „Parkour – Geschichte"

Belle, der den Kontakt zu seiner Familie verlor. Die folgenden Jahre suchte er Zuflucht in der französischen Armee. Aufgrund der qualvollen Erlebnisse war er damals zu dem Entschluß gekommen: „Wenn ich nicht stark bin, werde ich gefressen".[490] Er begann, Körper und Geist zu trainieren und erlernte in der Armee eine Fluchtübungstechnik, genannt „parcours du combattant", um schnell und effizient möglichen Verfolgern im Dschungel zu entkommen. Als Raymond Belle einige Jahre später nach Frankreich abkommandiert wurde, beendete er 1958 seine militärische Ausbildung und wechselte in das Pariser Regiment der „sapeurs-pompiers", einer Einheit militärischer Feuerwehrmänner. Aufgrund seiner athletischen Fähigkeiten gehörte er bald zur Eliteeinheit seines Regiments. Durch viele erfolgreiche Rettungsmissionen, mit Auszeichnungen und Medaillen geehrt, wurde er zu einem angesehenen Feuerwehrmann.[491]

Der Begründer David Belle

David Belle, geboren am 29. April 1973 in Fécamp, Nord-Frankreich, begeisterten die körperlichen Leistungen seines Vaters. „Die Leute haben immer gesagt, er hat dies und das getan, er hat Leute gerettet und ich wollte wissen warum ? Er hat mir erklärt, daß es Parkour ist, daß es in Vietnam verschiedene Arten von Parkour gibt. Desto mehr er mir erzählt hat, desto mehr wollte ich das selber erleben," erklärte der Franzose in einer TV Reportage.[492] So entwickelte David bereits im Kindesalter die Leidenschaft, Hindernisse auf sportliche Weise zu überwinden. Vater Raymond unterstützte ihn dabei und lehrte seinen Sohn, die in der französischen Armee erlernte „Méthode naturelle". Diese Methode, die David bei seinen Sprüngen und Klettereinlagen in den Wäldern der Normandie begleitete, wurde vom Franzosen Georges Hébert entwickelt.

Der frühere Marine-Offizier Hérbert organisierte 1902 in der kleinen Stadt St. Pierre auf der karibischen Insel Martinique die Flucht vor einem Vulkanausbruch und rettete 700 Menschen vor dem Tod. Die Erlebnisse des grausigen Naturschauspiels, dem insgesamt 26.000 Menschen zum Opfer fielen, sollten eine wichtige Rolle bei der Entwicklung seiner Methode spielen. Inspiriert wurde Hébert durch eine Afrika-Reise, bei der er die körperliche Verfassung der in der Natur lebenden Menschen bewunderte. Bestärkt durch die Ereignisse auf Martinique und den daraus resultierenden Gedanken, athletische Fähigkeiten mit Hilfsbereitschaft und Mut zu vereinbaren, entwickelte er schließlich eine Art physischen und mentalen Trainings, die „Méthode naturelle". Das Training für den Körper, welches vor allem in der Natur, aber auch in den von Hébert gefertigten „Parks" (ähnlich Trimm-dich-Pfaden) stattfand, umfaßte eine Vielzahl von Anforderungen: Kraft, Geschwindigkeit und Explosivität sowie unter-

---
[490] DETTWEILER : „Die Wand ist nicht genug"
[491] PARKOUR-GERMANY: „Parkour – Geschichte"
[492] LE-PARKOUR: „Media"

schiedliche Bewegungsarten: Laufen, Springen, Klettern und Schwimmen. Neben seiner universitären Lehre der „Méthode naturelle" hielt sie alsbald unter dem Namen „parcours du combattant" Einzug in das Trainingsprogramm des französischen Militärs, mit dem Ziel, Hindernisse schnell und effektiv zu überwinden. Diese Methode, die Raymond Belle in der Armee erlernte und an seinen Sohn weitergab, kann letztlich als Vorläufer und Ursprung des heutigen Parkour bezeichnet werden.[493]

David Belle zog im Alter von 15 Jahren mit seinen Eltern und seinem Bruder nach Lisses. Der Pariser Vorort offenbarte ihm eine neue Art und Weise, seiner Körperertüchtigung nachzugehen. Die urbane Landschaft aus Beton und Stahl bot eine nahezu unerschöpfliche Vielfalt, das in den Wäldern Erlernte anzuwenden. Die Begeisterung Belles für diese eher ungewöhnliche Fortbewegungsart übertrug sich schnell auf andere Jugendliche, so daß sich der anfänglich spielerische Aspekt mehr und mehr zu einer sportlichen Herausforderung entwickelte. Auf der Suche nach immer reizvolleren Hindernissen erhöhte sich dabei der Schwierigkeitsgrad ständig. Zäune, Bäume, Mauern, sogar Häuser dienten den Jugendlichen als kreativer Spielplatz. Die gemeinsamen Verfolgungsjagden durch die architektonischen Gegebenheiten Lisses's führten schließlich 1997 zur Geburtsstunde der „Yamakasi", der ersten offiziellen Parkour-Gruppe. Die Gruppe deren Name auf Lingala, einer afrikanischen Sprache, soviel wie „starker Körper" oder „starker Geist" bedeutet, setzte sich aus David Belle, Sébastien Foucan, Yann Hnautra, Charles Perrière, Malik Diouf, Guylain N'Guba-Boyeke, Châu Belle-Dinh und Williams Belle zusammen.[494] Das anfängliche Spiel gewann nun immer mehr an Form und wurde durch die Gruppe in Worte und Bewegungen gefaßt.

Die Yamakasi erregten mit ihren furiosen Sprüngen und Klettereinlagen schnell das Interesse der Medien. Doch mit der steigenden Bekanntheit wuchsen auch die Differenzen über die Ausführung und Weiterentwicklung von Parkour, so daß sich schließlich 1998 nach einem Auftritt der Gruppe in dem Musical „Notre Dame de Paris" die Wege von David Belle, Sébastien Foucan und den anderen Yamakasi trennten. Sébastien Foucan wurde wenig später durch die britischen Parkour-Dokumentationen „Jump London" (2003) und „Jump Britain" (2005) international bekannt. Der 34-jährige Franzose hatte aufgrund der engen Freundschaft zu David und seinem Vater in besonderem Maße an der Entwicklung der Bewegungskunst beigetragen. Zudem wird Foucan heute in den Medien als Begründer des „Free Running", einer Parkour-Variante, angesehen. Mit „Jump London" fand dieser Begriff erstmals als Bezeichnung für Parkour im englischen Sprachgebrauch Erwähnung. Im Laufe der Zeit entwickelte sich daraus schließlich eine eigene Bewegung, die sich entgegen der ursprünglichen

---

[493] BISCHOF: „Parkour – Trendsport und Bewegungsphilosophie"
[494] FOUCAN: „History – Creation of the groupe „YAMAKASI" 1997"

Form, besonders durch akrobatische und auf Ästhetik bedachte Elemente auszeichnet.[495] Die verbliebenen Yamakasi gingen für zwei Jahre mit dem „Notre Dame de Paris" Musical auf Tournee, bevor der französische Filmregisseur, Produzent und Autor Luc Besson auf die Gruppe der jungen Bewegungskünstler aufmerksam wurde und einen Film mit und über die Yamakasi produzierte. David Belle absolvierte indes ein Studium der Schauspielkünste und war alsbald in verschiedenen französischen Fernsehproduktionen zu sehen, bevor er 2001 einen Part in Brian de Palma's Kinoproduktion „Femme Fatale" erhielt. Die Auftritte des Franzosen vor der Leinwand setzten sich fort. Nicht nur als Schauspieler, sondern auch als Stuntman, wie etwa in dem Thriller „Die Purpurnen Flüsse 2 – Die Engel der Apokalypse". Seine bisher größte Rolle hatte Belle aber 2004 mit der Erscheinung des von Luc Besson produzierten französischen Action-Movies „Banlieue 13" (deutscher Titel „Ghettogangz – Die Hölle von Paris "), in dem er erstmals als Hauptdarsteller seine Kunst der Fortbewegung eindrucksvoll präsentieren konnte.David Belle ist es gelungen, seine Leidenschaft, die einst nicht mehr war als ein Spiel in der urbanen Umgebung einer Pariser Vorstadt, zum Beruf zu machen. Neben den Aktivitäten im Filmgeschäft sichern diverse Werbesports (Nike, Nissan, BBC, Canon) die finanzielle Unabhängigkeit des 35-Jährigen. David Belle ging seinen eigenen Weg bei der Art der Entwicklung des Parkour und hat es sich mit seiner derzeitigen Organisation „Parkour by David Belle" zur Aufgabe gemacht, die spektakuläre Bewegungskunst international zu verbreiten.[496]

Die Parkour-Philosophie

Jahr für Jahr besuchen zahlreiche Traceure aus aller Welt den Pariser Vorort Lisses, in dem Parkour seinen Anfang nahm, um sich auf die Spuren von David Belle, Sébastien Foucan oder den anderen Yamakasi zu begeben. Doch was macht diese Sportart eigentlich so besonders, die immer mehr junge Menschen begeistert ?

Der Begründer selbst, David BELLE, beschreibt seine Leidenschaft folgendermaßen: „Es ist eine Kunst, die mir sehr viel bedeutet, weil sie von meinem Vater stammt. Sie gibt den Bewegungen einen Sinn. Ich habe Leichtathletik, Gymnastik und vieles mehr gemacht, um mich fit zu halten, ohne zu wissen, wozu das gut sein sollte. Doch als mir mein Vater von Parkour erzählte, und welche körperlichen Vorteile er dadurch hatte, begriff ich, warum man sich bewegt, wozu man Beine und Arme hat".[497] Erkundigt man sich in Foren oder auf Internetplattformen über die Kunst der Fortbewegung Parkour, so ist immer wieder von der Philosophie dieser Sportart die Rede, die sie so besonders macht.

---

[495] BBC NEWS: „Parkour craze reaches new heights"
[496] MYPARKOUR: „David Belle"
[497] BLOG.MYPARKOUR: „Interview mit David Belle – Februar 2008"

Gerade als Abgrenzung zu abgespalteten Varianten, wie dem Free Running, das mehr auf Akrobatik und Ästhetik ausgerichtet ist, wird sie von Parkour-Sympathisanten gern erwähnt. Zu klären bedarf es daher erst einmal, was hinter dieser Philosophie steckt. Die Wege der Entstehung führen wieder zu David Belle. Für den Franzosen ist Parkour nicht nur eine Sportart, sondern eine kreative Kunst, „die dabei hilft, die eigenen durch Körper und Umwelt gesetzten Grenzen zu erkennen und zu überwinden – ohne den Hintergedanken andere mit seinem Können beeindrucken zu wollen".[498] Im Vordergrund sämtlicher Bewegungsformen stehen für Belle Effizienz und Sicherheit. Nicht die Ästhetik einer Bewegung ist entscheidend, sondern deren Wirksamkeit, ein gewähltes Ziel auf dem schnellstmöglichen Weg zu erreichen. Akrobatische Einlagen wie Salti, die oft in selbstgedrehten Parkour-Videos zu sehen sind, gehören daher nicht zum eigentlichen Verständnis der Kunst der Fortbewegung des Franzosen, wenngleich er selbst das eine oder andere Mal im Interesse der Film- oder Werbebranche davon abwich. Ebenso wenig steht der Wettkampf im Vordergrund. Traceure konkurrieren nicht untereinander, sondern gehen vielmehr ihre eigenen Wege. „Bei einem Hindernis begegnest du dir selbst, du kämpfst gegen dich selbst", so der 35-Jährige.[499] All diese Werte vermittelt David Belle bei der Verbreitung seiner Bewegungskunst und so manifestierte sich über die Zeit eine Philosophie, die heute zu einem festen Bestandteil dieser Sportart geworden ist.

Welche Anforderungen stellen sich einem Traceur ?

Erfahrene Traceure, wie David Belle oder Sébastien Foucan, beeindrucken mit ihren spektakulären Sprüngen und Klettereinlagen. Mühelos überwinden sie jedes sich ihnen in den Weg stellende Hindernis. Anfänger unterschätzen oftmals das jahrelange Training, das hinter diesen Leistungen steckt und stoßen daher schnell an ihre Grenzen. Parkour, auch wenn es manchmal so scheint, ist kein Sport, den man sofort im Stil eines professionellen Traceurs ausüben kann. Ein konstanter Leistungsaufbau und strukturierter Entwicklungsprozeß ist wie in anderen Sportarten unabdingbar. Welche Voraussetzungen benötigt man aber für diese doch eher ungewöhnliche Form der Bewegungskunst ?

Die Ausrüstung für diese Sportart ist marginal. Außer guten Turnschuhen werden beim Parkour keine Hilfsmittel benötigt, bzw. sind sie nicht erwünscht. Prinzipiell kann jeder, ob durchtrainiert oder übergewichtig, diesen Sport betreiben. Wichtig ist nur, daß man den Körper langsam an die Belastungen gewöhnt und sich in kleinen Schritten den selbst gesteckten Zielen nähert. Auch hier zählt die Devise, je besser die körperliche Fitness, desto intensiver kann Parkour betrieben werden. Unerläßlich für die Ausübung ist allerdings die Bewegungstechnik. Besonders bei Sprüngen, nicht selten aus Höhen über drei Meter, gilt es,

---

[498] LE-TRACEUR: „Parkour Philosophie"
[499] BLOG.MYPARKOUR: „Interview mit David Belle – Februar 2008"

die enormen Krafteinwirkungen auf die Gelenke zu kompensieren. Um einen Einblick in das vielfältige Repertoire eines Traceurs zu bekommen, werden im Folgenden die wichtigsten Grundbewegungen und deren Bezeichnungen dargestellt.

- **Réception (Landung)**
Eine erste Technik, die im Parkour unbedingt beherrscht werden sollte, ist die Landung. Richtig ausgeführt beugt sie Verletzungen vor und steigert die Effektivität und den Fluß der Bewegung. Sprünge aus unterschiedlichen Höhen oder Distanzen erfordern eine individuelle Situationsanpassung des Traceurs. Bei einem vertikalen Fall aus geringer Höhe erfolgt die Landung über Fußspitze und Ferse. Sprünge über Distanzen werden grundsätzlich nur auf den Spitzen gelandet. Bei Sprüngen mit wesentlichem Höhenunterschied wird das Gewicht durch das Vorlagern des Oberkörpers und der Arme auf mehrere Punkte verteilt, um so die bei der Landung wirkenden Kräfte besser zu absorbieren. Eine letzte Variante, die besonders bei sehr großen Sprüngen zum Tragen kommt, ist das Abrollen. Diese Technik ermöglicht es, die Fallenergie nach Sprüngen in eine Vorwärtsbewegung umzuwandeln, um somit ebenfalls die enorme Krafteinwirkung auf die Gelenke zu kompensieren. Der Sportler rollt sich dabei quer über dem Rücken ab und vermeidet eine Beugung der Kniegelenke über 90 Grad.

- **Passe barrière / Passement (Hindernisse überwinden)**
Passe barrière oder Passement ist die allgemeine Bezeichnung einer Vielzahl von Techniken zur Überwinden von Hindernissen. Je mehr ein Traceur beherrscht, desto effektiver kann er auf die sich ihm stellenden Situationen reagieren.

- **Franchissement (Hindernisse durchqueren)**
Eine oft übersehene, aber ebenso effiziente Alternative zum Überwinden ist das Durchqueren von Hindernissen (Stangen oder Äste bieten hier z.B. gute Möglichkeiten). Die Bewegung ist allerdings stärker als bei anderen von dem Hindernis selbst abhängig und daher nicht grundsätzlich erklärbar.

- **Saut de chat (Katzensprung)**
Der Saut de chat ist mit dem Hocksprung aus dem Turnen zu vergleichen und ermöglicht weite Sprünge über Hindernisse. Dabei werden beim Absprung die Beine angewinkelt, zur Brust gezogen und durch die Arme über das Hindernis geschwungen.

- **Saut de bras (Armsprung)**
  Beim saut de bras springt der Traceur aus der Bewegung oder dem Stand an ein Hindernis und landet in einer hängenden Position. Dabei berühren die Beine das Objekt als erstes, um den Aufprall abzubremsen und ein sicheres Greifen der Hände an der Oberkante zu ermöglichen. Der Körper wird schließlich mit Hilfe der Arme am Hindernis nach oben gezogen.

- **Saut de précision (Präzisionssprung)**
  Der Präzisionssprung ermöglicht eine genaue Landung auf einem schmalen Hindernis, wie etwa einer Stange oder einer Mauer. Für maximale Präzision sind die richtige Dosierung des Sprungs, Gleichgewicht und eine kontrollierte Landung auf den Fußspitzen äußerst wichtig.

- **Saut de détente / Saut d'élan (Distanzsprung)**
  Diese Technik findet Anwendung, um große Zwischenräume (z.B. Häuserschluchten) zu überwinden. Der Absprung erfolgt meist mit Anlauf und einbeinig. In der Flugphase ist die Körperhaltung auf die Landung einzustellen, um somit der enormen Fallenergie entgegenzuwirken.

- **Saut de fond (Sprung zum Boden)**
  Saut de fond bezeichnet Sprünge, die es dem Traceur ermöglichen von einer höheren Ebene auf eine Niedrigere zu gelangen. Anlauf und Absprung ähneln dem Distanzsprung. Das Hauptaugenmerk liegt beim Saut de fond allerdings nicht in der Weite sondern in der Überwindung der Höhe.

- **tic-tac**
  Ist ein Hindernis instabil oder zu hoch, um es direkt zu überwinden, kann der tic-tac angewendet werden. Dabei nutzt der Traceur ein weiteres Objekt (Wand, Baum etc.), an dem er sich abstößt und so die nötige Höhe für die Überwindung des eigentlichen Hindernisses erhält.

- **Passe muraille (Mauerüberwinder)**
  Sollen Mauern, Zäune oder andere hohe Hindernisse überquert werden, findet diese Technik Anwendung. Der Traceur stößt sich mit einem Fuß an dem jeweiligen Objekt nach oben ab und nutzt schließlich den Krafteinsatz seiner Arme/Hände, um das Hindernis zu überwinden.

- **Demi-tour (Seitenwechsler)**
  Der Seitenwechsler wird ausgeführt, um nach einer 180 Grad Drehung des eigenen Körpers auf der anderen Seite des Hindernisses (Gerüst, Geländer etc.) kontrolliert landen zu können.

- **Le balancer (Schwinger)**
  Diese Technik ist vor allem in Bäumen oder an Gerüsten nützlich. Aus dem Schwingen heraus bewegt sich der Traceur jeweils von Hindernis (Ast, Stange etc.) zu Hindernis fort.

- **Laché (Herablassen)**
  Laché findet oftmals Anwendung nach einem Demi-Tour oder saut de bras und ermöglicht es auf eine niedrigere Ebene zu gelangen. Der Traceur läßt sich dabei aus einer hängenden Position (Hände greifen an Oberkante des Objekts) herab.

- **Planche (Hochziehen)**
  Der Planche wird vor allem an Ästen, Stangen oder Mauern eingesetzt Ziel ist es aus einer Hänge- in eine Stützposition zu gelangen und somit eine saubere Ausführung von Armsprüngen und Mauerüberwindungen zu erreichen.

- **Grimper (Klettern)**
  Zu guter Letzt stellt das Klettern eine wichtige Grundbewegung des Parkour dar und ermöglicht es an schwer erreichbare Stellen zu gelangen.[500]

In der Praxis bleibt die Wahl der Technik dem Traceur selbst überlassen. Es gibt keine Regeln, die vorschreiben, wie man ein Hindernis überwinden soll. Allein das Hindernis selbst bestimmt, welche Bewegungen für ein effizientes Überqueren erforderlich sind. Im Vordergrund steht vor allem Sicherheit und Respekt. Das Überschätzung und Fahrlässigkeit schwerwiegende Folgen haben können, zeigte der tragische Unfall des vierzehnjährigen Alex Leatherbarrow, der sich am 4. August 2005 in Wantage (England) ereignete. Beim Versuch über die Dächer des „King Alfred's Community and Sports College" zu springen, verlor der Brite das Gleichgewicht und stürzte von einem der Gebäude. Eingeliefert in ein Krankenhaus in Oxford erlag er einen Tag später seinen schweren Verletzungen.[501] Todesfälle wie dieser sind eine Ausnahme, sie verdeutlichen jedoch die Gefahr, die durch die unsachgemäße Nachahmung dieser Sportart entstehen kann. Gerade Anfänger unterschätzen allzu oft das langjährige Training, welches sich hinter den so einfach wirkenden Bewegungen erfahrener Traceure wie David Belle verbirgt. Das Thema Sicherheit findet daher auf nahezu allen Parkour-Internetseiten Erwähnung. Um das Verletzungsrisiko also weitestgehend zu minimieren, sollten die vorgestellten Grundtechniken unbedingt beherrscht werden.

---

[500] MYPARKOUR: „Techniques"
[501] BBC NEWS: „Teenager's fall death accidental"

Eine Sportart erobert die Medien

Macht es auf den ersten Blick nicht den Anschein, so ist Parkour in den Medien doch stetig präsent. Besonders deutlich wird dies an den unzähligen Videos, die man auf Internetplattformen, z.b. Youtube oder MyVideo, betrachten kann. Immer mehr Traceure filmen ihren Lauf über die urbanen Hindernisse, immer größer wird die Anzahl der ins Internet gestellten Aufnahmen. Allein beim Videoportal Youtube erscheinen 69.300 Clips (Stand 15. Juni 2008), gibt man den Begriff „Parkour" in der Suchmaske ein.[502]

Die steigende Beliebtheit an der Kunst der Fortbewegung beschränkt sich aber nicht nur auf das „world wide web", sondern hält zunehmend auch Einzug in das Showbusiness. So wirkten bereits Traceure in Actionfilmen und Musikvideos wie beispielsweise den Clips „Hung up" und „Jump", der US-amerikanischen Pop-Ikone Madonna mit. Der erste Film, der die Sportart Parkour in all ihren Facetten wiederspiegelte und viel zur Verbreitung des Parkours beitrug, erschien im Jahr 2001 in Frankreich unter dem Titel „Yamakasi – Die Samurai der Moderne". Wie bereits erwähnt, produzierte Luc Besson den Actionstreifen mit der 1997 in Lisses gegründeten gleichnamigen Parkour-Gruppe. 2004 kamen mit der Fortsetzung „Die Samurai der Moderne – Die dunkle Seite", diesmal produziert von Yves Marmion und dem neuen Werk von Luc Besson „Banlieue 13" gleich zwei Filme in die Kinos, die eindrucksvoll die Kunst von Verfolgung und Flucht präsentierten. Das Interesse an Parkour setzte sich zunehmend fort. So wurde auch die US-amerikanische Filmindustrie auf die aus Frankreich stammende Trendsportart aufmerksam und Parkour-Szenen hielten bald Einzug in die großen Blockbuster, wie „Stirb langsam 4.0" und „Das Bourne Ultimatum". In dem im Jahr 2006 erschienenen James-Bond-Movie „Casino Royal" verhalf Sébastien Foucan in der Rolle des Terroristen „Mollaka" Parkour zu weiterer Popularität. In einer rasanten Verfolgungsjagd mit Bond-Darsteller Daniel Craig (zu Beginn des Films) zeigt der Gejagte ohne jegliche Stunt-Tricks, welche Fähigkeiten in einem der weltweit besten Traceure stecken. Nicht umsonst wurde der Action-Streifen daraufhin im Mai 2007 in Hollywood mit dem „Taurus World Stunt Award", der begehrtesten Trophäe dieser Szene, in der Kategorie „Bester Stunt in der Höhe" ausgezeichnet.[503]

Es lassen sich durchaus noch weitere Filme mit Parkour-Inhalten aufzählen, doch nicht nur die Film-, sondern auch die Werbeindustrie hat die steigende Popularität dieser Bewegungskunst erkannt und gleichzeitig zur Verbreitung der Sportart beigetragen. Über die Grenzen Frankreichs hinaus wurde Parkour, vor allem durch den im Jahr 2002 erschienenen Werbespot „Rush Hour" der bri-

---

[502] YOUTUBE: „Parkour"
[503] PRESSEPORTAL: „Taurus World Stunt Awards 2007: Begehrter "Stunt-Oscar" geht nach Deutschland"

tischen Rundfunkanstalt BBC, bekannt. Der Spot, in dem David Belle über die Dächer Londons springt, um pünktlich zu seiner Lieblings-TV-Sendung zu Hause zu sein, löste besonders in England eine Welle der Begeisterung aus.[504] Unternehmen, wie die japanischen Automobilhersteller Nissan und Toyota, der japanische Elektronikhersteller Canon und der US-amerikanische Sportartikelhersteller Nike folgten und nutzten ebenfalls gezielt das Image dieser „jungen, spektakulären und dynamischen" Sportart, um es auf ihre Produkte oder Dienstleistungen zu übertragen.[505] Zu den begehrtesten Werbefiguren bei der Repräsentation von Parkour zählen zweifelsfrei David Belle und Sébastien Foucan. Ihre Bekanntheit und langjährige Erfahrung machen sie für Unternehmen besonders interessant. So produzierte allein Nike für die Einführung einer neuen Schuhserie gleich drei Werbespots mit den beiden professionellen Traceuren. Zu guter Letzt hält die Kunst der Fortbewegung seit einiger Zeit Einzug in die Computerindustrie. Auf dem Markt finden sich mehrere Videospiele mit Parkour-Inhalten, wie das vom britischen Spielesoftware-Unternehmen Eidos Interactiv, unter Mitwirkung von Sébastien Foucan, entwickelte „Free Running".[506] Die beiden Action-Adventure „Assassins creed" (Ubisoft Montreal) und „Totems" (10TACLE) orientieren sich ebenfalls an der Trendsportart und wurden bereits vor der Produkteinführung als Parkour-Spiele beworben. Ob im Film, in der Werbung, in Musikvideos oder in Computerspielen, die verschiedenen Beispiele haben verdeutlicht, daß die mediale Präsenz der Sportart gegeben ist und wohl auch zukünftig noch Bestand haben wird.

Vermarktungspotential

Die Parkour-Bewegung hat in den letzten Jahren eine rasante Entwicklung erfahren, welche stetig weiter wächst. Nicht unbeachtet blieb da das kommerzielle Interesse. Unternehmen haben längst das Vermarktungspotential dieser jungen Sportart erkannt. So erhofft sich auch der US-amerikanische Sportartikelhersteller K-Swiss, durch die im Jahr 2007 geschlossene Kooperation mit dem „Free Running-Begründer" Sébastien Foucan, davon zu profitieren und die mittlerweile ebenso populäre Variante des Parkour weiter zu verbreiten. „Wir freuen uns, ein Produkt für die neue Bewegung, Free Running, zu erstellen und können uns keinen besseren Mitarbeiter als den Pionier dieser Sportart, Sébastien Foucan, vorstellen", so David Nichols, Executive Vice President für K-Swiss, über die Ziele, internationaler Führer und Sponsor von Free Running zu werden.[507] Die Kooperation, die neben Produkt-, Druck- und TV-Werbung, einen Dokumentarfilm sowie eine Website über diese Bewegungskunst umfaßt, kann mittlerweile erste Erfolge verzeichnen. Mit der Einführung des speziell für

---

[504] LE-PARKOUR: „History"
[505] PARKOURONE: „Die Kunst der effizienten Fortbewegung – Le Parkour"
[506] EIDOS: „Eidos veröffentlicht weltweit erstes Parkour-Spiel für PSP"
[507] FINANZNACHRICHTEN: „K-SWISS startet seine erste internationale Free Running-Produktkollektion und verpflichtet Sebastien Foucan, den Gründer von Free Running"

Free Running konzipierten Schuhs „Ariake", gilt der US-amerikanischen Sportartikelhersteller als Pionier in dieser Sparte und erfreut sich an zunehmendem Absatz.[508] Handelt es sich bei dem aufgeführten Beispiel zwar nicht direkt um die Bewegungskunst des Franzosen David Belle, gleicht Free Running dennoch Parkour, vor allem aus vermarktungspolitischer Sicht, und verdeutlicht daher ebenso gut die Möglichkeiten, die sich Firmen bei der Vermarktung bieten.

Ein Beispiel für eine erfolgreiche Werbekampagne, die auf das Thema Parkour zugeschnitten war, lieferte die Wiener PKP Proximity Werbeagentur GmbH im Auftrag der Österreichischen Bundesbahn (ÖBB) im Sommer 2007, die hierfür sogar eine Auszeichnung in der Kategorie „Beste ausländischen Kampagne" beim Crossmedia Award 2007 in der Schweiz erhielt. Beworben wurde ein spezielles Sommerticket für Jugendliche, das im Zeitraum vom 1. Juli bis 9. September 2007 in ganz Österreich gültig war. Die Zielgruppe umfaßte unternehmungsfreudige, junge Menschen im Alter von 14 bis 26 Jahren. Die Ziele der Kampagne waren darauf ausgerichtet, die Aktion in dem gewünschten Abnehmerkreis bekannt zu machen, den Absatz der ÖBB VORTEILScard Jugend (eine Jahres-Stammkundenkarte für Jugendliche, als Voraussetzung für den Erwerb des Sommertickets) anzukurbeln sowie eine generelle Imageprofilierung hervorzurufen. Um den Anforderungen gerecht zu werden, setzte man unter dem Kampagnen-Motto „Nichts wie weg" auf die Sportart Parkour, „die bei der Zielgruppe hohes Ansehen genießt und perfekt zum Mobilitätsverständnis des ÖBB paßt".[509] Das Konzept umfaßte, rund um dieses Thema, einen aufwändigen TV und Kino-Werbespot, einen Kampagnensong, Außenwerbung (Plakate, City Lights und Szene Light Poster), Online-Werbung auf der Website des ÖBB sowie ein Jugend-Webportal „inmotion.oebb.at", auf dem unter anderem diverse Merchandising-Artikel (T-Shirts, Flipflops etc.) bestellt werden konnten. Darüber hinaus wurde ein „inmotion contest" ausgerufen, bei dem Jugendliche die Möglichkeit hatten, Video-Clips von der Ausübung ihrer liebsten Art der Fortbewegung (Parkour, Skateboard, BMX oder Snowboard) einzuschicken. Publik machten die „inmotion contest"-Aktion 60.000 Cardboards vor Schulen und Universitäten sowie ca. 300.000 flash-newsletter und sms-messages, die zur Teilnahme am Video-Contest aufforderten.[510] Bei der Umsetzung der Kampagne arbeitete die PKP Proximity Werbeagentur GmbH eng mit der PARKOUR Association Germany zusammen. Die Organisation aus Sachsen stellte unter anderem die Darsteller für den Werbespot und war zudem für die Choreographie während des Drehs mitverantwortlich. Die Kampagne zahlte sich aus. Laut eines Reports der Schweizer Goldbach Media AG (Werbevermarkter und Veranstalter des Crossmedia Award) konnten im Vergleich zum Vorjahr 13 % mehr VORTEILScard Jugend verkauft sowie eine Umsatzsteigerung von 2,1 Mio. (41%)

---

[508] FINANZNACHRICHTEN: „K-SWISS startet seine erste internationale Free Running-Produktkollektion und verpflichtet Sebastien Foucan, den Gründer von Free Running"
[509] GOLDBACHMEDIA: „Crossmedia Award 2007"
[510] GOLDBACHMEDIA: „Crossmedia Award 2007"

erzielt werden. Die Bekanntheit der Kampagne in der Zielgruppe lag bei 88,2 %. Die erstellte Website „inmotion.oebb.at" verzeichnete bereits in den ersten Tagen hohe Zugriffszahlen und erreichte im Zeitraum Juni bis September 2007 insgesamt 167.309 Seitenaufrufe (durchschnittliche Verweildauer 4:37 min.). Der auf CD erhältliche Kampagnensong erreichte sogar Platz 15 der österreichischen Verkaufscharts.[511] Für Stefan WEHINGER, Vorstandsdirektor der ÖBB-Personenverkehr AG, stand nach der Kampagne fest, „daß wir diese Aktion auch im nächsten Jahr unseren jungen Kunden wieder anbieten werden. Mit einfachen Produkten und klaren Botschaften haben wir die Jugendlichen überzeugt, auch in der Freizeit mit der Bahn zu fahren".[512]

Die PARKOUR Association Germany

Mit dem Ziel, den Sport Parkour unter der Wahrung seiner Philosophie in Deutschland zu vermitteln und weiterzuentwickeln, wurde im Dezember 2005 die PARKOUR Association e.V. von den Geschwistern Sandra und Marcus Hess gegründet. Der Verein mit Sitz in Auerbach bildet das Dach der deutschen Traceure und hat es sich zur Aufgabe gemacht, die Kunst der Fortbewegung bundesweit zu strukturieren. Dabei sollen Trainings- und Ausbildungssysteme nach einheitlichen Standards erstellt sowie ein flächendeckendes Netzwerk aufgebaut werden.[513] Die Führung und Steuerung der PARKOUR Association obliegt den beiden Gründern. Während Markus Hess für die Entwicklung der Parkour-Infrastruktur, die Pressearbeit und die Betreuung des eigens aufgebauten professionellen Parkour-Teams zuständig ist, führt Sandra Hess das Amt als Präsidentin und Repräsentantin der PARKOUR Association e.V. aus. Ihre Aufgabengebiete erstrecken sich über die Weiterentwicklung der Sportart, der Entwicklung der Trainingsleitpläne und der Trainingsüberwachung des Teams. Sandra Hess ist zudem selbst seit 2003 begeisterte Parkour-Sportlerin und daher eine der neun Traceure, die für Showauftritte bei diversen Veranstaltungen sowie als Trainer für Workshops im Namen der Association tätig sind.[514] Die gebürtige Leipzigerin ist in der Sportszene keine unbekannte Person. Schon in der Kindheit turnte sie auf hohem Niveau und gehörte bis 1988 zum Nachwuchs des A-Kaders der ehemaligen DDR. Ihre größten Erfolge errang die 31-jährige jedoch mit dem Wechsel zum Kampfsport. Von 1994 bis 2003 erkämpfte sie sich im Freestyle Karate über 70 Siege, darunter sieben Europa- und einen Weltmeisterschaftstitel. Ihre neue Herausforderung entdeckte Sandra Hess bei einem Turnier in Frankreich. Schnell erlernte sie die Grundfertigkeiten des Parkour. Durch den Kontakt zu David Belle wurde sie im Februar 2005 schließlich zur offiziellen Repräsentantin der Parkour Worldwide Association (PAWA), einer Organisation, die als weltweiter Dachverband für die Sportart fungieren

---

[511] GOLDBACHMEDIA: „Crossmedia Award 2007"
[512] FM-ONLINE: „ÖBB-Sommerticket erfolgreich"
[513] MYPARKOUR: „Association"
[514] GÄRTNER: „Von der Trendsporterscheinung – zur seriösen Sportart"

sollte, in Deutschland berufen. Nachdem sich aber der Mitbegründer Belle im Sommer 2006 aufgrund unterschiedlicher Interessen der Unterstützung entzog und die PAWA infolgedessen aufgelöst wurde, entschloss sich auch Sandra Hess dem Weg des Franzosen zu folgen. Seit Dezember 2006 ist sie nun für seine neue Organisation „Parkour by David Belle" mit der PARKOUR Association e.V. deutschlandweit tätig.[515]

Bislang wurden seit 2005 bundesweit mehr als 28 Parkour-Workshops der verschiedensten Art organisiert. Dabei kooperiert der Verein mit unterschiedlichen privaten sowie öffentlichen Institutionen (Lehrverbänden, Schulen und Sportorganisationen). Wie diese Zusammenarbeit aussehen kann, zeigte der, von der PARKOUR Association e.V. organisierte Workshop vom 23. und 24. Februar 2008 an der Sportschule Duisburg-Wedau im Rahmen der Jahrestagung des Deutschen Sportlehrerverbandes - Landesverband Nordrhein-Westfalen. Die knapp 80 teilnehmenden Sportlehrer erhielten am Abend des ersten Tages eine theoretische Einführung, mit anschließender Diskussion rund um das Thema Parkour. Am zweiten Tag des Workshops wurde den Teilnehmern dann in einem fünfstündigen Programm die Grundtechniken der Bewegungskunst vermittelt und an mehreren Trainings-Stationen in einer Turnhalle zur Umsetzung gebracht. Ziel des Workshops war es, einen Einblick in die Sportart Parkour zu geben, aber vor allem zu vermitteln, wie mit herkömmlichen Turngeräten Parkour in den Sportunterricht integriert werden kann, um somit die Freude der Kinder an der Bewegung zu steigern.[516]

OSRAM PARKOUR World Meeting 2006

Ein aufwändigeres Projekt für die Parkour Association stellte das am 6. Mai 2006 in Berlin veranstaltete „OSRAM PARKOUR World Meeting" dar. In Zusammenarbeit mit David Belle und dem Sponsor Osram gelang es der Association, die bis dato größte Parkour-Veranstaltung in der jungen Geschichte dieser Sportart zu organisieren. Knapp 200 Traceure aus 10 europäischen Ländern nahmen an dem Event in der zum Parkour-Areal umfunktionierten Halle des Berliner Postbahnhofs teil, um unter Anleitung von David Belle die Kunst der Fortbewegung in einzelnen Workshops zu erlernen oder ihr bereits vorhandenes Können auszubauen. Die Veranstaltung lockte über den Tag insgesamt mehr als 1000 Interessierte in den Bahnhof und endete im Rahmen einer Abschlußparty mit einer Parkour-Show von erfahrenen Traceuren aus Frankreich, Deutschland und der Schweiz.[517] Die Intentionen der Association bestanden mit der Ausrichtung des „OSRAM PARKOUR World Meeting 2006" vor allem darin, die Entwicklung von Parkour in Deutschland weiter voranzutreiben, sowie

---

[515] MYPARKOUR: „Sandra Hess"
[516] BLOG.MYPARKOUR: „Ein voller Erfolg! Nachberichterstattung zur DSLV Tagung in NRW"
[517] PRESSEPORTAL: „Neue Trendsportart erobert Berlin"

das mediale Interesse an der Sportart zu steigern. Die Absichten des Sponsors Osram waren darauf ausgerichtet, ihr zu diesem Zeitpunkt neu eingeführtes Produkt „DOT-it", ein mobiles batteriebetriebenes LED-Licht, werbewirksam zu präsentieren. So platzierte man die kleinen verschiedenfarbigen Lichter an auffälligen Stellen des aufgebauten, in Osram-Farben gestalteten, Parkour-Areals. Warum aber engagiert sich ein Unternehmen bei der Produkteinführung gerade in dieser jungen Sportart ? Juliane BRAUN, Osram Kommunikations-Chefin begründet dies folgendermaßen: „Für uns ergänzen sich der Überall-Sport Parkour und das Überall-Licht DOT-it optimal. Beide sind jung, urban, smart. Und mit beiden lassen sich neue Wege gehen, läßt sich Neues entdecken - unabhängig von der Beschaffenheit der Umgebung".[518] Die Reichweite des Events sorgte bei den Veranstaltern aufgrund der Tatsache, daß es sich hier um eine sehr junge Sportart handelt, für vollste Zufriedenheit. Insgesamt 14 Mio. Kontakte, davon 7 Mio. TV-Kontakte, 6,1 Mio. aus Printmedien und Internet und 900.0000 Radio-Kontakte konnten verzeichnet werden.[519] So zog auch die Präsidentin der PARKOUR Association, Sandra Hess, eine positive Bilanz: „Es war schön zu sehen, wie die Teilnehmer mit immenser Begeisterung gemeinsam trainieren und mit welcher Ausdauer sie ihr Können Schritt für Schritt weiterentwickeln. Das OSRAM Parkour World Meeting ist ein wichtiger Meilenstein für die Entwicklung von Parkour in Deutschland".[520]

Airwaves Big Box PARKOUR Night

Nach der erfolgreichen Kooperation mit dem Lichthersteller Osram setzte die PARKOUR Association ihr Engagement für die Kunst der Fortbewegung in Deutschland auch 2007 zielstrebig fort. Diesmal allerdings mit dem amerikanischen Kaugummikonzern Wrigley. Das Ergebnis der Zusammenarbeit, die „Airwaves Big Box PARKOUR Night", ein Event, welches sich zur bisher größten Parkour-Veranstaltung weltweit herauskristallisieren sollte. Etwa 100 Medienvertreter berichteten von dem Ereignis, das am 29. August 2007 an einem Ort in Berlin stattfand, der spektakulärer und treffender für diese Sportart nicht hätte sein können. Die noch stillgelegte U-Bahnstation direkt unter dem Reichstag war Anlaufpunkt für ca. 500 Parkour-Begeisterte.[521] Die geschlossene Veranstaltung startete mit einer furiosen Inszenierung des Franzosen David Belle und seiner Parkour-Gruppe, bevor sich die Zuschauer selbst, darunter auch zahlreiche Prominente aus Film, Musik, Sport und Kultur, an den einzelnen Hindernissen unter den Anweisungen der professionellen Traceure versuchen konnten.

---

[518] PRESSEPORTAL: „Neue Trendsportart erobert Berlin"
[519] GÄRTNER: „Von der Trendsporterscheinung – zur seriösen Sportart"
[520] PRESSEPORTAL: „Neue Trendsportart erobert Berlin"
[521] GÄRTNER: „Von der Trendsporterscheinung – zur seriösen Sportart"

Waren es zuvor beim OSRAM PARKOUR World Meeting 2006 bereits 14 Mio. Kontakte, wurden die Werte bei der „Airwaves Big Box PARKOUR Night" nochmals deutlich übertroffen. 122,25 Mio. Kontakte, davon allein 83,1 Mio. via Internet, 26,7 Mio. aus Printmedien, 8,8 Mio. aus TV- und 3,65 Mio. aus Radio-Kontakten konnten erreicht werden.[522] Der Sponsor Wrigley hat die steigende Popularität der jungen Sportart erkannt und mit der Produkteinführung im Rahmen der Veranstaltung effektiv genutzt. Schon der Name des Events war auf das neue Produkt ausgerichtet. Vorgestellt wurde die „Airwaves Big Box", eine Großverpackung mit 55 Kaugummi-Dragees. Bereits im Jahr 2006 konnte das Unternehmen durch die Einführung der Dosenverpackung (Wrigley's Extra Professional-Dose) im Kaugummisegment profitieren und eine Umsatzsteigerung der Marke „Wrigley's Extra" von über 20% verzeichnen.[523] Mit der Weiterentwicklung der Dosenverpackung für die Marke Airwaves setzte sich der Erfolgskurs, nicht zuletzt durch eine aufwändige Werbekampagnen einschließlich dem Engagement in der Sportart Parkour, fort. „Das neue Format wird vom Verbraucher exzellent angenommen, die Resonanz des Handels ist sehr positiv", so Andreas GABEL1, Sales Director Wrigley Germany.[524] „Traceure brauchen einen klaren Kopf, um immer wieder an ihre Grenzen zu gehen und ein neues Level zu erreichen. Damit paßt die Parkour-Philosophie perfekt zur Airwaves Big Box: Ständig auf der Suche nach dem nächsten Kick und danach, Grenzen zu überwinden", heißt es in einem Bericht von Wrigley über das Engagement in der Kunst der Fortbewegung.[525] Mit dieser öffentlichkeitswirksamen Aktion hat die Kooperation zwischen der PARKOUR Association und dem amerikanischen Kaugummihersteller nicht nur die Sportart, sondern vor allem auch Wrigley stärker in das Bewußtsein der Verbraucher gebracht.

Schlußbetrachtung

Parkour, einst ein einfaches Spiel bewegungsfreudiger Jugendlicher, hat sich mittlerweile von dem Pariser Vorort Lisses über die ganze Welt verbreitet. Im „world wide web" finden sich unzählige Homepages von Vereinen, Gruppierungen oder Organisationen aus allen Kontinenten unserer Erde. Es gibt Parkour-Gruppen in Mexiko, Kanada und Neuseeland, Traceure in Japan, Rußland und Südafrika. Über die Jahre hinweg haben sich zudem Varianten, wie Free Running, entwickelt und erfreuen sich ebenfalls steigender Beliebtheit. In Internetforen kommt es allerdings des öfteren vor, daß erbitterte Wortgefechte zwischen den jeweiligen Anhängern über die „einzig wahre Kunst der Fortbewegung" geführt werden. Bislang war die Parkour-Szene kaum einheitlich organisiert. Allein hierzulande gibt es mit „ParkourONE", „Parkour 24", „Parkour Deutschland" (Internetplattformen mit angeschlossenen Foren) und „PARKOUR Asso-

---

[522] GÄRTNER: „Von der Trendsporterscheinung – zur seriösen Sportart"
[523] WRIGLEY: „ Airwaves präsentiert sich in trendiger Großpackung"
[524] WRIGLEY: „Wrigley – Dose feiert Einjähriges – mit Erfolg!"
[525] WRIGLEY: „Airwaves Big Box Parkour Night"

ciation Germany" gleich mehrere Anlaufstellen für interessierte Traceure im Internet. Das dies bei so manchem Parkour-Anfänger zur Verwirrung führt, ist wohl kaum zu bestreiten. Die PARKOUR Association Germany, der einzige eingetragene Verein, hat es sich daher zur Aufgabe gemacht, eine grundlegende bundesweite Struktur aufzubauen und die Sportart nach den Vorgaben David Belles zu verbreiten. Die beiden vorgestellten Veranstaltungen, das OSRMAM PARKOUR World Meeting 2006 und die Airwaves Big Box PARKOUR Night haben verdeutlicht, wie man die Kunst der Fortbewegung von der Straße Zuschauern greifbar und so für Unternehmen interessant und vermarktbar machen kann. Parkour ist „jung, urban und smart"[526], formulierte die Osram Kommunikations-Chefin Juliane BRAUN treffend. Gerade Firmen, die dieses Image auf ihre Produkte und Dienstleistungen transferieren wollen, bietet Parkour, insbesondere durch die steigende mediale Präsenz, eine hervorragende Vermarktungsplattform.

Wohin wird der Weg die junge Sportart führen ? Abzuwarten bleibt, welche Auswirkungen die zunehmende Kommerzialisierung auf die Bewegungskunst und vor allem auf die für viele Traceure so bedeutsame Philosophie haben wird. Der Begründer David Belle jedenfalls sieht der Zukunft optimistisch entgegen. „Ich denke, daß wir uns noch weiter entwickeln werden. Es wird nicht bei dem bleiben, was wir bisher erreicht haben. Da wird noch einiges kommen !"[527]

---

[526] PRESSEPORTAL: „Neue Trendsportart erobert Berlin"
[527] WRIGLEY: „Airwaves Big Box PARKOUR Night"

Kapitel X

Portfolioanalyse Red Bull – Trendsportarten aus Sponsorensicht

von Torben Timmermann

„Red Bull verleiht Flüüügel" – dieser Slogan ist aus der Werbewelt nicht mehr wegzudenken. Ob Hunden durch das Trinken eines Energydrinks das Fliegen beigebracht wird oder einem Menschen Flügel wachsen, um sich bei den Vögeln zu rächen, die witzigen Kurzgeschichten im Comic-Format sind fester Bestandteil vieler Fernsehwerbeblöcke. Überhaupt scheint das Marketing einer der Hauptgründe für den weltweiten Erfolg des taurinhaltigen Getränks zu sein, das bei Jugendlichen zwischen 15 und 25 Jahren wie bei einer Umfrage 2007 in Österreich auf einen gestützten Bekanntheitsgrad von 95% kommt.[528] Das Getränk ist unter ihnen Kult und wird besonders gerne in Verbindung mit alkoholischen Getränken konsumiert. Doch klassische Fernsehwerbung reicht nicht aus, um seit der Markteinführung vor 20 Jahren einen derartigen Erfolg zu erzielen. Deswegen bediente sich Red Bull bereits frühzeitig einem weiteren Segment der Werbewirtschaft - dem Sportsponsoring. Hier agiert die Marke inzwischen ebenso kreativ und umfassend wie in der Fernsehlandschaft. Das Portfolio von Red Bull umfaßt ca. 480 Sportler, diverse Events, mehrere Sportvereine und zwei Formel 1-Teams. Viele der Sponsoringaktivitäten konzentrieren sich auf den Bereich der Funsportarten, die im Verlaufe dieses Kapitels noch näher untersucht werden. Zuvor ist jedoch eine Analyse der Marke und des Getränks Red Bull unerläßlich, um die Besonderheiten dieses Produktes für die Vermarktung zu erläutern.

Die Marke Red Bull

Das Red Bull sich zu einem Brand, das weltweit bekannt ist, entwickelt hat, ist eng mit dem Namen seines österreichischen Gründers Dietrich Mateschitz verbunden. Mateschitz griff auf Dienstreisen, die ihn Anfang der 1980er Jahre in seiner damaligen Position als Marketing Direktor der Zahnpastamarke Blendax öfters in den asiatischen Raum führten, auf einen Energydrink namens Krating Daeng zurück, der ihm half leistungsfähiger zu sein und seinen Jet-Lag zu überwinden. Krating Daeng, zu deutsch Roter Stier, wird seit den 1970er Jahren in Thailand durch die Firma T.C. Pharmaceutical Co. produziert und ist dort bereits ein beliebtes Getränk unter Managern bei langen Sitzungen.[529] Mateschitz erwarb die Lizenzrechte von Krating Daeng und gründete 1984 zusammen mit

---

[528] REGAL.AT: „Die Junge Welt 2007"
[529] REFERENCEFORBUSINESS: „Red Bull Gmbh - Company Profile, Information, Business Description, History, Background Information on Red Bull Gmbh"

seinem thailändischen Partner und Inhaber von T.C. Pharmaceutical Co. Chaleo Yoovidhya und dessen Sohn Chalerm die Firma Red Bull GmbH mit Sitz im österreichischen Fuschl am See. Bis heute haben sich die Besitzverhältnisse nicht verändert. Mateschitz und Yoovidhya Senior halten je 49 Prozent, der Sohn zwei Prozent, so daß die Mehrheit der Firma der Familie Yoovidhya gehört.[530] Der Österreicher und sein thailändischer Partner sind durch das Getränk zu Multimilliardären geworden und finden sich auf der aktuellen Forbes-Liste (2008) auf dem gemeinsamen 260. Platz mit einem geschätzten Vermögen von je vier Mrd. US-Dollar wieder.[531] Das bereits damals ein englischer Name für die Firma und das Getränk gewählt wurde, läßt auf die Visionen Mateschitz´ und seiner Partner schließen. Red Bull sollte sich zu einem weltweiten Brand entwickeln.

Mit einem etwas veränderten Rezept von Krating Daeng und einem ersten Marketing-Konzept begann der Verkauf des Getränks 1987 zunächst in Österreich. Bereits im ersten Jahr wurden eine Mio. Dosen des Energydrinks abgesetzt[532], das neben Wasser und Zucker, Taurin, Glucuronolacton, Koffein, Aspartam und verschiedene Vitamine enthält. Besonders der Inhaltsstoff Taurin sorgt immer wieder für Aufsehen, da dieses früher aus der Galle von Stieren gewonnen wurde, heute jedoch nur synthetisch hergestellt wird.[533] Diese Zahlen überraschen, denn im Vorfeld wurde dem Getränk keine große Zukunft vorausgesagt. Es sei „gänzlich unappetitlich", der klebrige Geschmack „abscheulich" und belebe weder Körper noch Geist. Die Empfehlung an Mateschitz damals: „Noch nie hat ein neues Produkt so überzeugend versagt", „Geben Sie ihren alten Job nicht auf".[534] Erneute Schwierigkeiten begegneten dem Unternehmen, das bis heute keine eigenen Produktionsanlagen unterhält, sondern das Getränk durch die Firma Rauch abfüllen läßt, bei der Expansion in andere Staaten. Den Anfang sollte Deutschland machen, doch es dauerte fünf Jahre, ehe Red Bull 1994 eingeführt werden durfte. Diese Verzögerung entwickelte sich zu einem Glücksfall für den Getränkehersteller, denn es bildete sich ein Mythos um den koffeinhaltigen Energydrink. In der Münchener Partyszene entstand ein Hype um Red Bull, das angeblich Extrakte aus Stierhoden enthielt. Der Schwarzmarkt blühte und die Marke wurde immer interessanter. Auch nach der Markteinführung in Deutschland legte sich der Trubel um Red Bull nicht. Da die österreichische Version von Red Bull angeblich mehr Taurin enthielt, fuhren Heerscharen von Jugendlichen über die Grenze, um das Getränk palettenweise zu importieren.[535] Besorgte Mütter heizten die Diskussion um das Getränk zusätzlich an und sorg-

---

[530] KURIER: „Energiestoß aus 3,5 Milliarden Dosen"
[531] FORBES: „The World´s Billionaries"
[532] REFERENCEFORBUSINESS: „Red Bull Gmbh - Company Profile, Information, Business Description, History, Background Information on Red Bull Gmbh"
[533] RED BULL: „Inhaltsstoffe"
[534] MARKE.AT: „Red Bull"
[535] SCHEIER / HELD: „Wie Werbung wirkt", S. 90 f.

ten für weitere Kaufanreize unter deutschen Jugendlichen. Durch den unerwarteten Ansturm auf dieses neuartige Getränk kam es bereits nach drei Monaten zu Lieferengpässen und war im gesamten Bundesgebiet ausverkauft.[536] Damit war bereits kurz nach der Markteinführung in Deutschland eine wichtige Voraussetzung für eine erfolgreiche Marke geschaffen. Durch die Verbote und Schwierigkeiten bei der Einführung des Getränks entstand ein Mythos, der Red Bull schnell über das Grenzgebiet zu Österreich hinaus bekannt machte und damit einen Kult schuf, ohne daß ein Cent für Werbemaßnahmen ausgegeben werden mußte. Nachdem Mitte der 90er-Jahre in weiteren europäischen Ländern Red Bull Einzug in das dortige Getränkesortiment hielt, wagten Mateschitz und seine Partner 1997 den Sprung in die USA. Dieses war ein weiterer Schritt der gezielten Market-to-Market-Strategie. Über vier Staaten, darunter Kalifornien und Texas, in denen der Energydrink eingeführt wurde, verbreitete sich das Getränk schnell über die gesamten USA. In über 50 Ländern werden 1999 insgesamt bereits knapp eine Mrd. Dosen verkauft. Durch den Erfolg übernimmt Red Bull die Führung im Bereich der Energydrinks in den USA und Großbritannien, wo mit Lucozade bereits ein ähnliches Produkt am Markt vertreten war.[537] Aber auch heute trifft Red Bull noch immer auf Schwierigkeiten bei der Markteinführung. So war der Verkauf in Frankreich durch das Gesundheitsministerium bis vor kurzem verboten. Erst durch den Austausch des Taurins durch Arginin erhielt Red Bull seine Zulassung.[538] In Dänemark besteht weiterhin ein Verkaufsverbot aufgrund der möglichen Gesundheitsschädigung des Taurins.[539]

Obwohl aktuell noch Uneinigkeit über die Wirkung bestimmter Inhaltsstoffe des Energydrinks herrscht, wird das Getränk bereits in über 100 Ländern verkauft. Die Firma Red Bull GmbH beschäftigte Ende 2007 4.613 Mitarbeiter in 144 Ländern.[540] Dabei konzentriert sich das Unternehmen ausschließlich auf das Marketing und die Finanzen. Alle weiteren Aufgaben werden durch Partner abgewickelt. Red Bull ist somit eine klassische Netzwerkmarke, bei der durch ein vielschichtiges Netzwerk zahlreicher Partner die Wertschöpfung der Marke realisiert wird.[541] Die Strategie spricht für sich: Im Geschäftsjahr 2007 konnte ein Rekordumsatz von 3,079 Mrd. Euro generiert werden, was einer Steigerung von 16,6 Prozent im Vergleich zum Vorjahr entspricht. Dabei sei ebenfalls der Gewinn gestiegen. Vor allem im Kernmarkt Europa, wo ein Umsatzzuwachs von 25% erreicht werden konnte, aber auch in den Zukunftsmärkten Afrika, Südamerika und Australien war die Entwicklung der Marke sehr positiv. Dabei konnten teilweise Steigerungsraten von bis zu 50 Prozent erreicht werden.[542]

---

[536] MARKE.AT: „Red Bull"
[537] REFERENCEFORBUSINESS: „Red Bull Gmbh - Company Profile, Information, Business Description, History, Background Information on Red Bull Gmbh"
[538] FINANCIAL TIMES DEUTSCHLAND: „Paris öffnet sich für Red Bull"
[539] DERSTANDARD: „Warum verleiht Red Bull Jacques und Soeren keine Flügel?"
[540] WIRTSCHAFTSBLATT: „Red Bull-Umsätze haben grosse Flügel"
[541] ESCH / LANGNER: „Aufbau und Steuerung von Marken in Wertschöpfungsnetzwerken", S. 431
[542] DIE PRESSE: „Neue Rekorde bei Red Bull"

Global setzte Red Bull 2007 3,5 Mrd. Getränkedosen ab, wovon etwa ein Drittel auf die USA entfallen. Dort soll der Verkauf des Energydrinks weiter vorangetrieben werden, indem das Getränk zukünftig bei McDonalds zu bekommen sein soll. Der Getränkeriese strebt bis 2010 den Verkauf von sechs Milliarden Dosen weltweit an und möchte dadurch seine Führung im Bereich der Energydrinks mit einem aktuellen Marktanteil von 70 Prozent weiter ausbauen.[543] Red Bull hat sich zur wertvollsten Marke Österreichs entwickelt. Nach der Österreichischen Markenwert Studie 2006 ist ihr Wert noch einmal um 24,9% auf 9,9 Mrd. Euro gestiegen und liegt damit deutlich vor der Swarovski Gruppe (4,8 Mrd. Euro) und Spar Österreich (3,2 Mrd. Euro). Europaweit rangiert Red Bull auf Platz 13. Die führenden Firmen Nokia und Vodafone sind mit ihren Brands allerdings noch doppelt so viel wert.[544]

Die Steigerung des Absatzes ist eine Möglichkeit die Marktposition weiter auszuweiten. Doch die Red Bull GmbH versucht noch einen anderen Weg einzuschlagen und bedienen mit Simply Cola ein weiteres Segment des Erfrischungsgetränkemarktes. Die Produkteinführung von Simply Cola ist im April 2008 durchgeführt worden. Das Getränk, das weniger Zucker als vergleichbare Produkte der Konkurrenz enthält, soll dabei ohne eigene Werbemaßnahmen auskommen, um einerseits den Konsumenten durch gezielte Kommunikation anzusprechen und andererseits die Marktstellung des Stammgetränks nicht zu gefährden.[545] Trotz der Entwicklung der Simply Cola ist die Produktpalette der Red Bull GmbH sehr schmal.

Marketing

Nachdem bereits mehrfach auf einzelne Marketingstrategien verwiesen wurde, folgt nun eine systematische Analyse der Vermarktung des Getränks. Das Werbebudget der Red Bull GmbH lag 2006 bei 900 Mio. Euro und nimmt damit ca. 30% des Gesamtumsatzes ein, was deutlich über dem Durchschnitt großer internationaler Firmen liegt.[546] Dieser Etat ermöglicht dem Unternehmen zahlreiche Maßnahmen, um das Image weiter aufzubauen, den Bekanntheitsgrad zu steigern und dadurch höhere Absatzzahlen zu generieren. Diese Ziele standen seit der Markteinführung im Vordergrund, da in vielen Teilen Europas und der Welt durch den Energydrink Red Bull ein neues Marktsegment entstand. Deshalb lagen dem Unternehmen einerseits kaum Erfahrungswerte vor, andererseits war die Gestaltung der Produkteinführung durch Marketingmaßnahmen völlig offen. Mateschitz und seine Partner entschieden sich frühzeitig für ungewöhnliche und neue Werbestrategien.

---

[543] DIE PRESSE: „Neue Rekorde bei Red Bull"
[544] RESULTS N GOVERANCE CONSULTING GRUPPE: „Österreichs Leading Brand Red Bull knapp 8 Mrd. EURO wert"
[545] DIE PRESSE: „Red Bull: Wie weit ein Produkt ohne Werbung springen kann"
[546] ORF: „Märchenhafte Zahlen"

Der firmeninterne Grundsatz bei der Einführung des Getränks auf neuen Märkten besagt, daß Red Bull zielgerichtet und punktuell eingeführt werden soll. Marketingspezialisten müssen dabei herausfinden, was die Zielgruppe der 16- bis 29-Jährigen interessiert und welche Clubs und Events diese besucht.[547] So entstand bald eine Konzentration der Aktivitäten auf den Fun- und Extremsportsektor sowie Aktionen im Nightlife.[548]

Die Erlebnispositionierung Red Bulls bezieht sich dabei besonders auf die konditionellen Komponenten der Kraft und Ausdauer, was sich in dem Claim „Red Bull belebt Geist und Körper" widerspiegelt und dabei auf die Wirkung der Inhaltsstoffe, insbesondere des Koffeins und Taurins, abzielt. Eine Stärkung der Leistungsfähigkeit und eine bessere Streßresistenz sollen durch den Verzehr des Getränks erreicht werden.[549] Ein weiteres Augenmerk liegt im Element des Fliegens, was eine persönliche Leidenschaft Mateschitz' ist und dabei die Aspekte Mut, Freiheit und Verwegenheit auf das Getränk attribuiert. Der in der Einleitung angesprochene Slogan „Red Bull verleiht Flüüügel" beschreibt das Gefühl, das durch den Genuß des Energydrinks entsteht. Diese beiden Claims, kombiniert mit dem unverwechselbaren Aussehen der Getränkedosen und dem auffälligen Logo mit den beiden roten Bullen vor gelbem Hintergrund, bilden bis heute das strategische Fundament für den Markenauftritt. Das Marketing von Red Bull besteht inhaltlich aus zwei Säulen. Einerseits wird mit den TV-Spots im Comic-Format eine breite öffentliche Basis erreicht, andererseits durch die Below-the-line-Aktivitäten die Aktualität und Imagepflege gewahrt. Below-the-line wird vor allem im Bereich des Sportsponsorings, Eventmarketings und Samplings agiert.[550] Da das Sportsponsoring noch im Folgenden näher thematisiert wird, soll ein Beispiel aus dem Eventmarketing zeigen, wie Red Bull es schafft, durch systematische Werbemaßnahmen junge Leute auf das Getränk aufmerksam zu machen. Beim ‚Red Bull BC One' traten 16 der weltweit besten Breakdancer an. Stattgefunden hat der Wettkampf, der auch als inoffizielle Einzelweltmeisterschaft bezeichnet wurde, in São Paulo. Brasilien ist einer jener Märkte, auf denen Red Bull bis dato noch nicht vertreten war und durch dieses Event in das Bewußtsein der Konsumenten gelangte.[551] Durch diese kleineren Veranstaltungen, die einen großen Teil des Portfolios von Red Bull ausmachen, werden bestimmte Zielgruppen angesprochen, die eine Vorreiterrolle für eine bestimmte Region einnehmen. Das dabei nicht nur junge Käufer angesprochen werden, sondern auch zunehmend ältere, erklärt der österreichische Marktforscher SCHLIEFSTEINER wie folgt:

---

[547] HEIN: „A Bull's Market – the marketing of the Red Bull energy drink"
[548] FÖRSTER / KREUZ: „Marketing-Trends. Innovative Konzepte für Ihren Markterfolg", S. 148ff.
[549] SCHMITT / MANGOLD: „Kundenerlebnis als Wettbewerbsvorteil. Mit Customer Experience Management Marken und Märkte gestalten", S. 82f.
[550] GESAMTVERBAND KOMMUNIKATIONSAGENTUREN: „Red Bull verleiht Flüüügel"
[551] SPIEGEL ONLINE: „Tanz um den roten Bullen"

„Die Marke wächst sehr geographisch, aber auch soziodemographisch. Da macht das Engagement im Breitensport Sinn. Red Bull ist als Marke von einem Insider Drink der Jugendszene breiter geworden, ohne den Kern zu vernachlässigen. Auch die Red-Bull-Konsumenten werden älter. Es gelingt der Marke offensichtlich mitzuwachsen, ohne den Magnetismus bei den ganz Jungen zu verlieren".[552]

Um diese Breitenwirkung zu erreichen, setzt das österreichische Unternehmen jedoch nicht auf einen bekannten Star, der mit einem hochdotierten Werbevertrag ausgerüstet wird, sondern auf wenig prominente Veranstaltungen, die sich in den Nischen der Öffentlichkeit zu einem Kult entwickeln, womit sich Red Bull langfristig ein positives Image aufbaut. Mateschitz und seine Partner haben den Trend erkannt, daß sich die Gesellschaft immer weiter segmentiert. Eine Vielzahl kleinerer Events erreicht den potentiellen Konsumenten dort, wo er anzutreffen ist: in seiner Szene. Das Szenemarketing bietet somit die Möglichkeit, meist ohne großes Budget einen speziellen Personenkreis anzusprechen. Das Marketingkonzept von Red Bull scheint zu funktionieren, da das Getränk trotz seines relativ hohen Preises viel konsumiert wird. Inzwischen tummelt sich auf dem Gebiet der Energydrinks eine Vielzahl von Nachahmern, die auf der Erfolgswelle mitschwimmen wollen. Doch die Mutter der Energydrinks bleibt weiterhin unangefochtene Nummer eins. Das Red Bull die Marktführerrolle auch weiterhin ausbauen will, zeigt sich bei der Eroberung neuer Märkte am Beispiel Frankreichs. Durch spektakuläres Guerilla-Marketing wurde die Markteinführung unterstützt. Dabei sprang der Schweizer Basejumpers Ueli Gegenschatz vom Eiffelturm, 150 Minis im Red Bull-Look fuhren im Konvoi um den Arc de Triumph und im Pariser Stadtteil La Defense sprang ein Motorradfahrer über einen 50m hohen Bogen.[553] Solche Aktionen zeigen die Bandbreite der Werbemaßnahmen Red Bulls. Doch trotzdem nimmt das Sportsponsoring die Vorreiterrolle außerhalb der klassischen TV-Werbung ein. Immerhin ein Drittel des Werbeetats geben Mateschitz und seine Partner in diesem Bereich aus.[554] Deshalb folgt nun eine analytische Zusammenfassung der Sportsponsoringaktivitäten unter besonderer Berücksichtigung der Funsportveranstaltungen.

Sportsponsoring

Welch wichtige Stellung der Sport für Red Bull bei der Unterstützung seiner kommunikativen Ziele einnimmt, läßt sich am Budget von ca. 300 Mio. Euro festmachen. Das österreichische Unternehmen operiert im Sport überwiegend auf dem Sektor des Fun-, Trend- bzw. Extremsports. Durch den Konsum von Red Bull soll es möglich sein, sein Leistungsniveau bis ins Extreme zu steigern

---

[552] PRESSETEXT AUSTRIA: „Red Bull: Sport-Sponsoring neu macht Sinn"
[553] DIE PRESSE: „Red Bull darf in Frankreich verkauft werden."
[554] ORF: „Märchenhafte Zahlen"

und seine eigenen Grenzen zu überwinden. Es wachsen einem förmlich Flügel, um Höchstleistungen zu erreichen. In Sportarten wie Snowboarden, Gleitschirmfliegen und Motorsport scheint dieses Konzept besonders gut aufzugehen. Das das Engagement von Red Bull längst weltweit anerkannt ist und dem Getränk zu seiner Popularität verhilft, zeigt sich an einer Wahl der Zeitschrift MANAGER MAGAZIN über die 50 mächtigsten Männer im deutschen Sportbusiness. Mateschitz liegt hier auf Platz 28.[555] Er schafft es, Breitenwirkung zu erreichen und dabei die Basis mit einer Vielzahl von kleineren Sponsorships nicht aus den Augen zu verlieren. So lassen sich die Werbemaßnahmen Red Bulls im Sportbereich in vier verschiedene Ebenen einteilen. Je höher ein Sponsorship einzuordnen ist, desto höher scheint die öffentliche Beachtung zu sein und desto mehr Geld wird investiert.

An der Spitze der Sponsoringpyramide steht das Engagement im Motorsport, bei dem vor allem die Beteiligungen bei den Rennställen Red Bull Racing und der Scuderia Toro Rosso, auf die im Folgenden noch näher eingegangen wird, zu nennen sind. Diese Sponsoringmaßnahmen machen bereits die Hälfte des Budgets für das gesamte Sportsponsoring aus.[556] Weiterhin ist das Unternehmen unter anderem beim Deutschen Tourenwagen Masters, dem VW Race Touareg Team und dem Team Red Bull beim NASCAR Nextel Cup aktiv. Auf der nächsten Stufe folgt die Übernahme von Sportvereinen durch die Red Bull GmbH. Inzwischen sind vier Vereine im Portfolio vertreten, die allesamt den Namenszug des Unternehmens im Vereinsnamen tragen. Diese Sponsoringmaßnahmen zielen besonders auf eine hohe Breitenwirkung in der jeweiligen Region bzw. dem jeweiligen Land ab. Das Fundament der Pyramide bildet das Sponsoring einer Vielzahl von kleineren und mittelgroßen Events und Einzelsportlern. In diesem Sektor lag der Beginn der Sportsponsoringaktivitäten Red Bulls und wird auch noch heute großen Wert gelegt, um die Aktualität des Images zu bewahren und neue Zielgruppen zu erschließen. Bei den Events, die oftmals den Namen des Hauptsponsors Red Bull tragen, wird Szenemarketing betrieben, bei dem der Konsument gezielt angesprochen wird. Wie vielfältig die Aktivitäten des Getränkemoguls sind, sollen zwei Beispiele zeigen – die Red Bull Gap Session und der Red Bull Dolomitenmann. Eines haben alle Veranstaltungen gemeinsam: sie sind spektakulär, haben einen hohen Eventcharakter, zielen auf ein junges Publikum und der Rote Stier ist unübersehbar platziert.

Die Red Bull Gap Session ist ein seit 2006 ausgetragenes Wintersportspektakel, bei dem sich die besten Snowboarder der Welt in den Disziplinen ‚Longest Airtime' und ‚Best Trick' messen. Die Veranstaltung findet im März im bayrischen Garmisch-Partenkirchen statt. Im dortigen Olympia-Skisprungstadion entstand für die Auflage 2008 ein zwölf Meter hoher Kicker und ein 20 Meter hoher

---

[555] MANAGER MAGAZIN: „Die Kraft der 50. Wer in Deutschland das Sportbusiness regiert."
[556] ORF: „Märchenhafte Zahlen"

Landehügel zwischen denen sich die Snowboarder bis zu 35 Meter im Flug befanden. Beim Absprung erreichten sie dabei Geschwindigkeiten von bis zu 100 km/h.[557] Die Dimensionen der Sprunganlage lagen damit deutlich über dem Niveau anderer Veranstaltungen. Das es bei der Veranstaltung nicht nur um den sportlichen Bereich dreht, ist typisch für Red Bull-Events. Die Tatsache, daß die Red Bull Gap Session nicht zur Ticket to Ride World Snowboard Tour (TTR) gehört, zeigt den etwas anderen Charakter. So treffen sich die Sportler bereits bis zu eine Woche vor dem Event zur Rider´s Week und sind am Bau des überdimensionalen Kickers beteiligt.[558] Am Tag der Session fanden sich 7.000 meist junge Zuschauer im Stadion ein und bejubelten Sprünge von bis zu drei Sekunden ‚Airtime'. Den Snowboardern wurden regelrecht Flügel verliehen. Das Marketingkonzept Red Bulls scheint hervorragend zu dieser Veranstaltung zu passen. Red Bull hat es geschafft, ein Event zu inszenieren, was die junge Zielgruppe anspricht und Elemente des Fliegens und des Extremen vereint. Vor Ort war das Logo Red Bulls am Start, Kicker und im Zielbereich auffallend positioniert. Das die Session außerhalb der Snowboardszene wenig Beachtung fand, trübt den Eindruck über die erfolgreiche Veranstaltung nicht. Red Bull hat mit seiner Präsenz vor Ort die Zielgruppe angesprochen und erfolgreiches Szenemarketing betrieben. Die innovative Veranstaltung hat sich bereits nach kurzer Zeit etabliert.

Der Red Bull Dolomitenmann ist ein weiteres Beispiel für das erfolgreiche Sponsoring Red Bulls bei Sportveranstaltungen. Im Gegensatz zur Red Bull Gap Session steht beim Dolomitenmann der Sport im Vordergrund, wenn auch in seiner extremsten Form. Das Event ist ein Staffelwettbewerb für Viererteams, von denen je ein Athlet in den Disziplinen Bergauflauf, Paragleiten, Wildwasserkajak und Mountainbike antritt. Das Rennen wird seit 1988 jährlich im österreichischen Lienz ausgetragen und seit 1995 offiziell durch Red Bull gesponsert, nachdem in den Jahren zuvor bereits Teams unter dem Namen des Energydrinks angetreten sind.[559] Das die Veranstaltung einen Trend zur Extremisierung aufweist, zeigt das Streckenprofil der 21. Auflage von 2008. Der Berglauf beginnt in Lienz und führt über 12 Kilometer und 1.700 Höhenmeter in die Lienzer Dolomiten. Oben angekommen, übergibt der Läufer an den Paragleiter, der mit einem Zwischenstopp, bei dem er samt Schirm ca. 500 Höhenmeter zum zweiten Startplatz überwinden muß, Richtung Tal gleitet. Dritter Starter ist der Wildwasserkanute, der während seiner Strecke mehrere Aufwärtspassagen absolvieren muß. Der abschließende Mountainbiker bezwingt auf seinem Kurs von 12 km rund 1.300 Höhenmeter und muß dabei mehrmals das Rad aufgrund der Steigung verlassen. Bergab ist eine ehemalige Skiweltcuppiste zu bezwingen, ehe wiederum in Lienz das Ziel erreicht wird.[560] Neben der

---

[557] RED BULL: „Mut zur Lücke: Red Bull Gap Session 2008"
[558] FUNSPORTING: „Große Erwartung an die Red Bull Gap Session 2008"
[559] REDBULLDOLOMITENMANN: „Results 1988-2007"
[560] REDBULLDOLOMITENMANN: „Das Rennen"

Teamwertung darf jeder siegreiche Sportler in seiner Disziplin den Titel Dolomitenmann tragen. Die Veranstaltung sorgt durch sein extremes Konzept für große Aufmerksamkeit bei Sportlern, Medien und Sponsoren. Nach Ansicht der Veranstalter gehört der Dolomitenmann für den Hauptsponsor Red Bull zu einer der fünf besten Veranstaltungen im Portfolio.[561] Der Ansturm der Teilnehmer ist dabei so groß, daß die Startplätze für die 110 Teams, die insgesamt um ein Preisgeld von 40.000 Euro kämpfen, teilweise verlost werden müssen. TV-Berichte über die Grenzen Österreichs hinaus, sorgen für hohe Kontaktzahlen. Dafür produziert der Veranstalter gemeinsam mit dem ORF Bildmaterial, das den verschiedenen TV-Anstalten zur Verfügung gestellt wird.[562]

Durch Veranstaltungen dieser Art hat Red Bull nach Ansicht Mateschitz´ das Sportsponsoring neu definiert, denn er wollte nie, „dem Sport nur sein Logo aufpappen und später nachrechnen, wie lange es im Fernsehen war." Stattdessen vertritt sein Unternehmen die Philosophie durch Eigeninitiative und Individualität „integraler Bestandteil der Sportart" zu sein.[563] Trotz solcher Worte hat sich das Sponsoringverhalten Red Bulls in den letzten fünf Jahren gewandelt. Die Farben Red Bulls finden sich in der Formel 1 und im Fußball wieder, einem Bereich über den Mateschitz einmal sagte: „Man könnte mir die ganzen Banden eines Fußballstadions schenken, ich würde sie nicht nehmen. Weil mir einfach der qualitative Aspekt vom Ganzen fehlt".[564] Das Umdenken scheint mit der wachsenden Popularität des Getränks über die ursprüngliche Zielgruppe hinaus zusammenzuhängen. Bei 3,5 Mrd. verkaufter Dosen 2007 kommt der Konsument nicht mehr nur aus den Nischen des Fun- und Extremsports. Er ist auch bei großen Veranstaltungen anzutreffen, die Red Bull mit seiner neuen Ausrichtung erreichen will. Red Bull denkt nicht mehr international, sondern global!

An der Darstellung des Engagements in der Formel 1 ist zu sehen, wie massiv Red Bull in eine solch bestehende Veranstaltung eindringt, um Aufmerksamkeit zu erreichen. Etwa 50% des jährlichen Sponsoringetats fließt in die Formel 1, in der das österreichische Unternehmen aktuell mit den Rennställen Red Bull Racing und Scuderia Toro Rosso vertreten ist. Nachdem Red Bull bereits zehn Jahre Sponsor beim Sauber-Team war und die offiziellen Trinkflaschen vieler Fahrer zierte, erfüllte sich Mateschitz Ende 2004 einen seiner Träume und kaufte das Team Jaguar Racing. Das Team, dessen 100%iger Eigentümer Mateschitz ist, hat noch heute seinen Sitz im englischen Milton Keynes. Nach einem starken ersten Formel 1-Jahr mit 34 WM-Punkten feierte das Team 2006 durch David Coulthard seinen ersten Podestplatz. In der Konstrukteurswertung erreichte Red Bull Racing am Ende der Saison wiederum den siebten Platz. 2007 folgte das bisher erfolgreichste Jahr mit einem fünften Platz in der Teamwer-

---

[561] PRESSETEXT: „Red Bull Dolomitenmann: Vom Spaß-Event zum TV-Highlight"
[562] PRESSETEXT: „Red Bull Dolomitenmann: Vom Spaß-Event zum TV-Highlight"
[563] SÜDDEUTSCHE ZEITUNG: „Der steirische Zeus"
[564] SÜDDEUTSCHE ZEITUNG: „Der steirische Zeus"

tung.⁵⁶⁵ Das Budget lag mit 155 Mio. US-Dollar deutlich über dem Niveau des zweiten Teams – der Scuderia Toro Rosso, das seit 2006 unter diesem Namen in der Formel 1 fährt. Das ehemalige Minardi-Team, das je zur Hälfte der Red Bull GmbH und Berger Motor Sport GmbH gehört, muß mit einem Etat von 50 Mio. US-Dollar auskommen.⁵⁶⁶ Das Team scheint nach einem schwierigen Start langsam in der Formel 1 angekommen zu sein und konnte bereits mit einen vierten (Grand Prix von China 2007) und einen fünften Platz (Grand Prix von Monaco 2008) jeweils durch Sebastian Vettel zweimal in die Nähe des Podests fahren.⁵⁶⁷ Trotz steigender Tendenz stehen die Anteile an der Scuderia Toro Rosso zum Verkauf, wobei primär keine Gründe der Sponsoringstrategie ausschlaggebend sind, sondern eine Änderung des Reglements. Dadurch, daß es ab 2010 keine Synergien beim Design und der Konstruktion der Autos beider Teams mehr geben darf, müßte eine eigene Entwicklungsabteilung für Toro Rosso gegründet werden, dessen Investitionen Mateschitz nicht tragen möchte.⁵⁶⁸ Red Bull Racing wird jedoch auch darüber hinaus im Milliardengeschäft Formel 1 aktiv bleiben und für eine globale Verbreitung der Bekanntheit der Marke sorgen. Schließlich werden weltweit kumuliert über eine Mrd. Kontakte pro Rennen gezählt.⁵⁶⁹

Schlußbetrachtung

Es bleibt in Zukunft abzuwarten, ob Red Bull sein Engagement bei globalen Veranstaltungen ausweitet und sich vielleicht sogar vollständig aus dem Bereich der kleineren Szeneevents zurückzieht. Vorzustellen ist dieses Szenario im Moment noch nicht, denn ein Großteil der Konsumenten ist noch in diesem Bereich anzutreffen. Das Image lebt von diesen Veranstaltungen und es wird schwierig sein, sich ein solches Ansehen etwa in der Formel 1 aufzubauen, da hier z.Zt. noch die finanziellen Mittel fehlen. Des Weiteren ist zu berücksichtigen, wie sich die anhaltende Diskussion über eine Gesundheitsgefährdung durch den Konsum von Energydrinks entwickelt und ob in Folge dessen eine komplette Umstellung der Markenkommunikation notwendig wird. Wenn zum Beispiel Warnhinweise auf Konsumverzicht im Zusammenhang mit sportlicher Betätigung auf den Dosen platziert werden müßten, ist ein solch breites Engagement im Sportsponsoring wohl nicht mehr tragbar.⁵⁷⁰ Das Mateschitz trotzdem noch viel vorhat und Red Bull als globale Marke installieren möchte, zeigt sein Vergleich mit dem Branchenriesen Coca Cola: „Coca-Cola hat hundert Jahre Geschichte. Wir haben hundert Jahre Zukunft".⁵⁷¹

---

565 REDBULLRACING: „Red Bull Racing"
566 SPONSORS: „Formel Saison 2008 – Weltweit mit hoher Drehzahl", S. 18
567 FORMULA1.COM: „Results"
568 MOTORSPORT-TOTAL.COM: „Mateschitz wünscht sich vier Autos pro Team"
569 SPONSORS: „Formel Saison 2008 – Weltweit mit hoher Drehzahl", S. 17
570 HORIZONT: „Drohende Restriktionen für Red Bull und Co."
571 FRANKFURTER ALLGEMEINE ZEITUNG: „Der Bulle aus dem Salzkammergut"

Kapitel XI

Exklusivsportarten

von Jan-Felix Litter

Exklusivsportarten gehören wohl zu den ältesten, in jedem Fall zu den Sportarten mit langen Traditionen. Neben dem elitären Image, das sich über die Jahre und Jahrhunderte sicherlich geändert hat, setzte sich inzwischen auch die Bezeichnung Exklusivsportarten in den Medien und dem täglichen Sprachgebrauch durch. Der Ausdruck ist inzwischen weit verbreitet und wird selbstverständlich benutzt. Jeder hat eine ungefähre Vorstellung, was unter dem Begriff zu verstehen ist, obwohl es soweit an einer Definition fehlt. Synonym dazu werden Premiumsportart, Elitesportart oder die Umschreibung exklusive Sportart benutzt. Im Folgenden soll versucht werden eine erste Definition für den Ausdruck zu formulieren, Merkmale herauszustellen und mit Unterschieden und Gemeinsamkeiten zu anderen Sportarten eine Grundlage für die Beschäftigung mit den einzelnen Exklusivsportarten zu legen. Der Schwerpunkt liegt dabei auf der Herleitung eben dieser Definition sowie auf der Beschreibung der soziodemographischen Merkmale der Zielgruppe von Exklusivsportarten. Die Soziodemographie bildet die wichtige Grundlage zur Vermarktung einer Sportart. Eine Sportart kann zwar in gewissem Umfang auf bestimmte Zielgruppen ausgerichtet werden, allerdings ist dieser Spielraum begrenzt. Von der Zielgruppe sind das Image der Sportart und letztlich auch die Reichweite, die sie erlangt, abhängig. Darüber entscheidet sich wiederum, welche Sponsoren und Medien sich für das Vermarktungsprodukt interessieren. Es wird deutlich, wie zentral die Fragestellung ist. Die Zielgruppe bestimmt letzten Endes die Nachfrage. Um die Brücke zur Praxis zu schlagen, werden im Anschluß die Auswirkungen auf die Präsenz von Exklusivsportarten in den Medien und auf die Vermarktung von Exklusivsporten beschrieben. Ohne dabei explizit auf eine Sportart einzugehen, soll ein Überblick über die Besonderheiten von Exklusivsportarten und deren Gemeinsamkeiten untereinander gegeben werden.

Definition

Definitionen für den Begriff Exklusivsportart sind in der wissenschaftlichen Literatur bisher kaum vorzufinden. Aus dem Grund soll mit Hilfe der Definition des Wortes ‚exklusiv' und einer bestehenden Beschreibung von Trendsport versucht werden, Exklusivsportarten näher zu umschreiben, Alleinstellungsmerkmale zu finden und von anderen Bezeichnungen abzugrenzen. Die Bezeichnung Trendsport eignet sich in diesem Fall, da sie oftmals den Exklusivsportarten gegenüber gestellt wird. Um Mißverständnissen entgegen zu wirken sei vorweggenommen, daß sich dieser Gegensatz nicht einwandfrei aufrechterhalten läßt, wenn die Definitionen zur näheren Betrachtung herangezogen werden. Sowohl Exklusiv- als auch Trendsportarten bedienen Nischen, so daß der Massensport zu beiden den Gegensatz darstellt. Exklusiv- und Trendsport können eher als Ausprägungen von Randsportarten verstanden werden.

Das Wort ‚exklusiv' leitet sich vom lateinischen Ausdruck für ausschließen ‚excludere' ab. Es bedeutet, sich gesellschaftlich abzuheben oder beschreibt etwas, das nur einem bestimmten Personenkreis, bestimmten Dingen oder Zwecken vorbehalten ist.[572] Es handelt sich dabei also um ein Ausschließen, das gesellschaftlich bedingt ist. Dabei muß das Ausschließen nicht bewußt von dem Personenkreis, dem der Zugang vorbehalten ist, vorgenommen werden und wird unter Umständen nur von den Ausgeschlossenen so wahrgenommen. Ausschlußgründe können beispielsweise nicht vorhandene Mitgliedschaften in Verbänden oder ein niedriger gesellschaftlich-wirtschaftlicher Status sein. Von Exklusivität kann erst gesprochen werden, wenn ein Begehren auf Seiten der ausgeschlossenen Gruppe vorhanden ist, dem exklusiven Personenkreis anzugehören. Die Etymologie verweist ebenfalls auf die Übersetzung von Exklusivität als Vornehmlichkeit, was mit dem Verständnis von Exklusivsportarten übereinstimmt.[573]

In Anlehnung an die Beschreibung von Trendsport lassen sich einige Gemeinsamkeiten und Unterschiede der beiden Kategorien herausstellen. Während Trendsport als Veränderungstendenz im Sport mit Erneuerung und Innovation beschrieben wird, sind Exklusivsportarten etabliert, oft sogar traditionell.[574] Anstatt einer Abwandlung von Bekanntem, sind es grundlegende Bewegungsformen, die sich von anderen Sportarten deutlich unterscheiden. Teilweise liegen Exklusivsportarten sogar den Trendsportarten zugrunde, wie der Golfsport dem Cross-Golf oder im weiteren Sinne das Segeln dem Windsurfen. Eben dieser grundlegende Charakter von Exklusivsportarten läßt Spielraum für Diskussionen über die Einordnung zu den Randsportarten. Zwar haben Sportarten wie Tennis, Reiten oder Golf bei Weitem mehr Anhänger als typische Randsportarten, doch können diese Sportarten bis jetzt ebenso wenig als Breiten- oder Massensport bezeichnet werden. Im Trendsport ist vielfach die Entwicklung einer eigenen Szene zu erkennen, die für diesen Bereich zunächst typisch erscheint, jedoch auch bei den Exklusivsportarten wieder gefunden werden kann. So benutzen die Sportler eine eigene Sprache, die Fachvokabular einbezieht, pflegen einen eigenen Kleidungsstil, der durch die Sportart geprägt ist und erkennen unterschiedliche Markenprodukte an.[575]

---

[572] BROCKHAUS: „Exklusiv", S. 19
[573] DUDEN: „Das Herkunftswörterbuch der deutschen Sprache", S. 168
[574] SCHWIER: „Was ist Trendsport?", S. 18ff.
[575] SCHWIER: „Was ist Trendsport?", S. 18ff.

In dem von SCHWIER beschriebenen Lebenszyklus von Trendsportarten lassen sich weitere Unterschiede ausmachen. Der Produktlebenszyklus wird dazu unterteilt in die Phasen Erfindung, Innovation, Wachstum, Reife und Sättigung.[576] Diese Einteilung betont zwar die Erfindung und Innovation, die für den Trendsport im Fokus stehen, dennoch läßt sich dieser Zyklus allgemein auf Erfindungen anwenden. Die Einteilung ist dabei weniger marktorientiert als die allgemein bekannte Einteilung im Marketing dies vorsieht. Der Produktlebenszyklus einer Exklusivsportart läßt sich also mit den gleichen Phasen beschreiben, die jedoch um ein Vielfaches ausgedehnt sind. Die ersten Phasen liegen bei den typischen Exklusivsportarten mehrere Jahrhunderte zurück, so daß über die Entwicklung teilweise wenig bekannt ist. Segeln und Reiten sind bspw. aus grundlegenden Formen der Fortbewegung entstanden, während Golf und Tennis schon früh dem Bedürfnis nach aktiver Freizeitgestaltung nachgekommen sind. Durch die ausgedehnten Phasen des Produktlebenszyklus', aber auch dem grundlegenden Charakter, besteht die Möglichkeit zu Innovationen innerhalb der Sportart ohne den Charakter grundsätzlich zu verändern. Man könnte so in die Phasen des Wachstums, der Reife oder Sättigung Phasen der Innovation einordnen. Produktlebenszyklen weisen generell die Problematik auf, daß sie erst nach der Sättigungsphase eines Produktes bestimmt werden können. Insbesondere bei übermäßig langen Zyklen werden Analogieschlüsse von einer Sportart auf die andere schwieriger.

Exklusivsportarten sind im Allgemeinen normiert, d.h. sie folgen festgesetzten Regeln, die im Voraus bestimmt werden und auf deren Einhaltung gründlich geachtet wird. Trendsportarten sind hingegen freier, deren Anhänger unterwerfen sich ungern Normen und improvisieren bei der Auswahl ihrer Sportgeräte und Sportplätze. Im Gegensatz weisen exklusive Sportarten ein besonders kompliziertes und umfangreiches Regelwerk auf, sind trotz ihrer Normierung aber variantenreich und variabel. So lassen sich im Reit- und Segelsport eine Menge von Disziplinen finden, aber auch im Tennis oder Golf gibt es verschiedene Spielformen. Alle vier Sportarten erfordern zudem einen hohen organisatorischen Aufwand. Die Beschaffung und Unterhaltung von Ausrüstung und Sportplätzen stellen hohe finanzielle Anforderungen an den Sportler, die teilweise nur in Gemeinschaft mit Gleichgesinnten bewältigt werden können. Daraus resultiert zum einen ein weiterer Zwang zur Organisation, aber auch die Tatsache, daß nur ein beschränkter Personenkreis der Gesellschaft die Möglichkeit hat diesen Sport auszuüben. Der Fakt, daß die Ausübung des Sports teuer und exklusiv ist, ist ein Faktor, der das Image der Sportart elitär wirken läßt.

Die Beschreibung trifft auf typische, traditionelle Exklusivsportarten zu. Es könnte sich jedoch auch eine neue Exklusivsportart entwickeln. Zudem gibt es Sportarten, die diskussionswürdig sind. Zu den Exklusivsportarten im engeren

---

[576] SCHWIER: „Was ist Trendsport?", S. 18ff.

Sinne sollen daher zunächst nur die typischen Sportarten Segeln, Golf, Reiten und Tennis gezählt werden. Diskutieren läßt sich über Motorsport, Snooker, Tontaubenschießen, Kamelrennen und weitere. Dabei sollte unterschieden werden zwischen der Anziehungskraft auf Zuschauer und Aktive. Eine Sportart, die die breite Masse anzieht, hohe Reichweiten in den Medien generiert und gleichzeitig nur einen kleinen Kreis von Aktiven hat, kann trotzdem als exklusiv angesehen werden. Dazu kommen unterschiedliche Images in verschiedenen Ländern und teilweise natürlich sogar zwischen einzelnen Personen. Letztlich sind das Image und die Zielgruppe der Sportart entscheidend. Außerdem spielt ein gewisser Neidfaktor unter den ‚Ausgeschlossenen' (siehe Definition von ‚exklusiv') eine Rolle. Die Tradition ist zwar ein wichtiger Bestandteil typischer Exklusivsportarten, für die Abgrenzung ist sie jedoch keine zwingende Voraussetzung. Es ergibt sich somit eine weiche Abgrenzung und auch innerhalb der Sportarten eine Abstufung, wenn man bspw. das elitäre Image vom America's Cup mit dem der Weltumsegelungen unter schwierigsten Bedingungen vergleicht.

Exklusivsportarten erreichen also ihre Exklusivität vorrangig durch finanzielle und gesellschaftliche Zugangsbarrieren. Finanzielle Barrieren bestehen durch die verhältnismäßig hohen Kosten, die anfallen, um den Sport betreiben zu können. Gesellschaftliche Zugangsbarrieren bestehen, wenn der Interessierte das Gefühl hat in eine geschlossene Gemeinschaft aufgenommen werden zu müssen und dadurch abgeschreckt wird. Für die Definition ist die Kombination aus beidem wichtig. Privatpiloten haben bspw. ebenfalls finanzielle Zugangsbarrieren zu überwinden, jedoch sind für sie die gesellschaftlichen Hindernisse geringer. Der Sprachgebrauch wird maßgeblich durch marken- und imageorientierte Alleinstellungsmerkmale geprägt. Auch andere Sportarten sind teuer, werden jedoch in der Gesellschaft nicht in dem Maße als exklusiv und elitär wahrgenommen. Durch die finanziellen Zugangsbarrieren kann man nicht davon sprechen, daß Exklusivsportarten primär als exklusiv auf den Markt ausgerichtet wurden und daher ihr Image bekommen haben. Vielmehr entstand das elitäre Image als Auswirkung dieser Zugangsbarrieren.

> Exklusivsportarten sind Sportarten, die sich durch ihr Image gesellschaftlich abheben und finanzielle und gesellschaftliche Zugangsbarrieren aufzeigen. Sie sind traditionell verwurzelt und in einem hohen Umfang einer Normierung und Organisation unterworfen. Sie stellen keine Abwandlung dar, sondern haben grundlegenden Charakter.

Soziodemographische Merkmale der Zielgruppe

Die Vorstellung eines typischen Interessierten an Exklusivsportarten ergibt einen wohlhabenden Herrn jenseits der 50, der nebenbei ein Unternehmen leitet oder wichtige Verträge auf dem Golfplatz abwickelt, den Großteil seiner Zeit jedoch mit seinem Hobby verbringt. Ob dies tatsächlich der Realität entspricht, soll anhand der jährlich erscheinenden Sportprofile AWA[577] ermittelt werden. Dazu werden die Interessierten der Sportarten Golf, Reiten, Segeln und Tennis kurz beschrieben, um anschließend einen Vergleich ziehen zu können. Das Interesse am Golf ist tatsächlich bei Männern etwas höher als bei Frauen und in der Altersklasse zwischen 50 und 69 auffällig höher als in anderen Altersgruppen. Darüber hinaus ist der Anteil von Interessierten unter Selbstständigen und leitenden Angestellten, Meinungsführern, Innovatoren und Personen mit hohem gesellschaftlich-wirtschaftlichem Status und einem breiten Interessensspektrum sehr hoch. Wie erwartet steigt das Interesse auch mit dem Haushaltseinkommen und dem Bildungsgrad. Statistisch gesehen sind Interessierte am Reitsport weiblich und verwitwet. Das Interesse verteilt sich jedoch recht gleichmäßig über die Altersgruppen und steigt ab dem 60. Lebensjahr. Es sind keine signifikanten Unterschiede zwischen den Kategorien in den Bereichen Bildung, Berufskreis des Hauptverdieners und Einkommen zu erkennen. Lediglich Meinungsführer und Personen mit einem sehr breiten Interessensspektrum heben sich etwas ab. Das Interesse am Segeln ist unter Männern etwas höher als bei den Frauen, steigt relativ konstant mit dem Alter und fällt nach dem 70. Lebensjahr wieder ab. Wie beim Golf steigt das Interesse auch mit dem Grad der Bildung, Einkommen, gesellschaftlich-wirtschaftlichem Status, Persönlichkeitsstärke und Innovationsorientierung. Auch Selbstständige und leitende Angestellte sind stärker interessiert. Beim Tennis ist das Interesse von Männern ebenfalls ein wenig höher als das der Frauen, steigt leicht mit dem Alter und der Bildung. Auch hier ist wieder ein Zusammenhang zwischen dem Interesse und dem Einkommen sowie dem gesellschaftlich-wirtschaftlichem Status, Persönlichkeitsstärke, einem sehr breiten Interessensspektrum und der Innovationsorientierung zu erkennen. Das Interesse steigt auch wieder mit dem Berufskreis des Hauptverdieners im Haushalt, allerdings ist es unter leitenden Angestellten und Beamten höher als unter Selbstständigen und Geschäftsführern.

Es läßt sich zusammenfassen, daß bei den Sportarten Golf, Segeln und Tennis das Interesse mit dem gesellschaftlich-wirtschaftlichem Status (als zusammenfassender Begriff für Einkommen, Bildung, Persönlichkeitsstärke usw.) steigt. Der Reitsport fällt dabei etwas aus der Reihe, stößt jedoch insgesamt auf ein relativ hohes Interesse in der Bevölkerung. Die absoluten Zahlen belegen, daß Tennis und Reiten im Interesse vor Segeln und Golf liegen.

---

[577] SPORTFIVE: „Sportprofile AWA 2006"

Abbildung 5: Steigerung des Interesses nach gesellschaftlich-wirtschaftlichem Status[578]

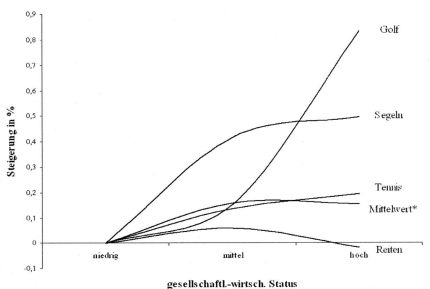

* Mittelwert der Sportarten Golf, Segeln, Tennis, Reiten, Autorennsport, Fußball, Eishockey, Boxen, Basketball, Handball, Beachvolleyball, Leichtathletik, Radsport, Snowboard, Biathlon

Die Graphik zeigt die Steigerung des Interesses an ausgewählten Sportarten nach gesellschaftlich-wirtschaftlichem Status. Sie setzt die Steigerung des Interesses von Personen mit mittlerem und hohem gesellschaftlich-wirtschaftlichem Status in Relation zu der von Personen mit jeweils niedrigerem Status. Ausgewählt wurden die ‚typischen' Exklusivsportarten Golf, Segeln, Tennis und Reiten. Die Werte geben also nicht das absolute Interesse an, sondern den Grad der Steigerung in Relation zu dem Interesse der Personengruppe mit niedrigerem gesellschaftlich-wirtschaftlichen Status. Als Referenzwert ist der Mittelwert von ausgewählten Sportarten eingezeichnet, die die Exklusivsportarten beinhalten. Die Zahlen sind damit vom absoluten Interesse bereinigt und können in Bezug auf die Steigerungsrate bei jeweils höherem Status besser miteinander verglichen werden. Des Weiteren ist darauf hinzuweisen, daß lediglich ein Wert pro Kategorie (niedrig, mittel, hoch) berechnet wurde und die Kurve für eine bessere

---

[578] eigene Darstellung, Daten aus: SPORTFIVE: „Sportprofile AWA 2006"

Übersichtlichkeit geglättet wurde. Zur Interpretation der Graphik hat für die Überlegungen die Steigerung im Bereich des hohen gesellschaftlich-wirtschaftlichen Status die höchste Relevanz. Dabei sind mehrere Punkte auffällig. Die oben angeführte Beschreibung von Exklusivsportarten läßt darauf schließen, daß das Interesse mit dem gesellschaftlich-wirtschaftlichen Status steigen müßte. Das stimmt zwar für die Sportarten Golf, Segeln und Tennis, jedoch bei Segeln und Tennis nicht in dem Umfang, wie man dies vielleicht erwarten würde. Der Reitsport nimmt dabei eine Sonderstellung ein, da das Interesse in der Gruppe mit hohem Status sogar marginal niedriger ist als das in der Gruppe mit niedrigem Status. Hinzuweisen ist dabei besonders auf den Mittelwert der ausgewählten Sportarten.[579] Alle Sportarten zeigen dabei eine Steigerung des Interesses von der niedrigen zur hohen Gruppe. Ausnahmen bilden dabei neben Reiten lediglich Autorennsport und Boxen – allerdings mit deutlicherem Gefälle. Die höchsten Steigerungen sind mit Abstand im Golf und Segeln zu finden, was der obigen Definition entspricht. Die Steigerung des Interesses an Tennis liegt knapp über dem Mittelwert, ist damit jedoch niedriger als bei Basketball und Beachvolleyball.

Bei der Betrachtung des Interesses nach Haushaltsnettoeinkommen ist eine differenziertere Herangehensweise an das Problem möglich. Die Unterteilung wurde hier nicht nur in drei Kategorien vorgenommen, sondern in sechs.[580] Dabei ist beim Tennis, Segeln und Golf das Interesse der höchsten Gruppe (3.500 Euro und mehr) höher als der niedrigeren Einkommensgruppen. Der Reitsport bildet auch hier wieder eine Ausnahme. Einheitlich alle Sportarten weisen eine hohe Steigerung in der höchsten Einkommensgruppe auf, was die Definition von Exklusivsportarten wiederum bestätigt. Das dieses Ergebnis nicht deutlicher ausfällt, dürfte an der Einteilung der Einkommensgruppen liegen. Für die Beschreibung von Exklusivsportarten ist die Einteilung 3.500 Euro und mehr für die oberste Einkommensschicht zu grob. Die Kernzielgruppe von Exklusivsportarten verfügt über ein höheres Einkommen, so daß eine weitere Differenzierung in diesem Einkommensbereich nötig wäre. Der Anteil der Kernzielgruppe von exklusiven Sportarten ist damit nicht gewichtig genug, um eine begründete Aussage zu treffen. Dennoch lassen sich damit die aufgestellten Vermutungen durchaus belegen. Mit dieser Kategorisierung der Einkommensgruppen muß man zu dem Ergebnis kommen, daß sich Exklusivsportarten zwar ansatzweise, aber nicht signifikant von den anderen Sportarten abheben. Zwei methodische Probleme relativieren dabei jedoch die Aussagekraft. Zum einen eben die grobe Einteilung und zu niedrige Einkommensgruppen, zum anderen wurde hier das Interesse an den Sportarten abgefragt, woraus sich nicht die tatsächliche Aktivität in dieser Sportart ableiten läßt. Für werbetreibende Unternehmen in

---

[579] Golf, Segeln, Tennis, Reiten, Autorennsport, Fußball, Eishockey, Boxen, Basketball, Handball, Beachvolleyball, Leichtathletik, Radsport, Snowboard, Biathlon
[580] SPORTFIVE: „Sportprofile AWA 2006"

diesem Bereich kann dies durchaus einen interessanten Aspekt darstellen. Es kann somit gezeigt werden, daß Exklusivsportarten ebenfalls eine Anziehungskraft auf den Personenkreis haben, der nicht zu der eigentlichen Zielgruppe zählt. Diese Gruppe hat zwar Interesse an dem Sport, kann ihn aber – vielleicht aus finanziellen Gründen – nicht ausüben. Für das Image des Unternehmens und auch für deren Kunden sowie die Anhänger der Sportart bedeutet dies ein höheres Ansehen in der gesamten Gesellschaft. Das Unternehmen kann so Bedürfnisse seiner Kunden, ein Statussymbol zu erwerben, befriedigen und fördern.

Exklusivsportarten in den Medien

Die mediale Vermarktung wird sicherlich in Zukunft eine zunehmend wichtigere Stellung einnehmen. Die gilt insbesondere für die Exklusivsportarten, da sie eine kleine Zielgruppe ansprechen. Die Sportarten erlangen damit eine zu geringe Reichweite für das Free-TV und müssen sich daher über alternative Medien präsentieren, um das Interesse in der Bevölkerung zu befriedigen und zu verstärken. Auf der anderen Seite zeigt die Zielgruppe der Exklusivsportarten eine hohe Affinität gegenüber neuen Medien – besonders Internet, Handy/PDA und Pay-TV – auf.[581] Eben diese Medien gewinnen laut Umfrage am stärksten an Bedeutung und lassen auch eine individuelle Zielgruppenansprache zu. Das Web-TV bietet in diesem Bereich die Möglichkeit, die Interessierten zu informieren. Dazu ist der Vermarkter unabhängig von Zeit und Ort sowie von eventuellen TV-Sendern, die kurzfristig entscheiden, ihre Rechte nicht zu nutzen und auf die Übertragung zu verzichten. Bei großen Segelveranstaltungen ist diese Möglichkeit bereits verhältnismäßig weit verbreitet und auch im Golfsport zu finden. Man erreicht so global eine größere Zielgruppe, als es nationale TV-Sender könnten.

Generell gelten auch im Medien-Bereich die Gesetze der Exklusivsportarten. Anstatt auf hohe Quantität setzt man auf hohe Qualität. Man richtet sich auch hier nach der Zielgruppe, die sich selber aussuchen kann, was sie sich anschaut. Aktualität und Informationsinhalt sind dabei die wichtigsten Faktoren. Im Gegensatz zu den Angeboten im Massensport, findet man bei den Exklusivsportarten überwiegend kostenfreies Web-TV, zumeist auf den Webseiten der Veranstalter. Das ist auf der einen Seite ein Resultat aus der schwierigen Vermarktbarkeit der TV-Rechte, zeugt auf der anderen Seite aber auch von der Bereitschaft solche Inhalte selber zu produzieren und zur Verfügung zu stellen und dem Bewußtsein von dessen Notwendigkeit. Das Anbieten dieser kostenfreien Dienstleistungen scheint dabei die richtige Voraussetzung, um die Nachfrage nach kostenpflichtigen Zusatzleistungen zu erhöhen und zu späterem Zeitpunkt die Preise für die TV-Rechte zu steigern. Für die Sponsoren stellt das Web-TV ebenfalls eine wichtige Vermehrung ihrer Werbepräsenz dar.

---

[581] PILOT: „Sponsor Visions 2007", S. 10

Vermarktung von Exklusivität

Vermarkter von Exklusivsportarten arbeiten mit anderen Strukturen, Attributen und Dimensionen als Vermarkter von anderen Sportarten. Sicherlich zählt vieles für beide Bereiche, dennoch gibt es auch Unterschiede. Zum einen ist das die genannte Zielgruppe mit ihren soziodemographischen Merkmalen, zum anderen finden wir daher auch eine andere Sponsorenstruktur. Überwiegend engagieren sich Unternehmen aus den Branchen Uhren, Luxusgüter, Automobile, Finanzen und Versicherungen, die ein exklusives Image transportieren und wohlhabende Kunden ansprechen wollen. Die wachsende Nachfrage von Exklusiv-Sponsoren wird auch in Massensportarten deutlich. In diesen sind inzwischen längst nicht mehr nur beim Fußball und der Formel1 VIP-Logen, Business und Exclusive Seats selbstverständlich, sondern dem Bedürfnis des Networking mit Geschäftspartnern und Kunden kann bei jeder sportlichen Veranstaltung nachgegangen werden.

Abbildung 6: Positionierung von Exklusivsport innerhalb von Massen- und Randsportarten

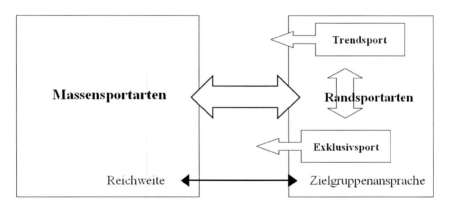

Anhand dieser Abbildung soll die Positionierung der Exklusivsportarten deutlich gemacht werden. Wie oben bereits beschrieben, grenzt sich der Exklusivsport gegen den Trendsport ab, stellt jedoch nicht das Gegenteil dar, welches vielmehr in den Massensportarten gesehen werden kann. Sicherlich ist in diesem Zusammenhang vorsichtig mit dem Ausdruck Randsportarten umzugehen, sprechen doch einige Exklusiv- und Trendsportarten inzwischen eine breite Masse an. Dennoch bietet die Bezeichnung hier einen passenden Sammelbegriff. Die Pfeile von Exklusiv- und Trendsport in Richtung Massensport deuten das Bestreben der Sportarten nach mehr Breitenwirkung an. Im Hinblick auf die Vermarktung der Sportarten zeigt die Abbildung den wichtigsten Unterschied zwischen Massen- und Randsportarten: Während Massensport von den Unternehmen genutzt wird, um eine große Reichweite zu erlangen, bieten Randsportarten eine differenzierte Zielgruppenansprache. Unternehmen erreichen so ein besseres Fitting zwischen ihrer Zielgruppe und der Zielgruppe der Sportart. Zudem weisen Randsportarten, Exklusivsportarten natürlich in besonderem Maße, eine hohe Kaufkraft in der Zielgruppe auf. Der Tausender-Kontakt-Preis steigt dementsprechend, durch die genauere Adressierung der Zielgruppe und geringere Streuung versprechen sich die Unternehmen jedoch auch eine höhere Effektivität.Daraus resultieren ebenfalls abweichende Sponsoringziele der Sponsoren in Exklusivsportarten im Gegensatz zu denen im Sportsponsoring allgemein. Wichtiger als im Sponsoring von Massensportarten sind die Imageverbesserung und insbesondere die Kontaktpflege zu wichtigen Kunden, Partnern und Meinungsführern. Unverzichtbar sind dabei der persönliche Kontakt sowie die direkte Ansprache von Führungspersonal. Die Ziele Bekanntheit und Social Responsibility rücken bei Sponsoren von Exklusivsportarten selbsterklärend weiter in den Hintergrund. Umsatzziele können auch in Exklusivsportarten verfolgt werden, allerdings über den Weg der persönlichen Kundenansprache und nicht über das Erreichen einer breiten Masse. Für Sponsoren gestaltet es sich generell schwierig, den Imagetransfer zu realisieren und zu messen. Bei höherem Stellenwert des Imagetransfers als Sponsoringziel, steigt auch die Bedeutung der Realisierung und Messung. Begünstigt ist der positive Imagetransfer allerdings durch ein höheres Involvement der Zielgruppe. Dies entsteht dadurch, daß die Zielgruppe selber aktiv ist und dabei sehr viel Zeit mit dem Sport verbringt. Segeln und Golf, aber auch der Reitsport und Tennis erfordern einen hohen Zeitaufwand und damit auch eine lange Verweildauer in dem Umfeld, welches der Sponsor bewirbt. In diesem Zusammenhang ist auch die bedeutende Stellung des Tourismus innerhalb der Exklusivsportarten zu nennen. Zumindest Golf und Segeln haben hier ein Potential, das weit über dem anderer Sportarten liegt und in breitem Umfang nachgefragt wird. Die Sportarten nehmen dabei die zentrale Rolle in der Tagesplanung ein, die Urlauber verbringen mehr Zeit mit dem Sport als mit irgendetwas Anderem bis hin zu kompletten Tagen auf der Segelyacht. Daneben soll auch die Wirkung auf einen Personenkreis außerhalb der eigentlichen Zielgruppe nicht unberücksichtigt bleiben. Eine gewisse Vorbildfunktion der beworbenen Zielgruppe und der Wunsch einen höheren gesellschaftlichen Status vorzuleben sorgen dafür, daß auch potentielle Kunden aus niedrigeren Einkommensgruppen die Produkte nachfragen. Auch das kann für höhere Absatzzahlen oder – um die Exklusivität zu wahren – für steigende Preise sorgen.

Schlußbetrachtung

Unter Exklusivsportarten versteht man also Sportarten, die sich durch ihr Image gesellschaftlich abheben. Im engeren Sinne beinhaltet dies Golf, Segeln, Reitsport und Tennis. Golf ist dabei – gefolgt von Segeln – die typischste aller Exklusivsportarten. Um diskussionswürdige Sportarten einordnen zu können, wäre die Darstellung von verschiedenen Sportarten im Imageraum sinnvoll. Würden die richtigen Eigenschaften abgefragt, ließe sich eine sichere Abgrenzung durchführen. Zu diesen Eigenschaften müßten ‚traditionell', ‚exklusiv', ‚teuer' und weitere gehören. Im Zusammenhang mit dem Thema Exklusivsportarten lassen sich zudem zwei Trends ausmachen:

- Es wird versucht, Exklusivsportarten vermehrt als Breitensportarten für die Massen zu öffnen, um eine größere Reichweite zu generieren. Dabei besteht die Gefahr, das exklusive Image einzubüßen und so für bestimmte Sponsoren an Attraktivität zu verlieren.

- Des Weiteren ist auch bei Massensportarten das Potential von VIP-Kunden erkannt worden. So versuchen Verbände und Veranstalter auch Massenveranstaltungen für ein bestimmtes Kundensegment als exklusiv zu vermarkten. Die Nachfrage nach Hospitality und Incentives ist unumstritten gestiegen und sorgt nicht nur bei den Exklusivsportarten für ein Umsatzwachstum. Die zahlungskräftige Zielgruppe gewinnt an Bedeutung und wird es weiter tun. Die Einsatzmöglichkeiten bei Massenveranstaltungen sind dabei begrenzt, jedoch bietet der Exklusivsport nahezu unerschöpfliches Potential, den Sport aktiv zu erleben. Insbesondere Golf und Segeln sind dabei auf dem Vormarsch, sprechen eine breite Zielgruppe in einem einkommensstarken Segment an und weisen damit eine positive Übereinstimmung mit Meinungsführern und Führungspersonal auf. Das Potential von Exklusivsportarten ist sowohl im Amateur- wie auch im Profi-Bereich für die Sponsoringbranche so groß wie in keiner anderen Sportart.

Obwohl die Sportarten Jahrhunderte alt sind, wird ihnen in den nächsten Jahren ein Aufschwung prognostiziert, wie sie ihn bisher in ihrer Geschichte noch nicht erlebt haben. Grundsätzlich kann das nicht für alle Exklusivsportarten zutreffen, allerdings stehen die Chancen im Segelsport und insbesondere im Golfen gut.

Kapitel XII

Sponsoring im Reitsport

von Gesa Kristina Wentrot

„Pferdezucht und Reiten sind ein Jahrtausende altes und gleichzeitig modernes Kulturgut. Mit einem Engagement im Reitsport erhöhen wir unsere Bekanntheit in wichtigen Zielmärkten und verbinden gleichzeitig das edle Image des Reitsports mit unserer Privatbank." Dr. Hans-Martin UEHLINGER, Head of Corporate Branding & Communications LGT Group Foundation[582]

Wie können Unternehmen erreichen, daß Ihr Produkt als einzigartig und exklusiv vom Kunden wahrgenommen wird? Besonders bei Luxusgütern oder Dienstleistungen im hochpreisigen Sortiment wird angestrebt eine persönliche Beziehung zwischen Kunde, Produkt und dem Unternehmen aufzubauen, um so eine lang anhaltende Bindung sicherzustellen. Entscheidet sich ein Unternehmen für Sponsoring im Sportbereich, bieten Exklusiv- und Trendsportarten eine ausgezeichnete Kommunikationsplattform.[583] Der internationale Reitsport bietet ideale Voraussetzungen für die Erreichung der Image- und Bekanntheitsziele von exklusiven Produkten und Dienstleistungen des Sponsors. Pferdesport hat den Status einer olympischen Disziplin und deutsche Reiter genießen internationale Erfolge in der Öffentlichkeit. Der Reitsport präsentiert unter anderem eine breite Alterszielgruppe zwischen 4 und 80 Jahren, die meistens ein höheres Einkommen zur Verfügung hat. Durch das Sponsoring von Reitturnieren lernen Freunde des Pferdesports Dienstleistungen und Produkte des Unternehmens in ihrer Freizeit bei Pferdeevents in angenehmer Atmosphäre kennen und verbinden so Produkte oder Dienstleistungen mit einem positiven emotionalen Erlebnis. In der folgenden Ausarbeitung wird ein Überblick über die wichtigsten Grundlagen des Reitsports gegeben, gefolgt von den soziodemographischen Daten. Schwerpunkt dieser Arbeit ist der Reitsport und seine Vermarktung. Einführend wird erklärt, aus welchen Gründen und für wen sich der Reitsport als Sponsoringfeld auszahlt. Dabei soll sowohl auf den Nutzen aus Sicht der Reiter als auch aus Sicht der Sponsoren eingegangen werden. Anschließend wird der Reitsport als Medien- und Kommunikationsplattform beleuchtet. Die Bank des Fürstenhauses von Liechtenstein (LGT) und ihre Sponsoringstrategie dient als ausgewähltes Praxisbeispiel und gibt einen Einblick in die Welt des Pferdesponsorings. Die Schlußbetrachtung faßt die gewonnenen Erkenntnisse zusammen.

---

[582] SPONSORING EXTRA: „Interview mit Dr. Hans Martin Uehlinger", S. 6
[583] MEFFERT: „Marketing, Grundlagen marktorientierter Führung", S. 709

Grundlagen der Sportart

Reiten kategorisiert sich in die klassischen Disziplinen Dressur, Springen, Vielseitigkeit und Fahren. Frauen und Männer treten bei Turnieren gegeneinander an. Es existiert keine Geschlechtertrennung wie z.b. beim Tennis. Die Altersaufteilung beim Reitsport erfolgt nach Altersklassen. Bis 16 Jahren gehören die Reiter zum Nachwuchs, gefolgt von den Junioren bis 18, angeschlossen von den Jungen Reitern von 18 bis 21 Jahren, anschließend folgen die Reiter von 21 bis 40 und ab 40 spricht der Reitsport von Senioren. Drei bis vier Pferde schaffen einen Arbeitsplatz rund um das Pferd in Deutschland. In den Bereichen Sport, Hobby sowie Zucht und Haltung von Pferden verdienen 300.000 Menschen ihren Lebensunterhalt. 7.000 bis 10.000 Menschen verdienen ihren Lebensunterhalt mit Reitunterricht sowie der Ausbildung von Reiter und Pferd. Mehr als 3.000 Unternehmen in Deutschland haben das Pferd als Hauptgeschäftsgegenstand.[584] Reiter und Pferdebesitzer in Deutschland geben insgesamt 2,6 Mrd. Euro pro Jahr allein an laufenden Kosten für das Reiten aus. Den Gesamtumsatz für den Pferdesport zu berechnen erweist sich als schwierig. Schätzungen zu Folge liegt dieser Betrag aber bei deutlich über 5 Mrd. Euro. So kann vom Reitsport als einem eigenen Wirtschaftszweig in Deutschland gesprochen werden. Der Reitsport ist nicht den Massen- oder Trendsportarten zuzuordnen, die sich oft durch innovative Bewegungspraktiken und Neuheiten auszeichnen. Es handelt sich um eine Exklusivsportart alleine auf Grund der teuren benötigten Ausstattung und laufenden Kosten, die der Reitsport mit sich bringt. Exklusivsportarten sind meistens etabliert, traditionell, normiert und verfügen über eine eigene Szene. Da mit diesen Voraussetzungen für die Sportart einige Personen automatisch ausgeschlossen werden, geht man von einer exklusiven Zielgruppe aus, die der Reitsport anspricht.[585] Aufgrund der finanziellen Anforderung beim Pferdesport sind Reiter meistens in einem Verein organisiert.

Soziodemographische Daten

Laut einer Studie aus 2001 des Marktforschungsinstituts Ipsos reiten in der Bundesrepublik Deutschland insgesamt 1,6 bis 1,7 Mio. Menschen. Die Gesamtzahl teilt sich auf in Jugendliche ab 14 Jahren mit 1,24 Mio. und ca. 360.000 Jugendlichen unter 14 Jahren. Der Wunsch, im Pferdesport aktiv zu werden, besteht bei weiteren 870.000 Menschen ab 14 Jahren und bei 230.000 unter 14 Jahren. Generell am Thema Pferd und Pferdesport interessiert sind 8,74 Mio. Menschen in Deutschland. Einschließlich der Jugendlichen unter 14 Jahren ergibt sich eine Gesamtsumme von 11 Mio. Menschen, die als Freunde des Pferdesports bezeichnet werden können. Die 7.589 Reit- und Fahrvereine Deutschlands haben

---

[584] DEUTSCHE REITERLICHE VEREINIGUNG: „Zahlen, Daten, Fakten zum Pferdesport in Deutschland"
[585] THOMES: „Sponsoring der FEI World Equestrian Games Aachen 2006", S. 698

eine Lobby von 762.432 Mitgliedern. Rund 70% der Mitglieder (555.776) sind Mädchen und Frauen. Mit 206.656 Mitgliedern ist der männliche Anteil deutlich geringer. Die deutsche Reiterliche Vereinigung (Fédération Equestre Nationale, FN), der nationale Dachverband des Pferdesportes, ist die weltweit größte Pferdesport-Vereinigung und steht beim Deutschen Olympischen Sportverbund an siebter Stelle. Der Pferdesport ist beliebt bei Jung und Alt. Mehr als die Hälfte der Mitglieder (385.782) sind 26 Jahre und jünger. [586] In Deutschland leben mehr als 1 Mio. Ponys und Pferde, was einen steigenden Trend erkennen läßt, da sich mit dieser Zahl die Pferdepopulation in Deutschland in den vergangenen 40 Jahren vervierfacht hat.[587]

Deutschland bildet die Spitze im internationalen Reitsport. In keinem anderen Land werden so viele Turniere veranstaltet. Der Weltcup, Preis der Nationen und unterschiedlichste private Reitsportveranstaltungen füllen mit ihrer Vielfalt den Terminkalender der Springreiter. Deutschland gehört mit zu den erfolgreichsten Pferdesportnationen der Welt. Um diese Aussage zu untermauern, können folgende Beispiele angeführt werden. Bei den Weltreiterspielen in Jerez de la Frontera/ESP 2002 haben deutsche Reiter 9 von theoretisch 31 erzielbaren Medaillen gewonnen. Bei den Europameisterschaften in den Disziplinen Dressur, Springen, Vielseitigkeit und Springen bestätigte der Nachwuchsbereich den Erfolgskurs. Deutsche Teilnehmer gewannen 26 von theoretisch 63 möglichen Medaillen. Im Jahr 2003 gewannen deutsche Reiter, Fahrer und Voltigierer insgesamt 23 Gold-, 12 Silber- und 7 Bronzemedaillen von insgesamt 41 Medaillen bei internationalen Championaten. Bei Olympischen Spielen insgesamt (1912 - 2004) erhielten deutsche Dressur-, Spring- und Vielseitigkeitsreiter 75 Medaillen, davon 34 Goldmedaillen.[588] Ein maßgeblicher Faktor, der anteilig zu den Erfolgen des deutschen Pferdesports beigetragen hat, ist die deutsche Pferdezucht. „Beim Finale des Weltcups Dressur im April 2006 waren exakt zwei Drittel aller teilnehmenden Pferde deutschen Ursprungs. Bei den Weltmeisterschaften der sieben offiziellen Pferdesportdisziplinen 2006 in Aachen waren fast 25% aller Pferde deutschen Ursprungs und gewannen insgesamt 37 Medaillen.[589] Der Reitsport steht bei den beliebtesten Sportarten von Mädchen und Frauen an vierter Stelle. Bei Jungen und Männer hingegen bekommt der Reitsport bei den beliebtesten Sportarten nur auf Rang 15.[590] Obwohl der Pferdesport quantitativ von Frauen dominiert wird, finden sich hauptsächlich Männer auf den oberen Plätzen der FEI Weltrangliste beim Springen.[591]

---

[586] PFERD-AKTUELL: „Zahlen & Fakten"
[587] PFERD-AKTUELL: „Zahlen & Fakten"
[588] DEUTSCHE REITERLICHE VEREINIGUNG: „Zahlen, Daten, Fakten zum Pferdesport in Deutschland"
[589] PFERD-AKTUELL: „Zahlen & Fakten"
[590] DEUTSCHE REITERLICHE VEREINIGUNG: „Zahlen, Daten, Fakten zum Pferdesport in Deutschland"
[591] UEHLINGER: „LGT- die Bank des Fürstenhauses von Liechtenstein inszeniert sich im Reitsport"

Gründe für ein Engagement im Reitsport

Warum sollen sich Unternehmen für Reitsportsponsoring entscheiden ? Was macht gerade den Pferdesport für Sponsoren attraktiv ? Für eine Sponsoring-Entscheidung ist es wichtig, am Anfang eine präzise Aufgabenstellung zu formulieren, gefolgt von den angestrebten Zielsetzungen, die Sponsoring im Reitsport erreichen möchte.

Um das passende Sponsoringfeld für Unternehmen zu finden, hilft ein formulierter Kriterienkatalog, der die angestrebten Sponsoringziele des Unternehmens definiert. Der Pferdesport erfüllt mögliche Kriterien wie Branchenexklusivität, überdurchschnittliche Affinität der Zielgruppe und Partner mit erstklassigem Renommée. Der Reitsport wird gemäß einer empirischen Studie der IFM Medienanalysen GmbH außerdem mit Imagefaktoren wie Eleganz, Ästhetik, Umweltfreundlichkeit, Kraft, Feingefühl, Modernität und Leistungsbereitschaft in Verbindung gebracht. Diese Faktoren sollten mit der Werbebotschaft und dem Charakter des Sponsors im Reitsport übereinstimmen. Des Weiteren muß die Glaubwürdigkeit des Reitsportsponsorings aus Sicht der Stakeholder, besonders der Kunden, sichergestellt werden.[592] Bei einer vergleichenden Analyse von Sportarten, durchgeführt von der LGT, positioniert sich der Pferdesport auf Grund einer Kombination von sieben Faktoren wie Budget, exklusiver Auftritt, Affinität, Preis/Leistung und ganzjährig auf Platz 1. Mitstreiter bzw. Wettbewerber in der Studie sind Sportarten wie Fußball, Ski Alpin und Exklusivsportarten wie Golf und Segeln, die mit weniger Punkten abschneiden. Insgesamt ein Ergebnis, was aus Sicht der LGT für Sponsoring im Bereich Reitsport spricht. Wichtig bei der Sponsoringentscheidung ist des Weiteren, den voraussichtlichen Erfolg und die Akzeptanz des Gesponserten sowie die potentiell mit ihm verbundenen Risiken heranzuziehen. Es ist zu prüfen, ob eine Imageaffinität zwischen dem geldgebenden Unternehmen und dem Reitsport besteht. Das Sponsoringaufkommen im Sportbereich ist in den letzten Jahren rapide angestiegen mit einem „Sponsoring Overkill" in Folge. Bei einigen Konsumenten kann Reaktanz gegenüber dem Unternehmen als Sponsor auftreten. Aus diesem Grund ist es besonders wichtig, daß die Werte, die Reitsportsponsoring vermittelt, mit den Werten des Unternehmens übereinstimmen.[593] Die Glaubwürdigkeit des Reitsportsponsorings für die LGT Fürstenbank ist u.a. aufgrund der historischen Verankerung der Bank gegeben und wird im Praxisteil in weiteren Ausführungen verdeutlicht.

Im folgenden Abschnitt wird auf einige besondere Rahmenbedingungen des Pferdesports aus Sicht der Reiter eingegangen, die ihn attraktiv für ein Sponsorengagement machen: Der Reitsport ist einfach zu verstehen und Regeln können

---

[592] UEHLINGER: „LGT- die Bank des Fürstenhauses von Liechtenstein inszeniert sich im Reitsport"
[593] MEFFERT: „Marketing, Grundlagen marktorientierter Führung", S. 709

von Pferdefreunden und Zuschauern schnell erlernt werden. Es ist möglich, sich schnell ein breites Fachwissen zu erarbeiten. Das leichte Erlernen der Regeln hat ein höheres Involvement und interessiertes Verfolgen von Reitsportevents zur Folge. Bei Reitturnieren liegt immer Spannung in der Luft. Fällt die Stange, schafft der Reiter ohne Fehler den Parcours zu reiten und das noch in der Bestzeit ? Welcher Reiter kommt ins Stechen ? Da es sich beim Reitsport um einen Exklusivsport handelt, ähnlich wie beim Golf, werden Reitsportveranstaltungen außerdem meistens von interessanten Sponsoren begleitet. Die neuesten VW Modelle bauen z.b. in Nörten-Hardenberg in Niedersachsen jedes Jahr beim Burgturnier die neuen Parcoursreihenfolgen auf.[594]

Der Reitsport ist ferner ein Zusammenspiel von Tier und Mensch und übt so eine besondere Begeisterung auf den Zuschauer aus. Das Pferd ist ein faszinierendes Wesen. Reiter hegen eine enge Verbindung zu ihrem Partner Pferd und haben eine hohe Verantwortung für ihr Tier. Turnierpferde sind Charakterpferde mit besonderen Persönlichkeiten, und für den Erfolg des Reiters ist ein vertrauensvolles Verhältnis zwischen Pferd und Mensch notwendig. Viele Reiter sprechen hier von einer Vermenschlichung von Pferden. Der Erfolg besteht aus dem Können des Reiters und dem Können des Pferdes, vereint in einem perfekten Zusammenspiel. Der Pferdesport redet vom „Sport mit Partner". „Der Reitsport ist gesellig und lustig" so Janina MÜLLER, ehemalige Reiterin der Student National Riders von den Studentenreitern Deutschland und im Bundeskader des Ponysports. „Wenn Menschen gut mit Pferden umgehen können und im Reitsport aktiv sind, wird ihnen gesellschaftliche und soziale Kompetenz zugesagt. Soft skills sind außerdem bei Reitern besonders stark ausgeprägt. Wer gut zu Tieren ist, ist auch gut zu Menschen".[595] Das Interesse an Reitsportevents, besonders dem Springreiten, hat demzufolge verschiedene Gründe. Freunde des Pferdesports und Zuschauer nehmen an Reitsportevents folglich persönlich oder via Medien teil, da sie sich unter anderem mit den Sportlern und Tieren identifizieren, der Bezug von Mensch und Tier sie fasziniert, sie in Reitern ihr Vorbild sehen, Reitsport Ästhetik vermittelt und visuelle Reize Zuschauer in den Bann ziehen und begeistern oder weil sie sich generell vom gesellschaftlich- und sozialen Reitsportevent angesprochen fühlen. Alle diese Eigenschaften zeichnen den Reitsport als etwas Einzigartiges und Faszinierendes aus.

11 Mio. Menschen sind am Thema Pferd und Pferdesport in Deutschland interessiert, was ca. einem Achtel der Gesamtbevölkerung ausmacht. Mit Sponsoring im Reitsport spricht das Unternehmen in Deutschland eine breite Zielgruppe im Alter von 4 bis 80 Jahren an. Besucher von Reitsportveranstaltungen weisen ein überdurchschnittliches Einkommen auf und haben ein hohes Bildungsniveau.[596]

---

[594] MÜLLER: „ Gespräch vom 11. Mai 2008"
[595] MÜLLER: „ Gespräch vom 11. Mai 2008"
[596] PFERDE-ONLINE: „CCM/SLK Consulting steigt in den Reitsport ein"

Es handelt sich meistens um Personen, die eine hohe Kaufkraft besitzen und für die Exklusivität wichtig ist. Werte wie Tradition, Eleganz, Siegeswillen und der Anspruch an Exzellenz präsentieren den Reitsport und passen auch zum Profil von erfolgreichen Unternehmen.[597]

Sponsoring aus Sicht der Reiter und Veranstalter

Der Reitsport ist zeitintensiv und monetär aufwändig. „Der Reitsport ist ab einer gewissen Klasse sicherlich auch eine finanzielle Frage - der Reiter benötigt ausreichend finanzielle Mittel und wirtschaftliches Geschick, um seine Reiterkarriere voran zu treiben". stellt Janina MÜLLER fest. Startgelder für Turniere fangen in der Klasse S bei 80 Euro an. Das Startgeld beim Hamburger Derby liegt bei ca. 400 Euro. Außerdem überlegt jeder Reiter strategisch, auf welchen Turnieren er seine wertvollen Pferde gewinnbringend einsetzen kann. Die Kraft der Pferde muß optimal verteilt sein, um den größtmöglichen Erfolg erreichen zu können. Hierbei stellt sich die Frage, was dem Reiter wichtiger ist, der finanzielle oder der sportliche Erfolg wie bspw. die Teilnahme bei den Olympischen Sommerspielen.[598]

„Im Ponysport bis 16 ist es einfach an die Spitze zu kommen. Danach wird die Konkurrenz größer". Im Turnierreitsport werden sogar mehrere Pferde benötigt, um im Fall eines Ausfalls weiter reiten zu können. Die Auswahl des Pferdes spielt eine große Rolle für den späteren Erfolg. Ab einer gewissen Klasse kann ein sehr guter Reiter ohne das für ihn perfekte Pferd nicht mehr aufsteigen. Sponsoring der Reiter stellt durch finanzielle oder materielle Unterstützung eine Möglichkeit dar, an die Spitze zu gelangen oder zu bleiben. „So kann der Reiter die richtige Ausbildung, Startgelder, gute Pferde und das entsprechende Equipment bezahlen. Der Preis für ein gutes Springpferd hängt vom Kaufzeitpunkt an. Wird das Talent des Springpferdes ungeritten entdeckt und ist das Pferd später erfolgreich, wird der Verkaufspreis später rapide ansteigen. Kauft der Reiter ein angerittenes oder fertig ausgebildetes Pferd, ist eine größere Investition notwendig".[599] Die Ausführungen zeigen, daß Sponsoren für Reiter auf Grund der finanziellen benötigten Unterstützung attraktiv und hilfreich, z. T. sicherlich absolut erforderlich sind.

Um von einem Unternehmen gesponsert zu werden, muß der Reiter bereits einen gewissen Bekanntheitsgrad auf internationaler Ebene genießen oder lokale Beliebtheit vorweisen, um in den Vorteil von Sponsoring eines Unternehmens zu gelangen. Gehört der Reiter erst einmal der internationalen Spitze und einer gewissen Beliebtheitsskala an, verdient der Reiter nicht nur durch Turniererfolge,

---

[597] UEHLINGER: „LGT- die Bank des Fürstenhauses von Liechtenstein inszeniert sich im Reitsport"
[598] MÜLLER: „Gespräch vom 11. Mai 2008"
[599] MÜLLER: „Gespräch vom 11. Mai 2008"

sondern erhält auch durch seinen Prominentenstatus Anfragen und Angebote für Werbung mit seinem Namen. Für Sponsorsuchende existieren im Internet Portale, wo Reiter Sponsoren gezielt suchen. Ziel der Reiter, die an Turnierserien teilnehmen, ist das Preisgeld, das der beste Reiter am Ende des Turniers gewinnt. Es steht aber nicht nur immer der Preissieg bei Reitern im Vordergrund. Championate bieten neben finanziellen Anreizen die Möglichkeit, sich für Deutsche-, Europa-. Weltmeisterschaften, die Olympischen Spiele oder den Weltcup zu qualifizieren. Bei diesen Veranstaltungen ist das Sponsoring weniger ausgeprägt und dadurch weniger finanzielle Unterstützung bei der Durchführung des Reitturniers im Spiel.[600]

Grundsätzlich stellt sich die Frage warum der Pferdesport für den Reiter und das Unternehmen attraktiv ist - aufgrund des Sporthintergrunds, dem olympischen Gedanke, der sportlichen Ehre oder dem möglichen finanziellen Erfolg. Anhand der Ausführungen ist deutlich zu erkennen, daß ein finanzieller Hintergrund für den Reiter notwendig ist, um sehr gut ausgestattet zu sein und daher Turniersiege und Sponsoring für ihn von großer Bedeutung sind. Wie bereits gesagt, werden Championate weniger gesponsert als private Reitturniere, die finanziell attraktiver für Reiter sind aufgrund der höheren Preisgelder. Der olympische Gedanke der sportlichen Ehre tritt bei privat organisierten Turnieren in den Hintergrund. Unternehmen engagieren sich hauptsächlich bei Reitsportveranstaltungen, wo sie den größten Nutzen für ihr Unternehmen sehen. Dies scheint bei privaten Turnierserien eher der Fall zu sein. Sponsoring möchte immer eine Hebelwirkung erzielen und erwartet klar ausgewiesene Gegenleistungen. Sieht ein Unternehmen Potential beim Sponsern von Reitern oder Turnieren, besteht die Möglichkeit eines Engagements. Der Reitsport in der heutigen Ausprägung ist ohne ein Engagement von Sponsoren gar nicht mehr denkbar. Internationale Reitsportveranstaltungen können sich durch Zuschauereinnahmen und Übertragungsgebühren alleine nicht mehr finanzieren. Mittlerweile sind 90% der Veranstaltungen von Sponsorengeldern abhängig.[601] Sponsoren ermöglichen die Durchführung von Reitevents auch in anderen Dimensionen. Durch die professionelle Organisation und Durchführung der Reitsportevents von Agenturen entsteht ein Unterschied zwischen olympischen Veranstaltungen und Reitturnieren z.B. organisiert von der Riders Tour oder der Global Champions Tour.

Der Reitsport als Kommunikations- und Medienplattform

Das Hauptziel des Sponsorings im Reitsport ist die individuelle Ansprache von potentiellen und vorhandenen Kunden und anderen Stakeholdern des Unternehmens. Kunden werden von den Unternehmen zum Sportevent und emotionalen Markenerlebnis eingeladen. Das Image des Reitsports soll sich auf die

---

[600] MÜLLER: „Gespräch vom 11. Mai 2008"
[601] BRUHN: „Sponsoring. Systematische Planung und integrativer Einsatz"

werbenden Unternehmen übertragen. Die Kommunikationsplattform Reitsport schafft unterschiedliche Kommunikationskanäle. Auf dem Event selber dienen Werbemittel am Parcours, Werbeschaltungen, Drucksorten, Hospitality, Einbindung der Bildwelt und Promotion beim Publikum als Kommunikationsweg. Die Medien TV, Internet und Print kommunizieren ebenfalls. Das Reitsportevent dient außerdem zum Aufbau und der Festigung eines wertvollen Netzwerkes, bestehend aus Veranstalter, Reiter, Züchter, Besitzer, Sponsoren, Wirtschaft, Kultur und Politik.[602]

Wie bereits erwähnt finden fast nirgendwo so viele Reitsportveranstaltungen wie in Deutschland statt. Eine Ausgangslage, die nicht unbedingt die Attraktivität der Sportart für potentielle Sponsoren und Fernsehsender erhöht. Die hohe Anzahl der Reitsportevents läßt keine klaren Strukturen erkennen und führt folglich zur Unübersichtlichkeit in der Medienlandschaft. 2004 hielten sich folge dessen TV-Sender mit Sendezusagen im Reitsport laut Medienberichten zurück. Medienexperten rieten darauf hin zu einer Strukturreform im Reitsport, um die TV-Präsenz zu steigern. Aus diesem Grund schlossen sich 2001 mehrere Springreitveranstaltungen unter der Führung der Vermarktungsagentur PST Marketing zur Riders Tour zusammen. Die Riders Tour ist eine internationale Serie von Indoor- und Outdoor- Reitsportevents, die in Deutschland stattfinden. Der Auftakt der Riders Tour findet jedes Jahr beim Derby in Klein Flottbek, Hamburg statt. Die Riders Tour soll eine wieder erkennbare Marke mit Seriencharakter präsentieren, um so einen festen Sendeplatz auf einem großen Sender zu erhalten. Ziel der Springserie ist, die kontinuierliche Medienpräsenz des Reitsports zu steigern. Die Veranstaltungen sollten sich des Weiteren durch einen permanenten Kreis an Teilnehmern auszeichnen, die einen Wiedererkennungswert für die Zuschauer darstellen. Die Reitevents dürfen zeitlich mit anderen Sportveranstaltungen nicht korrelieren. Die Riders Tour soll laut dem ehemaligen Weltklassereiter Paul Schockemöhle die Formel 1 des Reitsports werden.[603]

Die Riders Tour hat sich zunächst zur höchst dotierten Springreiterserie der Welt mit den besten Reitern in Einzel- und Teamwertungen entwickelt. Die (Medien-) Ziele der Riders Tour konnten 2004 trotzdem nur teilweise erreicht werden. Die Filmberichtsdauer über Reitsport Veranstaltungen hat sich nur unwesentlich gesteigert. Die Anzahl von TV-Zuschauern konnte allerdings von 69,4 Mio. auf 111,4 Mio. ausgeweitet werden.[604] Das Global Champion, im Jahr 2005 von Jan Tops ins Leben gerufen, verfolgt ein ähnliches Konzept wie Riders Tour. Die Turnierserie wird international ausgetragen und genießt derzeit den Ruf der einzigartigen weltweiten Serie mit dem höchsten Preisgeld von insgesamt 5,5 Mio. Euro. Eine Etappe findet ebenfalls beim Hamburger Derby

---

[602] UEHLINGER: „LGT- die Bank des Fürstenhauses von Liechtenstein inszeniert sich im Reitsport"
[603] SPONSORS: „Sprünge im Hintergrund"
[604] SPONSORS: „Großer Sprung bleibt noch aus"

statt. Das Derby trägt das höchstdotierte Springen in Deutschland aus und hebt sich durch den schwierigsten Parcours der Welt von anderen Turnieren ab. Das Derby war erneut vom 1. bis 4. Mai 2008 das Auftakt Turnier der Riders Tour erstmals gemeinsam mit der Serie Global Champions Tour. Durch die Kombination beider Turnierserien war das Preisgeld beim Großen Preis von Hamburg 2008 auf 300.000 Euro dotiert. Das Derby 2008 hatte einen Gesamtetat von 2,3 Mio. Euro.

Zusammenfassend ist festzustellen: Ein Wandel im Reitsport ist klar zu erkennen. Die Bedeutung von olympischen Veranstaltungen tritt in den Hintergrund und private Turnierserien mit sehr hohen Gewinnen dominieren die Turnierlandschaft. Riders Tour und die Global Champions Tour zeichnen sich durch attraktive Preisgelder, professionelle Organisation und Teilnahme aus der Reiterelite im internationalen Pferdesport aus. Sie erzielen eine sehr hohe Anziehungskraft auf Reiter, Sponsoren, Freunde des Pferdesports und das Publikum. Einen nennenswerten Meilenstein in der Medienlandschaft hat die Reiter-WM 2006 gesetzt. Insgesamt verfolgten vor Ort 600.000 Zuschauer das Großevent, 2005 waren es gerade einmal 250.000. Allerdings ist hierbei zu beachten, daß eine Heim-WM immer größere Aufmerksamkeit auf sich zieht. Trotzdem ist anzuerkennen, daß 73% der deutschen Bundesbürger das Treffen der Elite des Pferdesports wahrgenommen haben.[605] Die Medienpräsenz konnte seit 2004 im Reitsport gehalten werden. TV Reichweiten und Sendeminuten sind allerdings nicht der einzige Grund für Sponsoring. Gerade Finanzdienstleistungsunternehmen möchten das individuelle Ambiente des Reitsports für persönliche Kontakte nutzen. Der B2B-Kontakt spielt bei Reitevents eine besonders große Rolle. Hospitality wird von den Sponsoren gezielt zur Bindung und Akquisition von Kunden auf Reitveranstaltungen eingesetzt.

Sponsoring der LGT Bank als Praxisbeispiel

Das Fürstenhaus von Liechtenstein gehört zu den bedeuteten europäischen Adelshäusern. Die LGT ist eine Privatbank im Familienbesitz des Fürstenhauses, was das Unternehmen von anderen Anbietern und Konkurrenten differenziert, da immer mehr „Privat"- banken zu internationalen Finanzgruppen gehören. Anders als vergleichbare Banken in Familienbesitz, die stark lokal orientiert sind, präsentiert sich die LGT weltweit mit 1689 Mitarbeitern an 29 Standorten, in Deutschland davon an 7 Standorten. Dr. UEHLINGER, der Head of Corporate Branding & Communications der LGT Group Foundation, bezeichnet dies als „vorteilhafte Kombination für die Kunden, bestehend aus familiären Besitzverhältnissen und globaler Ausrichtung, die es weltweit je länger, je weniger gibt. Als familiengeführtes Unternehmen spricht das Unternehmen mit der Klientel auf Augenhöhe und entwickelt deshalb ein großes Verständnis für ihre

---

[605] SPONSORS: „Reiter-WM 2006 setzt neue Maßstäbe"

Bedürfnisse. Das wird von den Kunden anerkannt und geschätzt".[606] Tradition in Verbindung mit Innovation wird im Fürstenhaus von Liechtenstein groß geschrieben." Das Fürstenhaus steht für Engagement, Werte, Erfolg und Nachhaltigkeit. Tradition und Werte werden von der Fürstenfamilie zeitgemäß und authentisch gelebt, sie verkommen nicht zur Nostalgie.

Die Unternehmensstrategie der LGT zeichnet sich durch eine Expansionsstrategie aus. Daraus abgeleitet ergibt sich eine Schwerpunktsetzung auf die Kommunikationsarbeit. Ziel ist, die Kommunikationspolitik der Bank an die Zielmärkte sukzessiv anzupassen und zu verstärken. Das Wahrnehmungsbild der Bank soll mit der Realität in Einklang gebracht werden. Die Fürstenbank bildet ein internationales einheitliches Markenprofil im Wealth Management mit einer klaren Verbindung zur Fürstenfamilie. Die zentrale Markenbotschaft der LGT läßt sich wie folgt zusammenfassen: Die LGT pflegt die Vermögenskultur der bleibenden Werte. Diese Botschaft soll durch die Kommunikationspolitik mit authentischen Inhalten emotionalisiert werden, unter anderem durch den Einsatz von strategischem Sponsoring. Der Anteil des Sponsorings am gesamten Kommunikationsbudget beträgt rund 20%.[607] Die Philosophie des Privatbankiers „Die Vermögenskultur der bleibenden Werte" wird auf den Markenkern der Privatbank übertragen und fördert durch Verschmelzung von Tradition und Innovation das unverwechselbare Markenprofil. Im Zentrum der Marke soll die weltweite Steigerung des Bekanntheitsgrades in der Zielgruppe der LGT stehen. In der Kommunikationspolitik setzt die Bank gezielt Sponsoring ein. Ziel der neuen Markeninitiative 2005 ist und bleibt es, die angestrebte Brand Awareness der Marke zu erhöhen und einen Imagetransfer des Gesponserten auf das Unternehmen zu erreichen. Eine Marke ist nach Auffassung der LGT ein Versprechen - mit anderen Worten, sie erzeugt Erwartungen. Das Sponsoring von Pferdesportevents wird zur Erreichung der neuen Strategie im Rahmen des Branding Projektes ausgewählt.[608]

Die LGT ist ein international engagierter Partner im Reitsport. Das Image der Bank paßt hervorragend zum exklusiven Pferdesport. Das Fürstenhaus glänzt mit Pferdtradition. Fürst Karl Eusebius legte mit seiner Liebe zu Pferden einen Grundstein für die Tradition der Privatbank, die bis ins 19. Jahrhundert eine wichtige Rolle spielte. Auf Grund dieses historischen Hintergrundes ist es nicht verwunderlich, daß der Pferdesport als strategisches Sponsoringfeld dient. Die fürstliche Bank verbindet ihren historischen, kulturellen Hintergrund über den Reitsport hinaus mit Sponsoringmaßnahmen im Kunstbereich. Die LGT ist nicht nur eine Bank, sondern besitzt eine der renommiertesten privaten Kunstsammlungen der Welt, die so genannte fürstliche Sammlung, die von Fürst Karl Euse-

---

[606] SPONSORING EXTRA: „Interview mit Dr. Hans Martin Uehlinger", S.6
[607] SPONSORING EXTRA: „Sponsoringkultur der bleibenden Werte", S. 10
[608] UEHLINGER: „LGT- die Bank des Fürstenhauses von Liechtenstein inszeniert sich im Reitsport"

bius von Liechtenstein im 17. Jahrhundert gegründet wurde. Mit der fürstlichen Kunstsammlung, die u. a. Pferdeportraits enthält, läßt sich eine Brücke zwischen Sport und Kultur schlagen. Diese Form der Markenkommunikation ist einzigartig und stellt eine unverwechselbare Profilierung im Gegensatz zu Konkurrenten dar. Dr. UEHLINGER: „Die einmalige Verbindung von Kultur und Sport verleiht unserem Sponsoring eine ganz besondere, eben einzigartige Glaubwürdigkeit, wie sie kein anderes Unternehmen vorweisen kann".[609] Im Reitsport setzt die Bank den Fokus auf Springreiten. Die LGT zieht für Sponsoringentscheidungen einen Kriterienkatalog heran. Darin ist auch festgehalten, daß die LGT nur Vereinigungen oder Institutionen sponsert. So ist auch das Sponsoring unabhängig von dem Erfolg oder Mißerfolg einer Person. Bei den Kriterien der LGT Bank ist des Weiteren festgehalten, daß sie ein gutes Preis/Leistungsverhältnis anstreben und nur Naming- oder Hauptsponsoring betreiben.

In Deutschland ist die Schweizer Bank seit 2006 offizieller Hauptsponsor der Riders Tour, die prestigeträchtigste und höchstdotierte Springreitserie im europäischen Raum. Außerdem ist die LGT in Deutschland einer der Hauptsponsoren in Hamburg und München und Sponsor in Hardenberg und Bremen-Rosenbusch, zwei Standorteventen. In Österreich engagiert sie sich als Hauptsponsor beim Fest der Pferde in Wien. Hierbei handelt es sich um ein hochkarätigen internationalen Spring- und Dressurwettbewerb, wo wichtige Persönlichkeiten aus Sport, Politik und Wirtschaft zusammentreffen. Auch ist sie Sponsor des Polo Wien-Ebreichsdorf Turniers, ebenfalls ein Standortevent. In der Schweiz erscheint die LGT seit 2006 als Sponsor der CSIO in St. Gallen und Hauptsponsor beim Schweizerischen Verband für Pferdesport. Die Möglichkeiten der Positionierung im Schweizerischen Pferdesport sind jedoch eingeschränkt. Beim CSI Zürich, dem höchstdotierten Hallenturnier der Welt, ist seit Jahren die Credit Suisse Co-Hauptsponsor.

„Das Sponsoring der Bank ist klar eventbezogen. Die größtmögliche Wirkung des Sponsorings wird mit einem einheitlichen Marketingauftritt erreicht. Nicht zuletzt auch durch die Nutzung von Synergien, die sich bsw. durch die grenzüberschreitenden Medienberichterstattung ergeben", so UEHLINGER.[610] Er kommentiert die Gründe, warum sich der Reitsport als Sponsoringfeld für die LGT auszahlt, wie folgt: „Das Image der Bank paßt zum exklusiven Reitsport. Die Marke LGT wurde 2005 innerhalb einer Markeninitiative neu positioniert. Das primäre Ziel war hierbei, die Awareness bzw. Bekanntheit der Marke aufzubauen. 2003 ist die LGT neu in den deutschen Markt eingetreten. Das Sponsoring im Pferdesport ist eine hervorragende Ergänzung zur klassischen Werbung. Die LGT hat Kunden ab 1 Mio. Euro Bankable Assets. Der Imagetransfer des

---

[609] UEHLINGER: „Telefongespräch vom 30. April 2008"
[610] SPONSORS EXTRA: „Interview mit Dr. Hans Martin Uehlinger", S. 6

Reitsports auf die Bank spielt eine große Rolle".[611] Die LGT hat ermittelt, mit welchen Eigenschaften der Pferdesport in Verbindung gebracht wird und hat festgestellt, daß die Position der Fürstenbank im ähnlichen Segment angesiedelt wird. Die Verbindung von Tradition und Innovation spielt wie bereits erwähnt eine große Rolle bei der Fürstenbank. Im Sponsoring gibt es immer Geber und Nehmer. Die LGT ist durch Tradition geprägt, aber hat trotzdem kein verstaubtes Image. Die Bank arbeitet mit modernsten Finanzmethoden. Diese Sicht läßt sich im Pferdesport gut wieder finden. Der Pferdesport entwickelt sich dauernd weiter, genauso wie die Bank sich immer weiterentwickeln möchte."[612] Die LGT ist 2003 in den deutschen Markt eingetreten. Ziel des Sponsoringprojektes in Deutschland bei Reitsportevents ist die geographische Abdeckung durch die Veranstaltungen von Nord nach Süddeutschland auf der einen Seite und auf der anderen Seite eine zeitliche Abdeckung der Turniere. Die LGT möchte kontinuierlich über das Jahr präsent sein. Die Riders Tour deckt diese beiden Anforderungen bzw. Kriterien ab.[613]

Die Markenkampagne im Pferdesport wird mit Motiven aus der Reitkultur des Fürstenhauses unterstützt. Angestrebt ist eine Kundenfindung und -bindung und die Etablierung des Fürstenhauses als bedeutender Sponsor mit einem langfristigen Commitment im Reitsport. Weitere Ziele beinhalten die Erhöhung der Aufmerksamkeit auf die LGT-Werbemittel bei den Übertragungen im Fernsehen und in 2007 die Abdeckung aller Live-Übertragungen im Reitsport auf ARD und ZDF mit gut 26 Mio. kumulierten TV-Kontakten. Während der Kampagne sollen alle Kontaktpunkte zwischen (potentiellen) Kunden und der Bank konsistent ausgestaltet sein. Die Markenidentität und Positionierung der LGT muß in allen drei Phasen der Kundenbindung vertreten sein. Dazu gehören: Erfahrungen vor dem Kauf (Website, Werbung/PR, Sponsoring/Events), Erfahrungen während Kauf und Nutzung (Verkaufsunterlagen, Produkte, Nutzung, Kundenberater, Produkt Performance) und Erfahrungen der Kunden nach Kauf und Nutzung (Kundenservice, Einladung, Events, Reporting).[614] Die Schwerpunkte im visuellen Bereich bei Reitsportevents setzt die Bank z.B. bei der Bandenwerbung entlang des Parcours, dem Aufstellen von Hindernissen und durch die Logoplatzierung auf der Siegerschärpe, der Siegerdecke, sowie des Siegerschecks. Porträtausschnitte der fürstlichen Sammlung werden durch Megaposter im Umfeld der Tribünenplätze positioniert, im VIP-Bereich dienen bedruckte Stoffbilder dem visuellen Konzept der fürstlichen Darstellung. Ehren- und geladene Gäste erhalten Gadgets, Bucheditionen und speziell bedruckte Tragetaschen. Offizielle Drucksorten sind bspw. das Riders Tour Booklet, Turnier-Programmhefte, Flyer, Plakate, Start- und Ergebnisliste sowie Tickets, VIP-

---

[611] UEHLINGER: „Telefongespräch vom 30. April.2008"
[612] UEHLINGER: „Telefongespräch vom 30. April.2008"
[613] UEHLINGER: „Telefongespräch vom 30. April.2008"
[614] UEHLINGER: „LGT- die Bank des Fürstenhauses von Liechtenstein inszeniert sich im Reitsport"

Pässe und Parktickets.[615] Weitere Inszenierungen im Reitsport werden durch Printschaltungen, Sonderausgaben, Logo-Platzierung auf Websites, Hallenspots und TV-Spots bei ARD und ZDF durchgeführt. Die Kommunikation bei den Veranstaltungen basiert laut Dr. UEHLINGER auf „historischen Grundwerten und Inhalten, geschickt verbunden mit einer authentischen Sponsoringplattform in der Gegenwart".[616]

Abbildung 7: Hindernis der Bank des Fürstenhauses von Liechtenstein (LGT) während des Deutschen Spring- und Dressur Derby 2008

Interessant ist die Frage, wie Pferdesportsponsoring optimal für Kundenpflege und Kundenakquisition eingesetzt werden kann. Die Steigerung der Medienpräsenz ist nur ein Ziel. Hospitality von Kunden wird ein hoher Stellenwert bei Reitsportevents beigemessen. Die LGT spricht hier von Eventbausteinen, die keiner kaufen kann und die Pferdesportinteressierte begeistern. Hier sind Stallbesichtigungen, ein Blick hinter die Kulissen, Parcoursführungen und Begegnungen mit Profireitern zu nennen.[617] Die Fürstenbank bietet ihrer exklusiven Kundenzielgruppe als Dankeschön für die Wahl der Zusammenarbeit ein ausgewähltes attraktives VIP Programm, das nicht nur den einzelnen Kunden, sondern auch die ganze Familie begeistert. „Die LGT unterscheidet zwei Gruppen. Erstens Personen, die bereits bekannt sind und zweitens potentielle Kun-

---

[615] UEHLINGER: „LGT- die Bank des Fürstenhauses von Liechtenstein inszeniert sich im Reitsport"
[616] SPONSORING EXTRA: „Sponsoringkultur der bleibenden Werte", S. 10
[617] UEHLINGER: „LGT- die Bank des Fürstenhauses von Liechtenstein inszeniert sich im Reitsport"

den. Die VIP Lounge stellt einen Kommunikations- und Treffpunkt dar".[618] So wird die LGT Bank mit einem positiven emotionalen Erlebnis in Verbindung gebracht. Das Hauptziel ist und bleibt, den Bekanntheitsgrad der Marke zu steigern. Dem persönlichen Kontakt mit Kunden wird in diesem Zusammenhang besonders viel Aufmerksamkeit geschenkt. Die LGT mißt regelmäßig den erreichten Erfolg des Sponsorings. Dr. UEHLINGER: „Bei der Erfolgsmessung des Sponsorings wird zwischen der Erhebung von quantitativen und qualitativen Daten unterschieden. Bei den qualitativen Daten handelt es sich um Rückmeldungen von Kunden und Kundenberatern. Bei den quantitativen Daten werden Reichweiten gemessen. In Planung ist eine Befragung unter Freunden des Pferdesports hinsichtlich des Bekanntheitsgrades der LGT und deren Engagement im Reitsport".[619] Der Erfolg des Reitsportsponsorings der LGT bestätigt sich, wenn einige Ergebnisse des Sponsorings aufgezeigt werden. Über 350.000 Zuschauer sind bei Events vor Ort anzutreffen. Über 11 Mio. TV-Zuschauer schalten allein bei den Live-Übertragungen der gesponserten Events ein. Die Reichweite des LGT-TV Programmsponsoring von ARD und ZDF beträgt 12,5 Mio. Zuschauer. Die Kundenbetreuer beurteilen das Reitsport-Engagement als wertvoll, angemessen und hilfreich. Die erwünschte Akquisition von Kunden ist erfolgreich und ganz wichtig, das Engagement im Reitsport verzeichnet ein sehr positives Mitarbeiter-Incentives Feedback.[620]

Die systematische Sponsoringstrategie der Fürstenbank von Liechtenstein und ihr LGT Reitkultur-Projekt wurde vom Fachverband für Sponsoring, Faspo, in der Kategorie Sportsponsoring neben Coca Cola und der Deutschen Bahn im Jahr 2006 ausgezeichnet. Hierbei handelt es sich um eine besondere Ehre, da 2006 geprägt war durch die FIFA Fußballweltmeisterschaft, die gepflastert war von besonders vielen umfangreichen Aktionen, durchgeführt von bekannten Unternehmen mit hohem finanziellen Aufwand. Die LGT ist erfreut über den Erfolg der eingeschlagenen Sponsoringstrategie der Marke LGT. Die Markenbekanntheit in den mit Sponsoring abgedeckten Märkten wird ständig überprüft und kontinuierliche Fortschritte sind festzustellen. Dies ist insbesondere erfreulich, da es sich bei der angesprochenen Zielgruppe um vermögende Privatpersonen handelt. Große, nachhaltige Fortschritte sind allerdings nicht über Nacht zu erzielen. Vielmehr ist eine längere Investitionsphase von drei bis fünf Jahren anzusetzen, um die Strategie erfolgreich umzusetzen. Die Fürstenbank engagiert sich grundsätzlich immer langfristig, weil so die besten Erfolge erreicht werden können. „Gemessen an den gesetzten Zielsetzungen entwickelt sich das Reitsportengagement in allen Bereichen der LGT sehr erfreulich".[621]

---

[618] UEHLINGER: „Telefongespräch vom 30. April.2008"
[619] UEHLINGER: „Telefongespräch vom 30. April.2008"
[620] UEHLINGER: „LGT- die Bank des Fürstenhauses von Liechtenstein inszeniert sich im Reitsport"
[621] SPONSORING EXTRA: „Interview mit Dr. Hans Martin Uehlinger", S. 6

Schlußbetrachtung

Das Sponsoringfeld, in dem sich Unternehmen engagieren möchten, muß gut ausgewählt sein und zum Unternehmen passen. Durch Sponsorships im Reitsport erreicht der Sponsor eine weit gefaßte Alterszielgruppe mit einem überdurchschnittlichen Einkommen und hohem Bildungsstand. Ein besonderes Merkmal im Reitsport ist, daß bei der Zielgruppenansprache der Sponsor auf 70% Mädchen und Frauen als organisierte Reiter trifft. Reitveranstaltungen werden oft erst durch finanzielle und organisatorische Unterstützung zum Event. Reiter erhalten durch Sponsoring die Chance, mit sehr guten Turnierpferden und bestem Material bei der Elite mit zu reiten. Damit eine Partnerschaft auf Dauer erfolgreich funktioniert, müssen Sponsorships Vorteile sowohl für den Sponsor als auch für den Gesponserten bringen, in dem analysierten Fall also Vorteile sowohl für die Reiter als auch für die Privatbank aufweisen. Ohne Return on Investment für das Unternehmen geht es nicht. In diesem Zusammenhang gilt aber die Erkenntnis, daß nachhaltige Schritte nicht über Nacht erreichbar sind. Auch läßt sich die Wirkung des Sponsorings oft nicht immer sofort ermitteln. Damit erhöht sich das Risiko, daß man „auf das falsche Pferd gesetzt hat" auch insofern, daß diese Tatsache erst zu einem Zeitpunkt festgestellt wird, wenn schon viel Geld geflossen ist. Beim Sponsoring im Sportbereich steht eine gewisse persönliche Bindung von Unternehmen und Sportart im Vordergrund. Exklusiv- und Trendsportarten bieten hier eine wirkungsvolle Kommunikationsplattform. Die Zielgruppenaffinität von Unternehmen und Gesponserten ist von hoher Bedeutung. Hospitality wird besonders im Reitsport groß geschrieben. Der persönliche Kontakt zum (potentiellen) Kunden während des Events ist von hoher Bedeutung für die spätere Beziehung zwischen Kunde und im angeführten Praxisbeispiel, der Fürstenbank und gehört mit zu den Hauptzielen des Sponsorings. Das Ziel der Steigerung der Medienpräsenz soll trotzdem nicht in den Hintergrund treten.

Entscheidend ist jedoch eine große Identität von Unternehmenskultur, Wertesystem und Werbebotschaft des Unternehmens mit dem Charakter und dem Umfeld der ausgewählten Sportart. LGT und Reitsport sind eine ideale Ergänzung für eine langfristige Partnerschaft auf Grund der vielen Gemeinsamkeiten, wie es weiter oben herausgearbeitet wurde. Kaum eine andere (Privat-)bank könnte dieselben Erfolge erzielen. Damit steht fest, daß die wichtigste Entscheidung für den Erfolg einer langfristigen Partnerschaft bereits im Vorstadium, das heißt bei der Auswahl des idealen Werbepartners getroffen wird. Hier bedarf es des entsprechenden professionellen Vorgehens, einer guten offenen und ehrlichen Analyse und des Fingerspitzengefühl für eine gute Auswahl.

Kapitel XIII

Internationaler Segelsport – Fallbeispiel Velux 5 Oceans

von Dipl.-Sozialwirt Lars Nuschke

Der Segelsport hat in den vergangenen Jahren in Europa starken Rückenwind erhalten. Verantwortlich dafür waren die Siegesfahrten der Schweizer Alinghi im Rahmen des America's Cup sowie der Illbruck Challenge während des Volvo Ocean Race 2002/2003. Auch haben zahlreiche Sponsoren den internationalen Segelsport als attraktive Kommunikationsplattform erkannt, um sich mit ihren Leistungen und Produkten zu präsentieren. Warum aber ist der internationale Segelsport, als ausgewiesen exklusive und imagestarke Sportart, für Sponsoren interessant ? Welche Kommunikationstools können Sponsoren nutzen ? Fragen, welche im nachfolgenden Kapitel primär am Fallbeispiel des Velux 5 Oceans beantwortet werden sollen.

Die Segelsportinteressierten

Das Markforschungsinstitut Sport+Markt analysierte im Auftrag von T-Systems (Sponsor der südafrikanischen America's Cup-Kampagne Shosholoza) die soziodemographischen Daten des Segelsports und hat in diesem Zusammenhang auch ausschließlich quantitative Daten, wie bspw. die Anzahl der Segelinteressierten in ausgewählten Staaten erhoben. Laut der entstandenen Studien ‚Sponsoring 21+' und ‚Sailing Report 2006' interessierten sich im Jahr 2006 in Deutschland ca. 8,32 Mio. Personen, d.h. 14% der Gesamtbevölkerung zwischen 14 und 69 Jahren, für den Segelsport. Vor dem Szenario, daß Segeln im Allgemeinen nicht als Massensport wie bspw. Fußball angesehen wird, sondern als Exklusivsportart und auch hinsichtlich der Ausstattung und laufenden Kosten als ein kostenintensiver Sport gilt, ist dieses eine beträchtliche Zahl. Damit ist Deutschland zumindest nach absoluten Zahlen vor Italien (8,23 Mio.) der größte Segelmarkt in Europa.[622] In der Rangliste der Segelinteressierten in Europa folgen auf den nächsten Plätzen Frankreich (4,95 Mio.), Spanien (4,65 Mio.), Großbritannien (3,71 Mio.), die Niederlande (2,07 Mio.) sowie die Schweiz mit beachtlichen 1,11 Mio. segelsportinteressierten Einwohnern. Abseits dieser quantitativen Einschätzungen umfassen soziodemographische Daten aber auch andere Merkmale, mit welchen die Mitglieder einer Stichprobe oder einer Zielgruppe beschrieben werden, um auf dieser Basis Produkte optimal auf Zielgruppen abzustimmen, Rückschlüsse auf die Gestaltung der Marketingstrategie ziehen zu können oder die Attraktivität einer Sportart für Sponsoren zu bestimmen.

---

[622] SPONSORS: „Trotz vieler Segelfans Flaute im TV"

Abbildung 8: Soziodemographische Daten von Segelsportenthusiasten in ausgewählten Staaten (alle Angaben in %)[623]

Merkmal	Ausprägung	Großbritannien	Frankreich	Deutschland	U.S.A.
Geschlecht	Männlich	83	81	83	83
	Weiblich	17	19	17	17
Alter	25 – 34	18	19	17	17
	35 – 44	26	22	26	26
	45 – 55	24	21	26	29
Sozio-ökonomische Gruppe	A	34	33	12	45
	B	18	22	37	16
	C 1	16	19	28	9

Hinsichtlich der soziodemographischen Daten ist festzuhalten, daß Sponsoren im Segelsport eine im Durchschnitt männliche und zahlungskräftige Zielgruppe im Alter von 25 bis 55 Jahren erreichen können. Die detailliertere Analyse der Segelsportgemeinde weist darauf hin, daß sich in dieser Gruppe eine hohe Anzahl von sogenannten Multiplikatoren befindet. Auch zeigt Abbildung 8, daß sich die soziodemographischen Merkmale der Segelsportanhänger, zumindest in den ausgewählten großen Segelnationen Großbritannien, Frankreich, England und USA, kaum voneinander unterscheiden und daher international von einer verhältnismäßig homogenen Gruppe ausgegangen werden kann.

Die Klassifizierung von Segelveranstaltungen

Für Laien gestaltet sich der internationale Segelsport mit der Vielzahl an Regatten, Bootsklassen und Veranstaltungen zunächst mehr als unübersichtlich. Abseits des America's Cup, dem das Image als unumstrittenes Highlight im internationalen Segelsport anhaftet[624], gibt es alleine im Rahmen der Olympischen Sommerspiele 2008 fast ein Dutzend Segelveranstaltungen. Dazu kommen Veranstaltungen wie die Kieler Woche, die Dank ihres Rahmenprogramms auch über klassische Segelmagazine hinaus für Schlagzeilen sorgt und somit Gruppen anspricht, die normalerweise kaum Interesse am Segelsport haben. Um die unüberschaubare Anzahl an Veranstaltungen zu strukturieren wird im Fachjargon zwischen Monohull und Multihull, nach Fleet Race oder Match Race oder zwischen Ocean Racing, Offshore oder Inshore Racing klassifiziert. Nach der

---

[623] RUSHALL / BARNES: „The Business of Yacht Racing", S. 76
[624] Eine hervorragende Darstellung zum America's Cup, der wohl bekanntesten und wirtschaftlich bedeutensten Segelveranstaltung, bietet LITTER an: LITTER, F.: „America's Cup - Vermarktung von Tradition", S. 19-35

Studie ‚The Business of Yacht Racing' können die wichtigsten Kategorien im internationalen Segelsport wie folgt dargestellt werden.

Abbildung 9: Kategorien von Segelveranstaltungen[625]

Kategorie	Wichtigste Veranstaltungen
Trans-Oceans Races	Route de Rhum / Transat Jacques Vabre
Long Distance / Offshore Races	Sydney Hobart Race / Calais Round Britain Race
Combined Offshore / Inshore Racing	Volvo Pacific Race / Giraglia Rolex Cup
Match Racing	America´s Cup
Round The World Yacht Races	Volvo Ocean Race / Vendée Globe / Velux 5 Oceans / Clipper Round The World Race

Allerdings ist darauf zu verweisen, daß sich nicht sämtliche Veranstaltungen aus dieser Abbildung unzweifelhaft klassifizieren lassen, da bspw. im Rahmen des Volvo Ocean Race zwischenzeitlich auch In-Port-Races zwischen den langen Legs stattfanden, um die Attraktivität für die Zuschauer vor Ort zu verstärken. Auch beantwortet diese Kategorisierung nicht die Frage nach dem Merkmal Solo-Race oder Team-Race. Zusätzlich zur vorangegangenen Abbildung unterteilt die nachfolgende Tabelle die wichtigsten Segelveranstaltungen nochmals in Solo-Races bzw. Team-Races, um auf diese Weise eine anderslautende Charakterisierung anbieten zu können.

Abbildung 10: Klassifizierung nach Solo-Races und Team-Races

Solo-Races		Team-Races		
Professional		Professional		Amateur
Velux 5 Oceans	Vendée Globe	America´s Cup		Clipper Round The World Race
Route du Rhum	Transat Jacques Vabre	Volvo Ocean Race		

In den nachfolgenden Abschnitten sollen Vermarktungspotentiale und -strukturen im internationalen Segelsport anhand des Velux 5 Oceans, das sich in seinem Veranstaltungssegment (Professional Solo-Race) gemeinsam mit dem französischen Vendée Globe als Nonplusultra der Einhand-Weltumseglungsregatten positioniert, dargestellt werden.

---

[625] RUSHALL / BARNES: „The Business of Yacht Racing", S. 62ff.

Velux 5 Oceans – The Ultimate Solo Challenge

Das Velux 5 Oceans ist die mit Abstand älteste und angesehenste Einhand-Weltumseglungsregatta. Die Veranstaltung wurde erstmals im Jahr 1982 ausgetragen und war bis zum Name-Sponsorship des dänischen Dachfensterproduzenten Velux im Jahr 2006 unter dem Namen Around Alone und zuvor auch als BOC Challenge bekannt. Die vergangene Ausgabe des Velux 5 Oceans begann am 22. Oktober 2006 in der baskischen Hafenstadt Bilbao und führte über Fremantle (Australien) bis nach Norfolk (USA); von Norfolk startete dann die finale Etappe zum Start- und Zielhafen Bilbao. Der Austragungsmodus sorgt dafür, daß sich das Velux 5 Oceans als einzigartige Veranstaltung im internationalen Segelsport positionieren kann.[626] Genauso wie das, ebenfalls im Vierjahres-Rhythmus stattfindende, Vendée Globe ist das Velux 5 Oceans zwar ein Solo-Race, wird aber in Etappen ausgetragen, so daß Sponsoren, Zuschauer und Journalisten in den Gasthäfen häufiger in unmittelbaren Kontakt zur Regatta kommen, als das im Rahmen des Vendée Globe möglich wäre. Auch erhält das Velux 5 Oceans, im Gegensatz zum Vendée Globe, das (trotz ebenfalls globaler Fahrtrouten) nach wie vor als ‚französische Regatta' gilt, die Adelung als globales Segelevent. Das Besondere am Velux 5 Oceans, das knapp 6 Monate dauert und eine Länge von 30.000 nautischen Meilen aufweist, ist die Tatsache, daß es für die Segler die ultimative psychische und physische Herausforderung darstellt - The Ultimate Solo Challenge. Die Skipper sind nahezu gänzlich auf sich alleine gestellt und müssen Skipper, Navigator, Smutje, Meteorologe und Ingenieur sein – 24 Stunden am Tag, 7 Tage die Woche. Dabei stoßen sie ständig an ihre Grenzen und haben nur das Ziel vor Augen, die Regatta zu beenden und möglichst als Sieger nach Hause zu fahren. Allerdings haben es in der Historie gerade einmal 60% aller Skipper bis ins Ziel geschafft: Während aller bisherigen Austragungen sind insgesamt 132 Segler gestartet, doch nur 79 davon haben auf ihren Yachten die Ziellinie durchfahren. Viele der Skipper, die dieses Kunststück geschafft haben, wurden allerdings zu Ikonen des Segelsports (bspw. Bernard Stamm, Emma Richards oder Sir Robin Knox-Johnson).

„The Velux 5 Oceans is a unique blend of sport, extreme adventure and human interest with the skippers at the heart of the unfolding drama. Their tenacity, gritty determination and capacity to endure hardship and often intolerable conditions is utterly compelling. Notwithstanding the fierce competition amongst the fleet, the Velux 5 Oceans is also witness to an extraordinary camaraderie amongst the skippers, both at sea and ashore".[627]

---

[626] YACHT: „Grau ist die Hoffnung", S. 26
[627] GLOBAL SPORTNET: „Velux 5 Oceans Case Study"

Sponsoring im internationalen Segelsport

Grundsätzlich muß im Rahmen des Sponsoring zwischen den Zielsetzungen des Sponsors und des Gesponserten unterschieden werden. Während letztgenannter das Sponsoring als Finanzierungs- und Beschaffungsinstrument betrachtet, sind die Zielsetzungen des Sponsoren wesentlich komplexer. Die Sponsoringziele des Sponsors werden grundsätzlich in ökonomische und kommunikative bzw. psychographische Ziele unterteilt.[628] Die ökonomischen Ziele des Sponsoring orientieren sich am kurzfristigen wirtschaftlichen Erfolg der Unternehmen. Dabei geht es um die direkte positive Beeinflussung der betriebswirtschaftlichen Erfolgsgrößen Umsatz und Marktanteil.[629] Die kommunikativen Ziele sind v.a. auf die Veränderung von Einstellungen und Informationsstand der Zielgruppe des Unternehmens gerichtet (Bekanntheits- und Imageziele); langfristig sollen aber auch dadurch ökonomische Ziele realisiert werden. Während die Bekanntheit und das Image nach wie vor die zentralen kommunikativen Sponsoringziele darstellen, hat sich auch die Kontaktpflege bzw. das Beziehungsmanagement (~ B2B-Kommunikation) in den vergangenen Jahren zu einem relevanten Sponsoringziel ausgebildet. Das Sponsoring kann einen wesentlichen Anteil am Beziehungsmanagement haben, wenn der Sponsor das Sponsorship nutzt, um den persönlichen Kontakt zu wichtigen externen Zielgruppen im Rahmen des Sponsoring-Engagements herzustellen oder existente Beziehungen zu intensivieren. Die Absicht, die dahinter steht, ist die, daß in einer ungezwungenen Atmosphäre Wohlwollen gegenüber dem Unternehmen erzeugt werden soll[630], da gesponserte Veranstaltungen ein attraktives Umfeld darstellen, um mit unternehmensrelevanten Gruppen zu kommunizieren.[631] Gerade die Zielgruppenansprache rückt im Zusammenhang des Segelsports, schon aufgrund der, für manche Sponsoren, hochinteressanten Soziodemographie der Segelsportanhänger, in den Fokus der Betrachtung. Die genauen Sponsoringziele schwanken aber, wie in allen anderen Sportarten auch, in Abhängigkeit von Strukturmerkmalen der Sponsoren (bspw. Business- oder Consumerproducts, Massen- oder Luxusmarken usw.).

Darüber hinaus müssen Affinitäten zwischen Sponsoren und der Sportart bzw. der Veranstaltung vorhanden sein, um die Glaubwürdigkeit des Engagements zu untermauern. Zunächst käme die sogenannte Produktaffinität in Betracht, die im Rahmen des Sportsponsoring oftmals auch als Sportaffinität präzisiert wird.. Als zusätzliche Affinitäten sind außerdem sowohl die Zielgruppenaffinität als auch die Regionalaffinität anzuführen. Der Zielgruppenaffinität kommt im Rahmen der Sponsoringplanung eine tragende Rolle zu, da diese den Grad der Über-

---

[628] HERMANNS / GLOGGER: „Sportsponsoring: Partnerschaft zwischen Wirtschaft und Sport", S. 361
[629] BRUHN: „Sponsoring – systematische Planung und integrativer Ansatz", S. 100
[630] HERMANNS: „Sponsoring: Grundlagen, Wirkungen, Management, Perspektiven", S. 141
[631] HERMANNS: „Sponsoring: Grundlagen, Wirkungen, Management, Perspektiven", S. 142
KOLARZ-LAKENBACHER / REICHLING-MELDEGG: „Sponsoring: Chancen, Möglichkeiten und Risiken eines Kommunikationsinstrumentes", S. 19

schneidung der Zielgruppe des Sponsoringobjektes mit der potentiellen Zielgruppe des Sponsors die durch die Maßnahme erreicht werden soll, darstellt. Die dargestellten soziodemographischen Daten weisen unzweifelhaft darauf hin, daß sich Sponsorships im internationalen Segelsport v.a. für Sponsoren anbieten, die mit hochpreisigen Qualitätsprodukten oder –dienstleistungen im Markt präsent sind.

Eine zusätzliche Affinität stammt von BRUHN in Anlehnung an WAITE ('product linked', 'product image linked', 'corporate image linked' und 'non linked').[632] Dabei wird die Imagenähe des Sponsors bzw. seines Produktes (der Imagetransfer findet auch zwischen Unternehmen und Produkt statt) zum maßgeblichen Kriterium (Imageaffinität). Falls die Imagefacetten der Sportart Segeln mit den vom Sponsor gewünschten Imagemerkmalen für sein Produkt übereinstimmen, so ist der Segelsport ein geeignetes Instrument für die Zielerreichung. Aufgrund der Imagedimensionen, welche dem Segelsport zugestanden werden („Teamgeist, Leistung, Hightech, Präzision, Dynamik, Innovation, Pioniergeist, Internationalität und Professionalität")[633], ist davon auszugehen, daß das Image primär v.a. Personen mit überdurchschnittlichem Lohn- und Bildungsniveau anspricht. Das genannte Imagebild gilt natürlich nicht nur für Sportmarken, sondern auch für andere Marken, welche die enthaltenen Attribute als wichtige Bausteine des Markenkerns kommunizieren wollen. In Analogie zu den soziodemographischen Daten des Segelsports und den notwendigen Affinitäten ist zu hinterfragen, ob und wenn ja, welche Affinitäten in der Partnerschaft von Velux und dem 5 Oceans vorhanden sind. Als relevante Zielgruppe kommen für Velux primär Architekten und Bauunternehmer in Frage, welche einerseits als Großabnehmer für Velux-Produkte und andererseits als Multiplikatoren agieren können. Dabei handelt es sich i.d.R. um männliche Personen mit verhältnismäßig hohem Haushalteinkommen im Alter zwischen 30 und 50 Jahren - eine Gruppe mit nahezu genau den Merkmalen der Segelinteressierten. Darüber hinaus gilt zu hinterfragen, ob eine Regionalaffinität erkennbar ist, d.h. ob das Velux 5 Oceans auf den Hauptmärkten von Velux Wirkungen entfaltet oder ob die Veranstaltung möglicherweise als Marktzutrittsinstrument genutzt werden soll. Diese Frage beantwortet Jørgen TANG-JENSEN (Chief Executive Officer von Velux): „Dazu steht das Velux 5 Oceans für die Kontinente, auf denen Velux vertreten ist: Europa, die USA und Australien".[634] Da „die 5 Oceans [auch] ideal zu den Velux-Markenwerten ‚Tageslicht, frische Luft und Aussicht bis zum Horizont'"[635] passen, sind sowohl die Zielgruppen- als auch die Regional- und Imageaffinität vorhanden.

---

[632] BRUHN: „Sponsoring – Unternehmen als Sponsoren und Mäzene", S. 150f.
[633] ADJOURI / STASNY: „Sport-Branding – Mit Sponsor-Sponsoring zum Markenerfolg", S. 157
[634] VELUX: „Hintergründe des Sponsorings"
[635] VELUX: „Hintergründe des Sponsorings"

Sponsoren können, abhängig von der Ausgestaltung der Sponsoringverträge und dem Umfang der darin enthaltenen Leistungspakete, ihr Logo auf zahlreichen Flächen auf den Yachten anbringen (bspw. Spinnaker, Mast und Rumpf). Diese Sponsoringform tritt nicht als Störfaktor auf, sondern ist parallel zum sportlichen Geschehen, dem der Zuschauer seine Aufmerksamkeit widmet, vorhanden. Falls die Werbebotschaft vom Zuschauer trotz der sportlichen Ablenkung wahrgenommen wird, führt dieses zur verstärkten Aufnahme und positiveren Annahme der Markenbotschaft. Die Leistungen für den Name-Sponsor beinhalten das Namensrecht am 5 Oceans Race sowie ein gemeinsames Veranstaltungslogo. Darüber hinaus kann Velux umfassende Brandingflächen in den Gasthäfen nutzen. Für Sponsoren ist es allerdings wichtig, daß sie Sponsorships vielfältig für ihre Markenkommunikation nutzen können, weshalb, über die Abbildung des Sponsorenlogos auf den Yachten hinaus, auch auf andere Kommunikationstools zurückgegriffen wird. So ist der internationale Segelsport, schon aufgrund der unmittelbaren Nähe zum Sportler und Sportgerät, prädestiniert zur Mitarbeitermotivation und Ansprache relevanter Zielgruppen. Daher nutzen Sponsoren die Engagements im Segelsport, d.h. in diesem Fall Velux als Name-Sponsor das Velux 5 Oceans, auch für Hospitality und Incentives, um sich vor Ort Geschäftspartnern, Kunden oder Mitarbeitern als Gastgeber zu präsentieren und diese Aufenthalte als bspw. ‚Dankeschön' zu gestalten. So hatte Velux die Chance im sogenannten Race-Village nachhaltige Kontakte zu ausgewählten Geschäftspartnern (bspw. Großkunden oder Architekten) aufzubauen oder zu pflegen. Eine Chance, die Velux eindrucksvoll genutzt hat und insgesamt 950 Architekten zum Start und zum Zieleinlauf nach Bilbao einlud. Verbunden wurde der Auftakt des Velux 5 Oceans darüber hinaus mit der Vergabe des ‚Velux International Award for Design' im Guggenheim Museum sowie der Produktpräsentation im Velux-Konzepthaus. Darüber hinaus war auch die Möglichkeit vorhanden, Gäste in allen Gasthäfen an Bord der Yachten einzuladen.

In nahezu allen Massensportarten haben Sponsoren, die, über die unmittelbare Zielgruppenansprache durch Hospitality-Programme hinaus, auch auf Massenwirkungen hoffen, die Möglichkeit durch umfangreiche ergänzende Kommunikationsmaßnahmen ihre Sponsoringbotschaft auch an sogenannte mittelbare Zuschauer heranzutragen. Gerade im internationalen Spitzensport wird dafür oftmals das TV als Multiplikator der Botschaft herangezogen und die Sponsoringwirkung auf diese Weise bspw. durch TV-Spots, welche im Umfeld themenverwandter TV-Formate geschaltet werden, verstärkt. Der Segelsport allerdings hat zwar laut zahlreichen Umfragen eine akzeptable Anzahl von Segelinteressierten, die mediale Präsenz, insbesondere im TV, fällt bislang aber doch relativ schwach aus.[636] Grundsätzlich taucht dabei allerdings die Problematik auf, daß Segeln keinesfalls als TV-Sportart anzusehen ist, zumal nur 4% aller Befragten angaben, sich für Übertragungen von Segelveranstaltungen erwärmen zu kön-

---

[636] HORIZONT SPORTBUSINESS: „TV-Sender trauen sich selten aufs Wasser", S. 3

nen.[637] So findet der internationale Segelsport abseits des America's Cup kaum mediale Beachtung und wird oftmals nur von den einschlägigen Fachmagazinen thematisiert. Dieser Umstand macht es Velux, das im Gegensatz zu zahlreichen Sponsoren der America's Cup-Kampagnen, durchaus auf klassische Endkundenkontakte bedacht ist, natürlich nicht einfacher, das Sponsorship passend im TV zu vernetzen.

Die grundsätzliche Diskrepanz zwischen dem ausgeprägten Segelinteresse und der schwachen medialen Aufmerksamkeit führt HEDDE, International Sales Manager von Sport+Markt, darauf zurück, daß der TV-Zuschauer nur unzureichend erfahre „wie spannend und attraktiv gerade das High-Tech-Segeln sein könne"[638] und weist in diesem Zusammenhang auch auf die suboptimale Darstellung der Sportart im TV hin. Verantwortlich dafür ist die Tatsache, daß bspw. das Velux 5 Oceans nicht in Küstennähe stattfindet und für TV-Anstalten nur mit großem Aufwand ‚einzufangen' ist. Diese Problematik kann und muß dadurch umgangen werden, daß die Veranstalter der Regatten proaktiv die Medienpräsenz gewährleisten und den TV-Anstalten zusätzlich zu den unmittelbaren Ausstrahlungsrechten auch sendefähiges TV-Material anbieten. An diesem Punkt der Argumentation haben die Veranstalter der Veranstaltung Velux 5 Oceans, Clipper Ventures plc, sowie dessen Vermarktungsagentur Global Sportnet aus Hamburg angesetzt und ausschließlich für die Regatta einen Breitbandkanal aus der Taufe gehoben, den Velux zur multimedialen Umsetzung der geplanten Kommunikationsmaßnahmen nutzen kann. Darüber hinaus konnte die Regatta auch durch eine 12teilige TV-Dokumentation, welche von 34 TV-Stationen auf dem Globus gesendet wurde, mediale Aufmerksamkeit generieren. Laut Morgan CHENNOEUR (Chief Operating Officer Global Sportnet, der Vermarktungsagentur des Velux 5 Oceans) war die Bereitschaft des Veranstalters Clipper Ventures plc „in außergewöhnlich hohem Maß Verantwortung für operative und medienbezogene Ergebnisse zu übernehmen" außerordentlich wichtig für die Vermarktung der Veranstaltung. CHENNOEUR ergänzt, daß dazu „auch definierte Ziele für die Print- und TV-basierten Mediengegenwerte" zählen.[639] Diese gemeinsamen Anstrengungen sind dafür verantwortlich zu machen, daß das Velux 5 Oceans 2006/2007 einen Mediawert von insgesamt 65 Mio. Euro geschaffen hat.

Während der Veranstaltung hat sich auch die Ansicht bestätigt, daß die Medienmaschinerie sich v.a. dann einer Segelveranstaltung wie dem Velux 5 Oceans widmet, wenn es interessante Geschichten zu erzählen gibt, die über den normalen Segelsport hinausgehen. Bestätigt wurde dieses bspw. als der Brite Alex Thompson während des Velux 5 Oceans im November 2006 im Südpolarmeer

---

[637] SPONSORS: „Trotz vieler Segelfans Flaute im TV"
[638] SPONSORS: „Trotz vieler Segelfans Flaute im TV"
[639] GLOBAL SPORTNET: „Internationale Preisverleihung VELUX 5 OCEANS Yacht-Rennen: Bestes internationales Sponsoring"

in Seenot geriet, nachdem die Kielmechanik der Yacht ‚Hugo Boss' von Alex Thomson versagte. Während der Rettungsaktion, die bei eisigen Temperaturen rund 1.000 nautische Meilen südöstlich vom Kap der Guten Hoffnung stattfand, war das Velux 5 Oceans überdimensional oft Bestandteil der Berichterstattung. Die Tatsache, daß Thomsons Retter und Landsmann zwei Tage später der Mast brach und die Briten nur nach stundenlangen Rettungsarbeiten nach Südafrika gelangen konnten, verlängerte diesen Zeitraum der verstärkten Berichterstattung abermals. Darüber hinaus entstanden schon am ersten Tag der Regatta im Golf von Biskaya während eines Sturms atemberaubende Photos, die insgesamt mehr als 25.000 Mal von Redaktionen heruntergeladen wurden. Zusätzlich zu diesen ungeplanten Ereignissen, löste auch die Rückkehr des damals 67-jährigen Sir Robin Knox-Johnson (Vorstandsvorsitzender von Clipper Ventures plc) als Skipper einen Anstieg der Presseartikel aus[640] – Knox-Johnson war der allererste Mensch, der jemals alleine non-stop die Welt umsegelte (1968/1969).[641]

Überprüfung der Sponsoringresultate

Nach der Darstellung der Möglichkeiten und Hindernisse für den Name-Sponsoren Velux soll thematisiert werden, ob das Sponsorship aus ökonomischer Sicht erfolgreich war oder ob Velux seine Sponsoringziele möglicherweise nicht hat realisieren können. Diese Frage läßt sich verhältnismäßig einfach beantworten, falls man der European Sponsorships Association vertraut, die das Velux 5 Oceans mit dem prestigeträchtigen ESA International Sponsorship Award 2008 ausgezeichnet hat und das Sponsorship zuvor anhand einer komparativen Analyse der spezifischen Zielsetzungen des Name-Sponsoren Velux sowie der tatsächlichen Resultate begutachtet hat. Die wichtigsten Bewertungsfaktoren sind in der nachfolgenden Abbildung 11 dargestellt.

Abbildung 11: Ausgewählte Sponsoringzielsetzungen von Velux[642]

Zielvorgabe		Resultat des Sponsorships	
Mediawert > 60 Mio. Euro	→	Das Velux 5 Oceans hatte einen globalen Mediawert von 65 Mio. Euro (Europa, Asien, USA und Australien)	✓
Steigerung der Markenbekanntheit	→	Eine Steigerung der Markenbekanntheit konnte nachgewiesen werden	✓

---

[640] YACHT: „Opa und die Rockstars", S. 17ff.
[641] YACHT: „Die große Tat", S. 22f.
[642] VELUX 5 OCEANS: „ESA International Sponsorship Award"

Steigerung des Markenwertes	→	Steigerung des Markenwertes um 20% (höchster jährlicher Anstieg in der Historie des Unternehmens Velux)	✓
Ansatzpunkt für Mitarbeiterkommunikation	→	Velux hat das Sponsorship für internes Teambuilding und andere HR-Projekte genutzt	✓
Etablierung des Velux 5 Oceans als feste Größe im Segelkalender	→	Nur 6 Monate nach dem Veranstaltungsende der Ausgabe 2006/2007 hat Velux das Engagement auf die Ausgabe 2010/2011 ausgedehnt (ink. Anstieg der geplanten Ausgaben)	✓
Schaffung einer neuartigen 'Money can't buy'-VVIP-Hospitaliy-Plattform	→ →	Insgesamt wurden 950 führende Architekten zum Velux 5 Oceans nach Bilbao eingeladen (mit Einladung zum 'Velux International Award for Design') 95% der Gäste gaben an, daß ihr Verständnis für die Marke Velux und ihre Markenwerte signifikant gestiegen sind	✓

Laut Abbildung 11 kann festgehalten werden, daß sich durch das Sponsorship die strategischen Kommunikationsziele, welche Velux mit dem Engagement umsetzen wollte, tatsächlich haben realisieren lassen. Bestätigt wird diese Ansicht von Michael RASMUSSEN (Chief Marketing Officer von Velux): „An analysis we performed after the 2006/07 race proved that our previous investment was more than returned to us in the form of new relationships, publicity, internal team building and the many contacts. The total value of the worldwide media exposure, in relation to the total cost of sponsorship, was highly favourable. We are both proud and pleased to continue our involvement with 'The Ultimate Solo Challenge', an event which supports our key values of daylight and fresh air. We will achieve important long-term benefits through the continuation of our sponsorship".[643] Passend zum außerordentlich hohen Zielerreichungsgrad hat Velux das Name-Sponsorship für die nächste Ausgabe des Velux 5 Oceans in den Jahren 2010/2011 verlängert.

Schlußbetrachtung

Obwohl der Segelsport in den letzten Jahren einen gewaltigen Aufschwung erfahren hat und kaum mehr als Nischensportart anzusehen ist, sind sogar Spitzenveranstaltungen wie das Velux 5 Oceans noch verhältnismäßig unbekannt. In

---

[643] VELUX 5 OCEANS: „ESA International Sponsorship Award"

Ermangelung der Massenwirksamkeit anderer Sportarten, kann durch Sponsoringengagements eine qualitative und unmittelbare Zielgruppenansprache stattfinden. Sponsoren zielen demnach auf die aktiven Segler und Segelinteressierten ab, die allen Umfragen nach überdurchschnittlich gebildet sind und über ein überdurchschnittliches Haushaltseinkommen verfügen.[644] Aus der Sponsorensicht hat sich zumindest für das praktische Fallbeispiel Velux 5 Oceans aufzeigen lassen, daß diese Segelveranstaltung für den spezifischen Sponsoren Velux die optimale Plattform war, um ausgerichtet auf die Marke Velux und strategische Zielsetzungen, globale Geschäftkontakte zu knüpfen und Aufmerksamkeit in relevanten Zielgruppen zu schaffen. Allerdings wird sich der Segelsport auch zukünftig nur für den punktuellen Einsatz anbieten, da die Rechtelage auf dem Segelmarkt, anders als in anderen Sportarten verhältnismäßig unübersichtlich ist, zumal die Rechte an den attraktiven und bekannten Großveranstaltungen oftmals nur dezentral von privatwirtschaftlichen Veranstaltern verwaltet werden, weshalb es für Sponsoren kaum machbar ist, einen flächendeckenden Auftritt zu realisieren.[645] Für Sponsoren, die primär an der B2B-Kommunikation interessiert sind, hat sich der internationale Segelsport aber als echte Alternative zum Golfsport etabliert. Allerdings muß beachtet werden, daß bspw. das Velux 5 Oceans den strukturellen Nachteil hat, daß die Zuschauer ausschließlich in den Gasthäfen unmittelbar an der Veranstaltungen teilhaben können und ansonsten auf die mediale Berichterstattung angewiesen sind. Die dadurch geschwächten unmittelbaren Kontaktzahlen vor Ort können durch eine eigenverantwortliche, proaktive Gewährleistung von Medienpräsenz, welche für Veranstaltungen wie das Velux 5 Oceans, das im Schatten des ‚Highlights der Segelgemeinde', des America's Cups steht, unabdingbar ist, allerdings wieder angehoben werden, auch wenn sich die medial angesprochene Zielgruppe primär für Sponsoren mit massenmarkttaugliche Produkten anbietet, was Velux zweifelsohne ist.

Faktisch kann man die Sponsoring- und Kommunikationsplattform ‚Internationaler Segelsport' wie folgt zusammenfassen: „Yacht racing is a global giant in terms of sponsorship and an increasing number of brand owners looking at the sponsorship potential. Yacht racing provides a unique multilevel sponsorship proposition that, when matched to the right brand owner and exploited to the full, is hard to beat. While the sports meets many traditional sponsorship objectives, it also has a track record in many of the increasingly important sponsorship targets, including corporate branding, B2B-communication and B2G-opportunities. In corporate communication, yachting offers a range of unique experiential hospitality packages in addition to on shore options".[646]

---

[644] ADJOURI / STASNY: „Sport-Branding – Mit Sponsor-Sponsoring zum Markenerfolg", S. 153
[645] SPONSORS: „Vermarkter riggen auf", S. 39
[646] RUSHALL / BARNES: „The Business of Yacht Racing", S. 25

Kapitel XIV

Der Golfmarkt in Deutschland

von Dominik Florian

Laut dem Meyers Lexikon ist „Golf ein zu den Ziel- und Treibspielen gehörendes Vollballspiel in naturgegebenem oder nur gering verändertem Gelände. Sinn des Spiels ist es, mit möglichst wenig Schlägen den Ball mit einem Schläger über verschieden lange Bahnen in ein Loch zu spielen".[647] Doch stehen dem Interessierten schnell Fachbegriffe im Weg, die man aus anderen Sportarten nicht kennt. Der Golfer spricht nicht von Rasen, sondern vom Green und je nach Beschaffenheit und Halmlänge vom Fairway oder vom Rough und nach dem Spielen geht man nicht ins Vereinsheim, sondern ins Clubhaus. Neben dem Regelwerk muß man auch die Etikette beachten. Und Schläger ist auch nicht gleich Schläger. Sandwedge, Pitcher, Putter, Holz, Eisen, Driver - hier den Überblick zu behalten, scheint schier unmöglich. Betrachtet man den Golfer auf dem Platz, erinnert dieser in seinem karierten Outfit vielmehr an einen Dudelsackspieler, als an einen aktiven Sportler. Es wird schnell klar, daß Golf kein Sport für jedermann ist und Eigenschaften mit sich bringt, die man auf dem übrigen Sportmarkt nicht kennt. Diesen Eigenschaften soll im Folgenden auf den Grund gegangen und der Ursprung und die geschichtliche Entwicklung und Verbreitung sollen betrachtet werden. Wer spielt eigentlich Golf und warum wollen oder können es andere gar nicht ? Woher kommt dieses elitäre Image, welches mit dem Golfsport eng verknüpft ist und wie wird dieses Image von Unternehmen genutzt ? In diesem Kapitel soll der Golfmarkt in Deutschland untersucht werden, seine aktuelle Situation, seine Entwicklung in der Vergangenheit und seine Potentiale in der Zukunft.

Geschichte und Entwicklung des Golfsports

Um die Anfänge und Entwicklung des Golfsports richtig einordnen zu können, muß zunächst klar ausgegrenzt werden, inwieweit das Schlagen eines Balles mit einem Schläger als Golf zugeordnet werden kann. Es ist umstritten, ab wann sich aus den Vorläufern, in denen auch andere Sportarten wie Krocket, Hockey, Baseball und Billard ihren Ursprung haben, die heutige Form des Golfs entwickelt hat. Entsprechend uneins sind sich die Historiker in der Bestimmung des Ursprunglandes. Es finden sich Nachweise, daß bereits im alten Ägypten, im antiken Rom und frühen Japan und China ein Spiel mit Ball und Schläger praktiziert wurde. Andere belegte Quellen besagen, daß die Anfänge des Golfsports in

---

[647] LEXIKON.MEYERS.DE: „Golf"

Kontinentaleuropa liegen. Oft erwähnt werden hierbei das „Kolf in Loenan ann de Veecht" 1297 in Holland, das „Chole" und eine Abbildung eines puttenden Golfers im Stundenbuch der Adelaide von Savoyen um 1450 in Frankreich und das „Verbot des Colven" 1360 in Brüssel. Inwieweit diese Belege dem heutigen Golf entsprechen, kann aber nicht genau bestimmt werden. Einen viel versprechenden Ansatz in der Nachverfolgung des Ursprungs bieten intensive Handelsbeziehungen zwischen Schottland und den Niederlanden. Diese schriftlich belegte Verbindung zwischen den beiden Ländern gilt als Eckpunkt der Verbreitung des Golfs von Kontinentaleuropa auf die britische Hauptinsel. Diese Version ist mittlerweile auch in angelsächsischen Publikationen, wie der Encyclopedia Britannica, akzeptiert und gilt somit als allgemein anerkannt. Der erste schriftliche Nachweis des Golfbegriffs in seiner heutigen Schreibweise stammt aus dem Jahre 1457. In dem Beschluß des schottischen Parlaments mit König James dem Zweiten „ye fut ball and ye golf" wurde das Golfspielen mit der Begründung verboten, daß es vom Bogenschießen ablenken würde. Erst durch den Friedensschluß zwischen Schottland und England wurde dieses Gesetz 1502 außer Kraft gesetzt.

Auch in England wird das Golfspielen mit Unterstützung von König Karl dem Ersten immer beliebter und verbreitet sich im Laufe des 16. Jahrhundert in ganz Großbritannien. Durch ein Dekret des Erzbischofs 1553 wird das Golfspiel auch dem Bürgertum erlaubt und gewinnt hierdurch in der gesamten Bevölkerung an Beliebtheit.[648] Im Jahre 1567 führt Maria Stuart den Golfsport in Frankreich ein und sorgt hierdurch für eine Verbreitung in ganz Kontinentaleuropa. Auch die Ausrüstung entwickelte sich weiter. Als erster Golfschlägerbauer wird William Mayne 1603 bekannt, als dieser vom schottischen König James dem Sechsten zum „Royal Clubmaker" ernannt wird. Mit dem Featherie wird 1618 ein neuartiger Golfball erfunden. Der Ball besteht aus einer Lederhülle, die mit Federn gefüllt ist. Im gleichen Jahrhundert weisen Erwähnungen auf eine Verbreitung von Golf bis in die USA hin. 1682 findet das erste dokumentierte internationale Match statt. In einem Wettspiel im schottischen Leith besiegt Schottland, repräsentiert durch den Duke of York und George Patterson, ein Duo aus England. Der erste eingetragene Golfclub wird in Schottland gegründet. 1735 schließen sich dort ansässige Golfer zur Royal Burgees Golf Society zusammen. 1744 erscheint das erste Regelwerk im Golfsport, verfaßt und publiziert durch die Gentlemen Golfers of Leith, welche als Gründungsväter des organisierten Golfs gelten. Diese Societies sind aber vielmehr gesellschaftliche Vereinigungen als Clubs im Sinne des organisierten Sports, in denen Mitglieder des Hochadels zusammentrafen. Durch die hohen Kosten der Ausübung und der Ausrüstung und den strengen Kriterien der Societies blieb dem normalen Volk und dem weiblichen Geschlecht der Zugang zum Golfsport lange verwehrt. Es dauerte bis

---

[648] GOLFIANER.DE: „Geschichte"

in das Jahr 1810, bis das erste Damenturnier in Musselburgh stattfindet. Durch die Kolonialisierung verbreitet sich der Golfsport in weiten Teilen der Welt. In Bangalore, Indien, wird 1820 der erste Golfclub außerhalb der britischen Hauptinsel gegründet. Zu olympischen Ehren kommt Golf zu Beginn des 20. Jahrhunderts und ist bei den Sommerspielen 1900 und 1904 Teil des olympischen Programms. Durch die Gründung der PGA of America 1916, der ersten Interessenvertretung von Profispielern im Golfsport, schreitet die Professionalisierung weiter voran. Aber auch im Materialbereich kommt es stetig zu Verbesserungen. 1898 wird das Holztee erfunden, aus Holzschäften werden im Laufe des 20. Jahrhunderts Stahl-, Titan- und Carbonschäfte und der bei Regen unbrauchbare Featherie wird durch kostengünstigere, verbesserte Kunststoffbälle ersetzt.[649]

Geschichte in Deutschland

Der Ursprung des Golfs um 1890 in Deutschland liegt in den Kurorten, die Anlaufstelle amerikanischer und angelsächsischer Touristen waren. Deren Affinität zum Golf sorgte für den Anfang der Entwicklung des Sports in Deutschland. Da die Kurgäste nicht auf ihre lieb gewonnene Freizeitbeschäftigung verzichten wollten, wurden in Wiesbaden, Bad Homburg und Baden-Baden zunächst auf Wiesen und Exerzierplätzen provisorische Golfanlagen errichtet. Es folgten kleine Kurzplätze nach britischem Vorbild. Da Golf als Möglichkeit galt, sich sportlich zu betätigen, ohne den Kreislauf zu überfordern, war es geradezu prädestiniert für Kurorte. Entsprechend eröffneten Kurverwaltungen Golfplätze zur Gewinnung internationaler Gäste. In Großstädten wie Berlin, Köln und Bremen wurde Golf an Ruhetagen auf Pferderennbahnen gespielt. Die Golfklientel bestand fast ausschließlich aus Mitgliedern der internationalen Oberschicht. Darin spielten die Deutschen anfangs nur eine untergeordnete Rolle. Die gegründeten Clubs nahmen meist keine und nur in Ausnahmefällen wenige deutsche Mitglieder auf. Golf galt Anfang des 20. Jahrhunderts als typisch britische Extravaganz und war Treffpunkt der internationalen High Society. Zu den Mitgliedern des Bad Homburger Golfclubs gehörten der deutsche Kronprinz, König Edward der 7te und zahlreiche russische Großfürsten. Aufgrund der Industrialisierung und der damit verbundenen Umweltverschmutzung und hygienische Probleme in den rasch angewachsenen Großstädten, kam es zu einem Trend der Bewegung der reichen Städter aufs Land ins Grüne. Es entstanden Land- und Golfclubs mit entsprechenden Anlagen und Villenvierteln. Im Jahre 1902 gründeten rund fünfzig Herren aus Marine und Kaufmannschaft vor den Toren Kiels auf dem Anwesen einer Hamburger Maklerfamilie den Golf-Club Kitzeberg. Im Gegensatz zu den britischen „Societies" wurden die Clubs amtlich konstituiert. Aber auch unter den deutschen Golfern hatte Golf mehr gesellschaftlichen als sportlichen Wert.

---

[649] GOLF.DE: „Von den Ursprüngen des Golfsports"

Jedoch keimte durch die nationalistische und vaterländische Grundstimmung in den Zeiten des deutschen Kaiserreichs auch ein gewisser Neid gegenüber den britischen Profigolfern auf und ein sportliches Konkurrenzdenken entwickelte sich. Um nicht hinter den Briten zurück zu stehen, wurde ein nationaler Verband angestrebt, der die Austragung nationaler Meisterschaften übernehmen sollte. Dieser Forderung wurde am 26. Mai 1907 nachgekommen und unter Anwesenheit von je sechs Angelsachsen und sechs Deutschen wurde der Deutsche Golf Verband gegründet. Im direkten Anschluß auf die Versammlung fand das erste deutsche Verbandturnier statt, wobei auf britische Zwänge und Traditionen verzichtet wurde und sogar Damen im Teilnehmerfeld vertreten waren. Unter dem Gesichtspunkt, daß Berlin den Zuschlag für die Ausrichtung der Olympischen Sommerspiele im Jahr 1916 bekam, wurde die Professionalisierung im deutschen Golfsport weiter vorangetrieben. Mit Unterstützung kaiserlicher Funktionäre sollte Golf in das Olympische Programm zurückkehren und es wurden Länderkämpfe und Meisterschaften veranstaltet, um den deutschen Spielern Wettkampfpraxis zu verschaffen. Dieser Aufschwang fand jedoch mit dem Ausbruch des Ersten Weltkriegs ein jähes Ende und in den Folgejahren warfen Nachkriegskrisen das Golfspiel auf das Anfangsniveau zurück.[650] In den Nachkriegsjahren war der Golfsport weiterhin von Internationalität und dem städtischen Landclub-Leben geprägt. Trotz gewisser Fortschritte, wie die Herausgabe der regelmäßigen Golfzeitschrift „Golf" und der Eröffnung der Geschäftstelle des DGV, konnte sich der deutsche Golfsport nie ausreichend festigen und mußte sich in den 1930ern weitgehend dem nationalsozialistischen Regime beugen.

Im Rahmen der Neuordnung deutscher Leibesübungen wurden auf allen Ebenen des Sports parteipolitische Beauftragte eingesetzt. Unter erheblichem politischem Druck trat der damalige jüdische DGV-Präsident Alfred Merton zurück und setzte sich kurz danach ins Exil ab. Als dessen Nachfolger wurde der Sektfabrikant und Präsident des Wiesbadener Golf-Clubs Karl Henkell zum Führer des DGV ernannt. Systematisch geplant und konsequent umgesetzt wurde die Instrumentalisierung des gesamten Sports für politische Propagandazwecke. Henkell übertrug die politische Ideologie des Nationalsozialismus direkt auf den deutschen Golfsport und propagierte hochtrabende Pläne. Deutschland müsse sich als weltweit ebenbürtige Golfnation etablieren, wobei die deutsche Jugend vorangehen sollte. Begleitet wurde diese Linie von nationalistischen Parolen der mittlerweile politisch beeinflußten Golfzeitung. Das Golf-Magazin titelte von „einem gesunden Geist im deutschen Golfsport, der nach Weltgeltung strebt" und benutzte NS-Begriffe wie „Golf-Heil". Die Nationalsozialisten verfolgten ihr Bestreben der Arisierung des deutschen Volkes auch direkt in den Golfclubs und forderten alle nicht arischen Mitglieder dazu auf, sich selbst abzumelden.

---

[650] GOLF.DE: „Gründerzeiten im deutschen Golfsport"

Da die jüdische Oberschicht einen beträchtlichen Anteil der Golfspielenden darstellte, sorgte deren Ausschluß zu einem empfindlichen Einbruch in den Mitgliedszahlen des 1938 umbenannten „Deutschen Golfverband im Nationalsozialistischen Reichsbund für Leibesübungen". Mit der Ausrufung des „totalen Krieges" 1943 und dem Ende des dritten Reiches 1945 stand auch der Golfsport in Deutschland vor dem Aus und der DGV wurde wie alle anderen Sportorganisationen aufgelöst.[651]

In der Nachkriegszeit bot sich auf den nicht vom Krieg zerstörten Golfplätzen ein altbekanntes Bild, Briten und Amerikaner tummelten sich auf den Golfplätzen und beschlagnahmten diese für sich. Doch waren die Golfer keine Kurgäste wie zur Gründerzeit des Golfsports in Deutschland, Offiziere und sogar einfache Soldaten prägten das Bild der neuen Klientel. Die Besatzungsmächte grenzten deutsche Golfer weitgehend aus und gewährten ihnen nur in Ausnahmefällen den Zutritt zu den Spielanlagen. Dieser Zustand verbesserte sich nur sehr schleppend und es dauerte in Einzelfällen Jahrzehnte, bis ein freier Zugang für Deutsche bewilligt wurde. Das der organisierte Golfsport nach Kriegsende trotz all dieser Hindernisse sehr schnell wieder belebt wurde, ist vor allem der neuen Geschäftsführerin des offiziell noch nicht bestehenden DGV Nora Zahn zu verdanken. Selbst nach der Neugründung des DGV am 18. Oktober 1949 stellte Zahns Zweizimmerwohnung weiterhin die Zentrale des nunmehr offiziellen Verbandes dar. Mit der Pionierarbeit, die Zahn in dieser Zeit leistete, konnte sich der angeschlagene Golfsport in Deutschland trotz aller Widerstände sehr schnell erholen und erlebte in den Folgejahren einen immensen Aufschwung, der sich in stetig wachsenden Mitgliederzahlen ausdrückte.[652] In den 1970ern kam es durch die Gründung von Landesgolfverbänden zu einer Dezentralisierung des Verbandswesens, wobei der DGV weiterhin Schirmherr aller Vereine und Clubs war.[653]

Organisation des Golfsports in Deutschland

Wie schon im geschichtlichen Teil angedeutet, bildet der Deutsche Golfverband gemäß seiner Satzung den Dachverband für den Golfsport in Deutschland. Er ist somit verantwortlich für alle Golfclubs und Golfanlagenbetreiber und somit für alle Golfspieler in Deutschland. Sein Hauptziel liegt entsprechend darin, sämtliche Golfaktivitäten zu vereinigen, zu ordnen und angemessen zu fördern.[654] Der DGV ist ein eingetragener Verein und verfolgt somit ausschließlich und unmittelbar gemeinnützige Zwecke. Der Verband ist dem DOSB untergeordnet und der einzige in Deutschland anerkannte Spitzenverband. Zudem ist er Mit-

---
[651] GOLF.DE: „Abschlag am Abgrund"
[652] GOLF.DE: „Dürfen die Deutschen Golf spielen?"
[653] GOLF.DE: „100 Jahre Golf in Deutschland"
[654] GOLF.DE: „Das DGV-Sportkonzept 2010"

glied in der europäischen European Golf Association und der International Golf Federation, dem internationalen Weltverband.[655] Die Mitgliederstruktur des Verbandes unterteilt sich in die ordentlichen Mitglieder, die regionalen Mitglieder und die außerordentlichen Mitglieder. Zu den ordentlichen Mitgliedern zählen deutsche Golfvereine sowie sonstige deutsche Organisationen und Personen, die Träger beziehungsweise Betreiber eines Golfplatzes sind. Regionale Mitglieder sind die 12 Landesverbände, wobei Niedersachsen und Bremen, Berlin und Brandenburg, Rheinland-Pfalz und das Saarland und Sachsen und Thüringen jeweils einen Landesverband bilden. Außerordentliche Mitglieder können Personen oder Organisationen sein, die den Golfsport fördern, wobei diese satzungsgemäß über eingeschränkte Rechte verfügen.[656] Zu den außerordentlichen Mitgliedern gehören im Moment Vereine wie beispielsweise der Behinderten Golf Club Deutschland e.V. und die Deutsche Medien Golf Gesellschaft e.V.. Mit Stand am 31. Dezember 2007 hatte der DGV 748 ordentliche und 6 außerordentliche Mitglieder zur verzeichnen, welche 552.388 aktive Golfer aller Alters- und Leistungsklassen repräsentieren.

Die sportliche Spitze der Mitgliederpyramide bilden die Amateure der A-, B- und C-Kader. Die leistungsorientierte Ausbildung wird stufenweise vom DGV und den Landesgolfverbänden durchgeführt. Die Ausbildung beginnt im Kindesalter auf regionaler Ebene und findet unter der Betreuung der LGV statt. Neben dem Clubgolftraining werden leistungsorientierte Jugendliche an den LGV-Trainingsstützpunkten von qualifizierten Trainern und zudem bei regelmäßigem D-Kadertraining von Kadertrainern betreut. Die besten Jugendlichen aus den Landesspitzenkadern werden im nächsten Schritt auf nationaler Ebene direkt vom DGV gefördert und steigen zunächst bis zur Volljährigkeit in den C-Kader auf und können danach, je nach Leistungsstand, Mitglied des B- oder des A-Kaders werden. Um die Qualität der Ausbildung zu sichern, hat der DGV ein gestuftes Lizenzsystem für Trainer entwickelt, um für jede Zielgruppe ein angemessenes Übungs- und Spielangebot zu garantieren. Durch regionale und nationale Ranglistenturniere in verschiedenen Leistungs- und Altersklassen wird neben der Möglichkeit, Ranglistenpunkte zu sammeln, der Rahmen geboten, die vor allem im Jugendbereich essentielle Wettkampfpraxis zu erlangen.[657] Diese Turniere sind nur ein Bestandteil der bestehenden Wettkampfstruktur, die als ein durchgängiges System von der Vereinsebene über die Landes- und Bundes- bis hin zur internationalen Ebene aufgebaut ist. Zudem gestaltet der DGV ein bundesweites Ligasystem mit mehreren Ebenen, welches die Grundlage für die deutschen Mannschaftsmeisterschaften im Herren-, Damen- und Seniorenbereich bildet. Analog zu den Mannschaftsmeisterschaften gibt es auch deutsche Einzelmeisterschaften, die in verschiedenen Altersklassen angeboten werden

---

[655] GOLF.DE: „Überblick"
[656] GOLF.DE:„ Satzung des deutschen Golfverbandes .e.V"
[657] GOLF.DE: „Leistungssport im DGV"

und die Finalveranstaltungen von regionalen Qualifikationswettbewerben darstellen.[658] Gemeinsam mit der PGA of Germany, der Interessenvertretung der deutschen Profispieler, wird der Profigolfsport als höchste Ebene im deutschen Leistungssport geregelt. Im Rahmen des Golf Team Germany werden deutsche Professionals gefördert und an die internationale Profiszene herangeführt.[659] Um auch den Freizeitspielern und Anfängern gerecht zu werden, bietet der DGV auch für diese Golfnachfrager verschiedene Formate der Leistungsmessung und Veranstaltungen an. Die erfolgreichsten Formate sind hierbei die Kinder- und Jugendprojekte im Rahmen der DGV-Nachwuchsförderung, die DGV-Kindergolfabzeichen und der DGV-Mini-Cup. Bei dem für Kinder und Jugendgolfer ohne Platzreife konzipierten Abzeichen nehmen jährlich etwa 9500 Mädchen und Jungen teil und erfüllen Prüfungsanforderungen in den verschiedenen Schwierigkeitsstufen Bronze, Silber und Gold. Wer das Silber- oder Goldabzeichen erreicht, hat nun die Gelegenheit, sich beim DGV-Mini-Cup über Clubwettspiele hinaus mit Gleichaltrigen in einem Zählspiel zu messen.

Als weiteren Punkt der Nachwuchsgewinnung und -förderung hat der DGV zusammen mit dem VcG die Aktion „Abschlag Schule" ins Leben gerufen. Hierbei handelt es sich um ein Förderprojekt für Schulen, die im Rahmen des Projekts im Schulunterricht die Möglichkeit bekommen, Golf als Einheit des Sportunterrichts anzubieten. Die finanzielle und materielle Förderung hierfür übernimmt die VcG[660]. Als Erfolg dieser Aktion wurde Golf 2007 in das Programm von Jugend trainiert für Olympia aufgenommen. Die Aufnahme in das weltweit größte nationale Schulsportturnier wird als wichtiger Schritt im Bereich der Jugendarbeit angesehen.[661] Neben der direkten Unterstützung im Bereich Nachwuchsförderung und Wettkampfstruktur, bietet der DGV den Golfclubs verschiedene Marketing-Angebote zur Selbstvermarktung und Mitgliedergewinnung. Um die Golfclubs individuell zu unterstützen, bietet der Verband seinen Mitgliedern eine Auswahl an Serviceleistungen für lokale Marketingmaßnahmen. Solche Leistungen sind neben Marketingtools, wie Leitfäden und Vorlagen für Presse- und Öffentlichkeitsarbeit, Anregungen zur Programmentwicklung eines Clubs zur Mitgliedergewinnung und -bindung. Darüber hinaus wird den Clubs die Möglichkeit geboten, Marktforschungs- und Analysetools zu nutzen und an Fortbildungen, Vortragsreihen und an Weiterbildungsveranstaltungen teilzunehmen. Über das Anbieten von Marketingleistungen hinaus, verfolgt der DGV ein bundesweites Marketing mit Aktionstagen und Imagewerbung, um das Bild des Golfsports in Deutschland zu verbessern und weitere Mitglieder zu gewinnen. Diese Marketingmaßnahmen sind Teil der Rahmenbedingungen, deren Umsetzung der DGV anstrebt, um sicher zu stellen, daß der Golfsport in

---

[658] GOLF.DE: „Aufbau der Wettkampfsystems"
[659] GOLF.DE: „Golf Team Germany"
[660] GOLF.DE: „Abschlag Schule - eine Initiative von VcG und DGV"
[661] GOLF.DE: „Jugend trainiert für Olympia"

Deutschland weiterhin ein gesundes und stetiges Wachstum verzeichnen kann. Weitere Rahmenbedingen sind unter anderem die Anpassung an die demographischen und gesellschaftlichen Veränderungen, die Beseitigung von Zugangsbarrieren für Golfinteressierte und Wahrung der Qualität und Tradition des Golfsports.[662]

Die Vereinigung clubfreier Golfspieler im Deutschen Golfverband e.V. wurde 1993 vom DGV gegründet und gilt seitdem als einzige vom DSV anerkannte Interessenvertretung für clubfreie Golfspieler in Deutschland. Die Vereinigung bietet eine Einstiegsmöglichkeit in den Golfsport, ohne eine Clubmitgliedschaft eingehen zu müssen, die mit hohen Aufnahme- und Jahresbeiträgen verbunden ist. Eine VcG-Mitgliedschaft bietet für 195 Euro jährlich die Möglichkeit, gegen die Entrichtung einer Spielgebühr, der so genannten Greenfee, auf 700 Golfplätzen in Deutschland zu spielen. Darüber hinaus kann das VcG-Mitglied an der VcG Wettspielserie „hit and hope" teilnehmen und dabei sein Handicap zu verbessern und als offizielles Mitglied des DGV und des europäischen Verbandes weltweit zu golfen. Seit seiner Gründung haben mehr als 42.000 Golfer über den VcG den Einstieg in den deutschen Golfsport gefunden. Zum 31. Dezember 2007 zählte der Verband 18.491 aktive Mitglieder und verzeichnete somit in jedem Jahr konstante Zuwächse. Durch diese langfristige erfolgreiche Arbeit hat der VcG die Möglichkeit und die Mittel, weitere Aktionen und Initiativen zu starten, um weitere Zielgruppen anzusprechen und dadurch den Golfsport weiter zu verbreiten. Bisher wurden 11,5 Mio. Euro an VcG-Fördermitteln für drei bundesweite Projekte bereitgestellt, die gemeinsam mit dem DGV entwickelt wurden. Neben der bereits beschriebenen Initiative „Abschlag Schule" unterstützte der VcG im Zeitraum von 2002 bis 2005 durch das Förderprojekt „Pay and Play" den Bau von 27 öffentlichen Kurzplätzen[663] und von 2001 bis 2003 die Golfeinsteigerkampagne „play golf – start living".[664]

Image des Golfsports

„Golf ist ein verdorbener Spaziergang", so beschrieb der Schriftsteller Kurt Tucholsky das Bild des Golfsports und trifft damit vermeintlich die Meinung einer breiten Masse. Eine Einschätzung des Golfimages ist jedoch schwer zu bestimmen, da in der Vergangenheit kaum detaillierte und fundierte Meinungsforschungen durchgeführt wurden. Bei einer nicht repräsentativen Untersuchung von Sport+Markt unter 273 deutschen Sportinteressierten im Jahr 1996, wurde der Golfsport von den Befragten mehrheitlich als langweilig, teuer, arrogant und spießig eingestuft.

---

[662] GOLF.DE: „Zukunftsfähige Golfentwicklung"
[663] VEREINIGUNG CLUBFREIER GOLFER: „pay & play öffentlicher Golfplatz für Jedermann"
[664] VEREINIGUNG CLUBFREIER GOLFER: „play golf –start living – Golf à la Card "

Eine weitaus größere Aussagekraft bietet in diesem Zusammenhang eine deutschlandweite repräsentative Umfrage zum Image des Golfsports unter Nichtgolfern, die im Rahmen der Studie „Golfmarkt der Zukunft 2001" durchgeführt wurde. Die 1000 Befragten mußten vorgegebene Aussagen auf einer Skala von 1, für „stimme voll und ganz zu", bis 5, für „stimme ganz und gar nicht zu", beurteilen. Bei den Ergebnissen der Studie wird deutlich, daß die in der Vergangenheit mit dem Golfsport assoziierten Imagedimensionen wie Luxus, Elite, Karriere und Präzision weitgehend bestätigt wurden. Die meisten Nennungen fielen auf die Aussagen „Golfspielen ist ein Ausdruck von Exklusivität und Luxus", „Auf den Golfplätzen gibt es Leute, die nur um des Prestiges und der Karriere willen spielen" und „Golfsport erfordert Technik und Präzision".[665] Ähnliche Ergebnisse bietet die Affinity Tracer Golf 07 Studie, wobei Golfablehner vordergründig die hohen Preise, das elitäre Image, das Out-Group-Feeling und die mangelnde Sportlich- und Körperlichkeit als Barrieren des Golfsports nannten. Auf Seiten der Golfaffinen werden diese Barrieren gegensätzlich positiv bewertet und gelten als erwünscht.[666] Warum Golf dieses Image in weiten Teilen der Gesellschaft erreicht hat, läßt sich vermeintlich leicht bestimmen. Golfausrüstung, Trainerstunden und Platzerhaltung sind sehr teuer und entsprechend kann Golf nur von reichen Menschen der Oberschicht, die viel Zeit zur Ausübung haben, ausgeführt werden. Ein Vergleich mit anderen Golfnationen zeigt, daß Golf nicht zwangsläufig als eine elitäre Luxussportart zu verstehen ist. In den USA ist Golf laut einer Umfrage unter den 20 bis 29-jährigen die „coolste Sportart", noch vor den Trendsportarten Mountainbiking und Snowboarden.[667] Es muß also andere Gründe geben, daß dem Golfsport in Deutschland ein solch elitäres Image angeheftet wird. Betrachtet man die Entwicklung des Golfsports in Deutschland finden sich deutliche Anhaltspunkte und Versäumnisse, die das Image weitgehend geprägt haben. Schon seit der Anfangszeit war der Golfsport von der britischen Extravaganz stark beeinflußt und die traditionellen Golfclubs in Deutschland wurden entweder von Angelsachsen oder nach deren Vorbild gegründet und strukturiert. Exklusive Clubhäuser und gesellschaftliche Veranstaltungen ähneln stark den britischen „Societies" und sind Teil der traditionsorientierten und extravaganten Golfkultur des 20. Jahrhunderts. Diese Orientierung hat sich weitgehend in den Köpfen der Golfer und Nicht-Golfer festgesetzt und erschwert hierdurch den Abbau der Barrieren zur Öffnung des Golfs für breitere Bevölkerungsschichten. In der Geschichte gab es einige Ansatzpunkte und Gelegenheiten, die den Golfsport in Gesellschaft etablieren hätten können. Diese wurden aber nicht genutzt und meist schon im Keim erstickt. Ende des 19. Jahrhunderts entwickelte sich in Stuttgart eine Bewegung, weg vom traditionellen Hallenschulsport, hin zur sportlichen Aktivität im Freien. Auf dem Festplatz spielten Jugendliche ameri-

---

[665] GOLF AND TOURISM CONSULTING: „Golf auf dem Weg zu „Generation Golf"?"
[666] SCHMIDT UND KAISER: „Affinitiy Tracer Golf 2007"
[667] GOLF AND TOURISM CONSULTING: „Golf auf dem Weg zu „Generation Golf"?"

kanische und britische Rasensportarten wie Rugby, Fußball, Hockey, Cricket und auch Golf. Das Golfspiel von damals erinnert an das heute, betriebene Cross-Golf, weil es entsprechende Spielmöglichkeiten nicht gab. Dieser Entwicklung wurde schon jäh ein Ende gesetzt. Im zunehmend nationalistisch gesinnten Deutschland wurde das Ausüben von britischen Sportarten unterbunden und durch deutsche Sportarten ersetzt. Adolf Friedrich Herzog von Mecklenburg verfaßte in diesem Zusammenhang den „Mahnruf an die Jugend" und warnte vor dem Golfsport mit den Worten: „Er eignet sich weniger für den Jüngling als für den bedächtigen Mann. Für den Jüngling ist dieses Spiel nicht beweglich, nicht anstrengend genug, er mag seine Freiheiten noch nicht genügend zu würdigen." Unterstützt wurde diese Sichtweise durch den Sportfunktionär und damals einflußreichsten Promoter für Sport und Sportstätten Carl Diem.

Nach Diem fehle es dem Golfsport an körperlichen Anforderungen und er empfiehlt den Sport lediglich als Unterhaltung für Damen und ältere Personen aus wohlhabenden Kreisen. Diesem Druck konnten die jugendlichen Pioniere nicht standhalten und der Golfsport entwickelte sich lediglich in den elitären Kreisen, fernab vom Bürgertum und bildete ein entsprechendes Image in der Gesellschaft.[668] In der Nachkriegszeit bot sich eine weitere Möglichkeit, den Golfsport in die Gesellschaft zu integrieren. Da die Münchener Golfer von den amerikanischen Besatzungstruppen keinen Zutritt auf ihre Clubanlage hatten, spielten sie zeitweise auf den Rasenanlagen der Fußballabteilung des TSV 1860 München. Das Angebot, dem volkstümlichen Vereins beizutreten, lehnten die Golfer ab und vergaben somit die Gelegenheit, sich in einem bürgerlich organisierten Verein einzufügen und das Image des Golfs zu verändern.[669] Einen positiven Schub bekam der Sport durch Bernhard Langer, den wohl einzigen Star der deutschen Golfszene. In den 1980er Jahren wurde er durch Erfolge bei renommierten Turnieren, aber vor allem durch einen Schlag aus einer Baumkrone, die ihm den Spitznamen „Golftarzan" bescherte, weltberühmt.[670] Eine merkliche Imageverbesserung war jedoch nicht zu vernehmen, erst durch die Gründung der VcG und entsprechende Kampagnen waren tendenzielle Fortschritte zur Öffnung für die breite Gesellschaft zu erkennen.

Zahlen, Daten und Fakten

Der DGV wirbt in seinem Programm damit, einer der am schnellsten wachsenden Verbände in Deutschland überhaupt zu sein. Seit seiner Gründung hat der Verband stetige Zuwächse, doch einen richtigen Aufschwung erlebte der Golfsport vor allem in den letzten Jahren. In der Wachstumsphase der letzten zehn Jahre hat sich die Anzahl der Aktiven nahezu verdoppelt und zählt zum 31.

---
[668] GOLF.DE: „Von wegen Altherrenspaziergang!"
[669] GOLF.DE: „Dürfen die Deutschen Golf spielen?"
[670] GOLF.DE: „Vom Caddie zu Master"

Dezember 2007 552.388 Golfer.[671] Betrachtet man die Verteilung im nationalen Vergleich, stellen die bevölkerungsreichen Bundesländer auch einen entsprechenden hohen Anteil an aktiven Golfern und ordentlichen DGV-Mitgliedern. Die Landesgolfverbände von Bayern, Nordrhein-Westfalen, Baden-Württemberg und Niedersachsen vertreten zwei Drittel aller Golfer in Deutschland, in Zahlen 368.579, was auch in etwa dem Anteil an der deutschen Bevölkerung entspricht.[672] Eine besondere Golfaffinität ist in den Bundesländern Hamburg und Schleswig-Holstein zu erkennen, was zum einen mit dem geschichtlichen Hintergrund, zum anderen mit den landschaftlichen Begebenheiten zu erklären ist. Gegenteilig unterrepräsentiert sind die Golfer in den neuen Bundesländern, wobei in diesen Regionen die Golfentwicklung sehr stark durch die russische Besatzungsmacht und die DDR-Regierung gehemmt wurde und nach der Wiedervereinigung durch strukturelle Unterschiede weitaus schlechtere Voraussetzungen zum Wachstum gegeben sind.

Im Vergleich zu anderen Sportarten und Verbänden findet sich der DGV im Moment auf dem 14. Platz wieder, seine direkten Nachbarn in diesem Ranking sind auf dem 13. Platz der DLRG und auf Platz 15 der Deutsche Volleyball Verband, an der Spitze steht mit knapp 6,5 Mio. Aktiven der DFB. Jedoch zeigen die aktuellen Zahlen aus dem Jahr 2007, daß bis auf den DFB, den Deutschen Skiverband und den Deutschen Alpenverein, alle Verbände, die im Ranking vor dem DGV stehen, Abgänge in ihren Mitgliederzahlen hinnehmen mußten. Mit 4,1% Wachstum, was 20.681 neuen Mitgliedern entspricht, ist der Golfsport unter den fünf am schnellsten wachsenden Sportarten in Deutschland. Sollte der Trend der letzten Jahre anhalten, wird sich der Golfsport mittelfristig unter den Top Ten der deutschen Sportverbände einordnen.[673]

Im internationalen Vergleich ist der DGV jedoch eher auf den hinteren Plätzen einzuordnen. Weltweit gibt es weit über 50 Mio. Golfer, wobei knapp 29 Mio. auf die Vereinigten Staaten entfallen, was einer Reaktionsquote von 9,5% entspricht. Im Nachbarland Kanada spielen sogar 18,8% der Gesamtbevölkerung Golf, was einer Spielerzahl von knapp 6 Mio. Golfern gleichsteht und somit die weltweit größte Golferdichte darstellt. In Europa steht Deutschland gemessen an der Golferanzahl zwar auf dem zweiten Platz hinter England, die Reaktionsquote der Bevölkerung entspricht mit 0,7% europaweit aber nur Platz neun unter den Golfnationen. Schweden bietet in diesem Zusammenhang sehr gute Vergleichswerte zur Einordnung des deutschen Golfmarktes. Hier spielen knapp 530.000 Golfer auf 370 Anlagen, was einer Reaktionsquote von 5,9%, einem Verhältnis von 24.668 Einwohnern und 1.430 Golfern pro Anlage entspricht. In Deutschland spielen auf 684 Golfanlagen ähnlich viele Menschen, wobei das

---

[671] GOLF.DE: „Entwicklung der Golfspieler in Deutschland 1998 bis 2007"
[672] GOLF.DE: „Mitglieder und Golfspieler nach Landesgolfverbänden 2007"
[673] GOLF.DE: „Sportarten in Deutschland 2007"

Verhältnis Einwohner je Anlage und Golfer je Anlage mit 120.468 beziehungsweise 808 sich deutlich unterscheidet.[674] Diese Werte verdeutlichen, wie weit der deutsche Golfmarkt im europäischen Vergleich hinterherhinkt Andererseits sind diese Versäumnisse in der Erschließung des Golfmarkts in Deutschland auch als Chance für die Zukunft zu sehen. Folglich sind in kaum einem anderen Land die Wachstumspotentiale größer als hierzulande.

Soziodemographische Daten

Betrachtet man die aktuellen Golfnachfrager treffen die oben genannten Imagedimensionen wie „luxuriös" und „elitär" weitgehend zu. Wählt man den Begriff des typischen Golfers in Deutschland, so müßte dieser ein verheirateter, gebildeter Herr über 50 mit einem überdurchschnittlich hohen Einkommen sein. Nach einer Studie der Golf & Tourism Consulting stellen sich die soziodemographischen Daten folgendermaßen dar: 25% der Golfer sind zwischen 45 und 54 Jahre und sogar 50% sind 55 Jahre und älter. In der Gesamtbevölkerung entsprechen diese beiden Altergruppen lediglich 50%. Auch der Familienstand der Golfer (76% sind verheiratet) zeigt ein ungleiches Bild zur restlichen Bevölkerung, bei der es nur 47% sind. Extreme Unterschiede finden sich vor allem in den Bereichen Bildung und Haushaltsnettoeinkommen. Während in der Gesamtbevölkerung 28% das Gymnasium oder eine Oberschule besucht haben, liegt dieser Wert unter den Golfnachfragern mit 70% wesentlich höher. Noch stärker ausgeprägt ist der Unterschied zwischen den Golfern und der Normalbevölkerung im Einkommensbereich. Mit 61% verfügen unter den Golfern verhältnismäßig rund zehnmal soviel über ein Haushaltsnettoeinkommen von über 3.250 Euro, als in der Bevölkerung (6%). In Zügen der wachsenden Nachfrage auf dem Golfmarkt wird sich die Klientel in Zukunft tendenziell verändern. Der typische Golfnachfrager wird weiterhin über ein überdurchschnittlich hohes Einkommen und Bildungsniveau verfügen, wobei davon auszugehen ist, daß es zu einer Verjüngung und einer steigenden Sportaffinität kommen wird.[675]

Vermarktung

Mit dem beschriebenen Image und den überdurchschnittlich vermögenden Nachfragern bietet der Golfmarkt eine sehr interessante Plattform für verschiedene Unternehmen mit einer hochwertigen Produktpalette. Die relativ kleine Zielgruppe der Golfer ist aufgeschlossen gegenüber neuen Produkten und Dienstleistungen mit einer langen Kaufentscheidung, wie beispielsweise PKW oder Versicherungen. Die Langsamkeit des Golfsports bietet die Möglichkeit, potentielle Kunden mit verschiedenen Maßnahmen direkt anzusprechen und für sich zu gewinnen. Doch hat diese Eigenschaft der Langsamkeit auch eine

---

[674] DELOITTE: „Marktreif? – Herausforderungen für den Golfsport in Deutschland"
[675] GOLF AND TOURISM CONSULTING: „Golfmarkt der Zukunft"

negative Wirkung auf die Vermarktungspotentiale. Der Profisport hat in Deutschland eine geringes Interesse unter der Bevölkerung, deshalb ist eine TV-Übertragung des Golfsports ist in einem massentauglichen Format schwer zu verwirklichen. Das Spiel ist für Nichtgolfer wenig nachvollziehbar und genießt eine entsprechend niedrige Zuschauergunst. Einer Umfrage der Sport+ Markt zufolge wollen nur 3% der Sportinteressierten Golf im Programm sehen.[676] Die TV-Quoten der vergangen Jahre belegen diesen Trend. Im Free-TV betrug die Sendezeit in 2007 lediglich 150 Stunden und 12 Minuten und erreichte somit die Reichweite von 162 Mio. Kontakten. Die Übertragungen wurden zudem fast ausschließlich von Spartensendern wie Eurosport, DSF, NTV und N24 ausgestrahlt.[677] Die öffentlichen und großen Privatsender zeigen wenig Interesse. Eine Aussage von RTL-Sprecher Matthias Bollhöfer verdeutlicht die Motive: „Golf bietet ohne Zweifel eine spannende Zielgruppe, ist aber einfach nicht massentauglich. Zudem ist die Sportart für ein Vollprogramm wie RTL kaum livefähig, da die Turniere in der Regel über mehrere Tage und jeweils mehrere Stunden laufen". Zudem fehlt dem deutschen Markt auch ein so genannter „National Hero", der als Publikumsmagnet wie früher Bernhard Langer wirken kann. In diesem Zusammenhang wird häufig der Nachwuchsgolfer Martin Kaymer genannt, wobei es sicherlich mehr als eines Spielers bedarf, um einen entsprechenden Boom auszulösen und den Golfsport für die Massenmedien interessanter zu machen. Infolge dessen hat die Anzahl der Profiturniere in Deutschland in den letzten Jahren merklich abgenommen. Auf dem Turnierkalender der PGA European Tour stehen im Jahr 2008 lediglich noch die BMW International Open und die Mercedes-Benz Championship. Hinzu kommt das Damen Profi Turnier der HypoVereinsbank Ladies German Open, welches erstmals wieder seit 2001 veranstaltet wird. Im Gegensatz zum Free-TV ist Golf beim Pay-TV Sender Premiere bezüglich der Sendezeiten sehr umfangreich vertreten. 2008 berichtet Premiere 750 Stunden von verschiedenen Turnieren weltweit und strahlt mit „Time for Golf" ein eigenes regelmäßiges Teaching-Format aus, wobei in der Spitze nach eigenen Angaben 50.000 Haushalte erreicht werden.[678] Für international ausgerichtete Unternehmen kann sich ein Engagement im Profisport trotz des geringen nationalen Interesses durchaus lohnen. Über die deutschen European PGA Turniere werden von internationalen TV-Stationen überwiegend in den Golfkernmärkten USA und Asien bis zu 500 Stunden pro Turnier berichtet. Um diese Märkte anzusprechen sind Unternehmen wie Mercedes-Benz und BMW bereit, für ein Titelsponsorship jährlich zwischen 3 bis 4 Mio. Euro zu bezahlen. Erwin Langer, Veranstalter und Vermarkter der Mercedes-Benz Championship rechtfertigt diese Engagements:

---

[676] HORIZONT SPORTBUSINESS: „Partner der Golfs suchen den direkten Kontakt"
[677] SCHMIDT UND KAISER: „Affinitiy Tracer Golf 2007"
[678] SPONSORS: „Noch nicht im grünen Bereich"

„Golf ist eine globale Sportart mit globaler medialer Verbreitung, die vor allem für Sponsoren, die sich weltweit präsentieren wollen, hochinteressant ist".[679]

Um die nationalen Golfer über Medien zu erreichen, gibt es mit dem Internet und den Printmedien weitere attraktive Plattformen. 91% aller Golfer lesen laut einer Umfrage der DGS und GTC regelmäßig mindestens eine Golfzeitschrift. Am meistgelesensten sind hierbei die Fachzeitschriften „Golf-Journal" und „Golf-Magazin" mit jeweils einer Auflage von mehr als 40.000 Exemplaren und kostenlose Publikationen wie die Auslegezeitschrift „Golf Aktuell". Für Anzeigen in Golfmedien geben deutsche Unternehmen jährlich knapp 10 Mio. Euro aus, Tendenz steigend.[680] Die wohl interessanteste mediale Plattform um die Zielgruppe der Golfer und Golfinteressierten zu erreichen bildet zweifelsohne das Internet. Der meistbesuchte und somit attraktivste Web-Auftritt bildet das Golfportal „golf.de". Neben aktuellen Nachrichten zur internationalen Turnierszene, stellt sie den Web-Auftritt des DGV dar und bietet zudem Informationen zu sämtlichen Themen rund um den Golfsport. Außerdem bietet sie Branchen des Golfsport, wie Golfhotels, Ausrüster- und Bekleidungsfirmen, die Möglichkeit, ihre Produkte und Dienstleistungen zu platzieren und über weiterführende Links direkt an die Konsumenten zu verkaufen.[681] Im April 2008 verzeichneten die Homepage und ihre Partnerseiten 783.734 Besuche und insgesamt 6.783.256 Pageimpressions.[682] Der Automobilhersteller Audi bspw. nutzt diese günstige Kontaktfläche und verfügt dabei über einen frei zu gestaltenden Bereich auf der Page und ist darüber hinaus Hauptsponsor der Amateurgolf Partnerseite „mygolf.de".

Die beste Kontaktebene zum Konsumenten bilden aber nicht die Medien, sondern an erster Stelle der Golfplatz selbst. Die Zielgruppe schaut nicht zu beim Golf, sie spielt es am liebsten selbst in exklusiver Umgebung. Aus diesem Grund ist es wichtig, den Konsumenten persönlich vor Ort anzusprechen. Dies kann bei den bereits genannten Profiturnieren geschehen, wo durch Hospitality, Produktpräsentation und verschiedene Werbeaktionen Kunden akquiriert und betreut werden können. Bei der Mercedes-Benz Championship 2008 als Beispiel engagieren sich neben Titelsponsor Mercedes-Benz, Rolex, Karstadt-Sport und Bogner jeweils als Co-Sponsoren und offizielle Partner. Hinzu kommen noch weitere Unternehmen, die als Partner und Zulieferer fungieren. Einen weitaus engeren Kontakt wird durch Veranstaltungen erreicht, bei denen der potentielle oder bereits gewonnene Kunde selbst zum Schläger greift. In diesem Bereich ist zwischen fünf typischen Formen von Amateurturnieren zu unterscheiden, wie folgt sind dies klassische Clubturniere, Wohltätigkeitsveranstaltungen, Amateur-

---

[679] SPONSORS: „Globale Bühne mit Löchern im System"
[680] COLE: „Viel Geld im Spiel"
[681] HORIZONT SPORTBUSINESS: „Silberne Seite des grünen Sports"
[682] GOLF.DE: „Mediadaten"

serien, Einladungs- und Firmenturniere. Die Clubturniere bieten sich vor allem für lokale und regionale Unternehmen wie zum Beispiel ein örtliches Autohaus an, weil hier das Kundenpotential vor allem im sehr persönlichen, direkten Umfeld des Golfclubs liegt. Die Clubgolfer schätzen die elitäre Geschlossenheit des Turniers und bringen häufig dem fördernden Clubmitglied ein hohes Maß an Vertrauen entgegen, was eine gute Vorraussetzung für entsprechende Geschäfte darstellt.

Eine Stufe über den Clubturnieren stehen nationale und internationale Amateurserien. Bei diesen sehr professionell organisierten Serien treten auf verschiedenen Qualifikationsebenen bis zu 100.000 Spieler pro Serie an und haben die Möglichkeit, sich unter profiähnlichen Bedingungen zu messen. Die breite Nachfrage bietet eine hohe Anzahl an direkten Kontakten und somit die Möglichkeit einer gezielten Produktpräsentation und einer viel versprechenden Kundenakquise. Entsprechend engagieren sich Großunternehmen wie Audi und BMW schon seit vielen Jahren in der Ausrichtung eigener Serien, wobei über 75.000 Golfer beim Audi Quattro Cup und rund 100.000 bei den BMW International Open teilnehmen. Um ein anderes Customer-Care Ziel zu verfolgen, bieten Firmen- und Einladungsturniere die Möglichkeit, Kunden und Geschäftspartner zu betreuen, neue Produkte zu präsentieren und bestehende Kontakte in einem exklusiven und persönlichen Rahmen zu pflegen. Neben Kundenpflege können diese Firmenturniere auch zur Mitarbeitermotivation genutzt werden, wobei die Teilnahme eine Art Bonus sein kann. In den Sommermonaten finden in Deutschland rund 250 Firmenturniere pro Woche statt.[683] Neben den Customer-Care Maßnahmen bietet der Golfsport im Rahmen von Wohltätigkeitsveranstaltungen den Unternehmen auch die Möglichkeit, durch das Einbinden von prominenten Golfern und VIPs, das Unternehmensimage in der Öffentlichkeit zu verbessern. Bei der Premiere Golf Trophy auf Mallorca spielen 2008 zum sechsten Mal Stars wie Franz Beckenbauer und Oliver Kahn.[684] Das sich ein Engagement im Golfsport rentiert, zeigt eine Untersuchung der Deutschen Golf Sport GmbH zum Käuferverhalten bei Produkten von Golfsponsoren. Hiernach würden 46% aller Golfer Produkte von Golfsponsoren gleichwertigen Produkten anderer Hersteller vorziehen.[685]

Die Nachfragerstruktur des Golfmarktes

Die steigende Nachfrage der Golferklientel bietet neben den Unternehmen vor allem den Golfclubs und den Golfanlagenbetreibern neue Möglichkeiten, aber auch eine völlig neue Marktsituation. Die Zahl der Golfer steigt wesentlich schneller als die der Golfanlagen. Der deutsche Golfsport hat sich in den vergan-

---

[683] COLE: „Viel Geld im Spiel"
[684] PREMIERE: „Geld für den guten Zweck – Premiere lässt Promis schwitzen!"
[685] COLE: „Viel Geld im Spiel"

genen Jahren vom Verkäufer- zum Käufermarkt beziehungsweise vom Anbieter- zum Nachfragermarkt entwickelt. Durch die steigende Nachfrage und die zunehmende Kommerzialisierung hat sich insbesondere in den Ballungsräumen ein Wettbewerb zwischen Golfclubs und Betreibergesellschaften um die neuen Kunden und Mitglieder entwickelt.[686] Um sich auf die Golfinteressierten einzustellen, müssen die Golfanbieter die neue Nachfragestruktur erkennen, um ein entsprechendes Produkt anbieten zu können. In der Vergangenheit gab es hauptsächlich drei Golfertypen, die jeweils mit verschiedenen Motiven dem Golfsport im organisierten Clubbetrieb nachgingen. Den ersten Typus bildeten die traditionellen Clubgolfer, die Golf als Freizeit- und Urlaubsbeschäftigung betreiben und vor allem das Clubleben und die traditionellen Werte hervorheben. Einen ähnlichen Golfertyp bilden die prestigeorientierten Golfer, wobei ihnen noch mehr der gesellschaftliche Status, das elitäre Image und das exklusive Umfeld des Clubgolfs wichtig sind.

Ein ganz anderes Motiv verfolgen die Gruppe der sport- und leistungsorientierten Golfer. Bei ihnen stehen die Qualität und der Anspruch der Golfanlage im Vordergrund, was in der Vergangenheit fast ausschließlich in Golfclubs gegeben war. Gemeinsam haben diese drei Gruppen, daß sie bereit sind, für die gebotene Qualität und das Umfeld einen entsprechend hohen Preis in Form von Clubmitgliedschaften mit Aufnahme- und Jahresgebühren im vierstelligen Bereich zu bezahlen. Diese „alte", zahlungskräftige Zielgruppe ist jedoch gegenwärtig weitgehend gesättigt. Das größte Potential liegt demnach vor allem in anderen Schichten, die mit anderen Motiven an den Golfsport herangehen. Es besteht durchaus ein Interesse in der Gesellschaft am Golf an sich. Gemäß der repräsentativen GTC-Umfrage „Golfimage und Golfpotential 2001" interessieren sich 6,5% aller Deutschen für den Golfsport, was mehr als 4 Mio. potentiellen Golfern entspricht. In derselben Umfrage nannten die gleichen Befragten zudem als größte Barriere zum Golfsport den zu hohen Preis. Die Neu-Golfer wollen also Golf spielen, aber dafür nicht viel bezahlen. Aus dieser neuen Nachfragergruppe haben sich zwei weitere Golfertypen herauskristallisiert, die die Zugangsbarrieren umgehen wollen und fernab vom Clubleben das Golferlebnis suchen.

Der Smart-Golfer ist abgeleitet vom Smart-Shopper, der Golfertyp, für den vor allem ein gutes Preis-Leistungsverhältnis vorrangig ist. Um den besten Preis zu bekommen, ist der Smart-Golfer auch bereit, mobil zu sein und ständig auf der Suche nach dem noch besseren Angebot. Eine feste Bindung und hohe finanzielle Ein- und Ausstiegshürden passen nicht in die Motivlage des „Spargolfers". Ein weiterer Konsumtrend kennzeichnet den zweiten neuen Golfertypen, der bei den neuen Nachfragern heraus sticht. Der Convenience-orientierte Golfer

---

[686] GOLF AND TOURISM CONSULTING: „Kommunikationspolitik: Fairway zum Kunden"

legt viel Wert auf Bequemlichkeit und geringen Aufwand, um das Golferlebnis zu genießen. Entsprechend sucht er eine Anlage, die schnell zu erreichen ist und wo er unkompliziert, unter geringem Zeitaufwand Golf spielen kann. Er legt sich schnell auf eine Stammanlage fest, möchte sich hierbei aber nicht langfristig festlegen und irgendwelche Verpflichtungen eingehen.[687]

Um diese beiden Zielgruppen der Greenfee-Spieler zu bedienen, müssen sich Golfanlagen folglich von dem starren Jahresmitgliedschaftensystem trennen und eine vielseitigere und flexiblere Angebotspalette bieten. Neben der Motivlage muß zudem der Entwicklungsstand und die Golferfahrung berücksichtigt werden, um das Angebot noch vielseitiger zu gestalten. Gemessen wird dieser Stand durch den Golflebenszyklus, bei dem zwischen dem Schnupperer, Einsteiger, Anfänger und Fortgeschrittenen differenziert werden muß, da sie jeweils unterschiedliche Anforderungen, Bedürfnisse und Nutzungscharaktere aufwiesen. Ein Schnupperer möchte das Golfspielen ohne jegliches Vorwissen einfach ausprobieren und hat deshalb auch einen sehr geringen Anspruch an die Golfanlage, mehr als ein Paar einfache Schläge kann dieser Wenigkönner ohnehin nicht ausführen. Je mehr die Golferfahrung und die Fähigkeiten wachsen, steigt der Golfer in eine nächst höhere Stufe des Golflebenszyklus auf. Parallel dazu steigen auch die Ansprüche an die Anlage und die Trainingsbetreuung. Ein Fortgeschrittener erwartet entsprechend eine viel höhere Herausforderung und Qualität des Platzes. Um alle Stufen des Golferlebniszyklus zu befriedigen, muß ein Golfanlagenbetreiber also eine vielseitige Golfanlage planen, die über Spielmöglichkeiten mit allen Schwierigkeits- und Qualitätsstufen verfügt.

Um dieses vielschichtige Nachfragerspektrum gleichermaßen anzusprechen, ist eine vielseitige Kommunikationspolitik zwingend notwendig. Wenn man die Interessierten nicht erreicht, können diese auch das angebotene Produkt nicht konsumieren. Hierfür ist eine umfangreiche und Zielgruppen-orientierte Marketingplanung und -umsetzung unumgänglich. Betrachtet man die Kontaktwege, über die die Golfer zum Golfspielen gekommen sind, wird deutlich, wie sehr das Thema Marketing in der Vergangenheit vernachlässigt wurde. Nach Ergebnissen der GTC-Studie „Golfmarkt der Zukunft" kommen der Kontakt und der Zugang zum Golf vor allem über Freunde, Kollegen und Familienmitglieder mit knapp 85%. Die Ansprache direkt von Clubs und über Werbung, Promotion und Medien hat mit jeweils knapp 2% kaum stattgefunden. Die erheblichen Mängel in der Kommunikationspolitik liegen vor allem in den alten Vereinsstrukturen der Golfclubs und in den mangelnden fachlichen Voraussetzungen und der professionellen Organisation. In vielen Golfanlagen ist weder eine Planung noch ein fester Marketingetat vorhanden und eine Planung somit gar nicht möglich.[688]

---

[687] GOLF AND TOURISM CONSULTING : „Golfmarkt der Zukunft"
[688] GOLF AND TOURISM CONSULTING: „Marketing im Golfmarkt"

Golftourismus

Ein wesentlich an Bedeutung gewinnendes Segment des Golfmarktes bildet der kontinuierlich wachsende Golftourismus in Deutschland. Die Golfer haben sich in den letzten Jahren als zunehmend mobil erwiesen, im Jahr 2004 unternahmen rund zwei Drittel aller deutschen Golfer, was rund 330.000 Golftouristen ausmachte, mindestens eine Golfreise. Insgesamt wurden knapp 650.000 Reisen durchgeführt, was durchschnittlich 1,9 Reisen pro Golftouristen bedeutet. Das Lieblingsreiseziel der deutschen Golfer ist aufgrund der sehr guten klimatischen Verhältnisse mit 27% unangefochten Spanien, dicht gefolgt von Neu-Golfreiseland Deutschland mit 22% aller Nennungen. In Deutschland wurden 2004 rund 146.000 Reisen deutscher Golfer durchgeführt, die Zahl unterteilt sich in 56.500 Kurzreisen, mit bis zu vier Übernachtungen, und knapp 90.000 Urlaubsreisen, mit fünf und mehr Übernachtungen. In der Anzahl der Kurzurlaube liegt Deutschland mit fast 50% an der Spitze der Gunst deutscher Golftouristen.

Golftouristen haben, wie Golfer an sich, einen sehr hohen Anspruch an Qualität in sämtlichen Bereichen ihres Urlaubs. Im Bezug auf die Unterkunft ist das Hotel die beliebteste Form unter den Golftouristen, gefolgt von Appartement und Ferienwohnung. Hierbei ist neben einer gehobenen Ausstattung die unmittelbare Nähe zu der oder sogar gleich mehreren Golfanlagen wichtig. Zudem legt der Golftourist, neben der Vielseitigkeit der Spielmöglichkeiten, großen Wert auf ein umfassendes Freizeit-, Wellness-, und Gastronomieangebot. Als Rahmen muß eine reibungslose Abwicklung absolut gegeben sein. Startzeiten, Greenfee und Trainerstunden sowie sämtliche Informationen müssen direkt im Hotel verfügbar und buchbar sein. Der Golftourist ist aber auch bereit, für seinen hohen Anspruch zu bezahlen, im Schnitt gibt er 168 Euro pro Urlaubstag aus.[689] Um diesen hohen Anspruch optimal zu erfüllen sind strukturelle wie organisatorische Vorraussetzungen zwingend notwendig. Zunächst müssen als Grundlage ausreichend Golf- und Hotelanlagen, sowie ein umfangreiches Kultur- und Freizeitangebot in einem regional begrenzten Raum vorhanden sein. Dazu muß eine Vernetzung unter den Golfanlagen, den Hotels und regionalen Tourismusbüros und Freizeiteinrichtungen bestehen. Ein geeignetes Beispiel hierfür bietet das Golftourismusprojekt Golfküste*Schleswig-Holstein. Das Projekt des Initiators Ostseebäderverband Schleswig-Holstein e.V. ist ein Kooperation zwischen 60 Golfanlagen, wovon 45 geschlossen und 15 öffentlich sind, und 31 Hotels und Einrichtungen rund um die Golfanlagen. Mit einer einheitlichen Vermarktung und Informationen und Buchungsmöglichkeiten aus einer Hand, vor allem repräsentiert auf der Homepage www.golfkueste.de, findet eine ideale Vernetzung zwischen allen Beteiligten statt und der Konsument hat die Möglichkeit, sich in einem breiten Angebot das Gewünschte heraus zu suchen und direkt zu

---

[689] RRW.LAND.IN.SICHT.COM: „Golf – Zahlen, Daten, Fakten"

buchen. Im Rahmen des Projekts wird den Golftouristen ein breites Kursprogramm vor Ort für jeden Entwicklungsstand angeboten. Je nach dem, ob der Golftourist Anfänger, Kleinkind, Platzreifeanwärter ist, oder einfach sein Handicap verbessern möchte, steht ein entsprechendes Kursangebot und Spiel- und Übungsanlagen zur Verfügung. Um das Gelernte gleich anzuwenden, gibt es die Möglichkeit, für 149 Euro die golfküsten*card zu erwerben, welche das Greenfee für 5 Golfrunden auf 45 Golfplätzen enthält. Um ein abwechslungsreiches Rahmenprogramm zusätzlich zu Golf zu schaffen, werden kombinierte Pakete wie „Golf und Gourmet", „Golf und Familie", „Golf und Segeln" und „Golf und Wellness" angeboten.[690] Wenn ein solcher Rahmen gegeben ist, können alle Beteiligten im monetären Sinne vom Golftourismus profitieren. Die Golfclubs können Greenfee-Einnahmen und eventuell Fernmitgliedschaften verzeichnen, die Hotels und die Gastronomie profitieren über höhere Kapazitäten in der Auslastung und Wellness- und Freizeiteinrichtungen gewinnen neue Kundenkreise.

Ausblick

Der Golfmarkt wächst und wächst in den letzten Jahren konstant und viele Potentiale scheinen längst nicht ausgenutzt. Die Mitgliederzahlen des DGV nehmen stetig zu und durch verschiedene Aktionen und Kampagnen werden auch breitere Bevölkerungsschichten angesprochen. Es haben sich zusätzlich zu den alten Nachfragern mit den Smart- und den Convenience-orientierten Golfern wietere Zielgruppen entwickelt. Doch darf nicht vergessen werden, dass die alten Bremser „Image" und „Preis" immer noch vorherrschen. Die alten Imagedimensionen und Preisstrukturen sind zwar etwas aufgeweicht, jedoch ist Golf immer noch eine teure und sehr traditionelle Freizeitbeschäftigung. Die neuen Nachfrager lassen sich auch nicht so einfach gewinnen und haben andere Vorstellungen wie die Golfer der Vergangenheit. Die Golfanlagen müssen ihr Preismanagement und die Spiel- und Übungsanlagen an die neuen Zielgruppen anpassen um im stärker werdenden Wettbewerb weiterhin existieren zu können. Neben den traditionellen Jahresmitgliedschaften müssen weitere Einstiegs- und Aktionsmitgliedschaften angeboten werden. Mögliche Formate sind Zweitmitgliedschaften, Schnuppermitgliedschaften, Fernmitgliedschaften, Werktags- und Firmenmitgliedschaften. Außerdem muß das Segment der Greenfee-Golfer viel stärker betont werden, dies kann mit Rabatten bei Frühspielzeiten, Zehnerkarten und anderen Vergünstigungen erreicht werden. Neben dem Preismanagement muß auch eine Golfanlage angeboten werden, die den Ansprüchen der Zielgruppen entspricht, die angesprochen werden sollen. Eine solche Kombianlage vereint die Eigenschaften der traditionellen Stand-alone Übungsanlage und Clubanlage mit zusätzlichen Spiel- und Übungsanlagen. Sie beinhaltet eine

---

[690] GOLFKÜSTE.DE: „golfküste*schleswig-holstein"

große Driving Range, Pitch- und Putanlagen, einen Einsteigerkurzplatz und einen 9- oder 18-Loch-Standardplatz. Mit einer solchen Ausrüstung eignet sich die Anlage ebenfalls zur Ansprache der Golftouristen, wobei bei dieser wichtigen Zielgruppe auch der touristische Rahmen wie Hotels, Gastronomie und weitere Freizeiteinrichtungen, gegeben sein muß.

Um diese modernen Anlagen entsprechend zu vermarkten, muß eine professionelle und strategische Kommunikationspolitik und Marketingplanung zwingend stattfinden. Im Rahmen des Kommunikationsmix lassen sich die Kommunikationsinstrumente nach ihren Einsatzbereichen in Presse- und Öffentlichkeitsarbeit, Werbung, Verkaufsförderung und Events unterteilen.[691] Unter Presse- und Öffentlichkeitsarbeit fallen Pressemitteilungen, Clubzeitungen, Presse-Events und Journalistenturniere. Das Instrument der Verkaufsförderung beinhaltet Maßnahmen wie Infoveranstaltungen, Merchandising, Direktmailing und Messeauftritte. Zur Werbung zählen Internet-Auftritte, Prospekte und Flyer, genauso wie klassische Zeitungsanzeigen. Als weiteres Mittel bilden Events wie Wohltätigkeitsveranstaltungen, Firmen-Events und überregionale Turniere einen Baustein der Kommunikation und Außendarstellung.[692] Neben den Golfanlagen müssen sich aber auch die Unternehmen, die sich im Golfsport präsentieren und engagieren möchten, auf die Zielgruppen einstellen und die richtigen Kommunikationswege nutzen. Das Golfsponsoring hat wie die anderen Bereiche des Golfsports sehr positive Aussichten. Laut der Sponsor Visions Studie 2008[693] gehört Golf zu den Gewinnern mit dem höchsten Potential im Sportsponsoring. Mit der Golferanzahl wachsen auch die Kontaktzahlen der Golfsponsoren und somit der Wert des Golfsports als Sponsoringebene für Unternehmen. Sollte sich in Deutschland ein Golftalent wie aktuell Martin Kaymer in der Weltspitze festsetzen, könnte der Golfmarkt einen weiteren Schub bekommen, doch im Vergleich zu Golfanlagen und Preispolitik ist sportlicher Erfolg nicht planbar.

---

[691] GOLF AND TOURISM CONSULTING: „Golfmarkt der Zukunft"
[692] GOLF AND TOURISM CONSULTING: „Kommunikationspolitik: Fairway zum Kunden"
[693] SPONSORS: „EM und Olympia pushen Sponsoring"

Kapitel XV

Tennis in Deutschland - Exklusivsport oder Volkssport?

von Mathias Held und Markus Senft

Was ist Tennis ? „Tennis ist ein Duell auf Distanz. ... bis zur letzten Minute bleibt ungewiß, wer der Sieger sein wird. Die entscheidenden Eigenschaften für ein solches Duell sind Kraft, Diplomatie, Konzentration, Schnelligkeit, Ökonomie, Präzision, Ahnungsvermögen, Witz, Ruhe, Selbstbeherrschung und Verstand. Und wer die eine oder andere Fähigkeit nicht besitzt, muß trachten, sie durch die letztgenannte, den Verstand, zu ersetzen".[694] So beschreibt der Dichter Erich KÄSTNER mit wenigen Worten die Sportart. Doch Tennis ist heute weitaus mehr. Tennis ist Coolness, Attraktivität, Emotion, Sex. Zumindest treffen diese Attribute auf die sportliche Seite zu. Schaut man sich die wirtschaftliche Seite des Tennissports an, so fallen einem schnell die Begriffe sportliche Großevents, hohes Vermarktungspotential, ideale Medienplattform, positives Image, Internationalität ein. Natürlich dürfen auch die Stars der heutigen Tennisszene, wie Roger Federer, Rafael Nadal oder Maria Sharapova, nicht fehlen. Ihre Namen sind unzertrennlich mit dem „weißen Sport" verbunden. Sie bilden eine Grundlage für die wirtschaftliche Attraktivität und das daraus folgende Sponsoring des Tennissports.

Schaut man sich die aktuelle Situation in Deutschland an, so herrscht ein wenig Ernüchterung bezüglich der Attraktivität und des Images des deutschen Tennis. Fragt man nach deutschen Tennisstars, so bekommt man immer wieder die Namen Boris Becker oder Steffi Graf zu hören, obwohl beide seit einigen Jahren ihre aktiven Tenniskarrieren beendet haben. Aktuelle Namen wie Tommy Haas, Nicolas Kiefer, Philipp Kohlschreiber oder Anna-Lena Grönefeld, Sabine Lisicki hört man eher selten. Eine andere Frage die im Tennissport gerade in Deutschland diskutiert wird, ist die des Images. Wie ist das Image in der Öffentlichkeit geprägt ? Was führt zu einer Imageverbesserung ? Diese Fragen gilt es zu beantworten. Im Zuge dieser Diskussion kommt man zwangsläufig zu der Frage der Exklusivität dieser Sportart. Ist Tennis noch eine Exklusivsportart, oder hat der Golfsport dem Tennis hinsichtlich der Exklusivität den Rang abgelaufen ? Besitzt Tennis aufgrund des Booms in den Achtziger und Neunziger Jahren vielleicht sogar den Status einer Volkssportart ? Das Image einer Sportart ist ein wichtiges Indiz für die Popularität in der Bevölkerung und für die Vermarktungschancen der Sportart. Es entscheidet über die Attraktivität und bestimmt zugleich das Klientel bzw. die Zielgruppe, die von den Sponsoren angesprochen wird. Der Großteil dieser Arbeit beschäftigt sich mit dem Image des

---

[694] SPORTUNTERRICHT: „Was ist Tennis?"

Tennissports in Deutschland. Eine Imageanalyse soll dabei helfen, die oben angesprochenen Fragen zu diskutieren und zu beantworten. Dabei wird das Augenmerk hauptsächlich auf die Beantwortung der Frage gelegt, ob Tennis in der heutigen Form noch zu den Exklusivsportarten zu zählen ist oder nicht. Für eine genauere Betrachtung ist es allerdings notwendig, daß man sich auch mit der Vermarktungssituation im deutschen Tennis beschäftigt. Ebenso spielt die Tradition einer Sportart eine wichtige Rolle. Eine große bzw. lange Tradition geht meistens einher mit einem exklusiven Status der Sportart. Dies ist beim Tennis nicht anders. Insofern ist es unabdingbar, daß die geschichtliche Entwicklung, welche für die Tradition verantwortlich ist, hier aufgegriffen werden muß, um die Entwicklung des Tennis in seiner Gesamtheit betrachten zu können. Über die Geschichte des Tennissports allein könnte man schon ganze Bücher füllen. Dennoch soll hier in gebotener Kürze auf sie eingegangen werden, beginnend mit der Gründung des Deutschen Tennisbundes über den Tennisboom bis zur heutigen Situation. Anschließend erfolgt die Betrachtung der aktuellen Vermarktungssituation. Abschließend soll auf die angesprochene Imageanalyse des Tennissports eingegangen und die Frage nach der Exklusivität der Sportart Tennis beantwortet werden. Sämtliche Aussagen, Daten und Fakten beziehen sich dabei nur auf den Tennissport in Deutschland. Eine internationale Betrachtung des Tennissports wurde explizit außen vor gelassen.

Geschichte des Deutschen Tennis

Tennis, wie es heute existiert und gespielt wird gibt es bereits seit Mitte des 19. Jahrhunderts. Die Anfänge der Sportart gehen jedoch bereits auf das 14. Jahrhundert zurück, in welchem verschiedene Variationen des Tennis in fast ganz Europa gespielt wurden. Zur damaligen Zeit war diese Sportart ein Spiel für die gehobenere soziale Klasse und wurde daher vornehmlich in Ballhäusern von Adligen gespielt. Im Jahre 1874 erfand der Engländer Walter Clopton Wingfield das Rasentennis und lies sich dieses auch patentieren. Wenig später kam der Tennissport auch nach Deutschland. Noch im selben Jahr wurde er von einem englischen Lord nach Deutschland transportiert. Der allererste Tennisverein Deutschlands wurde 1879 in Bad Homburg gegründet, weitere folgten in den darauf folgenden Jahren sowie kommerzielle ‚Spielgemeinschaften' wie z.B. die Frankfurter Anlage im Palmengarten. Im Jahre 1892 wurde in Hamburg das erste ‚hanseatische Wimbledon' ausgetragen, deren Idee der Hamburger Kaufmann Carl August von der Meden von England nach Deutschland transportierte. Durch Carl August von der Meden wurde an Pfingsten 1902 ein Treffen der führenden deutschen Tennisgrößen im Berliner Palasthotel organisiert. Nach zweitägiger Beratung wurde am 19. Mai 1902 der Deutsche Lawn - Tennis - Bund gegründet. Erster Präsident dieses Verbandes war von der Meden.[695] Der Sitz des Deutschen Tennis Bundes ist in Hamburg.

---

[695] DEUTSCHER TENNIS BUND: „Tennis in Deutschland - Von den Anfängen bis zur Gegenwart.", S. 3

Die Zeit des Nationalsozialismus in Deutschland steht für dunkle Jahre in der Entwicklung des deutschen Tennissports. Sport wurde verstaatlicht und diente als Vorbereitung auf den Krieg. Dennoch gab es in den 1930er Jahren einen ersten Tennisboom in Deutschland. Namen wie Gottfried von Cramm, Hanne Nüsslein, Heide Sperling-Krahwinkel oder Cilly Aussem sorgten für internationales Aufsehen. Neben Boris Becker ist Gottfried von Cramm der erfolgreichste deutsche Spieler aller Zeiten.[696]

Nach dem zweiten Weltkrieg war das deutsche Tennis kaum noch vorhanden und man mußte quasi wieder von vorne anfangen. Es gab kaum Schläger oder Bälle und auch viele Tennisanlagen waren durch den Krieg stark in Mitleidenschaft gezogen worden. Das Interesse der deutschen Bevölkerung am Tennissport lebte jedoch in der Folgezeit wieder auf. Am 05.02.1949 kam es zur Neugründung des Deutschen Tennis Bundes (DTB). Im Jahr 1952 erhielt der DTB eine neue Verfassung mit größtenteils föderalistischem Charakter, der sich als Verband für Landesverbände definierte. Tennis machte nun erste Schritte auf dem Weg zum ‚Volkssport'. Dies lag im Besonderen daran das daß Tennisspiel fortan ‚demokratischer' und von Bürgern der Mittelschicht gespielt wurde. Grund dafür war unter anderem, daß sich der Sport zunehmend der breiten Bevölkerung öffnete. Des Weiteren wurde Tennis zum vermehrten Freizeitobjekt der Deutschen, die aufgrund der wirtschaftlich meist guten Lage viele Freizüge genossen. Dies wirkte sich auf das Tennisspiel im Allgemeinen aus. Es wurde zunehmend emotionaler, denn Zuschauer zeigten Emotionen, Spieler diskutierten mit Schiedsrichtern und wurden durch Erfolge und ihre Präsenz zu ‚Stars'.

Ein Star dieser Szene war Boris Becker. Sein Stern ging am 07. Juli 1985 in Wimbledon auf. Der damals 17-jährige Leimener gewann das Grand-Slam Turnier als erster Deutscher und bis heute jüngster Spieler und beendete so eine jahrelange Durststrecke erfolgloser deutscher Herrentennisspieler. Tennis wurde populär und von heut auf morgen in ganz Deutschland zum Straßenfeger. Steigende Einschaltquoten und zahlreiche neu ‚geborene' Tennisfans waren die Folge. Grund dafür war die Art wie Boris Becker Tennis spielte und seine Emotionen auslebte. Allein 12 Mio. Zuschauer verfolgten das Finale.[697] Die Zahl der Interessierten stieg von Erfolg zu Erfolg weiter. Tennis wurde zum Medienereignis. Ab 1987 hatten nicht nur die Herren in Boris Becker ihren Tennisstar, auch die Damen bekamen mit Steffi Graf eine Tennisspielerin, die mit ihren erreichten Erfolgen bis heute ihres Gleichen sucht. Bei den French Open in Paris 1987 holte sie ihren ersten Grand-Slam Titel und baute die Titelsammlung auf insgesamt 22 Siege bei den Turnieren der Australien Open, All England Championchip, French Open und US Open aus.

---

[696] DEUTSCHER TENNIS BUND-TENNIS: „100 Jahre Deutscher Tennis Bund",
[697] DEUTSCHER TENNIS BUND: „Tennis in Deutschland - Von den Anfängen bis zur Gegenwart", S. 281

Im Jahr 1991 stieß Michael Stich zum damaligen deutschen Vorzeigeduo des Tennissports hinzu. Im Gegensatz zu Becker, der Tennis emotional arbeitete, war Stich der filigrane Techniker, der durch sein Talent gekennzeichnet war. Sein größter Erfolg war der Sieg über Boris Becker in Wimbledon 1991. Auch auf internationaler Ebene feierte der deutsche Tennisport durch den Gewinn des Davis Cups 1988 und 1989 mit Boris Becker, 1993 mit Michael Stich, sowie den Gewinn des Federation Cup[698] 1987 und 1992 mit Steffi Graf und Co. zunehmende Erfolge. Davis Cup Begegnungen wurden nun zu gesellschaftlichen Großereignissen und zu kommerziellen Events die von hohen Eintrittspreisen gekennzeichnet waren. Die ATP trug dem anhaltenden Tennisboom Rechnung und verlegte die ATP-Weltmeisterschaft ab 1990 nach Deutschland.[699] Diese fand zunächst sechs Jahre in Frankfurt statt und wurde danach aufgrund der Expo 2000 für vier Jahre nach Hannover verlegt. Durch die Kommerzialisierung und enorme Popularität der Sportart schossen auch die Einnahmen des Deutschen Tennisbundes ab 1985 in ungeahnte Höhen. So konnten in den Jahren 1990 bis 1995 circa 120 Mio. DM aus der Vermarktung und den Fernsehrechten generiert werden. Ein Indiz dafür sind beispielsweise die gestiegenen Übertragungszeiten der TV-Sender.

Die Verdopplung der Mitgliederzahlen innerhalb von zehn Jahren war ein weiterer Aspekt, den der Tennisboom in Deutschland kennzeichnete. Zu Beginn der 1980er Jahre waren knapp 1 Mio. Mitglieder in den Landesverbänden des Deutschen Tennis Bundes registriert. Bis zum Jahr 1994 stieg diese Zahl auf 2,3 Mio.[700] Mitglieder an. Diese Steigerung ging einher mit einer Öffnung des Tennissports für breite Schichten in der Bevölkerung. Es interessierten sich nicht mehr nur die höheren Schichten mit einem überproportional hohen Einkommen für den Tennissport.[701] Auch in der Mittelschicht wurde Tennis durch die Erfolge der Stars Becker, Stich und Graf zunehmend interessanter. Dies hatte natürlich einen gewissen Verlust an Exklusivität zur Folge, welcher eine langsame Entwicklung zum Volkssport nach sich zog.

Nach dem Rücktritt der drei großen Stars aus der deutschen Tennisszene Ende der 1990er Jahre, ging auch der Tennisboom in Deutschland zu Ende. Spieler wie Tommy Haas, Nicolas Kiefer, Anke Huber oder Anna – Lena Grönefeld erreichten zwar hier und da Erfolge, konnten jedoch international und national nicht an die Erfolge der Becker, Stich und Graf anknüpfen. Das Interesse an der Sportart Tennis sank drastisch. Auch die Medien quittierten den Verlust der Tennisikonen mit einem massiven Rückgang der Übertragungszeiten im Fernsehen.

---

[698] Seit 1995 wird der Wettbewerb unter den Namen Fed Cup ausgetragen.
[699] DEUTSCHER TENNIS BUND: „Tennis in Deutschland - Von den Anfängen bis zur Gegenwart", S. 284
[700] DEUTSCHER TENNIS BUND-TENNIS: „Mitgliederentwicklung"
[701] DEUTSCHER TENNIS BUND-TENNIS: „Mitgliedergewinnung"

Ausgehend von dem geschichtlichen Hintergrund und der aktuellen Situation des Tennis in Deutschland nach dem Tennisboom wird ein Blick auf die aktuelle Vermarktungssituation des DTB geworfen.

Vermarktungssituation

Das geringe Interesse in der Bevölkerung an Tennisübertragungen in den letzten Jahren hatte und hat weitreichende Folgen. Der schon angesprochene massive Rückgang der Einschaltquoten zog und zieht ein geringes Interesse der Medien, insbesondere der Fernsehanstalten, nach sich. Gleichzeitig bedeutete dies einen hohen Verlust an Einnahmen durch die Fernsehsender. Die Medienanstalten begründeten die verringerten Preisangebote an den DTB mit den fehlenden Persönlichkeiten im Tennis, wie sie noch zu Zeiten des Tennisbooms vorhanden waren. Zugleich lebte der Deutsche Tennis Bund im Höhenflug des Tennisbooms über seine Verhältnisse. Probleme wurden zu spät erkannt und angepackt.[702] Der DTB soll sogar beinah insolvent gewesen sein. Als Folge dessen mußte der DTB einen hohen Preis für die Sanierung des Verbandes bezahlen. So wurden unter anderem das komplette Berliner Damenturnier verkauft und 25% der Stammrechte am Hamburger Tennis Masters am Rothenbaum an die Qatar Tennis Federation (QTF) abgegeben.[703] Da der DTB mittlerweile an keinem ATP- oder WTA- Turnier, welches in Deutschland stattfindet, 100% der Rechte besitzt, hat der Verband kaum noch Möglichkeiten zu reagieren und ist somit für Sponsoren und Fernsehsender weitestgehend uninteressant.[704] Das zeigt sich auch deutlich an der Turnierlandschaft in Deutschland. Im Jahr 2008 gibt es aktuell nur fünf ATP-Turniere. Dies sind die BMW Open, das Hamburger Tennis Masters, die Gerry Weber Open in Halle, der ARAG World Team Cup in Düsseldorf und der Mercedes Cup in Stuttgart. In den 1990er Jahren waren es noch zehn Turniere, die von der ATP in Deutschland ausgerichtet wurden.[705] Ein weiteres Problem ist, daß Tennis „gar nicht als Ganzes vermarktet wird".[706] Die Vermarktung ist von kleinen, regionalen Partnern geprägt. Aufgrund der negativen Entwicklung engagieren sich auch kaum noch deutsche Weltfirmen im Tennis: Puma und Opel sind längst aus dem Tennissponsoring ausgestiegen. Ebenso beendet Mercedes Ende 2008 seine Partnerschaft mit der ATP.[707] Um diesem Trend entgegenzuwirken, plante man die so genannten ‚German Tennis Series'. Sie sah eine gemeinsame werbe- und medienwirksame Vermarktung der fünf ATP-Turniere in Deutschland vor. Allerdings scheiterte dieser Versuch der Turnierverantwortlichen. „Die Turniere arbeiteten mit komplett unterschiedlichen Sponsoren zusammen. Daher waren gewisse Kannibalisierungseffekte mit

---
[702] VON HAAREN: „Die Imageproblematik des Tennissports", S. 20
[703] SPONSORS: „Ich sehe viel Licht am Himmel"
[704] SPONSORS: „Ich sehe viel Licht am Himmel"
[705] SPONSORS: „Ich sehe viel Licht am Himmel"
[706] SPONSORS: „Tennis wurde weltweit noch nie richtig vermarktet"
[707] SPONSORS: „German Series landet im Aus", S. 24

bestehenden Partnern unvermeidbar"[708], so der Turnierdirektor des ARAG World Team Cup in Düsseldorf, Dietloff ARNIM. Auch der Rückgang der Mitgliederzahlen und die damit verbundenen geringeren Einnahmen an Beiträgen waren für eine bessere Vermarktung des Tennis eher hinderlich. Seit 1995 sanken die Einnahmen aus Mitgliedsbeiträgen jährlich um circa 100.000 DM.[709] 2006 zahlten die Mitglieder insgesamt 2,17 Mio. Euro ein.[710] Der DTB erkannte die Probleme der letzten Jahre und versucht nun gezielt Tennis in Deutschland wieder attraktiv zu machen und so neue Mitglieder zu gewinnen. „Mit innovativen Aktionen wie „Deutschland spielt Tennis", „TEXX" oder „Cardio Tennis" schafft der DTB seither neue Angebote auf dem Tennismarkt, durch welche der „weiße Sport" eine moderne Entwicklung erlebt"[711], so ist auf der Homepage des DTB zu lesen. Solche Marketingaktionen sollen den Tennissport mehr und mehr für alle sozialen Schichten öffnen und die Grundtendenz hin zu einem Volkssport verdeutlichen. Andererseits wirbt der DTB um die Gunst der Sponsoren und strebt als Premiumzielgruppe das gehobene Bürgertum an. Das Tennis immer noch als exklusive Sportart gilt und der DTB deshalb Premium-Sponsoren für sich akquirieren möchte, soll mit ein paar Fakten untermauert werden:

- Die Tennisinteressierten haben eine überproportional hohe Schulbildung. (44 % der Zielgruppe haben eine höhere mit Schulbildung als Abitur)
- Tennisinteressierte befinden sich überproportional in höchsten gesellschaftswirtschaftlichen Stufen, Meinungsführer sind überproportional vertreten.
- Tennisinteressierte sind überproportional männlich (52,3%) und in der Altersgruppe ab 50 Jahren vertreten und haben ein überproportional hohes Einkommen (> 2500 Euro).[712]

Aktueller Hauptsponsor und damit Premiumpartner des DTB ist die Brauerei König Pilsener. Sie fungiert als offizieller Partner des DTB und hat zudem auch umfangreiche Werberechte bei der Masters Series Hamburg.[713] Um Tennis jedoch wieder weiter nach vorne zu bringen, bedarf es einer gemeinsamen Marketingstrategie aller Beteiligten, sowohl des DTB als Dachorganisation der Landesverbände, als auch der einzelnen Turnierveranstalter. „Mit einem guten Marketingkonzept und der Aufpolierung des angekratzten Images wäre ein guter Anfang gemacht, dem Tennis zu mehr Attraktivität zu verhelfen"[714], so George PASCAL, Chef der Vermarktungsagentur ITMS. Mit dem Image des Sportart Tennis und den daraus resultierenden Konsequenzen beschäftigt sich der kom-

---

[708] SPONSORS: „German Series landet im Aus.", S. 24
[709] DEUTSCHER TENNIS BUND-TENNIS: „Einnahmen"
[710] DEUTSCHER TENNIS BUND-TENNIS: „Einnahmen"
[711] DEUTSCHER TENNIS BUND-TENNIS: „Mitgliederentwicklung"
[712] DEUTSCHER TENNIS BUND-TENNIS: „Fakten" m.w.N.
[713] SPONSORS: „Exklusiver Volkssport"
[714] SPONSORS: „Ich sehe viel Licht am Himmel"

mende Abschnitt. Wie wichtig ist das Image für die positive Darstellung des Tennis? Gerade vor dem Hintergrund der Diskussion, ob Tennis ein Exklusivsport oder Volkssport ist, hat die Imageproblematik eine besondere Bedeutung.

Hat Tennis ein Imageproblem?

Nach dem großen Tennisboom und der Hochphase des Sports in den 80er und 90er Jahren hat Tennis an Bedeutung verloren. Die Berichterstattung über die Sportart ist teilweise dramatisch zurückgegangen und die Mitgliederzahlen in den Vereinen sanken stetig. In Sachen Medienpräsenz hinken die deutschen Turniere den anderen Ländern weit hinterher. Der einst „weiße Sport" läuft meist nur noch auf Spartenkanälen und ist schon lange kein Quotenbringer mehr. Das Finale in Halle 2007 verfolgten gerade mal 450.000 Zuschauer. Ebenso sind die Sponsoren weiterhin zurückhaltend.[715] Dennoch sind die Bedingungen nach wie vor gut und das Interesse der Bevölkerung an der Sportart hoch.[716] Jedoch läßt einerseits die Verlagerung hin zu Exklusivität bei Turnierveranstaltungen (Mercedes Cup 2007) und die andererseits gleichzeitig erklärte Absicht der Verbände sich neuen Interessengruppen öffnen zu wollen, tiefe Unstimmigkeiten der Verantwortlichen vermuten und wirft Imagefragen auf.[717]

Im Folgenden soll auf die Imageproblematik des Tennissports näher eingegangen werden. Dazu bedienen die Autoren sich einer Analyse von Anke VON HAAREN, die die Sportart an Hand von Interviews bezüglich des Images untersucht hat. Befragt wurden bei dieser qualitativen Analyse Experten, die seit Jahren direkt mit dem Tennissport zu tun haben und leitende Funktionen innerhalb des DTB ausüben, sowohl auf höchster Ebene, als auch an der Basis. Des Weiteren werden zu der Analyse Möglichkeiten aufgezeigt, wie das Tennis in Deutschland wieder stark gemacht werden kann. Beides zusammen, die Imageanalyse und der Ausblick der Möglichkeiten, spiegeln den momentanen Status der Sportart Tennis gut wieder. Bevor wir nun der Analyse Beachtung schenken, sollen im Vorfeld kurz die Probleme und Positionen des Tennissports an Hand von Statements aufgezeigt werden:

- „zurückgehende Zuschauer- und Mitgliederzahlen in den Vereinen"
- „geringes Interesse der Medien"
- „fehlerhafte Darstellung der Sportart in der Öffentlichkeit"
- „fehlende Zugpferde" – fehlende Persönlichkeiten im Spitzensport
- „schlechte Kommunikation der Vereinsangebote"
- „Verlust an Stil und Wertigkeit"
- „Ausdifferenzierung des Sportmarktes".[718]

---
[715] SPONSORS: „German Series landet im Aus", S. 24
[716] VON HAAREN: „Die Imageproblematik des Tennissports", S. 20
[717] VON HAAREN: „Die Imageproblematik des Tennissports", S. 20
[718] VON HAAREN: „Die Imageproblematik des Tennissports", S. 22

Tennis – Exklusivsport oder Volkssport?

Im Gegensatz zu den 1970er und 1980er Jahren ist die Zielgruppe des Tennissports heute wesentlich breiter. Das gilt sowohl für die sozialen Schichten als auch für das Alter der Sportler. Aufgrund dieser Tatsachen sprechen manche Interviewpartner beim Tennis sogar von einer Volkssportart. Man ist sich einig, daß Tennis schon seit längerem den Status der elitären Sportart verloren hat. Es geht sogar soweit, daß nicht nur diese Entwicklung positiv bewertet wird, sondern daß eine weitere Öffnung der Sportart anderen, neuen Gruppen gegenüber gefordert wird. Vor allem Jugendliche und ältere Menschen sollen von der Sportart angesprochen werden. Allerdings zeigen durchgeführte Analysen aus dem Jahr 2006, daß vor allem gehobene Schichten sich dem Tennissport zuwenden. Des Weiteren gibt es auch Stimmen die besagen, daß die Zielgruppe angesprochen werden soll, die „die finanziellen Möglichkeiten haben, sich den Sport auch leisten können".[719] VON HAAREN schließt daraus, daß eine komplette Öffnung der Sportart nicht möglich ist, da die Zielgruppe aufgrund der finanziellen Belastung schon von vornherein eingegrenzt wird.

Betrachten wir nun die Imageproblematik ein wenig genauer. Hat der Tennissport ein Imageproblem oder nicht ? Diese Frage soll mit Hilfe der Analyse beantwortet werden. Zurückgehende Zuschauerzahlen und sinkende Mitgliederzahlen in den Vereinen, sowie das geringe Interesse der Medien deuten auf ein Imageproblem hin. Als Grund wird „die fehlerhafte Darstellung der Sportart in der Öffentlichkeit"[720] genannt. Weiterhin wird von einer Imageveränderung beziehungsweise von einem Imageverlust gesprochen. So ist manchen Interviewpartnern die Sportart nicht mehr elitär genug. Damit einhergehend sehen sie eine Öffnung dieses Sports kritisch. Andererseits gibt es immer noch viele Menschen, die dem Tennis fern bleiben, gerade weil sie in ihm noch den elitären Sport sehen. So ist zu erkennen, daß es widersprüchliche Perspektiven bezüglich des Images der Sportart Tennis gibt. Einerseits soll und will sich die Sportart öffnen und als Volkssport gelten und das obwohl sie von gewissen Gruppen als elitär oder exklusiv wahrgenommen wird. Andererseits genügt Tennis den Ansprüchen nicht mehr, um sich abzuheben. Vermittelte Tennis früher ein eindeutiges Image, das des exklusiven Sports, so ist heutzutage das Problem, das genau die früher angesprochenen oberen Schichten dem Sport und damit hauptsächlich den Vereinen den Rücken kehren und sich anderen Exklusivsportarten zuwenden. „Diese Mitglieder waren häufig am Aufbau des Clubs beteiligt, sie waren Imageträger ihres Vereins. [...] Die Folgen sind häufig [...] ein Verlust von Stil und Wertigkeit."[721] Außerdem bleibt festzuhalten, daß die Vereine

---

[719] VON HAAREN: „Die Imageproblematik des Tennissports", S. 22
[720] VON HAAREN: „Die Imageproblematik des Tennissports", S. 22
[721] VON HAAREN: „Die Imageproblematik des Tennissports", S. 23

Probleme haben, sich für andere Schichten zu öffnen, daher können sie auch nur schwer neue Mitglieder gewinnen.

Festzustellen ist auch eine Differenzierung der Imageproblematik. Manche sehen wie dargestellt einen Imageverlust, andere eine Imageveränderung. So wurde in der Analyse aufgezeigt, daß die Befragten das Image der Sportart an sich nach wie vor gut finden. So ist Tennis für viele Deutsche eine erstrebenswerte Sportart. Des Weiteren war zu beobachten, daß bei den Turnieren in Hamburg am Rothenbaum und in Halle im Jahr 2007 jeweils mehr als 100.000 Besucher zu verzeichnen waren, was eine erhebliche Steigerung gegenüber der letzten Jahren bedeutet. Um beim Publikum zu punkten und das Interesse der Sponsoren wieder zu erwecken, haben die Veranstalter mit einem attraktiven Rahmenprogramm den Eventcharakter erhöht. Besonders Halle bietet „Tennistainment" mit nationalen und internationalen Stars aus dem Showbusiness.[722] Der ARAG World Team Cup im Rochusclub in Düsseldorf begeistert mit seiner familiären Atmosphäre und dem speziellen Spielmodus. Um noch attraktiver zu werden, wurde dieser für das Jahr 2008 etwas modifiziert, so daß jedes Land nun täglich auf dem Tenniscourt steht.[723] Dennoch gestehen die Verantwortlichen ein, daß der Tennissport bei den Sponsoren und in den Medien bzw. in der Öffentlichkeit ein Imageproblem hat. Dieses wird auf viele negative Schlagzeilen zurückgeführt.[724] Jedoch werden die Probleme im Tennis nicht ausschließlich mit einem Imageproblem in Verbindung gebracht. Die Ausdifferenzierung des Sportmarktes[725], sowie ein zu geringes Engagement der Tennisvereine sind bedeutende Einflußgrößen für die Veränderung im Tennis. Die entscheidende Rolle ist dabei das Fehlen von Persönlichkeiten im deutschen Tennis. Man sehnt sich wieder nach Charakteren wie einem Boris Becker oder Steffi Graf. Das Identifikationsfiguren wichtig für eine Sportart sind, zeigt auch das Beispiel Sven Hannawald. Seit dem Ende seiner Karriere findet Skispringen deutlich weniger Beachtung.

Ein anderes Problem des Tennissports ist die richtige Positionierung auf dem Sportmarkt. Golf sehen viele als einen der großen Konkurrenten des Tennissports, der vor allem diejenigen anspricht, die eine prestigeträchtige Sportart ausüben möchten. Ebenso wird die Tennisklientel als zahlungsfähige Kundschaft auch von anderen Anbietern umworben. Vereine und Verbände müssen sich den veränderten Situationen stellen und einsehen, daß das Bemühen um Mitglieder kein Selbstläufer ist. Dazu bedarf es interessanter Angebote und neuer Ideen. Ein kleiner Schritt in diese Richtung und um den Sport wieder in den Fokus von Medien und Sponsoren zu bringen, ist die Verständigung der

---

[722] SPONSORS: „German Series landet im Aus", S. 24
[723] SPONSORS: „German Series landet im Aus", S. 24
[724] VON HAAREN: „Die Imageproblematik des Tennissports", S. 23
[725] VON HAAREN: „Die Imageproblematik des Tennissports", S. 23

Turnierverantwortlichen in Deutschland auf einen Erfahrungsaustausch.[726] Auch die ATP nimmt an dieser Kooperation teil. Ziel ist es, die Marke Tennis in Deutschland wieder stärker zu positionieren. So hat die ATP mit der ‚Feel it'-Kampagne ein globales Marketingtool, das 2008 schon bei 30 Turnieren angewendet wird. Den Veranstaltern werden unter anderem kostenlos TV-Spots, Online-Virals, Autogrammkarten, Plakatgestaltung, Großflächenwerbung und zur Verfügung gestellt.[727] Diese Produkte können dann auf die speziellen Wünsche der einzelnen Turniere abgestimmt werden.

Wie die teilweise widersprüchlichen Aussagen der Befragten dieser Imageanalyse schon zeigen, ist die Frage nach dem Imageproblem des Tennissports nicht eindeutig beantwortet worden. Geht man nach dem Ansehen der Sportart, so ist man sich einig, daß Tennis ein hohes Ansehen in breiten Bevölkerungsschichten genießt. Sieht man sich allerdings die Präsenz in den Medien an, so ist von einem deutlichen Imageverlust die Rede. Diese Entwicklung wird immer wieder mit den fehlenden Persönlichkeiten im Spitzensport und der daraus resultierenden negativen Berichterstattung über das deutsche Tennis in Verbindung gebracht. Festzuhalten bleibt weiterhin, daß die Verantwortlichen ihre Angebote kritisch hinterfragen müssen. Durch qualitativ hochwertige und bedürfnisorientierte Angebote in den Vereinen sollte das Image positiv beeinflußt werden können. Was auch aus der Analyse hervorgeht, ist, daß der Tennissport viel zu lange gebraucht hat seine Probleme zu erkennen und diese dann auch anzugehen. Nur eine gemeinsame Problembewältigung aller kann da helfen. Sowohl auf der Ebene der Vereine mit ihren ehrenamtlich Tätigen als auch auf jener der Verbände, die durch professionelle Strukturen ein klares Konzept vorgeben sollten, müssen Anstrengungen gemacht werden, um das Image der Sportart positiv zu beeinflussen.

Fazit

Ist Tennis in Deutschland noch eine exklusive Sportart oder kann man sie schon zu den Volkssportarten zählen ? Ganz exakt und hundertprozentig kann man diese Frage nicht beantworten. Tendenzen zu der einen Richtung, aber auch zu der anderen Richtung lassen sich hier und da erkennen. Wie in der Einleitung bereits erwähnt, kommt dem Image der Sportart eine besondere Bedeutung zu. Die kontroversen Aussagen innerhalb der Diskussionsanalyse der Interviewten bezüglich des Images des Tennis zeigen, daß man sich selbst innerhalb des DTB nicht einig ist, zu welcher Kategorie man genau gehört. Und genau in dieser Uneinigkeit liegt das eigentliche Problem des Tennissports. Viele unterschiedliche Ansätze lassen eine gemeinsame Strategie nicht zu. Einerseits gibt es die Verfechter der Exklusivität, die diesen Status auch gerne behalten möchten. Sie be-

---

[726] SPONSORS: „German Series landet im Aus", S. 24
[727] SPONSORS: „Tennis in Deutschland stark machen", S. 25

rufen sich auf die Tradition des Tennissports und belegen diese gewachsene Exklusivität mit Fakten über das Klientel der Sportart. Gleichzeitig treten sie mit diesen Fakten an Sponsoren heran, die die vorhandene Exklusivität weiter stützen. Demgegenüber steht die sinkende Mitgliederzahl im Tennissport. Dies ist der Grund, daß von Teilen der Experten eine Öffnung des Tennissports gefordert wird und somit die Ausrichtung hin zum Volkssport erfolgen sollte. Durch attraktive Aktionen vor allem an der Basis, wie ‚Deutschland spielt Tennis', sollen neue Mitglieder gewonnen und damit eine Imageverbesserung auf Vereinsbasis erreicht werden.

In einem sind sich beide Seiten, sowohl die Exklusivsportvertreter als auch die Befürworter der Öffnung, einig: Tennis hat in Deutschland in den letzten Jahren nach dem Boom einen Imageschaden erlitten. In den Medien ist sogar von Imageverlust die Rede. Um Tennis wieder attraktiv zu machen und damit ein positives Image zu erzeugen, müssen alle gemeinsam ein schlüssiges Konzept ausarbeiten, so wie es George Pascal von ITMS fordert. Es sollte eine klare Positionierung innerhalb des Sportmarktes stattfinden. Darüber hinaus muß es dem Tennissport wieder gelingen Persönlichkeiten hervorzubringen, die für eine Begeisterungswelle sorgen können. Denn in den fehlenden Persönlichkeiten sehen nicht nur die Medienvertreter, sondern auch die Interviewten eine, wenn nicht die Ursache, für die Imageproblematik des deutschen Tennis.

Zusammenfassend ist zu sagen, daß man in den letzten Jahren eine Entwicklung weg von dem exklusiven Image des Tennis hin zu einer Öffnung für alle Schichten und Altersgruppen, zu einer breiteren Basis, feststellen kann. Doch trotz aller erkennbaren Tendenzen hin zum Volkssport, hat man sich eine gewisse Exklusivität bewahrt. Ähnlich sieht es auch Frank HILGENBERG, Marketing-Direktor von König-Pilsener. Auf die Frage nach den Gründen des Sponsorings der König-Brauerei beim DTB sagte er: „Mit über vier Millionen Aktiven ist Tennis immer noch ein Volkssport. Trotzdem und gleichzeitig ist Tennis auch eine Premium-Sportart, die sich den Hauch der Exklusivität bewahrt hat. Genau darauf setzen wir mit unserer Positionierung".[728] Bezug nehmend auf die Eingangsfrage und die treffende Aussage von Frank Hilgenberg kann man Tennis eine Starke Tendenz zum Volkssport attestieren, die jedoch von exklusiven Nischen eingerahmt werden. Gewagt könnte man den Tennissport in Deutschland als exklusiven Volkssport bezeichnen.

---

[728] SPONSORS: „Exklusiver Volkssport"

Literaturverzeichnis

ADJOURI, N.:
„Die Marke als Botschaft. Die kommunikative Funktion der Marke und ihre Interdependenzen zur Werbung", 1993

ADJOURI, N. / STASTNY, P.:
„Sport-Branding, Mit Sport-Sponsoring zum Markenerfolg", 2006

BASTIJANS, R.:
„Eine psychologische Untersuchung zum Erleben der Sportart Windsurfen", 2001

BENZ, D.:
„Geschichte des Windsurfingsports", in: VDWS: „Unterlagen zur Instruktorenausbildung des VDWS", 1984, S. 1-14

BEREKOVEN, L.:
„Von der Markierung zur Marke", in: DICHTL, E. / EGGERS, W.: „Marke und Markenartikel als Instrumente des Wettbewerbs", 1992, S. 25-45

BERTIN, M.:
„Zwischen Himmel und Meer", 2006

BEZOLD, T. / BAUMBACH, D. / HEIM, T.:
„Markenwertanalyse im Sport. Modelle, Verfahren, Anwendungsbeispiele.", 2007, S.5

BROCKHAUS:
„Exklusiv", in: BROCKHAUS: „Die Enzyklopädie - Band 7", 1997, S. 19

BRUHN, M.:
„Begriffsabgrenzungen und Erscheinungsformen von Marken", in: BRUHN, M.: „Die Marke. Symbolkraft eines Zeichensystems", 2001, S. 16-35

BRUHN, M.:
„Integrierte Unternehmens- und Markenkommunikation: strategische Planung und operative Umsetzung", 2003

BRUHN, M.:
„Kommunikationspolitik", 1997

BRUHN, M.:
„Marketing", 2002

BRUHN, M.:
„Sponsoring - Systematische Planung und integrativer Einsatz", 2003

BRUHN, M.:
„Sponsoring – Unternehmen als Sponsoren und Mäzene", Wiesbaden 1987

BRUHN, M.:
"Sport-Sponsoring: strategische Verklammerung in die Unternehmenskommunikation", 1988, S. 16

BRUHN, M.:
"Was ist eine Marke? Aktualisierung der Markendefinition.", in: Jahrbuch der Absatz- und Verbrauchsforschung. Nr. 50/2004, 1, S. 4-30

BRUHN, M. / MEHLINGER, R.:
"Rechtliche Gestaltung des Sponsorings", 1995

BRUHN, M. / MUSSLER, D.:
"Sponsoringfibel", 1991

DAMM-VOLK, K.:
"Sponsoring als Kommunikationsinstrument im Marketing", 1991

DEUTSCHER SPORTBUND:
"Trends im Sport", 1999

DEUTSCHER TENNIS BUND:
"Tennis in Deutschland - Von den Anfängen bis zur Gegenwart", 2002

DICHTL, E.:
"Grundidee, Varianten und Funktionen der Markierung von Waren und Dienstleistungen", in: DICHTL, E. / EGGERS, W.: "Marke und Markenartikel als Instrumente des Wettbewerbs", 1992, S. 1-23

DREES, N.:
"Sportsponsoring", 1992

DREES:
"Bedeutung und Erscheinungsformen des Sportsponsorings", in: HERMANNS, A. / RIEDMÜLLER, F.: "Sponsoring und Events im Sport", 2003, S. 47-66

DRENGNER, J.:
"Imagewirkungen von Eventmarketing: Entwicklung eines ganzheitlichen Meßansatzes", 2003

DUDEN:
"Das Herkunftswörterbuch der deutschen Sprache", 1989

EGNER, H. / ESCHER, A. / KLEINHANS, M.:
"Trend- und Natursportarten in den Wissenschaften", 2000

ESCH, F.-R.:
"Strategie und Technik der Markenführung", 2007

ESCH, F.-R. und LANGNER, T.:
„Aufbau und Steuerung von Marken in Wertschöpfungsnetzwerken", in ESCH, F.-R.: „Moderne Markenführung", 2005, S. 427-454

EUROPÄISCHE KOMMISSION::
„The European Model of Sport", 2003

FARKE, U. / SCHRÖDER, D.:
„Windsurfen richtig Lernen", 1982

FÖRSTER, A. / KREUZ, P.:
„Marketing-Trends. Innovative Konzepte für Ihren Markterfolg", 2006

FREYER, W.::
„Handbuch des Sportmarketing", 1990

GARFF, M. / BIEDERMANN, U.:
„Das große Buch vom Surfen", 1980

GLOBAL SPORTNET:
„Velux 5 Oceans Case Study", 2007 (unveröffentlicht)

HENKEL, O.:
„Sportjahrbuch 1988/89: Sportstatistik-Jahrbuch", 1989

HERMANNS, A.:
„Sponsoring – Grundlagen, Wirkungen, Management, Perspektiven", 1997

HERMANNS, A.:
„Entwicklung und Perspektiven des Sportsponsoring", in HERMANNS, A. / RIEDMÜLLER, F.: „Management-Handbuch Sportmarketing", 2001, S. 389-407

HERMANNS, A. / GLOGGER, A.:
„Sportsponsoring- Partnerschaft zwischen Wirtschaft und Sport", in: Sportwissenschaft, Nr. 3-4 / 1998, S. 358-369

HERREILERS, U. / WEICHERT, W.:
„Windsurfen - Lehren und Lernen mit Programm", 1980

HÖMBERG, S. / PAPAGEORGIOU, A.:
„Handbuch für Beachvolleyball. Technik, Taktik, Training", 1997

HOMBURG, C. / KROHMER, H.:
„Marketingmanagement", 2006

HUBER, J.-A.:
„Co-Branding als Strategieoption der Markenpolitik. Kaufverhalten bei Co-Brand-Produkten und negative Rückwirkungseffekte auf die Muttermarken", 2004

INDEN, T.:
"Alles Event?! : Erfolg durch Erlebnismarketing", 1993

KELLER, K.L.:
"Strategic Brand Management. Building, Measuring, and Managing Brand Equity", 2003

KIENDL, S.:
"Markenkommunikation mit Sport – Sponsoring und Markenevents als Kommunikationsplattform", 2007

KOLARZ-LAKENBACHER, J. / REICHLING-MELDEGG, G.:
"Sponsoring: Chancen, Möglichkeiten und Risiken eines Kommunikationsinstruments", Wien 1995

KRANZ, M.:
"Markenbewertung - Bestandsaufnahme und kritische Würdigung", in: MEFFERT, H. / BURMANN, C. / KOERS, M.: "Markenmanagement. Grundfragen der identitätsorientierten Markenführung.", 2002, S. 429-458

KROHN, O.:
"Adventure Sports. Beachvolleyball", 1994

KRÜGER, A./ DREYER, A.:
"Sportmanagement", 2004

KURZ, D.:
"Vom Sinn des Sports. Sport Mehrperspektivisch unterrichten – warum und wie?", in: ZIESCHANG, K.: "Sport zwischen Tradition und Zukunft", 1992, S. 15-18

LEITHERER, E.:
"Geschichte der Markierung und des Markenwesens", in: BRUHN, M.: "Handbuch Markenartikel. Anforderungen an die Markenpolitik aus Sicht von Wissenschaft und Praxis", 1994, S. 135-152

LITTER, F.:
"America's Cup - Vermarktung von Tradition", in: NUSCHKE, L.: "Vermarktungspotentiale des Spitzensports: Eine Betrachtung ausgewählter Fallbeispiele", 2007, S. 19-35

MANAGER MAGAZIN:
"Die Kraft der 50. Wer in Deutschland das Sportbusiness regiert", Nr. 1/2008, S. 38

MELLEROWICZ, K.:
"Markenartikel. Die ökonomischen Gesetze ihrer Preisbildung und Preisbindung", 1963

MEFFERT,H. :
"Marketing, Grundlagen marktorientierter Führung", 1998

MEFFERT, H.:
"Zukunftsaspekte der Markenführung", in: MEFFERT, H. / BURMANN, C. / KOERS, M.: "Markenmanagement. Grundfragen der identitätsorientierten Markenführung.", 2002, S. 671-673

MEFFERT, H. / BURMANN, C.:
"Wandel in der Markenführung - vom instrumentellen zum identitätsorientierten Markenverständnis", in: MEFFERT, H. / BURMANN, C. / KOERS, M.: "Markenmanagement. Grundfragen der identitätsorientierten Markenführung", 2002, S. 18-33,

MEFFERT, H., BURMANN, C., KOERS, M.:
"Stellenwert und Gegenstand des Markenmanagement", in: MEFFERT, H./ BURMANN, C./ KOERS, M.: "Markenmanagement. Grundfragen der identitätsorientierten Markenführung.", 2002, S. 3-15

MORSCHETT, D.:
"Retail Branding und Integriertes Handelsmarketing. Eine verhaltenswissenschaftliche und wettbewerbsstrategische Analyse", 2002

NAFFIN, R.:
"Beachvolleyball für Anfänger und Fortgeschrittene. Trainingseinheiten für Schule und Verein", 2005

NICKEL, O.:
"Eventmarketing: Grundlagen und Erfolgsbeispiele", 1998

NICKEL, O.:
"Event – Ein neues Zauberwort ?", in: NICKEL, O.: "Eventmarketing: Grundlagen und Erfolgsbeispiele", 1998, S. 1-12

NIEDERSÄCHSISCHES KULTUSMINISTERIUM:
"Segelsurfen an den allgemein- und berufsbildenden Schulen Niedersachsens", 1989

NUFER, G.:
"Wirkungen von Event-Marketing: theoretische Fundierung und empirische Analyse", 2002

OLDEWURTEL, J.:
"Konzeption und Vermarktung der Sportmarke „Beachvolleyball"- eine evolutionäre Entwicklung", in: LANGOLF, K. / ROTH, R.: "Volleyball 2005-Beach-WM", 2006, S. 32-33

o.V.:
"Markengesetz (MarkenG)", in: Wettbewerbsrecht und Kartellrecht, 2005

PAPAGEORGIOU, A. / SCHMIDTZ, H.:
"Konzept zur Nutzung eines Beachvolleyball-Events zur Förderung der Sportart Beachvolleyball im Breitensportbereich", in: LANGOLF, K. / ROTH, R.: "Volleyball 2005-Beach-WM", 2006, S. 54-57

PILOT:
"Sponsor Visions-Studie 2007", 2007

PILOT:
"Sponsor Visions-Studie 2008", 2008

RIEDEL, F.:
"Die Markenwertmessung als Grundlage strategischer Markenführung", 1996

ROTH, P.:
"Sportsponsoring – Ein Instrument der Kommunikationspolitik" in ROTH, P.: "Sportsponsoring", 1990, S. 44-100

RUSHALL, L. / BARNES, C.:
"The Business of Yacht Racing", 2005

SASSERATH, M.:
"Fußball ist unser Leben und König Fußball regiert die (Marken-) Welt ! Oder vom Sinn und Unsinn der Verbindung von Fußball und Marken", in: HELLMANN, K.-U. / PICHLER, R.: "Ausweitung der Markenzone. Interdisziplinäre Zugänge zur Erforschung des Markenwesens", 2005, S. 121-139

SCHANZ, G.:
"Unternehmensführung", 2006

SCHEIER, C. / HELD, D.:
"Wie Werbung wirkt - Erkenntnisse des Neuromarketing", 2006

SCHLOCKERMANN, J. / MACKERODT, F.:
"Beachvolleyball", 2000

SCHMIDT UND KAISER:
"Affinitiy Tracer Golf 2007", 2007

SCHMITT, B. / MANGOLD, M.:
"Kundenerlebnis als Wettbewerbsvorteil. Mit Customer Experience Management Marken und Märkte gestalten", 2004

SCHÖLLING, M.:
"Informationsökonomische Markenpolitik. Zur Bedeutung der Informationsökonomie für die Markenpolitik von Herstellern.", 2000

SCHÖNEN, T.:
"Vernetzung des Sportsponsorings am Beispiel der Marke NIVEA", in: HERMANNS, A. / RIEDMÜLLER, F.: "Sponsoring und Events im Sport", 2003, S. 117-130

SCHULZE, G.:
"Die Zukunft der Erlebnisgesellschaft", in: NICKEL, O.: "Eventmarketing. Grundlagen und Erfolgsbeispiele", 1998, S. 303 – 316

SCHWIER, J.:
"Was ist Trendsport?", in: BREUER, C: "Trendsport - Modelle, Orientierungen und Konsequenzen", 2002, S. 18-32

SCHWIER, J.:
"Sport als populäre Kultur", 2000

SEGEL JOURNAL:
"Grau ist die Hoffnung", 09-10/2006, S. 22-27

SOLTESZ, S.:
"Trendsportarten", 2002

SPONSORS:
"EM & Olympia pushen Sponsoring", Nr. 2/2008, S. 28-29

SPONSORS:
"Formel 1 Saison 2008 – Weltweit mit hoher Drehzahl", Nr. 3/2008, S. 16-19

SPONSORS:
"German Series landet im Aus", Nr. 4/2008, S. 24

SPONSORS:
"Tennis in Deutschland stark machen.", Nr. 4/2008, S. 25

SPONSORS:
"Vermarkter riggen auf", Nr. 2/2001, S. 38-40

SPONSORING EXTRA:
"Sponsoringkultur der bleibenden Werte", 13. März 2007, S. 10

SPONSORING EXTRA:
"Interview mit Dr. Hans Martin Uehlinger – Head of Corporate Branding & Communications LGT Group Foundation", 13. März 2007, S. 6

SPORTFIVE:
"Sportprofile AWA 2005", 2005

SPORTFIVE:
"Sportprofile AWA 2006", 2006

STAMMINGER, E.:
"Kommunikationspolitik für Wachstumsmärkte: Das Beispiel Adidas", in HERMANNS, A. & RIEDMÜLLER, F.: "Management-Handbuch Sportmarketing",2001, S. 482

STANCIU, U.:
"Das ist Windsurfen", 1984

STANCIU, U.:
„Speed", 1986

STEINBRÜCK, K.:
„Sport und Sportmedizin – Windsurfen", 1985

STEINBRÜCK, K. / SCHMIDT, C.:
„Geschichte und Entwicklung des Windsurfsports", in STEINBRÜCK, K.: „Sport und Sportmedizin – Windsurfen", 1985, S. 8-10

STEINER, H.:
„Faszination Windsurfen – eine psychologische Betrachtung", in STEINBRÜCK, K.: „Sport und Sportmedizin – Windsurfen", 1985, S. 10-15

STUMM, P.:
„Trendportarten", in: DREYER, A. / KRÜGER, A.: „Sportmanagement – Eine themenbezogene Einführung", 2004

SURF. DAS WINDSURFING MAGAZIN:
„Aufsteiger spezial", 7/2000, S. 53

SURF. DAS WINDSURFING MAGAZIN:
„Der perfekte Sturm", 1-2/2004, S. 105-111

SURF. DAS WINDSURFING MAGAZIN:
„ Die Schöne und das Biest", 3/2006, S. 6-15

SURF. DAS WINDSURFING MAGAZIN:
„ Fette Beute", 3/1987, S. 104

SURF. DAS WINDSURFING MAGAZIN:
„Frohes Schaffen", 4/2003, S. 96-104

SURF. DAS WINDSURFING MAGAZIN:
„Frontloop. So lernt in jeder", 4/2001, S. 51-65

SURF. DAS WINDSURFING MAGAZIN:
„German Giant", 6/2005, S. 12-14

SURF. DAS WINDSURFMAGAZIN:
„Gladiator", 10/2003, S. 90-95

SURF. DAS WINDSURFING MAGAZIN:
„Helden in Neopren. Abenteurer und Selbstdarsteller", 6/2002, S. 104-110

SURF. DAS WINDSURFING MAGAZIN:
„La Perouse", 10/2001, S. 17-20

SURF. DAS WINDSURFING MAGAZIN:
„Süchtig: Christian Uttendorfer", 1-2/2002, S. 46

SURF. DAS WINDSURFING MAGAZIN:
„Süchtig: Graf Friedrich Hoyos", 6/2002, S. 44

SURF. DAS WINDSURFING MAGAZIN:
„Süchtig: Manne Hinz", 9/2002, S. 46

SURF. DAS WINDSURFING MAGAZIN:
„Süchtig: Seit 20 Jahren im Surfshop: Norbert Retzlaff", 8/2003, S. 50

SURF. DAS WINDSURFING MAGAZIN:
„Surf history", 5/2005, S. 66-69

SURF. DAS WINDSURFING MAGAZIN:
„Unendlich mal sechs", 4/2005, S. 3

SURF. DAS WINDSURFING MAGAZIN:
„Unser Kanzler heißt Beaufort", 11-12/2003, S. 3

SURF. DAS WINDSURFING MAGAZIN:
„Unveröffentlichte Leserumfrage", 2007

SURF. DAS WINDSURFING MAGAZIN:
„Watermen. Denn sie wissen was sie tun", 7/2001, S. 18-25

SURF. DAS WINDSURFING MAGAZIN:
„Zeit für Gefühle", 4/1997, S. 3

SURF. DAS WINDSURFING MAGAZIN:
„Zum Hoylen", 5/1992, S. 24-25

THOMES, S.:
„Sponsoring der FEI World Equestrian Games Aachen 2006",in: NUSCHKE,L.:
„Vermarktungspotentiale des Spitzensports", 2007, S. 65-78

UEHLINGER, H.-M.:
„LGT- die Bank des Fürstenhauses von Liechtenstein inszeniert sich im Reitsport",
unveröffentlicher Vortrag vom 8. März 2008

VON BISMARCK,W.-B. & BAUMANN, S.:
„Markenmythos. Verkörperung eines attraktiven Wertesystems", 1995

VON HAAREN, A.:
„Die Imageproblematik des Tennissport", in: TennisSport, Nr. 02/2008, S. 19-25

WINDSURFING:
„Segeln + Surfing + Ski + Waserski = Windsurfing", 1976, Nr. 3/1976, S. 4

WINNER, K.:
„Windsufing", 1995

WÜST, H.:
"Das grosse Zitaten Lexikon", 2004

ZITZMANN, C.:
"Funboard Surfen. Powerlearning für Fahrtechnik und Manöver", 2000

YACHT:
"Die große Tat", Nr. 21/2006, S. 22-23

YACHT:
"Opa und die Rockstars", Nr. 21/2006, S. 17-25

ZANGER, C. / SISTENICH, F.:
"Eventmarketing. Bestandsaufnahme, Standortbestimmung und ausgewählte theoretische Ansätze zur Erklärung eines innovativen Kommunikationsinstruments", in: Marketing ZFP, Nr. 4/1996, S. 233 – 242

ZOTSCHEW, S:
"Surf-Bordbuch. Ein Handbuch für Surfer", 1979

Internetquellen

ABSATZWIRTSCHAFT:
"Mehrwert für Google, Zara und Apple.", im Internet unter:
http://www.absatzwirtschaft.de/Content/_pv/_p/1003002/_t/fthighlight/highlightkey/in terbrand/_b/61314/default.aspx/mehrwert-fuer-google%2c-zara-und-apple.html ;
aufgerufen am: 20. Mai 2008

ABSATZWIRTSCHAFT:
"Real Madrid gewinnt bei Markenwert.", im Internet unter:
http://www.absatzwirtschaft.de/Content/_pv/_p/1003214/_t/fthighlight/highlightkey/m anchester+united/_b/61884/default.aspx/real-madrid-gewinnt-bei-markenwert.html ;
aufgerufen am 04. Juni 2008

AIR & STYLE:
"Air & Style ist, wenn Handys, Klamotten und ein Energy Drink gemeinsam auf die Piste gehen", im Internet unter: http://www.air-style.at/air-style_company/media/ Press%20PDF/PM_Nokia-AirStyle-07_Sponsoren-II_28112007.pdf ; aufgerufen am 14. April 2008

AIR & STYLE:
"Programm", im Internet unter: http://www.air-style.at/air2007/news-center/ program.html ; aufgerufen am 17. April 2008

AIR & STYLE:
"Partners", im Internet unter: http://www.air-style.at/air2007/partners/ ;
aufgerufen am 15. April 2008

AIR & STYLE:
"TV-Guide", Im Internet unter: http://www.air-style.at/air2007/index.php?sf_rewrite=tv-und-livestream/&sid=4e402dd867c819149a5f6b8d8d75bc6e ; aufgerufen am 16. April 2008

AIR & STYLE:
"Medienpartner", im Internet unter: http://www.air-style.at/air2007/partners/media.html ; aufgerufen am 15. April 2008

AIR & STYLE:
"News-Center", im Internet unter: http://www.air-style.at/air2007/news-center/ ; aufgerufen am 17. April 2008

AIR & STYLE:
"Das Rezept für den Leckerbissen des Winters", im Internet unter: http://www.air-style.at/air-style_company/media/Press%20PDF/PM_Nokia-AirStyle-07_Setup-Logistik_131107_deutsch.pdf ; aufgerufen am 16. April 2008

AIR & STYLE:
"Air & Style Company", im Internet unter: http://www.air-style.com; aufgerufen am 2. Mai 2008

AIR & STYLE :
"History Timeline", im Internet unter: http://www.air-style.at/air2007/media/PDFs/Air-Style-History-Timeline.pdf ; aufgerufen am 14. April 2008

ANPFIFF-INS-LEBEN:
"Die Elemente des Konzepts.", im Internet unter: http://www.anpfiff-ins-leben.de/index.php?cmd=30 ; aufgerufen am 04. Juni 2008

A.T.KEARNEY:
"Markenmanagement in Medienunternehmen." Vortrag vom Vice President Dr. Andrej Vizjak am 21.01.2005 im Rahmen des 5.Ingolstädter Medienforum 2005, im Internet unter:
http://www.kueichstaett.de/Fakultaeten/WWF/Lehrstuehle/OP/competencies/media/forum05/HF_sections/content/1126663636126.pdf ; aufgerufen am 22. Mai 2008

BBDO:
"Real Madrid ist der Fußballclub mit dem höchsten Markenwert in Europa", im Internet unter: http://www.bbdo.de/de/home/presse/aktuell/2007/19_09_2007_-_real.html ; aufgerufen am 04. Juni 2008

BEACHVOLLEYBALL:
"Geschichte der Sportart Beachvolleyball", im Internet unter http://www.Beachvolleyball.de/index.php?id=46 ; aufgerufen am 15. Mai 2008

BEACH-VOLLEYBALL:
"Geschichte der Sportart Beachvolleyball", im Internet unter: http://www.beach-volleyball.de/index.php?id=46 ; aufgerufen am 15. Mai 2008

BEACHWORLDTOUR:
"Sponsoren", im Internet unter
http://www.beachworldtour.ch/page/content/index.asp?MenuID=49&ID=36&Menu=1&Item=11 ; aufgerufen am18. Mai 2008

BEACHWORLDTOUR:
"Turnierprogramm 2008", im Internet unter
http://www.beachworldtour.ch/page/content/index.asp?MenuID=112&ID=296&Menu=1&Item=21 ; aufgerufen am18. Mai 2008

BERLINGRANDSLAM:
"Der smart Grand Slam 2008 in Berlin", im Internet unter:
http://www.berlingrandslam.com/ ; aufgerufen am 17. Mai 2008

BOARDER-PARADIES:
"Snowboard History", im Internet unter: http://www.boarders-paradies.de/tips/geschichte.html; aufgerufen am 14. April 2008

CLAASEN, H.:
"Beachvolleyball", im Internet unter: http://www.cr-beach.de/downloads/Claasen-Roeder_kurz.pdf ; aufgerufen am 17. Mai 2008

CLAASEN, H. / RÖDER, A.:
"Beachvolleyball", im Internet unter:
http://www.cr-beach.de/downloads/Claasen-Roeder_kurz.pdf ; aufgerufen am 17. Mai 2008

COLE:
"Viel Geld im Spiel", im Internet unter: http://www.cole.de/diesunddas/golfihk.pdf; aufgerufen am 28. Mai 2008

CPC-CONSULTING:
"BrandZ - Markenranking: Die wertvollsten Marken der Welt.", im Internet unter:
http://www.cpc-consulting.net/BrandZ-Marken-Ranking-Die-wertvollsten-Marken--n297 ; aufgerufen am: 24. April 2008

DELOITTE:
"Deloitte Football Money League.", im Internet unter:
http://www.deloitte.com/dtt/cda/doc/content/de_CB_L_FML_140208%281%29.pdf ; aufgerufen am 30. Mai 2008

DELOITTE:
"Football Money League 2008.", im Internet unter:
https://www.deloitte.co.uk/RegistrationForms/PDFs/DeloitteFootballMoneyLeague2008.pdf ; aufgerufen am 30. Mai 2008

DELOITTE:
"Marktreif? – Herausforderungen für den Golfsport in Deutschland", im Internet unter: http://www.deloitte.com/dtt/cda/doc/content/de_CB_Golf_180208.pdf; aufgerufen am 28. Mai 2008

DER STANDARD:
"Warum verleiht Red Bull Jacques und Soeren keine Flügel", im Internet unter: http://derstandard.at/?url=/?id=2320263 ; aufgerufen am 7. April 2008

DEUTSCHE OLYMPISCHE GESELLSCHAFT:
"Zwei erfolgreiche Kampagnen: Goldener Plan und Fair-Play-Initiative" im Internet unter http://www.dog-bewegt.de/wirueberuns_geschichte.htm?part=2 ; aufgerufen am 01. April 2008

DEUTSCHE REITERLICHE VEREINIGUNG:
"Zahlen, Daten, Fakten zum Pferdesport in Deutschland", im Internet unter: http://www.wpsv.de/bericht528.htm ; aufgerufen am 1. April 2008

DEUTSCHER OLYMPISCHER SPORTBUND:
"Sportsponsoring", 2007 im Internet unter
http://www.ehrenamt-im-sport.de/index.php?id=1584 ; aufgerufen am 30. März 2008

DEUTSCHER TENNIS BUND:
"100 Jahre Deutscher Tennis Bund", im Internet unter:
http://www.dtb-tennis.de/5764.php?selected=1101&selectedsub=5763 ; aufgerufen am 20. Mai 2008

DEUTSCHER TENNIS BUND:
"Einnahmen", im Internet unter:
http://www.dtb-tennis.de/2979_3016.php?selected=1101&selectedsub=2976 ; aufgerufen am 20. Mai 2008

DEUTSCHER TENNIS BUND:
"Fakten", im Internet unter: http://www.dtb-tennis.de/downloads/00_Fakten.pdf ; aufgerufen am 20. Mai 2008

DEUTSCHER TENNIS BUND:
"Mitgliederentwicklung.", im Internet unter:
http://www.dtb-tennis.de/downloads/Mitgliederentwicklung_seit_1948.pdf ; aufgerufen am 20. Mai 2008

DEUTSCHER TENNIS BUND:
"Mitgliederentwicklung.", im Internet unter:
http://www.dtb-tennis.de/2979_3909.php?selected=1101&selectedsub=2976 ; aufgerufen am 20. Mai 2008

DEUTSCHER VOLLEYBALL VERBAND:
"Julius Brink/Christoph Dieckmann", im Internet unter: http://www.volleyball-verband.de/index.php?dvv=webpart.pages.DVVDynamicPage&navid=5092&coid=5092&cid=2&dvvsid=0c92133406f595cafe000ae162d2cf72 ; aufgerufen am 15. Mai 2008

DEUTSCHES PATENT- UND MARKENAMT:
"Jahresbericht 2007", im Internet unter: http://www.dpma.de/docs/service/veroeffentlichungen/jahresberichte/jb2007_dt.pdf ; aufgerufen am 28. Mai 2008

DEUTSCHES PATENT- UND MARKENAMT:
"Jahresbericht 2006", im Internet unter: http://www.dpma.de/docs/service/veroeffentlichungen/jahresberichte/dpma_jb_2006.pdf ; aufgerufen am 12. April 2008

DEUTSCHES PATENT- UND MARKENAMT:
"Markenschutz", im Internet unter: http://www.dpma.de/marke/markenschutz/index.html ; aufgerufen am 12. April 2008

DEUTSCHES PATENT- UND MARKENAMT:
"Kooperation", im Internet unter: http://www.dpma.de/amt/kooperation/index.html ; aufgerufen am 12. April 2008

DIE PRESSE:
"Neue Rekorde bei Red Bull", im Internet unter: http://diepresse.com/home/wirtschaft/economist/364140/index.do ; aufgerufen am 9. April 2008

DIE PRESSE:
"Red Bull darf in Frankreich verkauft werden", im Internet unter: http://diepresse.com/home/wirtschaft/economist/373934/index.do ; aufgerufen am 7. Mai 2008

DIE PRESSE:
"Red Bull: Wie weit ein Produkt ohne Werbung springen kann", im Internet unter: http://diepresse.com/home/wirtschaft/economist/373588/index.do ; aufgerufen am 09. April 2008

DIE ZEIT:
"Pionier bei Trikotwerbung", im Internet unter: http://hermes.zeit.de/pdf/archiv/1983/48/Pionier-bei-Trikotwerbung.pdf ; aufgerufen am 24. April 2008

ERNST & YOUNG:
"Bälle, Tore und Finanzen IV", im Internet unter: http://www.ey.com/global/content.nsf/Germany/Downloadformular_-_Fussballstudie_-_2007 ; aufgerufen am 20. Mai 2008

EUROBEACHTOUR.:
„GSM Innovation in Sports & Entertainment", im Internet unter
http://www.eurobeachtour.com/index.php ; aufgerufen am 18. Mai 2008

FINANCIAL TIMES DEUTSCHLAND:
„Paris öffnet sich für Red Bull", im Internet unter: http://www.ftd.de/unternehmen/industrie/:Paris%20Red%20Bull/337587.html ; aufgerufen am 14. April 2008

FOOTBALLECONOMY:
„United In Race For Financial Superiority. ", im Internet unter:
http://www.footballeconomy.com/archive/archive_2008_jan_06.htm ; aufgerufen am 04. Juni 2008

FORBES:
„The World's Billionaires", im Internet unter: http://www.forbes.com/lists/2008/10/billionaires08_The-Worlds-Billionaires_Rank_11.html ; aufgerufen am 14. Mai 2008

FORMULA1.COM:
„Results", im Internet unter: http://www.formula1.com/results/ ; aufgerufen am 24. Mai 2008

FRANKFURTER ALLGEMEINE ZEITUNG:
„Der Bulle aus dem Salzkammergut", im Internet unter: http://www.faz.net/s/Rub754D12360B5F49268E0840D0E4CEEBED/Doc~ED552BBC46B2F46D99C421E552C8B3D3D~ATpl~Ecommon~Sspezial.html ; aufgerufen am 22. Mai 2008

FUNSPORTING:
„Air & Style 2005: Die Hintermänner", im Internet unter:
http://www.funsporting.de/News/Air_Style_Macher_5230/air_style_macher_5230.html ; aufgerufen am 14. April 2008

FUNSPORTING:
„Air & Style Setup und Logistik", im Internet unter:
http://www.funsporting.de/funsporting+NEWS+Snow+Air_and_Style_Setup_2007_0853.htm ; aufgerufen am 15. April 2008

FUNSPORTING:
„Große Erwartungen an die Red Bull Gap Session 2008", im Internet unter:
http://www.funsporting.de/funsporting+NEWS+Snow+Red_Bull_Gap_Session_2008_0916.htm ; aufgerufen am 17. Mai 2008

FUNSPORTING:
„News", im Internet unter:
http://www.funsporting.de/funsporting+NEWS+Snow+Air_Style_Olympiastadion_Muenchen_0878.htm ; aufgerufen am 17. April 2008

FUNSPORTING:
„Windsurfer stellen neue Speedrekorde auf", im Internet unter:
http://www.funsporting.de/funsporting+NEWS+Surf+Neuer_Windsurf_Speed-Rekord_1092.htm ; aufgerufen am 2. April 2008

GESAMTVERBAND KOMMUNIKATIONSAGENTUREN:
„Red Bull verleiht Flüüügel", im Internet unter: http://www.gwa.de/
images/effie_db/1999/92677_302_Red_Bull.pdf ; aufgerufen am 24. April 2008

GLOBAL SPORTS MARKETING:
„GSM Innovation in Sports & Entertainment", im Internet unter:
http://www.eurobeachtour.com/index.php ; aufgerufen am18. Mai 2008

GLOBAL SPORTNET:
„Internationale Preisverleihung VELUX 5 OCEANS Yacht-Rennen: Bestes internationales Sponsoring", im Internet unter: http://www.globalsportnet.com/pdf
/p_7f4c96a7baad57578890862c494d7eaa.pdf ; aufgerufen am 17. Juni 2008

GOLF.DE:
„100 Jahre Golf in Deutschland", im Internet unter: http://www.golf.de/100jahredgv/
einekurzechronologiejahren.cfm; aufgerufen am 28. Mai 2008

GOLF.DE:
„Abschlag am Abgrund", im Internet unter: http://www.golf.de/100jahredgv/golfIm
DrittenReich.cfm; aufgerufen am 28. Mai 2008

GOLF.DE:
„Abschlag Schule - eine Initiative von VcG und DGV", im Internet unter:
http://www.golf.de/dgv/details.cfm?objectid=60073315&group=26&sn=4&rc=30&m
n=3&pu=5&ssn=; aufgerufen am 28. Mai 2008

GOLF.DE:
„Aufbau der Wettkampfsystems" , im Internet unter: http://www.golf.de/ dgv/binary
data/2008_DGV_Wettspielstruktur.pdf; aufgerufen am 28. Mai 2008

GOLF.DE:
„Das DGV-Sportkonzept 2010" , im Internet unter: http://www.golf.de/dgv/ details.
cfm?objectid=60075122&group=26&sn=3&rc=0&mn=4&pu=6&ssn=31; aufgerufen
am 28. Mai 2008

GOLF.DE:
„Dürfen die Deutschen Golf spielen?", im Internet unter: http://www.golf.de/100jahre
dgv/neubeginnInDerBRD.cfm; aufgerufen am 28. Mai 2008

GOLF.DE:
„Entwicklung der Golfspieler in Deutschland 1998 bis 2007", im Internet unter:
http://www.golf.de/dgv/binarydata/2007_Stat_Spieler_10Jahre.pdf; aufgerufen am 28.
Mai 2008

GOLF.DE:
„Golf Team Germany", im Internet unter: http://www.golf.de/dgv/details.cfm?objec
tid=60076956&group=26&sn=3&rc=0&mn=4&pu=6&ssn=33; aufgerufen am 28.
Mai 2008

GOLF.DE:
"Gründerzeiten im deutschen Golfsport", im Internet unter: http://www.golf.de/100 jahredgv/gruenderzeitDesDGV.cfm; aufgerufen am 28. Mai 2008

GOLF.DE:
"Jugend trainiert für Olympia", im Internet unter: http://www.golf.de/dgv/details.cfm ?objectid=60074340&group=26&sn=4&rc=30&mn=3&pu=5&ssn=; aufgerufen am 28. Mai 2008

GOLF.DE:
"Leistungssport im DGV", im Internet unter: http://www.golf.de/publish/leistungssport.cfm; aufgerufen am 28. Mai 2008

GOLF.DE:
"Mediadaten", im Internet unter: http://www.golf.de/publish/mediadaten.cfm; aufgeruf am 28. Mai 2008

GOLF.DE:
"Mitglieder und Golfspieler nach Landesgolfverbänden 2007", im Internet unter: http://www.golf.de/dgv/details.cfm?objectid=60074309&group=109&sn=6&rc=0&mn=4&pu=6&ssn=; aufgerufen am 28. Mai 2008

GOLF.DE:
"Satzung des deutschen Golfverbandes e.V.", im Internet unter: http://www.golf.de/dgv/binarydata/Satzung_08_04_06.pdf; aufgerufen am 28. Mai 2008

GOLF.DE:
"Sportarten in Deutschland 2007", im Internet unter: http://www.golf.de/dgv/binary data/2007_Stat_DOSB_alle.pdf; aufgerufen am 28. Mai 2008

GOLF.DE:
"Überblick", im Internet unter: http://www.golf.de/dgv/ueberblick.cfm; aufgerufen am 28. Mai 2008

GOLF.DE:
"Vom Caddie zu Master", im Internet unter: http://www.golf.de/100jahredgv/ bernhardLanger.cfm; aufgerufen am 28. Mai 2008

GOLF.DE:
"Von den Ursprüngen des Golfsports", im Internet unter: http://www.golf.de/100jahre dgv/details.cfm?objectid=60071490&nav=1&subnav=1; aufgerufen am 28. Mai 2008

GOLF.DE:
"Von wegen Altherrenspaziergang !", im Internet unter: http://www.golf.de/100jahre dgv/pennaelerGolf1890.cfm; aufgerufen am 28. Mai 2008

GOLF.DE:
"Zukunftsfähige Golfentwicklung", im Internet unter: http://www.golf.de/dgv/bina rydata/DGVPositionspapier_09_2007.pdf; aufgerufen am 28. Mai 2008

GOLFIANER.DE:
"Geschichte", im Internet unter: http://www.golfianer.de/wissen/geschichte; aufgerufen am 28. Mai 2008

GOLFKÜSTE.DE:
"golfküste*schleswig-holstein", im Internet unter: http://www.golfkueste-schleswig-holstein.de/index2.php; aufgerufen am 28. Mai 2008

GOLF AND TOURISM CONSULTING:
"Golf auf dem Weg zu „Generation Golf"?", im Internet unter: http://www.gtc-germany.com/user_images/public/Golfmanager/generation_golf.PDF; aufgerufen am 28. Mai 2008

GOLF AND TOURISM CONSULTING:
"Golfmarkt der Zukunft", im Internet unter: http://www.gtc-germany.com/user_images/public/ph_dgv_management_seminar_bunt.pdf; aufgerufen am 28. Mai 2008

GOLF AND TOURISM CONSULTING:
"Kommunikationspolitik: Fairway zum Kunden", im Internet unter: http://www.gtc-germany.com/user_images/public/Golfmanager/Fairway_zum_Kunden.PDF; aufgerufen am 28. Mai 2008

GOLF AND TOURISM CONSULTING:
"Marketing im Golfmarkt", im Internet unter: http://www.gtc-germany.com/user_images/public/Golfmanager/Marketing_im_Golfmarkt.PDF; aufgerufen am 28. Mai 2008

GOLLEK, N.:
"Sportsponsoring – Einsatzmöglichkeiten und Wirkungsweisen", im Internet unter: http://opus.bsz-bw.de/hdms/volltexte/2005/541/pdf/nora.pdf ; aufgerufen am 24. März 2008

HAMBURGERWEG:
"Der Hamburger Weg stellt sich vor", im Internet unter: http://www.hamburgerweg.de/index.php?id=18473 ; aufgerufen am 04. Juni 2008

HEIN, K.:
"A Bull's Market – the marketing of the Red Bull energy drink", im Internet unter: http://findarticles.com/p/articles/mi_m0BDW/is_22_42/ai_75286777 ; aufgerufen am 5. April 2008

HELVETIA:
"Online Geschäftsbericht 2005 – Sportsponsoring" im Internet unter: http://gb05.helvetia.com/serviceseiten/suche.php?q=sponsoring&pageID=3680 ; aufgerufen am 24. März 2008

HORIZONT:
"Drohende Restriktionen für Red Bull und Co.", im Internet unter: http://www.horizont.net/aktuell/marketing/pages/protected/Drohende-Restriktionen-fuer-Red-Bull-und-Co_76244.html ; aufgerufen am 25. Mai 2008

HORIZONT SPORTBUSINESS:
„Partner der Golfs suchen den direkten Kontakt" , im Internet unter: http://www.sport business.horizont.net/printarchiv/pages/show.prl?params=keywords%3Dgolf%26&lim itwahl=&id=479273&nr=&foundRows=89&currPage=2; aufgerufen am 28. Mai 2008

HORIZONT SPORTBUSINESS:
„Silberne Seite des grünen Sports" , im Internet unter: http://www.sportbusiness. horizont.net/printarchiv/pages/show.prl?params=keywords%3Dgolf%26&limitwahl= &id=541061&nr=&foundRows=89&currPage=1; aufgerufen am 28. Mai 2008

HORIZONT SPORTBUSINESS:
„TV-Sender trauen sich selten aufs Wasser", im Internet unter: http://www.sport business.horizont.net/news/doc/6298.pdf ; aufgerufen am 17. Juni 2008

INTERBRAND:
„Best Global Brands 2007.", Im Internet unter:
http://www.ourfishbowl.com/images/surveys/Interbrand_BGB_2007.pdf ; aufgerufen am 24. April 2008

IFFHS:
„Europas Meister vor Südamerikas Meister!", im Internet unter:
http://www.iffhs.de/?7482edbc8788f07785fdcdc3bfcdc0aec20a ; aufgerufen am 02. Juni 2008

JAHRBUCH SPONSORING:
„Exklusive Sportarten" im Internet unter : http://knowledgecenter. ipsos.de/down loads/KnowledgeCenter/3BFE85EF-713A- 4358-AD23-16AAE9876879/Ipsos _Artikel_Stephan_Exclusive_Sportarten.pdf ; aufgerufen am 9. April 2008

JUNGELS, D.:
„Sportkarriere", im Internet unter: http://www.sportstiftung-nrw.de/info/ Sportkarriere_2_03.pdf ; aufgerufen am 08. April 2008

KURIER:
„Energiestoß aus 3,5 Milliarden Dosen", im Internet unter:
http://www.kurier.at/geldundwirtschaft/132776.php ; aufgerufen am 14. April 2008

LEXIKON.MEYERS:
„Golf", im Internet unter: http://lexikon.meyers.de/meyers/Golf_%28Sportarten%29; aufgerufen am 28. Mai 2008; aufgerufen am 28. Mai 2008

LIFESTYLE PRESSESERVICE:
„Suzuki fördert auch 2008 Freeski- und Boarder-Szene", im Internet unter:
http://www.lifepr.de/pressemeldungen/suzuki-international-europe-gmbh-/boxid-33572.html ; aufgerufen am 22. April 2008

LEXIKON.MEYERS.DE:
„Trendsport", im Internet unter: http://lexikon.meyers.de/meyers/Trendsport ; aufgerufen am 30.05.2008.

MANAGER-MAGAZIN:
"Was ist unser Name wert?" Interview mit Prof. Dr. Henrik Sattler, im Internet unter: http://www.manager-magazin.de/unternehmen/mittelstand/0,2828,445223-2,00.html ; aufgerufen am 12. April 2008

MANCHESTER UNITED:
"Reds announce Nigeria stop." im Internet unter: http://www.manutd.com/default.sps?pagegid={B4CEE8FA-9A47-47BC-B069-3F7A2F35DB70}&newsid=6610910 ; aufgerufen am 04. Juni 2008

MANCHESTER UNITED:
"Trade Marks." im Internet unter: http://www.manutd.com/default.sps?pagegid={008A4C54-ECA8-4812-B711-02F7D804E0E5} ; aufgerufen am 02. Juni 2008.

MARKE.AT:
"Red Bull", im Internet unter: http://www.marke.at/content/knowledgebase/did_you_know/dyk_detail.asp?dykid=110 ; aufgerufen am 05. April 2008

MARKENLEXIKON:
"evoked set", im Internet unter: http://www.markenlexikon.com/glossar_e.html ; aufgerufen am 05.April 2008

MARKENLEXIKON:
"Zitate 2007", im Internet unter: http://www.markenlexikon.com/markenzitate_2007.html , aufgerufen am 02. Juni 2008

MERCEDES-BENZ-CHAMPIONSHIP:
"Sponsoren und Partner", im Internet unter: http://www.mercedes-benz-championship.de/index.php?puid=1&pageid=6; aufgerufen am 28. Mai 2008

MILLWARD BROWN:
"BrandZ 2008 Press Release", im Internet unter: http://www.millwardbrown.com/Sites/Optimor/Media/Pdfs/en/BrandZ/BrandZ-2008-PressRelease.pdf ; aufgerufen am 24. April 2008

MILLWARD BROWN:
"BrandZ Top 100", im Internet unter: http://www.brandz.com/upload/BrandZ-2008-RankingReport.pdf ; aufgerufen am 24. April 2008.

MOTORSPORT-TOTAL.COM:
"Mateschitz wünscht sich vier Autos pro Team", im Internet unter: http://www.motorsport-total.com/f1/news/2008/04/Mateschitz_wuenscht_sich_vier_Autos_pro_Team_08042533.html ; aufgerufen am 25. Mai 2008

NESS, F.:
"Welchen Einfluß hat der Vermarkter auf den Sport bzw. auf das TV ?",
im Internet unter: www.blickpunkt-sportmanagement.de/Praesentation/ness.pdf ;
aufgerufen am 14. April 2008

NEW-BUSINESS:
"Agentur Widua inszeniert Beachvolleyball im DSF", im Internet unter:
http://www.new-business.de/sponsoring/detail.php?rubric= SPONSORING
&nr=574045 ; aufgerufen am 18. Mai 2008

NIMMERVOLL, C.:
"Mateschitz wünscht sich vier Autos pro Team", im Internet unter:
http://www.motorsport-total.com/f1/news/2008/04/Mateschitz_wuenscht_sich
_vier_Autos_pro_Team_08042533.html ; aufgerufen am 25. Mai 2008

NOKIA AIR & STYLE 2002:
"Event Report", im Internet unter: http://www.air-style.at/air2002/index_contest.php?
modul=contest&sub=eventreport.php ; aufgerufen am 31. Mai 2008

OLDSCHOOL:
"Die Geschichte der Snowboardens", im Internet unter:
http://www.oldschool.de/snowboarden/geschichte/ ; aufgerufen am 17. April 2008

ORF:
"Märchenhafte Zahlen", im Internet unter: http://oesterreich.orf.at/salzburg
/stories/144739/ ; aufgerufen am 24. April 2008

PAUL LANGE & CO:
"2006-2008 Shimano presenting Sponsor des UCI Mountainbike World Cup" im
Internet unter http://www.paul-lange.de/news/news/sponsoring_info/UCI/de ;
aufgerufen am 30. März 2008

PFERD-AKTUELL:
"Zahlen & Fakten", im Internet unter: http://www.pferd-aktuell.de/Wir-
ueber/FN/Zahlen-Fakten/-.96/Zahlen-Fakten.htm ; aufgerufen am 7. April 2008

PFERDE-ONLINE:
"CCM/SLK Consulting steigt in den Reitsport ein", im Internet unter:
http://www.pferde-online.com/index.php?option=com_content&task=view&id=8&Ite
mid=9, aufgerufen am 21. Mai 2008

PREMIERE:
"Geld für den guten Zweck – Premiere lässt Promis schwitzen !", im Internet unter:
http://info.premiere.de/inhalt/de/unternehmen_engagement_sport_start.jsp; aufgerufen
am 28. Mai 2008

PRESSETEXT:
"Sport-Sponsoring neu macht Sinn", im Internet unter:
http://www.pressetext.de/pte.mc?pte=050919022 ; aufgerufen am 04. Mai 2008

PRESSETEXT AUSTRIA:
"Red Bull Dolomitenmann: Vom Spaß-Event zum TV-Highlight", im Internet unter: http://www.pte.at/pte.mc?pte=050906039 ; aufgerufen am 21. Mai 2008

RAMERSTORFER, F.:
"Red Bull Dolomitenmann: Vom Spaß-Event zum TV-Highlight", im Internet unter: http://www.pte.at/pte.mc?pte=050906039 ; aufgerufen am 21. Mai 2008

RAMERSTORFER, F.:
"Sport-Sponsoring neu macht Sinn", im Internet unter: http://www.pressetext.de/pte.mc?pte=050919022 ; aufgerufen am 04. Mai 2008

RED BULL:
"Inhaltsstoffe", im Internet unter: http://www.red-bull.de/#page=ProductPage Ingredients ; aufgerufen am 12. April 2008

RED BULL:
"Mut zur Lücke: Red Bull Gap Session 2008", im Internet unter: http://www.redbull.de/#page=ArticlePage.1205015602965-1447896689.0 ; aufgerufen am 17. Mai 2008

REDBULLDOLOMITENMANN:
"Das Rennen", im Internet unter: http://www.redbulldolomitenmann.com/de/berglauf.php ; aufgerufen am 20. Mai 2008

REDBULLDOLOMITENMANN:
"Results 1988-2007", im Internet unter: http://www.redbulldolomitenmann.com/de/ergebnisse.php ; aufgerufen am 20. Mai 2008

REDBULLRACING:
"Red Bull Racing", im Internet unter: http://www.redbullracing.com/switch.action?lang=de#page=RBRPage ; aufgerufen am 22. Mai 2008

REFERENCEFORBUSINESS:
"Red Bull Gmbh - Company Profile, Information, Business Description, History, BackgroundInformation on Red Bull Gmbh", im Internet unter: http://www.reference forbusiness.com/history2/94/Red-Bull-Gmbh.html ; aufgerufen am 3. April 2008

REGAL.AT:
"Die Junge Welt 2007", im Internet unter: http://www.regal.at/images/aktuell/ZM1180 _REGAL.ppt ; aufgerufen am 07. April 2008

RESULTS N GOVERANCE CONSULTING GRUPPE:
"Österreichs Leading Brand Red Bull knapp 8 Mrd. EURO wert" , im Internet unter: http://www.rng.at/downloads/OeMWS_PI_050705.pdf ; aufgerufen am 9. April 2008

REITSPORT-NACHRICHTEN:
"Deutsches Spring- und Dressur-Derby – Nie war es wertvoller…", im Internet unter: http://www.reitsport-nachrichten.de/derby-2008-in-hamburg.html, aufgerufen am 26. Mai 2008

RRW.LAND.IN.SICHT.COM:
"Golf – Zahlen, Daten, Fakten", im Internet unter: http://rrw.land-in-sicht.com/ intra net/marktdaten_forschung/mafo_rundschau_nrw/golf; aufgerufen am 28. Mai 2008

SATTLER, H.:
"Markenbewertung: State of the Art.", Research Papers on Marketing and Retailing. University Hamburg. No. 27, Juni 2005, im Internet unter: http://www.uni-hamburg.de/fachbereiche-einrichtungen/fb03/ihm/rp27.pdf ; aufgerufen am: 15. April 2008

SCHRÖTER, D.:
"Sponsorenakquisition-Auswahl potenzieller Partner" im Internet unter http://www.wir-im-sport.de/vibss/live/vibssinhalte/show.php3?id=1526&nodeid=68 ; aufgerufen am 1. April 2008

SCHUSS, H.:
"Red Bull: Wie weit ein Produkt ohne Werbung springen kann", im Internet unter: http://diepresse.com/home/wirtschaft/economist/373588/index.do ; aufgerufen am 09. April 2008

SCHÜTZ, P.:
"Die Macht der Marken. Geschichte und Gegenwart"; im Internet unter: http://deposit.d-nb.de/cgi-bin/dokserv?idn=965268020&dok_var=d1& dok_ext=pdf&filename=965268020.pdf ; aufgerufen am 12. April 2008

SCHWIER, J.:
"Do the right things – Trends im Feld des Sports", im Internet unter: http://www.sportwissenschaft.de/fileadmin/pdf/dvs-Info/1998/1998_2_schwier.pdf ; aufgerufen am 15. Mai 2008

SMART-BEACH-TOUR:
"Success - Media, Visitors 2007", im Internet unter: http://www.smart-beach-tour.de/fakten/erfolg.php4 ; aufgerufen am18. Mai 2008

SMART-BEACH-TOUR:
"Tourinfos", im Internet unter: www.smart-beach-tour.de/tour/turnierinfos.php4 ; aufgerufen am18. Mai 2008

SMART-BEACH-TOUR:
"WE LOVE ACTIVE SUMMER Entertainment Events 2008", im Internet unter: http://www.smart-beach-tour.de/index_one.php4?e=7025&r=498&oi=Top%20Story ; aufgerufen am18. Mai 2008

SPIEGEL ONLINE:
"Tanz um den roten Bullen", im Internet unter: http://www.spiegel.de/kultur/ gesellschaft/0,1518,452783,00.html ; aufgerufen am 21. April 2008

SPONSORS:
"EM und Olympia pushen Sponsoring", im Internet unter: http://www.sponsors.de
/index.hp?id=71&no_cache=1&bis_tag=4&von_tag=&bis_jahr=2008&bis_monat=3&
von_jahr=&von_monat=&swords_sportart=30&swords_ligen=&swords_unternehmen
=&swords_medien=&swords_agenturen=&swords_topics=&chb_Artikel=1&chb_Dia
gramme=1&chb_MaFo=1&chb_Marketing=1&tx_ttnews[pointer]=0&tx_ttnews[tt_ne
ws]=15581&tx_ttnews[backPid]=465&cHash=d86cdcfe72; aufgerufen am 28. Mai
2008

SPONSORS:
"Exklusiver Volkssport", im Internet unter: http://www.sponsors.de/index.
php?id=71&no_cache=1&tx_ttnews[swords]=Tennis&tx_ttnews[pointer]=1&tx_ttne
ws[tt_news]=1632&tx_ttnews[backPid]=72&cHash=93edef6cc3 ; aufgerufen am 07.
April 2008

SPONSORS:
"Globale Bühne mit Löchern im System", im Internet unter: http://www.sponsors.de/
index.php?id=71&no_cache=1&bis_tag=4&von_tag=&bis_jahr=2008&bis_monat=3
&von_jahr=&von_monat=&swords_sportart=30&swords_ligen=&swords_unternehm
en=&swords_medien=&swords_agenturen=&swords_topics=&chb_Artikel=1&chb_
Diagramme=1&chb_MaFo=1&chb_Marketing=1&tx_ttnews[pointer]=0&tx_ttnews[tt
_news]=13002&tx_ttnews[backPid]=465&cHash=3b4404595e; aufgerufen am 28.
Mai 2008

SPONSORS:
"Großer Sprung bleibt noch aus", im Internet unter: http://www.sponsors.de/
index.php?id=71&tx_ttnews[tt_news]=879 ; aufgerufen am 10. April 2008

SPONSORS:
"Ich sehe viel Licht am Himmel", im Internet unter: http://www.sponsors.
de/index.php?id=71&no_cache=1&tx_ttnews[swords]=Tennis&tx_ttnews[pointer]=6
&tx_ttnews[tt_news]=1781&tx_ttnews[backPid]=72&cHash=b224f9faa1; aufgerufen
am 07. April 2008

SPONSORS:
"Noch nicht im grünen Bereich", im Internet unter: http://www.sponsors.de/ index.
php?id=71&no_cache=1&von=&bis=01.06.08&tx_ttnews[swords]=noch%20nicht%2
0im%20gr%C3%BCnen%20bereich&tx_ttnews[tt_news]=15978&tx_ttnews[backPid]
=72&cHash=f8a2b2495; aufgerufen am 28. Mai 2008

SPONSORS:
"Reiter-WM 2006 setzt neue Maßstäbe im TV", im Internet unter:
http://www.sponsors.de/index.php?id_=71&tx_ttnews[tt_news]=9721, aufgerufen am
10. April 2008

SPONSORS:
"RTL schaltet Beachvolleyball ab", im Internet unter: http://www.sponsors.de/index
.php?id=71&no_cache=1&tx_ttnews[swords]=rtl%20ausstieg%20beim%2Beachvolle
yball&tx_ttnews[tt_news]=8142&tx_ttnews[backPid]=72&cHash=b3cf227608,
aufgerufen am 18. Mai 2008

SPONSORS:
"Tennis wurde weltweit noch nie richtig vermarktet", im Internet unter:
http://www.sponsors.de/index.php?id=71&no_cache=1&tx_ttnews[swords]=Tennis&t
x_ttnews[pointer]=1&tx_ttnews[tt_news]=1869&tx_ttnews[backPid]=72&cHash=1ad
403b174 ; aufgerufen am 07. April 2008

SPONSORS:
"Top-50-Unternehmen setzen auf Sponsoring", im Internet unter: http://www.sponsors.de/_fileadmin/uploads/Publikationen/SPONSORs_Hintergrund.pdf ; aufgerufen am 15. Mai 2008

SPONSORS:
"Trotz vieler Segelfans Flaute im TV", im Internet unter:
http://www.sponsors.de/index.php?id=71&no_cache=1&von=&bis=17.06.08&tx_ttne
ws[swords]=Trotz%20vieler%20Segelfans%20Flaute%20im%20TV&tx_ttnews[tt_ne
ws]=1944&tx_ttnews[backPid]=72&cHash=37c043cdc0 ; aufgerufen am 17. Juni 2008-06-17

SPORT EVENTS GSTAAD:
"Turnierprogramm 2008", im Internet unter: http://www.beachworldtour.ch/page/
content/ index.asp?MenuID=112&ID=296&Menu=1&Item=21 ; aufgerufen am 18.
Mai 2008

SPORTUNTERRICHT:
"Was ist Tennis ?", im Internet unter:
http://www.sportunterricht.de/lksport/kaestner.html ; aufgerufen am 28. Mai 2008

STRAHLENDORF, P.:
"Agentur Widua inszeniert Beachvolleyball im DSF", im Internet unter
http://www.new-business.de/sponsoring/detail.php?rubric=SPONSORING
&nr=574045, aufgerufen am 18. Mai 2008

SÜDDEUTSCHE ZEITUNG:
"Der steirische Zeus", im Internet unter: http://www.sueddeutsche.de/sport/formel1/
artikel/742/57685/ ; aufgerufen am 24. Mai 2008

THE SPONSOR PEOPLE:
"Sponsor People GmbH", im Internet unter: http://www.sponsorpeople.de/sponsor-people/files/tmep_2008_-_verkaufsunterlage.pdf ; aufgerufen am 10. April 2008

THIEMER, J.:
"Erlebnisbetonte Kommunikationsplattformen als mögliches Instrument der Markenführung.", im Internet unter: http://www.upress.uni-kassel.de/online/frei/978-3-89958-093-8.volltext.frei.pdf ; aufgerufen am 04. Juni 2008

TRAUTWEIN, R.:
"Vorlesungsskript Sponsoring" im Internet unter: http://www.dr-trautwein.info/SPONSskriptUKOM.pdf ; aufgerufen am 26. März 2008

TWOLEFTFEET:
"Illustres Sponsorenfeld mit Nokia als Titelsponsor beim Air & Style 07", im Internet unter: http://www.twoleftfeet.ch/archiv_8_2194.html?month=10-2007 ; aufgerufen am 13. April 2008

VELUX:
"Hintergründe des Sponsorings", im Internet unter: http://www.velux.de/VELUX/Sponsoring/VELUX+5+Oceans/Hintergruende ; aufgerufen am 17. Juni 2008

VELUX 5 OCEANS:
"ESA International Sponsorship Award", im Internet unter: http://www.velux5oceans.com/page/0607NewsArticle/0,,12345~1283801,00.html ; aufgerufen am 17. Juni 2008

VERBAND DEUTSCHER WASSERSPOTSCHULEN E.V. (VDWS):
"About us", im internet unter: http://www.vdws.de/ ; aufgerufen am 30. April 2008

VERBAND DEUTSCHER WASSERSPOTSCHULEN E.V. (VDWS):
"News", im internet unter: http://www.vdws.de/ ; aufgerufen am 30. April 2008

VEREINIGUNG CLUBFREIER GOLFER:
"pay & play öffentlicher Golfplatz für Jedermann" , im Internet unter: http://www.vcg.de/einsteiger/wer-wir-sind/foerderprojekte/pay-play.html; aufgerufen am 28. Mai 2008

VEREINIGUNG CLUBFREIER GOLFER:
"play golf –start living– Golf à la Card", im Internet unter: http://www.vcg.de/einsteiger/ wer-wir-sind/foerderprojekte/play-golf-start-living.html; aufgerufen am 28. Mai 2008

VOLLEYMAN:
"Das Interview mit Juana Jepp.", im Internet unter: http://www.volleyman.com/index.php?id=77&tx_ttnews%5Btt_news%5D=2381&tx_ttnews%5BbackPid%5D=124&cHash=6fbc58db2c ; aufgerufen am 15. Mai 2008

WASTL, P.:
"Trendsport", im Internet unter http://user.phil-fak.uni-duesseldorf.de/~wastl/Wastl/Pruefung/02-Trend-kurz.PDF ; aufgerufen am 15. Mai 2008

WERBEN UND VERKAUFEN:
"ProSieben nimmt's sportlich", im Internet unter: http://www.wuv.de/news/medien/meldungen/2006/07/36474/index.php ; aufgerufen am 26. April 2008

WIRTSCHAFTSBLATT:
"Red Bull-Umsätze haben grosse Flügel", im Internet unter: http://www.wirtschaftsblatt.at/home/oesterreich/unternehmen/salzburg/313784/index.do ; aufgerufen am 5. April 2008

Sonstiges

MADERT, R.:
"Interview auf der Magdeburger Bootsmesse (Magdeboot) am 15. März 2008" (Ralf Madert, Inhaber von Surfers Paradise, einem von Deutschlands größten Wassersportcentern)

MÜLLER, J.:
"Gespräch vom 10. April 2007" (Janina Müller, ehemalige Reiterin im Bundeskarder des Ponyreitsports Deutschland und im Student Riders National bei den Studentenreitern Deutschlands am 11.Mai 2008)

UEHLINGER, H.-M.:
"Telefongespräch vom 30. April 2008" (Dr. Hans Martin Uehlinger, Head of Corporate Branding & Communication der LGT Group Foundation)

St